中国金融四十人论坛
CHINA FINANCE 40 FORUM

致力于夯实中国金融学术基础,探究金融领域前沿课题,引领金融理念突破与创新,推动中国金融改革与发展。

共富时代的大国金融

金融促进共同富裕的作用、路径与实践

《径山报告》课题组 ◎ 著

中信出版集团 | 北京

图书在版编目（CIP）数据

共富时代的大国金融 /《径山报告》课题组著 . -- 北京：中信出版社，2023.8
ISBN 978-7-5217-5793-4

Ⅰ.①共… Ⅱ.①径… Ⅲ.①金融－研究－中国 Ⅳ.① F832

中国国家版本馆 CIP 数据核字（2023）第 108273 号

共富时代的大国金融
著者：　《径山报告》课题组
出版发行：中信出版集团股份有限公司
　　　　　（北京市朝阳区东三环北路 27 号嘉铭中心　邮编　100020）
承印者：　北京诚信伟业印刷有限公司

开本：787mm×1092mm　1/16　　　印张：30.75　　字数：335 千字
版次：2023 年 8 月第 1 版　　　　印次：2023 年 8 月第 1 次印刷
书号：ISBN 978-7-5217-5793-4
定价：98.00 元

版权所有·侵权必究
如有印刷、装订问题，本公司负责调换。
服务热线：400-600-8099
投稿邮箱：author@citicpub.com

中国金融四十人论坛书系
CHINA FINANCE 40 FORUM BOOKS

"中国金融四十人论坛书系"专注于宏观经济和金融领域，着力金融政策研究，力图引领金融理念突破与创新，打造高端、权威、兼具学术品质与政策价值的智库书系品牌。

中国金融四十人论坛是一家非营利性金融专业智库平台，专注于经济金融领域的政策研究与交流。论坛正式成员由40位40岁上下的金融精锐组成。论坛致力于以前瞻视野和探索精神，夯实中国金融学术基础，研究金融领域前沿课题，推动中国金融业改革与发展。

自2009年以来，"中国金融四十人论坛书系"及旗下"新金融书系""浦山书系"已出版180余部专著。凭借深入、严谨、前沿的研究成果，该书系已经在金融业内积累了良好口碑，并形成了广泛的影响力。

中国金融四十人论坛《径山报告》项目介绍

中国金融四十人论坛于2017年初正式启动《径山报告》项目,每年针对经济金融领域的重大话题,邀请学界、政界与业界专家进行研究、辩论,提出相应的政策建议。《2022·径山报告》由中国金融四十人论坛资深研究员肖钢牵头,邀请学术素养深厚、专业经验丰富的专家承担课题研究工作。

《2022·径山报告》主题为"金融促进共同富裕的作用与路径",分为一个综合报告和六个分报告,从金融促进共同富裕的角色定位与政策框架,金融促进经济高质量发展助力共同富裕,金融助力区域协调发展,农村金融促进共同富裕的框架与路径,健全资本市场、扩大中等收入群体,财富管理和信托在支持共同富裕中的作用与实践,金融促进共同富裕的浙江实践等方面对金融促进共同富裕的机理、路径、对策与实践展开研究并提出政策建议。此报告于2022年12月定稿并交付出版,根据报告主题确定书名为《共富时代的大国金融》。

径山,位于杭州城西北,以山明、水秀、茶佳闻名于世。《径山报告》项目选择以"径山"命名,寓意"品茶论道悟开放",让中国金融实践走向世界。

中国金融四十人论坛《2022·径山报告》课题组

综合报告：肖　钢　伏　霖　石锦建
分报告一：张晓慧　李宏瑾　赵兴华
分报告二：张　斌　盛中明　钟　益
分报告三：王胜邦　朱太辉　罗　煜　朱元倩
分报告四：王　毅　郭永强　石春华　沈　妍
分报告五：金　李　蔡概还　谌江瑞　李飞亮
分报告六：殷兴山　贺　聪　王紫薇　陈千惠

目 录

推荐序 金融促进共同富裕大有可为 ·i

01

金融促进共同富裕的角色定位与政策框架

一、金融发展与共同富裕的关系 ·004

二、金融促进共同富裕的成效和挑战 ·017

三、金融促进共同富裕的市场化路径 ·025

四、金融促进共同富裕的国际经验与启示 ·033

五、金融促进共同富裕的政策框架 ·048

02

金融促进经济高质量发展助力共同富裕

一、金融促进经济高质量发展助力共同富裕的作用 ·061

二、金融助力共同富裕要权衡好效率与公平的关系 ・090

三、金融助力共同富裕的边界 ・106

03

金融助力区域协调发展

一、区域发展差距与金融资源配置的新特征 ・131

二、区域发展差距背后的金融短板 ・148

三、区域发展战略中的金融政策 ・168

四、展望与政策建议 ・203

附录：区域发展战略金融支持措施 ・207

04

农村金融促进共同富裕的框架与路径

一、农村金融改革发展成效 ・236

二、共同富裕背景下农村金融发展的供需联动框架 ・256

三、农村金融发展促进共同富裕的政策建议 ・279

05

健全资本市场，扩大中等收入群体

一、资本市场促进中等收入群体扩大的机理分析 ・295

二、我国资本市场在扩大中等收入群体方面的作用 ・308

三、我国资本市场财富效应的实证检验 ・326

四、加快推进资本市场改革开放 ・352

06

财富管理和信托在支持共同富裕中的作用与实践

一、发展财富管理和推动共同富裕的内涵与意义 ・361

二、财富管理在推进共同富裕中的作用 ・369

三、通过财富管理推进共同富裕的创新建议 ・381

四、信托在支持共同富裕中的作用和实践 ・387

07

金融促进共同富裕的浙江实践

一、浙江高质量发展建设共同富裕示范区背景及目标 ・423

二、浙江建设共同富裕示范区的主要差距和不足 ·425

三、金融在促进浙江共同富裕中的作用和不足 ·431

四、金融促进共同富裕的浙江改革探索 ·436

五、金融促进共同富裕的困难及建议 ·458

参考文献 ·465

推荐序

金融促进共同富裕大有可为

金融既是天使也是魔鬼。金融活动的核心是为有钱的人理财，为缺钱的人融资，在资源优化配置中服务实体经济，所以金融搞得好可以有效促进经济增长、缩小收入差距。但如果把握不好信用、杠杆、风险这三个环节和尺度，金融反而会成为贫富分化的加速器，分化严重时如果爆发一场金融危机，可能会使多年的发展成果付诸东流。信用是金融的立身之本，是金融的生命线。一切没有信用的金融都是假金融、伪金融。杠杆则以信用为基础，有信用才有透支，透支就会带来杠杆比，但杠杆比过高则会产生金融风险，这是辩证的关系。一切金融创新，都是依托有限的信用想方设法把杠杆比一级一级地放大；但过高的杠杆比是一切坏账、一切风险、一切金融危机的来源。金融的精髓在于设计一个信用基础较好、风险较小的杠杆体系。

金融促进共同富裕是一个新命题、新挑战。这个问题我本人也一直在思考。如何解这道题？我觉得首先要对共同富裕面临的困难和障碍有一个清晰的判断。"共同富裕"这个词，带有明显的中国特色，这个特色不仅源于我国社会主义社会的价值追求，

还与我们当前的发展阶段有关。正如这本书指出的，2021年我国人均GDP（国内生产总值）达到12 556美元，超过了全球人均12 263美元的水平，基本达到世界银行"高收入国家"门槛，但这一水平不仅远低于美国、日本、英国、法国、德国、意大利、西班牙等发达国家，也低于一些新兴市场国家。同时，根据世界不平等数据库（World Inequality Database），我国居民收入的基尼系数2019年和2020年分别为0.465和0.468，不仅高于高收入国家0.315的均值，也高于发展中国家0.383的均值；[①] 此外，还存在较为显著的城乡差距和地区差距。在这个大背景下，一方面，金融要发挥其作为经济血脉的作用，在资源优化配置中促进经济增长；另一方面，金融要发挥其滴灌效应，在服务实体经济中改善收入分配、缩小地区差距和城乡差距。兼顾二者，以金融促进共同富裕，至少应在以下三个方面有新的作为。

一是要在解决中小微企业融资难、融资贵的问题上有新办法。大企业强国，小企业富民。解决好中小微企业融资难、融资贵的问题，让这些中小微企业活得久一些、活得好一些，就可以增加就业、减少失业。但中小微企业融资难、融资贵的背后是信用能力不足。因此，建议抓好金融科技，以数字金融为手段，为中小微企业增信，推动普惠金融理念落地。300年前第一次工业革命，工商产业大发展催生了商业银行；后来的第二次工业革

---

① 尽管基尼系数在收入不平等的跨国比较方面存在不足之处，但其大小及变化趋势在一定程度上说明，我国在扩大中等收入群体规模、增加低收入群体收入等方面的任务仍然艰巨而繁重。

命，人类进入电气化时代，催生了投资银行业，为资本集聚和垄断组织的出现创造了条件；第三次工业革命始于20世纪80年代的信息化应用，产生了大量的风险投资机构，解决了大量科技成果应用转化中的融资问题。但是所有的商业银行、投资银行、风险投资机构等都无法全面解决中小微企业的融资问题。而这需要第四次工业革命，即数字化、智能化革命带来的产业互联网。借助数字化技术在产业链上的大规模应用，金融机构可以看得清、管得住资产，从而提高了中小微企业的信用能力，降低了金融服务的风险成本，进而在一定程度上破解了融资难、融资贵的难题。可以预计，数字化技术每1%的小小改变，就有可能为实体经济带来数万亿元规模的成本减负。

二是要在增加农村居民财产性收入上有新举措。目前中国农民增收面临的最大问题是，农民97%的年收入来自劳动收入，财产性收入占比不到3%。而城市居民的房子、股票等各种财产性收入，占整体收入的50%以上。虽然农村每家每户都有一亩三分地，但这一亩三分地尚不能变成可以产生现金流的信用品，无法给农民带来财产性收入。因此，要深化改革，盘活农村"三块地"，实现土地资源依法有序流转，这样实际上也提高了农民参与金融活动的信用能力，为其增加财产性收入创造了条件。"三块地"盘活了，农民有了财产性收入，农业、农村吸纳资金的能力也会相应提高，资本下乡促进农民富裕的机制会逐步健全，城乡差距也会因此逐步缩小。

三是要在使资本市场成为国民经济晴雨表上有新进展。2000

年以来，中国 GDP 翻了三番，各项事业都有长足的发展，但是资本市场总量指数还是大体不变，缺少作为国民经济晴雨表的功能。2021 年底，我国 A 股总市值为 91.6 万亿元，规模稳居世界第二，但其盈利和分红所对应的价值投资功能发挥不显著，指数运行与经济基本面脱节，仍需深化基础性制度性改革，使之成为国民经济晴雨表。其中，贯通各类基金如社保基金、公积金、企业年金等长期资金入市的通道和机制就很重要。我主张，允许包括公积金在内的五险一金、企业年金等资金，以更大比例通过专业投资机构市场化投资于资本市场，这既为职工分享资本增值收益创造了条件，也为资本市场输送了源源不断的长期资本，一举多得。资本市场长期繁荣，本质上是为经济金融活动提供稳杠杆、降杠杆的工具，是金融促进经济增长、促进共同富裕的重要机制，也是解决该书提到的"资本贫困陷阱"的一个重要途径。

是为序。

黄奇帆

中国金融四十人论坛学术顾问

重庆市原市长

01

金融促进共同富裕的角色定位与政策框架

习近平总书记在党的二十大报告中多次提及共同富裕，强调指出"中国式现代化是全体人民共同富裕的现代化。共同富裕是中国特色社会主义的本质要求，也是一个长期的历史过程"。促进共同富裕是一项系统工程和长期任务，要深入研究不同阶段目标，分阶段促进共同富裕：到"十四五"末，全体人民共同富裕迈出坚实步伐，居民收入和实际消费水平差距逐步缩小；到2035年，全体人民共同富裕取得更为明显的实质性进展，基本公共服务实现均等化；到21世纪中期，全体人民共同富裕基本实现，居民收入和实际消费水平差距缩小到合理区间。

实现全体人民共同富裕的宏伟目标，最终靠的是高质量发展。金融作为现代经济的核心，不仅在促进经济高质量发展、把"蛋糕"做大做好的过程中可以发挥积极作用，在保障社会公平正义、助力缩小收入和财富差距方面同样可以发挥重要作用。通过发挥金融的市场化优势，在初次分配和再分配中通过合理的制度安排把"蛋糕"切好分好，可以让中国特色社会主义制度优越

性得到更加充分的体现。促进共同富裕，需要立足中国实际，不断深化对金融本质和规律的认识，找准金融发展在促进共同富裕中的角色定位，走出具有中国特色的金融促进共同富裕发展之路。

长期以来，人们总认为金融是"嫌贫爱富"的，其实，挑选客户、设置门槛、要求抵质押等，是由金融业作为一个风险行业发展的内在规律与自身逻辑所决定的。过去对金融促进财富创造与积累的杠杆作用研究较多，而对金融分配效应、促进共同富裕研究较少。

本章从文献梳理和案例分析出发，全面剖析了金融在促进经济增长、缩小贫富差距方面发挥作用的"二重性"，通过研究金融促进共同富裕的理论机制与路径选择，并借鉴国际实践，提出相关政策建议，为发挥金融促进共同富裕的积极作用提供有益参考。

一、金融发展与共同富裕的关系

长期以来，西方理论话语体系中没有共同富裕这一概念，相关研究更多聚焦在经济增长和不平等方面：关于经济增长，已有研究着重关注后发国家的经济赶超（Eichengree，2011，2013；陈斌开和伏霖，2018）和次贷危机后的经济停滞（Pritchett and Summers，2014）。关于不平等，已有研究着重分析全球化、技术变革、金融发展、税收或转移支付等再分配制度对不平等的影

响，这里的不平等不仅包括收入不平等和财富不平等，还包括发展机会不平等。还有一些文献重点关注不平等与经济发展的关系（Kuznets，1955；Galor and Moav，2004）。

金融的本质是在不确定的条件下，通过对时间（跨期）和风险的管理来优化资源配置。金融作为现代经济的核心，在服务实体经济和人民生活方面发挥着不可替代的作用。金融通过收集信息，降低信息不对称及流动性冲击造成的摩擦和市场失灵，充分发挥市场融资与资源配置功能，增强市场活跃度，提高资金使用效率，完成由储蓄到投资的转化，助力企业做大做强和创新发展，推动经济高质量发展。

本节从做大做好"蛋糕"和切好分好"蛋糕"两个方面，对已有文献进行梳理和评述。从实证研究看，金融对共同富裕的作用表现出"二重性"，既有缓解不平等的积极作用，也有加剧不平等的消极作用。这种"二重性"不仅表现在对增长的影响上，也表现在对分配的影响上。要实现金融促进共同富裕的目标，就必须通过合理的制度安排和政策引导，更好地发挥金融的积极作用，同时抑制其消极作用。具体来说有两点：一是发挥好金融促进经济发展的积极作用，通过市场化、专业化的金融产品和服务促进企业创新、资金融通，提升效率，同时通过审慎监管，有效防范金融风险，做大做好"蛋糕"，推动经济高质量发展，为共同富裕奠定更为坚实的物质基础；二是创造更加普惠公平的金融市场环境，协助中小企业和家庭获得普惠金融服务，帮助中低收入群体拓宽财产性收入渠道，更好地在收入分配、财富积累和发

展机会方面发挥金融的积极作用,畅通向上流动通道,改善不平等状况。

(一)"蛋糕"做大做好——金融发展对经济增长的影响

1. 金融发展对经济增长的积极作用

自从戈德史密斯开始关注金融与经济增长的关系(Goldsmith,1969),金融发展对经济增长的积极作用的证据便越来越充分。一方面,20世纪70年代以来,以智利为代表的很多发展中国家开展了以取消利率上限和信贷配给管制为主要内容的金融自由化改革,成功控制了通货膨胀,大量体制外资金回流到正规金融体系内,并有效动员了储蓄,极大地促进了金融深化发展,提高了资源配置效率,大量的实证研究也证明了这一点(Greenwood and Jovanovic,1990;Bencivenga and Smith,1991;Levine,1997,2005;张一林等,2016;庄毓敏等,2020)。另一方面,关于金融抑制阻碍经济发展的实证研究,从反面提供了金融发展的积极作用的例证,过多对金融体系的干预、严格的利率和汇率管制不利于金融市场的稳定和经济发展(McKinnon,1973;Shaw,1973)。随着我国社会主义市场经济体系的建立与完善,人们越来越多地认识到金融体系与金融市场对经济增长的重要作用,这种积极的效应主要表现在以下几个方面。

一是金融发展有助于提升融通资金的效率,优化资源配置。资金是市场经济运行的"润滑剂",也是企业创立与发展的"生

命线"。资金的融通不仅对每一家企业的发展至关重要，而且通过有效的金融市场把稀缺金融资源分配给那些经营状况好、经济效益显著的企业，可以起到调整和优化产业结构、提升配置效率的作用。一个成熟的金融市场能够提高资金使用效率，促进储蓄转化为投资，进而推动经济增长。

二是高效的金融中介体系有助于促进企业技术创新和公司治理，进而促进经济高质量发展（Levine，2008）。创新是引领发展的第一动力，加快金融支持创新体系建设，提供多层次、专业化、特色化的科技金融服务，有助于企业研发投入和科技创新，金融市场通过价格机制，在保障企业持续稳定的创新研发投入的基础上，帮助企业分散创新风险，形成正反馈机制，进而推动创新和经济高质量发展。

三是成熟开放的金融市场有助于经济发展过程中风险的分散。金融市场作为金融产品和投资者聚集的场所，其促进经济稳定运行和降低风险集中度功能的发挥取决于融资和风险分担职能的有效性。市场化的风险分散分担机制，有助于消除经济发展过程中跨周期、跨行业、跨地区的非系统性风险，推动经济平稳运行。

2. 金融发展对经济增长可能产生的消极作用

一些学者研究认为，金融发展对经济增长的作用是非线性的（Law and Singh，2014；杨友才，2014；马勇和陈雨露，2017）。一方面，金融发展程度对经济增长的正面影响存在一定的阈值，

当一国的金融发展达到某个临界值时，才会起到促进经济增长的作用（Aghion et al., 2005）。另一方面，金融深化对经济增长的作用需要考虑金融发展与实体经济的契合度，当金融发展超过某个阈值后，进一步发展反而会对经济增长产生不利影响（林毅夫和姜烨，2006；林毅夫等，2009；Law and Singh，2014；Ductor and Grechyna，2015；黄宪和黄彤彤，2017）。金融对经济增长可能产生的消极作用主要表现在三个方面。

一是金融市场过度套利，弱化了实体经济创造财富的能力，增加了金融运行的成本，成为经济和金融危机的助推器。明斯基（Minsky，1986，1992）区分了金融市场的三类债务融资：对冲型融资、投机型融资和庞氏融资。在以庞氏融资为主导的金融市场中，利率水平升高加剧金融机构和投资机构资金流不足的问题，导致市场融资活动陷入停顿局面，引发全面危机。金融不稳定性假说认为，金融体系具有内在不稳定性，投机和追逐盈利是投资者的天性。经济基本面会影响投资者的风险偏好，经济景气时投机行为增多，只要现金流足以偿还债务利息和本金分摊额，企业或投机者就会继续扩大经营规模（或投资规模）并借入新债务；当经济基本面由扩张转向收缩时，会增大触发"明斯基时刻"的风险。金融不稳定性假说一定程度上解释了资本"脱实向虚"和"无序扩张"的内在机理。金融市场支持扩大中等收入群体，需要以服务实体经济为根本遵循，为资本设置"红绿灯"，依法规范和引导资本健康发展。

二是金融市场顺周期性会放大实体经济波动，加大经济危机

的潜在风险。金融机构倾向于在年景好时提高杠杆率,在年景不好时降低杠杆率,从而促进繁荣期的泡沫积累以及衰退期的信贷紧缩与资产抛售(周小川,2009)。金融资产价格下跌,引发财富负效应,降低投资者储蓄投资转化率,导致企业融资不足拖累投资,进而束缚经济增长。同时,财富负效应引发消费需求下降以及消费预期改变,致使总需求不足,进而制约经济增长。经济增长放缓进一步加剧了金融市场的财富负效应,形成循环累积的负效应。

三是在金融开放或金融自由化过程中,面临审慎监管缺失或外部冲击等情况,短期内的金融波动对于产业发展和经济增长可能造成毁灭性打击(Krugman,1993;Baker et al.,2005;Bordo et al.,2010)。国际货币加息、国际游资冲击或预期变动所带来的资产价格下跌或债务成本上升,可能导致国际资本外逃、本国资产价格下降,引发金融波动,造成本国企业融资困难,投资下降,进而危及国家信用和经济增长。

(二)"蛋糕"切好分好——金融发展对不平等的影响

金融影响不平等的机制较为复杂,这种复杂性,一方面是因为各国金融发展的特征不同,金融发展在金融深度、金融包容性和金融稳定性这三个维度上存在差别;另一方面是不平等问题,既包括收入不平等,也包括财富不平等,还包括机会不平等。从理论上看,金融发展可能会降低不平等程度,也可能会加剧不平等程度,这取决于其对穷人和富人的影响的相对大小,是更多地

影响穷人还是更多地影响富人，不仅取决于金融市场的特征，更取决于政策的主动作为。

1. 金融发展对缩小不平等的积极作用

一是金融促进经济发展的过程，带来了更多的工作机会，助力低技能劳动者增加收入。金融发展变化可以影响生产总量和信贷分配，通过金融中介的功能作用，改善资金使用的重点和方向，从而对收入分配产生影响。例如，促进低技能工人需要的金融服务的发展，将有利于提升低收入群体的收入，扩大和均等经济机会（Townsend and Ueda，2006）。增加就业是缩小收入差距的必然选择，我国农村居民收入增长的主要来源是外出打工就业和在本地从事非农就业，因此，经济合理增长是根本保障。

二是金融发展有利于改善收入和财富分配结构。要扩大中等收入群体，就需要促进经济转型升级与结构调整，加大教育等人力资本投入，帮助一部分低收入者成长为中等收入者。金融深化增加的信贷可获得性可以使更多家庭与个人选择增加技能培训投入，助力提升创业经营能力，更少受到父辈财富差距的持续影响，提高代际流动性（Becker and Tomes，1979，1986；Greenwood and Jovanovic，1990；Banerjee and Newman，1993；Galor and Zeira，1993；Levine，2008）。我国城乡居民收入和财产分配差距仍然较大，金融发展在助力农村土地制度改革，帮助农民增加土地收益方面可以发挥积极作用。在健全农村金融服务体系，支持乡村振兴战略方面可以大有作为。

三是普惠金融降低了金融产品和服务的准入门槛，低收入群体或小微企业获得了更多的经济机会。信息不对称和交易成本等金融市场缺陷限制了低收入群体获得正规金融服务的机会，成为他们摆脱贫困的障碍。普惠金融让更多的低收入群体获得了金融服务，从而有利于缩小收入差距（Levine，2008），数字技术应用为普惠金融积极作用的发挥创造了更好的条件（黄益平和黄卓，2018；黄益平和邱晗，2021）。

四是保险发展助力实现社会公平。保险起源于互帮互助、扶危济困，与共同富裕有着天然的联系。商业性保险可以在时间和空间上平滑风险带来的损失，精准匹配特定的弱势群体，既是保障机制，也是分配机制。比如，医疗负担是低收入群体陷入贫困的重要原因，以"惠民保"为代表的商业保险可以提供风险损失补偿，防止"因病致贫""因病返贫"。为帮助中低收入家庭应对人口老龄化问题，解决"一人失能、全家失衡"的困境，建立长期护理保险制度，提供了有效的保障。灵活就业人群收入稳定性较差、财务脆弱性较高，往往普遍存在意外事故、疾病等风险，保险业既可以提供基础性保险服务，也可以提供补充水平较高的保障。随着农业面临的自然风险、市场风险增加，农民当期收入和财富积累水平偏低，通过完善产品设计、降低运行成本、推广防灾服务等措施，可以扩大保险保障范围，助力农村经济发展和农民增收。

2. 金融发展对不平等的消极作用

对发达经济体的实证研究表明，金融深化可能导致金融部门和高净值家庭的收入飙升，从而加剧收入不平等程度，并在经济机会方面延续跨代的差异（Greenwood and Jovanovic，1990；Cihak et al.，2020）。第一，金融包容性的提升将大量低收入群体变成债务人，他们往往沦为金融波动（危机）的牺牲品。美国次贷危机便是一个典型的案例。随着更多的低收入人群开始负债，居民部门杠杆率不断攀升，信贷大幅增长推升了资产价格（如住房价格、股票价格），使拥有更多房产和股票的人财富增长更多，进一步拉大了收入差距。第二，金融包容性意在金融普惠，但有时候是"普而不惠"，甚至会出现掠夺性贷款，金融机构和科技公司可以通过大数据、机器学习等来进行差别定价、歧视定价，充分挤压消费者剩余的空间，给部分群体带来更高的信贷成本。

20世纪80年代以来，越来越多的研究开始从资本账户开放和金融全球化的角度实证分析金融深化对不平等的影响，认为金融深化带来的好处不成比例地更惠及富人，从而加剧收入不平等。齐茨和林（Zietz and Lin，2009）发现，美股市值增长使20世纪80年代和90年代的美国基尼系数分别上升了2%和3%。达斯和莫哈帕特拉（Das and Mohapatra，2003）以巴西、泰国、土耳其等11个新兴市场国家为研究对象，发现这些国家的股市开放后，最富有的20%的群体收入会增加，而中产群体收入明显减少，最贫穷的20%的群体收入没有明显变化。达卜拉－诺里斯等

(Dabla-Norris et al.，2015）提供了一个关于收入不平等的原因和后果的全球视角，富尔切里和劳恩加尼（Furceri and Loungani，2018）研究了资本账户自由化的分配效应，若莫特等（Jaumotte et al.，2013）研究了技术、贸易和金融全球化在收入不平等中的作用。

菲利蓬和雷谢夫（Philippon and Reshef，2012）发现，在金融蓬勃发展时期，无论是在 20 世纪初，还是在全球金融危机发生之前的几十年，金融部门的薪酬都很高。对这一现象的解释包括：资产管理和信贷费用上升（Greenwood and Scharfstein，2013），金融业"高风险"溢价提升（Axelson and Bond，2015），金融服务"信息优势"租金上升（Bolton et al.，2016），与不透明和银行规模相关的更强的市场力量所带来的管理费用提升（Kalyta，2009；Stiglitz，2016），宽松信贷政策提升短期利益的同时加剧了中期风险（Rajan，2010）。

莱文（Levine，2008）、德米尔居奇-昆特等（Demirgüç-Kunt et al.，2009），以及齐哈克和萨海（Cihak and Sahay，2020）先后对金融与不平等问题展开了较为全面的梳理和研究。金融发展影响不平等的机制主要分为三个：信贷市场不完善带来人力资本积累差异、财富差距加大不平等和资产贫困陷阱。

第一，信贷市场不完善带来人力资本积累差异。人力资本大小主要取决于个人能力，取决于教育资源分配，这需要充分发挥有为政府的作用。从信贷的角度看，如果个人可以通过借贷市场来支持教育支出，就有可能持续改变初始的代际财富差距。但实

际的信贷市场往往是不完善的，不是所有想上学的学生都能获得相应的贷款支持，使个人受教育年限及质量与父辈财富有较强的正相关关系。据此可以得到一个推论：信贷市场的完善，将有利于缓解因父辈财富和社会地位不平等而带来的个人在人力资本积累方面的差距。因此，完善的信贷市场在一定程度上能突破父辈财富和社会地位的制约，促进人人享有相对平等的教育机会，这是金融助力减少不平等的重要机制。

第二，财富差距加大不平等。财富差距来自收入差距积累，同时，财富差距也会进一步拉大收入差距。财富差距加大不平等的机制表现在两个方面。一方面是，有无资产决定了有无资产收益，除了劳动报酬以外，资产收益也是个人分享经济发展成果的重要方式，缺乏资产将无法分享资产增值收益。另一方面是，资产差距在很大程度上也决定了资产收益率的差异。例如，高回报投资包括高回报创业活动，都有最低投资要求或需要在前期承担一定的固定成本，这意味着拥有更多资产或财富的个人将获得更高的回报。

第三，资产贫困陷阱。资产贫困陷阱是金融影响不平等的另一个重要机制，如果一个家庭或个人拥有的财富资源不足以满足他们"一定时期"的"基本需要"，这种情况就可以界定为"资产贫困"，这一概念最早由奥利弗和夏皮罗（Oliver and Shapiro，1997）提出，并由哈夫曼和沃尔夫（Haveman and Wolf，2004）进一步发展。财富分配不平等会加剧收入不平等，特别是在一个不发达的金融市场上，资金供给与需求之间形成了一个怪圈：越

是资产贫困者，越是难以积累资产进行投资，这样，贫穷会成为贫穷的原因，形成"资产贫困陷阱"（见图1-1）。同时，资产贫困者也很难分享现行制度的一些优惠或好处。政府有关家庭资产积累的规定，如对房屋资产、资本利得和遗产税收的优惠、激励和补贴政策等，很难惠及低收入人群。谢若登（1991）对美国的研究表明，国家用于支持房屋所有和退休养老金的税收支出，充分且直接地使至少2/3的美国家庭受益。但非房屋所有者和没有福利的受雇者则无法获得参与这些制度化资产积累的机会。

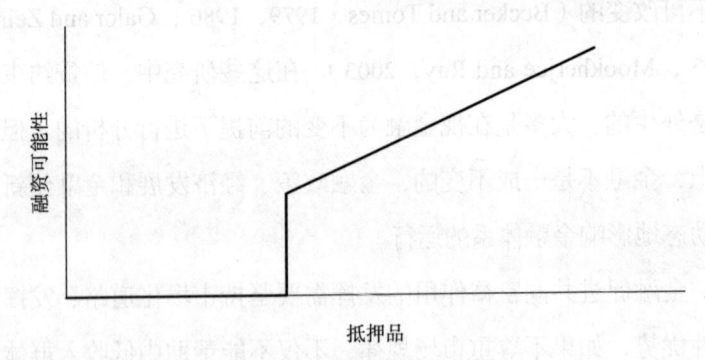

图1-1 资产贫困陷阱

资料来源：Cihak 和 Sahay（2020）的模型，该模型是一个概念模型。

（三）小结与评述

总的来看，现有文献的主要研究对象是发达经济体，对于发展中国家的深入研究还比较欠缺。

金融促进共同富裕，最核心的作用体现在把"蛋糕"做大做好和把"蛋糕"切好分好。一是通过市场化的金融服务促进经济高质量发展，提高发展的平衡性、协调性和包容性，落实好区域

发展重大战略，构建城乡发展一体化新格局，为共同富裕奠定更为坚实的物质基础。二是创造更加普惠公平的市场条件，为更多的人创造致富机会，畅通向上流动通道，逐步缩小收入差距和财富差距。同时，实现全体人民共同富裕的宏伟目标，还要正确处理好效率和公平的关系。在进一步把"蛋糕"切好分好的过程中，金融在初次分配、再分配和第三次分配时是可以发挥积极作用的。

已有的大多数研究中通常认为金融市场是不完善的，是给定且不可改变的（Becker and Tomes，1979，1986；Galor and Zeira，1993；Mookherjee and Ray，2003）。在这些研究中，信贷约束往往是外生的，大多是在视金融为不变的前提下进行分析的。但实际上，金融不是一成不变的，金融政策、经济发展和金融创新都会动态地影响金融体系的运行。

金融促进共同富裕作用的发挥需要坚持市场化道路、发挥专业性优势，如果不尊重市场规律，不仅不能帮助中低收入群体增加收入、创造更多普惠公平的条件，而且可能会进一步加剧收入不平等。金融促进共同富裕，不是搞政策性金融，更不是做慈善，只有商业可持续的金融发展才是促进共同富裕积极作用发挥的必由之路。

值得一提的是，金融促进共同富裕的作用是有边界的、有限的，实现共同富裕是一项长期性、系统性任务，需要多种政策协同配合、共同发力。

二、金融促进共同富裕的成效和挑战

党的十八大以来，我国金融在推动国民经济持续健康发展的同时，引导金融资源向中低收入群体和中小微企业倾斜，普惠性、包容性不断增强，服务国家脱贫攻坚战略，取得了举世瞩目的成就。同时，在金融促进共同富裕的过程中，还面临一些短板和挑战。

（一）实现高质量发展的富裕目标

实现全体人民共同富裕的宏伟目标，最终靠的是高质量发展。必须把高质量发展作为建设社会主义现代化国家的首要任务，通过全体人民共同奋斗把"蛋糕"做大做好，为保障社会公平正义奠定更加坚实的物质基础。同时，通过合理的制度安排正确处理增长和分配的关系，把"蛋糕"切好分好，让社会主义制度的优越性得到充分发挥。

从"蛋糕"做大做好的角度看，当前我国居民收入水平、实际消费水平与基本实现全体人民共同富裕的目标尚存在差距。根据世界银行的数据，2021年我国人均GDP达到12 556美元，在全球200多个国家和地区中排名第75位，已经超过了全球人均12 263美元的水平，基本达到世界银行"高收入国家"门槛，但这一水平不仅远低于美国、日本、英国、法国、德国、意大利、西班牙等发达国家，也低于一些新兴市场国家。

从"蛋糕"切好分好的角度看，当前我国居民收入和实际消

费距离基本实现全体人民共同富裕的目标也存在差距。根据世界不平等数据库[①]，我国居民收入的基尼系数2019年和2020年分别为0.465和0.468，在有数据统计的国家中相对较高，不仅高于高收入国家0.315的均值，也高于发展中国家0.383的均值。尽管基尼系数在收入不平等的跨国比较方面存在不足之处，但其大小及变化趋势在一定程度上说明，我国在扩大中等收入群体规模、增加低收入群体收入等方面的任务仍然艰巨与繁重。

共同富裕是一个动态发展的过程，也是一个长期的历史过程。按照共同富裕的分阶段目标来看，有以下几个阶段。

第一阶段，到"十四五"末，全体人民共同富裕迈出坚实步伐，居民收入和实际消费水平差距逐步缩小。

第二阶段，到2035年，全体人民共同富裕取得更为明显的实质性进展，基本公共服务实现均等化。如果按照人均GDP和基尼系数维度衡量，达到这一标准需要我国人均GDP超过2万美元（2021年不变价），相当于当前匈牙利、希腊和葡萄牙的居民收入和实际消费水平，基尼系数缩减至0.4以下。

第三阶段，到21世纪中期，全体人民共同富裕基本实现，居民收入和实际消费水平差距缩小到合理区间。居民收入基尼系数进一步缩减。

---

① 2019年有78个国家和地区的数据，2020年有61个国家和地区的数据。

（二）金融促进共同富裕取得的成效

党的十八大以来的 10 年，也是中国金融发展取得历史性成就的 10 年。这 10 年我国金融资产规模平稳增长，流动性合理充裕，广义货币供应量（M2）的年均增速为 10.8%。金融业全面贯彻新发展理念，服务构建新发展格局，对实体经济的支持力度进一步加强，大力发展科技金融、绿色金融、普惠金融，有力有效服务高质量发展。

第一，金融服务实体经济的能力和效率显著提升，助推经济高质量发展。党的十八大以来，我国金融系统的投融资能力显著提升，我国银行贷款和债券投资年均增速分别为 13.1% 和 14.7%，与名义 GDP 增速基本匹配，股票市场规模增长 238.9%，债券市场规模增长 444.3%，两个市场均位居全球第二，股票市场投资者超过 2 亿人。高技术制造业中长期贷款余额较 10 年前增加了近 7 倍，为实体经济的高质量增长和技术创新提供了坚实的资金支撑。

第二，多层次资本市场体系不断完善，投资者保护持续健全。过去 10 年，我国多层次资本市场体系不断完善，先后推出新三板、科创板，改革创业板，设立北京证券交易所，资本市场对实体经济的适配性大幅增强，支持科技创新能力不断提升。全面深化资本市场改革开放，行业机构外资股比全面放开，沪港通、深港通、沪伦通启动，稳步推进股票发行注册制，发行市场化程度、审核注册效率和可预期性大幅提升，交易、退市等关键制度得到体系化完善，上市公司质量和竞争力持续提高，现货市

场与衍生品市场同步发展，产品体系不断丰富，投资者结构逐步优化，投资者权益保护持续加强，特别是中小投资者的利益得到了更好的保护。资本市场法律体系"四梁八柱"基本形成，市场违法违规成本过低的局面得到根本性改变。

第三，普惠金融快速发展，服务中低收入群体和中小微企业的能力提升。经过10多年的发展，我国普惠金融聚焦全社会弱势群体，强调为城镇低收入群体、农村贫困人群、新市民、偏远地区贫困人群等提供可负担的金融服务，为中小微企业、个体工商户、农村经济组织缓解了融资难、融资贵问题。截至2022年6月末，我国人民币普惠金融领域贷款余额为29.91万亿元，同比增长20.8%，比各项贷款高9.6个百分点。支持的小微企业和个体工商户超过5 000万户，普惠型中小微贷款和普惠型涉农贷款年均增速分别达到25.5%和14.9%，明显高于贷款平均增速。保险深度从2.98%上升到3.93%，保险密度从每人1 144元上升到3 179元，大病保险制度从2012年建立以来已经覆盖12.2亿城乡居民。普惠金融有效缓解了借款机构和个人融资贵的问题，增强了广大中小微企业、个体工商户以及"三农"组织的发展能力，创造了更加普惠公平的融资环境。

第四，金融服务国家脱贫攻坚战略，引导社会资源流向"三农"，助力乡村振兴。实施脱贫攻坚战以来，金融精准扶贫累计发放贷款9.2万亿元，累计支持贫困人口9 000多万人次。其中，对建档立卡贫困人口存量贷款与已脱贫人口贷款余额合计8 189亿元，最大限度地改变农户因资金短缺而出现的贫穷状况，让更

多的老百姓分享改革红利。10年来,农业保险为农户提供的风险保障从2012年的0.9万亿元增长到2021年的4.4万亿元,在提高保险保障水平的基础上鼓励创新,以满足新型农业经营主体规避风险的需求。不断完善"三农"金融服务体系和机制,按年度制定出台金融服务乡村振兴的政策措施,着力引导金融资源流向"三农",形成了可复制、可推广的宝贵经验。

第五,金融监管精准性和协调性不断增强,金融风险防控取得重大成效。坚持稳健货币政策灵活适度,综合运用多种货币政策工具。健全市场化利率形成和传导机制,推动企业综合融资成本稳中有降,以及金融系统向实体经济让利。进一步健全宏观审慎政策框架和治理机制,完善系统性风险监测和评估框架,开展宏观审慎压力测试。稳妥有序推动金融控股公司审批并开展持续监管。实施系统重要性银行监管。防范化解重大金融风险取得重要成果。金融资产盲目扩张得到根本扭转,高风险影子银行规模较峰值压降约25万亿元。不良资产处置大步推进,过去10年累计消化不良资产16万亿元,一批突出风险隐患得到消除。

第六,金融高水平开放深入推进,积极参与全球经济金融治理。持续推进金融业有序开放,基本建立准入前国民待遇加负面清单管理制度,境外主体持有境内人民币金融资产比10年前增加了2.4倍,在华外资银行资本和资产均较10年前增长超过50%,在华外资保险公司资本10年间增长1.3倍,资产增长6倍。外汇储备资产实现安全、流动和保值增值,外汇储备经营管理制度不断完善,截至2022年10月末,我国外汇储备规模为3.1万亿美元,

连续17年稳居世界第一，成为维护国家经济金融安全重要的"稳定器"和"压舱石"。人民币成功加入国际货币基金组织特别提款权，成为第三大储备货币，权重从10.92%提升至12.28%。

（三）金融促进共同富裕面临的挑战

第一，金融发展质量还有待提升。只有金融真正实现高质量发展，才能更好地服务经济高质量发展，进而做大做好"蛋糕"，夯实共同富裕的基础。金融发展质量不高已成为掣肘经济高质量发展，进而制约共同富裕的重要原因之一。一是金融支持实体经济的边际效应递减，金融机构补充资本金和处置不良资产的压力增大，信贷结构有待进一步优化。二是金融发展不平衡不充分问题依然突出。近年来，我国融资结构有所优化，但直接融资占比仍然偏低。金融市场产品和服务同质化程度高、结构不合理，还不能满足多元化、多层次、高质量金融产品和服务的需求。三是金融双向开放有待进一步扩大。近年来，我国金融双向开放稳步推进，经济合作与发展组织（OECD）最新发布的全球服务贸易限制指数（STRI）显示，我国是过去7年间全球包括金融在内的服务贸易开放水平进步最大的国家之一，但总体而言，无论是在银行、保险还是证券行业，我国金融开放水平仍然不高，低于发达国家及部分发展中国家，这与我国大国地位不相匹配。我国的金融开放仍以管道式开放为主，全面制度型开放体系尚未形成。四是维护金融安全的能力尚需提高。改革开放40多年来，我国没有发生过系统性金融危机，有力保障了经济长期稳定增长。在

百年变局和世纪疫情交织叠加的背景下，我国发展的外部环境更趋严峻复杂，金融安全和稳定仍面临挑战。

第二，收入差距和财富差距均处于较高水平。国家统计局的数据显示，21世纪以来，全国居民收入基尼系数总体处于上升态势，2008年达到峰值0.491，2008—2015年基尼系数略有回落，收入差距有所收敛，但近年来基尼系数再次上升，2021年我国基尼系数为0.472，高于0.4的国际警戒线，也高于绝大多数发达国家的水平。具体到城乡之间、地区之间、行业之间、群体之间的收入差距，虽然有不同程度的收窄，但总体而言均处于高位，比如2021年城乡居民人均可支配收入比仍保持在2.5的水平。特别是，新冠肺炎疫情冲击持续了3年，低收入群体和小微市场主体受到的冲击相对更大，一些居民暂时性甚至永久性失去了稳定收入来源。在财富不平等方面，根据世界不平等数据库的数据，2021年中国净财富前1%的人群拥有的财富占总财富的31%，前10%的人群占总财富的68%，后50%的人群仅占总财富的6.3%。财富不平等程度大大超过收入不平等程度，对实现共同富裕的挑战更大。收入差距较大和财富差距较大并存的现实情况，对金融促进共同富裕的路径选择和政策考量提出了更高的要求。

第三，中等收入群体比重有待提高。按照国家统计局的标准，一个典型的三口之家，家庭年收入在10万~50万元之间即可以认定为中等收入家庭，按照这一标准，当前我国中等收入群体有4亿~5亿人，约占总人口的1/3。实现从"金字塔型"社会迈向"橄榄型"社会，扩大中等收入群体规模，对于扩内需、促

增长，实现共同富裕具有重大意义。根据刘世锦（2022）的测算，假定2019—2030年我国实际GDP平均增长5.0%左右，平均通货膨胀率为2.5%左右，名义GDP年均增幅为7.5%左右，居民可支配收入名义增速与名义GDP增速匹配，同时根据不同收入群体内城乡居民分布的加权计算，到2030年，中等收入群体规模有望从当前的4亿~5亿人扩大到8亿~9亿人，实现中等收入群体倍增。金融如何支持中等收入群体倍增，需要深入研究。过去较长时期，通过将储蓄转化为投资，依靠信贷扩张，金融对促进经济增长，培育壮大中等收入群体发挥了关键作用，但也推升了全社会债务水平和房地产等资产价格，加剧了贫富分化。未来在促进中等收入群体倍增而推进共同富裕的过程中，金融需要在新形势下探索改革发展的新路子。

第四，基本公共服务均等化程度不高。促进基本公共服务均等化是实现共同富裕的具体体现。均等化不是简单平均化，均等化不仅保障全体公民享受公平可及且大致均等的权利，即基本公共服务"普及"，更重要的是促进机会均等的"普惠"，这也是衡量共同富裕的重要标准之一。我国基本公共服务主要由政府提供，基本公共服务的区域不均衡问题突出。我国优质公共资源主要聚集于经济发达地区，比如，医疗资源集中于东部沿海地区、省会及以上城市，三级医院数量仅占我国医院总数量的8.5%，却覆盖了42.1%的床位资源，而东部地区的卫生费用投入占全国的49%。再如，基础设施方面的地区差异也很大，近年来，中西部省份高速公路、高铁等里程数绝对值明显提升，但相对密度仍

低于东部发达地区，人均基础设施占有量依然存在较大差距。当前，我国金融在促进基本公共服务均等化方面发挥的作用有限，需要鼓励市场主体参与基本公共服务供给，充分发挥金融市场化配置资源的作用。

三、金融促进共同富裕的市场化路径

金融促进共同富裕，首要的是继续支持经济平稳增长、社会财富持续积累，做大做好"蛋糕"。同时，更好地处理增长与分配的关系，切好分好"蛋糕"，助力缩小财富和收入差距。这应当是金融促进共同富裕的角色和定位。

（一）政治性和人民性是金融促进共同富裕的必然要求

金融促进共同富裕必须坚持政治性和人民性立场，这既是金融服务实体经济和人民生活的本质要求，也是中国特色金融发展之路的独特优势，更是金融高质量发展的出发点和落脚点。金融的政治性明确了金融业改革发展的方向，确保金融业在党的集中统一领导下，沿着正确的轨道前行。金融的人民性规定了金融必须坚持以人民为中心的发展思想，必须符合最广大人民的根本利益。只有坚持金融的政治性、人民性，才能充分发挥金融促进共同富裕的积极作用，抑制其消极作用，扬长避短、趋利避害，正确运用金融市场和工具，为经济高质量发展和人民生活提供优良服务。

（二）市场化和专业化是金融促进共同富裕的必由之路

坚持金融的政治性、人民性与发挥金融的市场化、专业化优势是有机统一且相辅相成的。金融促进共同富裕的路径选择极为关键，既不是搞政策性金融，也不是搞慈善金融，而是要遵循金融发展的规律，坚持有偿性、流动性、安全性原则，运用市场化模式和工具，发挥金融的专业性优势，创新金融服务与产品，助力实现共同富裕。

第一，只有坚持市场化路径，才能更好地引导金融资源优化配置，服务高质量发展。市场化意味着有偿性、商业性和可持续性，这是符合金融运行的本质和规律的。通过政策性金融、慈善性金融支持共同富裕，能够发挥很好的作用，但整体而言，政策性金融、慈善性金融只能作为金融促进共同富裕政策的一部分，就整个金融体系来讲，必须以商业性金融为主导。

第二，只有坚持市场化路径，才能更好地防范化解金融风险，维护金融安全与稳定。如果过多采用非市场化金融的方式支持共同富裕，就会混淆金融与财政的区别和界限，是不可持续的。如果处理不好，可能会引发负外部性，扭曲金融市场估值和定价，掣肘宏观政策执行，甚至可能引发通货膨胀和系统性金融风险，给经济增长和人民生活带来长期的负面影响。

第三，只有坚持市场化路径，才能更好地服务新发展格局，助力国内国际双循环。要发挥市场在资源配置中的决定性作用，当前的重点是推进生产要素市场化配置，逐步建设全国统一大市场。从国内循环的角度看，市场化金融发展有利于生产、分配、

交换、消费各环节循环畅通，更好地兼顾增长和分配、公平和效率。从国内国际双循环的角度看，坚持市场化路径是深度融入全球产业链、供应链、价值链，增强国际竞争力和影响力的客观必然。

同时，也要认识到，金融促进共同富裕的作用的发挥是有边界的，不能指望金融包打天下并解决所有问题。实现共同富裕是一个长期任务、系统工程，需要在发展的同时创造更加普惠公平的条件，全面系统构建促进共同富裕的基础性制度体系，加大多领域的政策协同与联动，提高政策精准性和有效性。

（三）金融促进共同富裕市场化路径的案例分析

金融通过市场化方式，在服务实体经济发展、缓解收入不平等、推进共同富裕等方面发挥了积极作用，积累了宝贵的中国经验，为我们进行理论总结提供了实践基础。以定向扶贫企业债和农村"保险+期货"这两个市场化、专业性运作的金融产品为例，进一步深化对金融促进共同富裕的市场化路径的认识和理解。

1. 定向扶贫企业债

定位贫困地区中小企业融资，政策创新完成企业增信，开启了以债券融资形式支持扶贫开发的先例，市场化和专业性运作完成融资，通过可持续经营支持企业发展和民生工程。

扶贫债券可以分为两大类：一是以银行等金融机构为发行主体，二是以企业为发行主体。2016年，中国农业发展银行通过银

行间市场成功发行我国首只扶贫专项金融债，此后我国逐渐出现金融债、公司债、企业债、短期融资券、中期票据、地方政府债等扶贫债品种，以及扶贫资产支持证券，扶贫债发行数量与规模不断增长。

以泸州市易地扶贫搬迁项目收益债券为例（见图1-2），我们主要从专业性、真实性和可持续性三个方面，对债券市场扶贫的效果展开分析。乌蒙山地区属于国家14个扶贫连片地区之一，乌蒙山地区是多民族的聚集区，自然环境险恶，农业生产方式较为落后，一直是"一方水土养活不了一方人"的穷乡僻壤，针对该地区部分人口须通过"易地搬迁脱贫一批"的方式，将贫困人群搬迁出来，使其彻底摆脱恶劣的生存环境和艰苦的生产生活条件，帮助其增加就业机会，实现稳定脱贫。易地搬迁需要约60亿元的资金，按照市场化方式与条件，难以通过信贷方式获得支持。在此情况下，国家开发银行设计"债券+信贷"组合产品。2016年9月，四川省泸州市农村开发投资建设公司面向银行间债券市场分四期非公开发行了20亿元10年期易地扶贫搬迁项目收益债券，债券的信用评级为AA+，首期共发行5亿元。产品设计在兼顾公益性和收益性方面进行了创新。

第一，巧用土地增减挂钩政策。国开证券利用土地流转增减挂钩政策支持易地扶贫搬迁这一政策优势，将叙永、古蔺两县的易地扶贫搬迁土地指标与迫切需要土地指标的成都市双流区相连接，双方实现增减挂钩土地指标流转，交易土地指标所获得的费用，作为债券的还款来源。

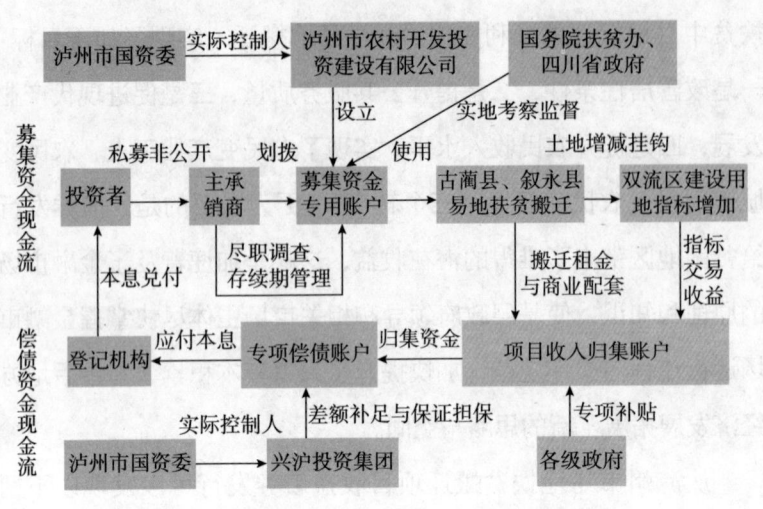

图 1-2　泸州市易地扶贫搬迁项目现金流运转流程

资料来源：何婧、汪小亚、褚子晔（2020）。

第二，充分利用补贴收入，丰富还款来源渠道。财政补贴分为中央、省级和县级政府三级。中央和省级方面，国家和四川省针对易地扶贫搬迁提供财政专项补助。县级财政则针对项目进行补贴，补贴收入是根据各年度运行净收入不足偿还债券本息的差额，由政府给予补助。预计 2018—2025 年每年 6 000 万元，叙永县、古蔺县各 3 000 万元。

第三，巧用差额补偿和担保措施，增加债券信用评级。为进一步提升债券的信用等级，债券发行人设置了差额补偿条款，当偿债资金不足以支付本息时，约定的差额补偿人对不足部分进行弥补。同时，还要求差额补偿人提供无条件的不可撤销的连带责任保证担保，进一步提升了债券的安全性。

泸州市易地扶贫搬迁项目收益债券的顺利发行，保证了两县

扶贫中易地搬迁的顺利完成。通过易地搬迁，实现了如下目标：一是改善居住条件，二是提升公共服务质量，三是促进现代产业发展，四是提升农民收入水平。实现了农民变产业工人、农民变城镇居民、农民变股民"三个转变"。更为重要的是，债券发行给贫困地区带来了难得的潜在收益，这就是加速普及了金融市场的原理和知识，使基层政府领导和相关市场主体尽快掌握金融市场运行流程与操作规范，加快提升了人力资本积累，为今后地方经济发展拓展了新的思路与空间。

从泸州市易地扶贫搬迁项目收益债券发行可以发现以下两点。第一，债券市场扶贫是金融专业化运作与公益属性的有效结合。债券发行必须遵循金融市场化、专业化运作要求，需要兼顾财务回报和社会绩效的共同实现。但专业化和市场化的运作，也成为制约很多贫困地区利用债券市场扶贫的重要因素，多数贫困地区的发行主体资信状况薄弱，因此，如何提高融资主体的信用等级，是债券融资助力贫困地区基础设施建设的关键。第二，资产信用可以破除融资壁垒。贫困地区企业筹资渠道有限，金融基础设施不完善，可获得的银行授信额度较低。但贫困地区可通过发行资产支持证券，拓宽资产增信、担保补助等方式，以资产信用代替主体信用，有效帮助贫困县企业跨越融资难屏障。

也要看到，虽然债券已成为金融支持脱贫攻坚和乡村振兴的重要市场化工具，但仍存在一些问题，包括投资者积极性有待提升，监管政策协同有待完善，业务结构偏单一，资产质量不高，

有效净资产规模偏小，债务负担沉重，可能存在高利融资和期限错配风险等。

2. 农村"保险+期货"

通过金融创新促进农业专业化、规模化生产，帮助农民增产增收，农村"保险+期货"展示出"四两拨千斤"的效果。

"大国小农"是我国农业发展的基本现状，我国是全球最大的农产品消费国，也是农产品生产大国，部分农产品进口依存度较大。同时，我国农业具有"小生产、大市场"的特点以及相对较高的成本，农民应对自然灾害和农产品价格波动的能力弱，不利于增产增收。我国农业从业人员人均耕地9.2亩，农户年均收粮不到5吨，商品粮更不足一手期货合约。期货作为专业化小众市场，绝大多数农民很难系统学习并熟练掌握相关知识，更无法长期跟踪分析市场行情。因此，我国农民天然不适合直接参与期货市场。

近年来，我国先后探索了订单农业、粮食银行、场外期权等农业风险管理业务模式，有效帮助农民通过期货价格指导生产，运用期货工具稳定农民收入。借鉴国际经验并结合国情，我国创新提出"保险+期货"跨界合作模式（见图1-3），突破了保险和期货的界限，融合保险"大众化"和期货"风险对冲"的优点，为农民参与期货市场、稳定收入增长提供了新的有效途径。

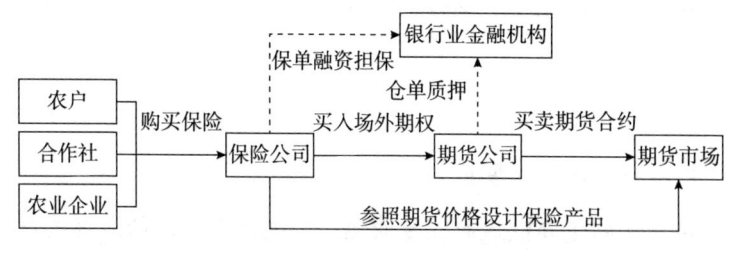

图1-3 我国"保险+期货"("+银行")模式

资料来源：中国期货市场监控中心课题（马晓旭等）。

"保险+期货"模式主要涉及三个主体，即投保主体、保险公司、期货公司。其运作流程为，投保户支付保费购买保险产品，保险公司向期货公司购买场外期权对冲部分赔付风险，期货公司在期货市场进行复制期权操作，进一步分散风险。期权到期后，期货公司对保险公司进行支付结算，保险公司再对投保户进行赔付。可以看到，"保险+期货"模式结合了期货市场的风险规避功能与保险行业的承保理赔作用，解决了农产品价格大幅波动、市场风险难规避的问题，成为我国农业风险管理体系的有益补充。从原理上，"保险+期货"模式中所涉及的"保障价格"就是"期货价格"，它具有连续性、前瞻性、权威性，能够较为真实地反映商品和金融资产未来的价格变动趋势，利用期货市场可以对冲价格波动风险的功能，能够锁定投保主体的预期价格或收益，在决胜脱贫攻坚中发挥了积极作用。

以南华期货为例，其连续多年积极参与完成交易所项目及商业性"保险+期货"项目，2016—2021年累计承做"保险+期货"项目上百个，承保农户超过13.1万家，保险金额达65.12亿

元,期权端累计赔付逾1.5亿元,涉及玉米、大豆、豆粕、生猪、饲料、鸡蛋、棉花、白糖、苹果等。多个项目由"分散"到"县域",由"价格险"到"收入险",由"农作物保险+期货"到"养殖业保险+期货",试点规模逐步扩大,形式和种类不断创新。

几年来,在帮助农户保值增收的同时,保险公司、期货公司和交易所在推动"保险+期货"的过程中,也实现了自身的提质增效。"保险+期货"模式能否取得更大成功的关键在于可持续发展,未来还需要进一步做好保费结构的调整和优化,推动地方财政资金对"保险+期货"业务进行保费补贴,发挥财政资金的杠杆作用,形成"政府+农户+银行+期货公司"等多方分担机制,合力为农户提供保障。在市场规模得到进一步扩大,业务可持续性进一步增强之后,"保险+期货"的业务创新将会吸引更多的外部社会资金,通过进一步的金融创新,服务更多的农户,创造更大的市场价值。

四、金融促进共同富裕的国际经验与启示

从全球实践来看,无论是发达经济体,还是新兴市场经济体,都在充分发挥金融市场化作用、助力缩小社会贫富差距方面进行了积极探索,积累了不少值得借鉴的经验,当然也有一些失败的教训。他山之石,可以攻玉。我们从国际实践中梳理、总结金融促进共同富裕的经验和教训,并提出对我国的借鉴和启示。

一是设立特定金融机构,更好地支持开展普惠金融业务。比

如，孟加拉国格莱珉银行（又称乡村银行），针对特定低收入群体需求开展普惠金融，为这一群体提供更多的致富机会，缩小收入差距。再如，美国社区银行顺应市场需求，通过法律保障和政策优惠，为落后社区和小微企业提供更多的融资支持和发展机会，更好地支持区域经济发展和便利居民生活。

二是创新金融产品和服务，更好地助力居民财富稳步增长和中小微企业发展。比如在美国、欧洲、日本、韩国、新加坡等地已经运行多年的公募REITs（房地产投资信托基金）产品，被证明是资本市场一种很好的投资品种，对养老金等长期投资的资产配置有很大吸引力。再如，先锋基金、小额债券保险基金等，这些财富管理产品的创新降低了普通投资者资产配置的门槛，有利于拓宽和增加低收入群体的财产性收入。

三是服务科技创新，充分发挥金融市场引导和配置资源的作用，激发创新活力，实现科技、产业、金融良性循环，更好地推动做大做优"蛋糕"。

四是金融助力企业和产业"走出去"，更好地推动国民收入增长。比如，以日本、德国等制造业强国为代表，通过相关金融政策，以产业发展为抓手，通过金融市场化手段助力产业发展和企业"走出去"，推动经济高质量发展。

金融促进共同富裕一定要以金融稳定为前提，必须要有防范金融风险和维护金融安全的配套机制，否则经济发展和人民生活会受到严重冲击，更谈不上实现共同富裕了。这方面，泰国曾受到金融危机冲击就是一个典型案例。

（一）代表性案例

1. 设立特定金融机构，助力低收入群体增收和小微企业发展——孟加拉国格莱珉银行和美国社区发展金融机构

孟加拉国格莱珉银行是在欠发达地区针对特定群体小额信贷类普惠金融的典型案例。格莱珉银行作为全球第一个专门服务穷人的银行，截至2021年末，已拥有超过2 000家支行，覆盖孟加拉国93%的村庄，累计发放贷款300多亿美元，还款率达到99%，成为金融界的奇迹。

该银行主要产品为小额贷款，其目标客户精准定位到贫困家庭的妇女群体。银行贷款产品的发放方式、贷款限额上限和期限、分期付款额度、还款形式因地制宜且灵活多变。格莱珉银行普惠金融业务成功的关键在于"十六条公约"、"五人小组"和"每周聚会还款"这三个核心要素，这些核心要素共同塑造了参与者的共同体精神与契约精神。其中，"十六条公约"虽然没有一条与信贷直接相关，但是涉及家庭生活的多方面细节，对经济文化落后地区的借款者具有很强的励志和群体规范色彩。"五人小组"具有中国古代"连坐"的性质，单独个人无法获得贷款，那些信用差、品行不好的人较容易被排除在借款人之外。"每周聚会还款"不仅降低了违约风险，还在无形中对每位借款人施加了"欠债"压力，提醒他们努力工作还款。此外，银行还通过"中心会议"等方式教授借款人学习更多生活和生意上的知识，帮助会员建立自己的"朋友圈"。在这个过程中，女性会员增加

收入，建立信用记录，还能为社会创造工作岗位，会员能得到更大额度的贷款，让小生意越做越大，脱贫致富。

格莱珉银行建立的目的并非获得盈利，其通过市场化运作为低收入群体提供优质金融服务这一方式，帮助低收入群体获得更公平的发展机会，帮助他们实现更好的生活。同时，格莱珉银行也不是慈善组织，政府只占5%的股份，自1995年格莱珉银行实现盈亏平衡以来，银行盈利源源不断地返回到运营中，通过市场化运营为更多低收入群体提供优质金融服务。市场化运营方式相较于纯粹的公益性捐款，运营效率和资金利用效率更高，更能起到防止不公平分配、杜绝懒汉行为与鼓励就业的作用。

美国的社区发展金融机构也是为普惠性金融服务专门设立的，截至目前，美国共有超过1 000家社区发展金融机构，资产规模超过1 500亿美元。美国社区发展金融机构有效弥补了主流金融市场在支持低收入群体、小微企业和落后社区方面的不足，在提高社区中低收入群体收入，帮助小微企业发展方面取得了显著成效。

1994年《社区发展金融机构法案》和1995年新修订的《社区再投资法案》的出台，成为美国社区发展金融机构发展历程上的里程碑，依法设立的联邦政府社区发展金融机构基金，专门为社区发展金融机构提供技术支持和财政资助，同时法律规定将社区发展金融机构的贷款和投资视作机构申请开设分支机构、兼并、收购等评审的重要依据，这大大增强了主流金融机构的参与动力。越来越多的成功案例吸引了大量投资者加入，社区发展金

融机构行业迅速扩张。

美国社区发展金融机构一般规模较小，位于农村和城市郊区，大多数是在城镇或特定大都市的郊区运作，最大的贷款市场是社区项目和企业。主要产品为传统信贷，大多数贷款是有抵押的（主要针对房地产），利率具有竞争力。与传统的主流金融机构相比，社区发展金融机构具有以下优势。首先，更加贴近社区，更强调差异化的优质服务。员工本地化、管理本地化等一系列贴近社区的现代企业管理体系，能对贷款人的信用情况、发展前景、风险状况做细微分析，更能接受不符合标准的抵押物和信用记录有限的客户。其次，较低的资金成本。长期低成本债券支持、基金赠款和股权投资有效降低了社区发展金融机构的资金成本。最后，最为重要的是联邦法律保障，社区发展金融机构在报告义务、设立资本要求等方面享受法定的优惠政策，地方行政当局往往也倾向于降低社区发展金融机构的监管压力，在地方行政许可事项中，社区发展金融机构相对于大型金融机构更有竞争优势。

启示是，无论是以贫困妇女群体为服务对象的孟加拉国格莱珉银行，还是以服务本地小微企业、参与社区发展为己任的美国社区发展金融机构，这些专门设立的普惠性金融机构的共同点在于三个方面。一是金融服务需要"从消费者的根本需求出发"，尤其是要关注目标群体的内在需求，打破同质化服务和无序竞争，切忌"一刀切"式的产品设计和运营管理。二是普惠金融不是做慈善，需要理顺激励约束机制，增强项目可持续性，市场化

运营尤为关键，不仅有助于提升运营效率和资金利用效率，还可以进一步吸收外部资金，帮助更多的低收入家庭和小微企业。三是政策扶持的重要性，需要充分发挥政府和法规的作用，在引导基金、税收、信息、场所和监管方面给予优惠政策，鼓励主流金融机构和社会资金参与和扩大普惠金融。

2. 创新金融产品和服务，增加居民财产性收入——房地产投资信托基金和普惠型财富管理工具

通过金融创新，不断丰富金融产品层次和种类，分享"蛋糕"做大红利，扩大优质金融服务覆盖范围，是增加中低收入群体财产性收入，促进共同富裕的迫切需要。从他国实践来看，房地产投资信托基金和普惠型财富管理的快速发展与成功经验，值得深入分析与借鉴。

REITs，即房地产投资信托基金，本质上是由专业人员管理的集合资金投资计划，基金持有人按出资比例分享收益，共同承担风险。REITs可以涵盖广泛的房地产投资，涉及基础设施、商业物业、工业园区、仓储物流、长租公寓等，是重要的资产配置工具。全球REITs市值从2002年的2312亿美元猛增至2021年的2.9万亿美元，复合年均增长率约为12%。截至2021年底，美国REITs总市值达1.9万亿美元，欧盟加英国的REITs总市值接近4000亿美元。亚太地区REITs最近10年发展迅速。过去40年美国的REITs基金投资收益率显著高于标准普尔500指数，年化收益率超过12%。

国际经验显示，税收中性政策是 REITs 得以发展的重要因素。在美国，REITs 产品享有税收优惠待遇。在亚洲，新加坡 2001 年出台《REITs 所得税处理条款》后，明确"穿透征税"原则，且多年来一直不断给予投资者分红所得税豁免、外国投资者预提税降低等优惠措施；中国香港并未给予 REITs 特别税收优惠，但因为税收负担本身并不重，企业无须缴纳资本利得税，投资者所持有的基金单位收益也无须缴纳印花税或遗产税，横向比较税收方面仍具有较大竞争力。

REITs 作为一种可持续分配收益、流动性较强、风险适中的新兴金融创新工具，可以满足风险偏好中等的投资者的需求。REITs 长期投资收益率较高，其中公募 REITs 产品发行认购门槛较低，收益与风险介于股票和债券之间，能够有效填补原有金融产品空白，为个人投资者配置优质的不动产资产提供了投资路径，丰富了社会资本投资方式，拓宽了居民财产性收入渠道。

美国金融市场上的财富管理公司大致分为两类。一类是服务于高净值及超高净值客户的，为其提供全面的、个性化服务的大投行，以黑石、摩根士丹利、瑞银集团（UBS）为代表。另一类是服务于中产阶级及大众的，提供专业指导下的标准化产品服务，以先锋领航集团和嘉信理财为代表。后一类金融机构，以大众客户为中心，通过金融服务创新，帮助广大中产阶级及普通大众增加了财产性收入，扩大了经济增长红利分配的覆盖范围。

2021 年全球资管 500 强榜单中，先锋领航集团（以下简称先锋基金）以 7.15 万亿美元的规模位居第二，这家于 1974 年创立

的公司是世界上最大的不收费基金，其中指数型基金规模达 5.5 万亿美元、ETF（交易型开放式指数基金）全球管理规模达到 1.6 万亿美元，为全球 3 000 多万名投资者提供服务。与大部分基金公司不同的是，先锋基金是持有者所有，其通过信托的模式使投资者成为公司股东，无须向除投资者、基金公司以外的"第三方"外部股东支付股息红利，且取消销售佣金，从而实现低费率投资。

先锋基金的成功运营具有三个关键因素。一是"投资者即股东"的独特组织结构使其只用考虑投资者的利益，将基金利益与投资者利益紧密地连接在一起，低费率投资一直是先锋基金快速发展的核心竞争力。二是产品丰富、运作规范，满足用户的不同投资需求。先锋基金为个人投资者提供 ESG（环境、社会和公司治理）主题基金、国际权益基金、529 教育储蓄计划（具有税延及特定免税优惠）等多个产品线，满足客户的投资多样性需求。三是科技提升客户体验，拥抱互联网技术革命，不断增强客户黏性。先锋基金能够为投资者提供自助财务规划工具，并且根据投资者的需求提供对应的产品选项，将投资者本人管理与投资顾问协助的选择权交还给投资者。

启示是，在扎实推进共同富裕的时代背景下，面向中低收入群体的财富管理更需受到关注。通过金融产品服务创新，提供丰富多样、投资门槛低、流动性强、安全性高的金融产品迫在眉睫。

3. 金融助力产业发展做大"蛋糕"——日本汽车业海外发展

2021年日本在海外的投资收益增长14.7%，达到21.59万亿日元，折合1 876亿美元，逐渐增长的收益有利于提振国内经济复苏信心，从日本的人均GNI（国民总收入）便可以体现，在许多年份，日本的人均GNI超过了人均GDP。日本1970—2020年的GNI/GDP数据如图1-4所示。人均GNI体现了一个国家的人均国民收入水平。日本的财富增长、GNI的增长及其持续高于GDP的现象与巨额海外投资密不可分，由此可以看出，海外投资对促进共同富裕具有积极作用。海外巨额投资使日本的OFDI（对外直接投资）一直高于FDI（外国直接投资），而对外直接投资是一个国家"走出去"的重要组成部分，是主动参与国际分工，充分利用两种资源、两个市场，规避国外贸易壁垒的最优选择之一，海外投资的增加会带动地区经济发展，呈现出富民效应。

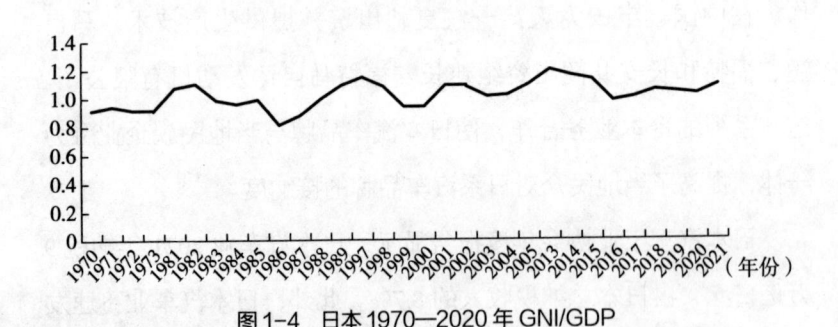

图1-4　日本1970—2020年GNI/GDP

资料来源：世界银行数据库。

以日本汽车业"走出去"为例，日本海外发展战略的重要体现便是汽车业。在日本，汽车业在"走出去"的过程中顺应了时

代趋势，先是出口，然后对外投资，积极开展并购等活动，是日本海外投资扩张与发展的关键一环。日本汽车业在过去几十年积极发展海外汽车制造运营，在全球范围内进行扩张，截至2021年，日本在海外拥有的汽车制造运营商已达300多家。日本汽车业在海外市场的获利造就了日本汽车巨头的发展。

日本汽车业的有序布局，不同国家、不同业务的精准定位以及政府的鼓励帮助，成就了日本汽车业在海外市场的发展。虽然近年来日本汽车在海外的销量有所下降，但在全球仍处于领跑地位。日本的汽车运营精准定位，与东道主国家开展合作，是日本汽车业在海外成功发展的重要基础。例如在美国，日本五十铃为通用汽车供应柴油发动机，通用汽车则百分之百出资日本通用，丰田与特斯拉共同开发电动汽车。在欧洲，日本日产、法国雷诺和德国戴姆勒相互出资，丰田与德国宝马在环境技术领域开展合作。在中国，丰田为天津一汽夏利出资并提供生产技术，马自达、福特和长安共同出资组建长安福特马自达发动机有限公司。这一系列的资本业务合作，使日本汽车品牌与当地民族企业融为一体，提高了当地民众对日系汽车品牌的接纳度。

日本汽车工业协会年度报告显示，日本汽车业2021年纳税9万亿日元，占日本总纳税收入的8.7%。此外，日本汽车业飞速发展及海外扩张带来大量工作岗位，在日本国内，汽车制造及其相关行业提供了549万个工作岗位，占日本总工作岗位的8.2%。

日本金融市场为本土企业"走出去"给予了充分支持，并在企业"走出去"的过程中得到丰厚回报，进一步推动了金融市场

的发展。具体来说有以下几点。

首先，日本发展和建立了海外投资保险，设立了海外投资损失准备金制度、海外投资保险制度等相关保障制度。其海外保险以国家信用为担保，用政府财政做后盾，实际上是一种政府保障制度，政府根据保险条约补偿日本投资者因政治风险而受到的损失。在海外投资的日本自然人、法人均可申请保险，大大促进了企业与家庭对外投资的热情和信心。

其次，日本政府设立了海外矿产资源勘查补助金制度，积极推进海外矿产补贴计划，鼓励境外开矿，每年补助金额为6亿~7亿日元。2011年，日本经济产业省制定了《中小企业海外发展支援大纲》，通过中小企业海外发展等支援项目提供25亿日元，协助日本中小企业开拓海外市场，从国内准备阶段到与海外合作者签订合约，制定了一套完整的支援体制，大力支持中小企业向国际化转型。同时，为中小企业开创日本品牌支援项目提供5.9亿日元，支持了中小企业海外销路拓展，并且鼓励各地区的中小企业进行合作，大力支持中小企业的产品开发和海外市场拓展。

最后，日本的政策性金融机构在日本企业"走出去"的过程中发挥了巨大作用。最具代表性的是1999年日本政府设立的日本国际协力银行，该机构为日本企业在海外投资和并购提供融资服务，服务范围与对象广泛。其主要原则为准确实施政策性金融服务，维护和提高国际信用，补充民间金融机构在国际金融领域的作用。其资金主要来源为日本政府追加资本金及政府借款与发行债券，再加上日本中央银行的低利率政策，降低了对外投资的日

本企业的融资成本，为日本出口企业提供了高效快捷的信贷支持。

4. 处理好金融发展与稳定的关系——泰国金融危机的教训

防范化解金融风险，特别是防止发生系统性金融风险，是金融工作的根本性任务，也是实现共同富裕的必然要求。

20世纪80年代，泰国开始积极推进本国金融市场的开放，1989—1991年，短短3年间，泰国相继放开了利率管制、外汇管制，开放海外直接投资，允许企业对外借款，非本国居民可以在国内外开立泰铢账户，进行存款借款。泰国国内的市场需求有限，重点发展了出口导向型产业，大量引进外资也是为了促进出口产业的发展。

由于泰铢实行锁定美元的固定汇率制，20世纪90年代的美元升值带动了泰铢一起升值，导致泰国出口压力增大以及进口增加。加之1995年神户大地震冲击了虚弱的日本经济，迫使日元贬值，日本作为泰国的第二大出口国，日元贬值也进一步冲击了泰国的出口。这两个因素共同导致了泰国进出口逆差迅速增加。而泰国出口产业结构较为单一，让其很难摆脱市场带来的负面影响。1987—1996年，泰国的经常账户逆差逐渐增大，且占GDP的比重一直维持在较高水平，1995年、1996年两年甚至连续达到-8.1%、-8.3%，超过墨西哥金融危机爆发时的-8%，国际收支压力极大。为了弥补经常项目逆差，泰国等东南亚国家在这10年中较为依赖外国资本流入——尤其是来自日本的投资。1995年以后形势出现了变化，由于日本为摆脱衰退进行降息，短期资金仍然大量涌入泰国，而长期资金在风险面前逐渐退出了泰国市场。

短期资金虽然缓解了经常账户逆差较高的压力,但却恶化了外债结构,不仅外债占比逐渐增高(见图1-5),且短期外债在其中的比例也过高(见图1-6)。而泰国银行在国内却依旧进行长期贷款,大量资金流向房地产市场和股票市场进行投机。一旦泡沫破裂,大量短期资金会迅速逃离泰国市场,引爆金融危机。

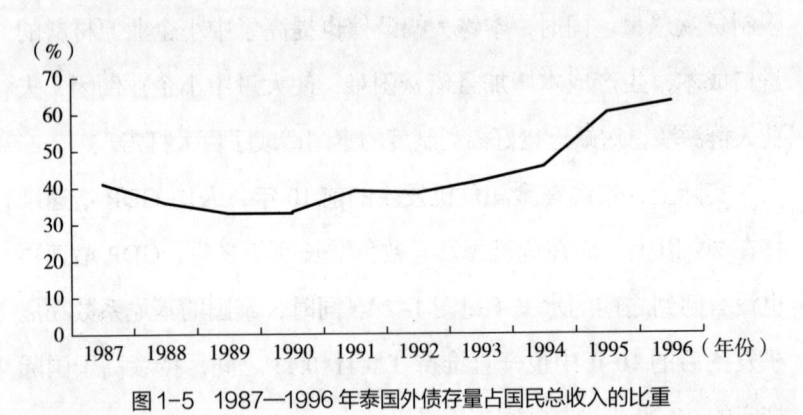

图1-5 1987—1996年泰国外债存量占国民总收入的比重

资料来源:世界银行。

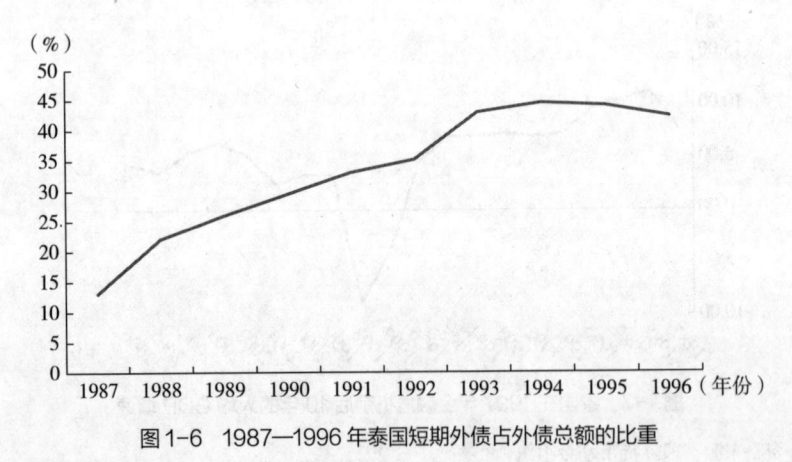

图1-6 1987—1996年泰国短期外债占外债总额的比重

资料来源:世界银行。

泰国金融市场开放过快，脱离了实体经济和监管能力。不健康的外资结构配合迅速扩大的经常账户逆差，共同促成了泰国的国际收支恶化，并使其在1997年成为首先受到亚洲金融危机冲击的国家。在危机的影响下，泰国的整个金融系统出现了大量不良贷款，1998年不良贷款率甚至高达42.9%，这使银行提高贷款利率、限制贷款总量。同时，泰铢大幅贬值也提高了中小企业原材料的进口成本，生产成本增加且借贷困难，使大量中小企业倒闭，失业人群激增，对缺乏良好福利制度的泰国造成了巨大打击。

实际上，泰国在金融危机发生的前10年，人均GDP增速维持在7%以上，而在危机爆发导致负增长两年之后，GDP增速再也没有回到之前的水平（见图1-7）。同时，泰国的基尼系数在危机发生后的10年中也一直维持在0.41~0.43之间，持续高于国际规定的0.4警戒线，贫富差距难以缩小。

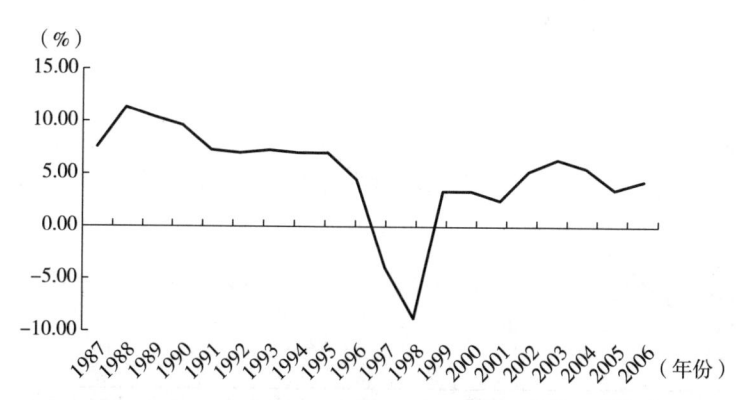

图1-7 泰国在1997年金融危机前后10年的人均GDP增速

资料来源：国际货币基金组织。

启示是，泰国金融危机发生后10年，即使金融发展水平仍在提高，但GDP增速一直没有恢复到危机前的水平，并未显著缩小贫富差距。可见，维护金融稳定，健全金融安全治理体系，是促进共同富裕的前提和保障。

（二）几点启示

第一，立足中国实际，不断增强金融发展与实体经济的适配性、普惠性、竞争力。始终坚持以服务高质量发展、增进人民福祉为己任，推进金融业提质增效。

第二，普惠金融要真正发挥作用，关键在于可持续、市场化运营。普惠金融不是公益慈善，必须遵循金融发展的内在规律，市场化的运营是理顺激励机制的基础，也是有效匹配风险与收益、提高资金利用效率的条件，只有这样才能吸收到更多的社会资金，覆盖到更多需要帮助的人，才能做到可持续发展。

第三，金融工具和业务创新，要始终以市场主体的需求为导向。要善于破解难点、痛点，创新思维，注重多元化、个性化和定制化，不搞"一刀切"，精准定位客户群体，精细化运营管理。同时，需要政府部门强有力的支持，出台一揽子配套政策作为支撑。优化制度环境，探索完善鼓励创新与控制风险的具体制度安排。

第四，有效防范化解金融风险，确保金融安全。要进一步健全金融安全治理体系，加强金融法治建设，完善现代金融监管体系，增强审慎监管能力，健全金融机构早期纠正机制，强化金融安全保障体系，筑牢金融安全网，守住不发生系统性金融风险的

底线。这是实现共同富裕的前提和保障。

五、金融促进共同富裕的政策框架

党的二十大报告指出,"完善按要素分配政策制度,探索多种渠道增加中低收入群众要素收入,多渠道增加城乡居民财产性收入","规范收入分配秩序,规范财富积累机制"。这些要求为金融促进共同富裕的政策框架设计提供了根本遵循。金融促进共同富裕的政策框架和路径选择,必须立足中国国情,不断深化对金融本质和规律的认识,找准金融发展在促进共同富裕中的角色定位,既要支持把"蛋糕"做得更大,更要助力把"蛋糕"切得更好。这就需要制定全面系统的政策框架,充分发挥金融促进共同富裕的积极作用,抑制其消极作用,着力解决金融促进共同富裕面临的短板和挑战,努力走出中国特色金融促进共同富裕的发展之路。我们研究认为,金融支持共同富裕的政策框架应包含一条主线、三大原则、六项建议。

(一)一条主线

金融促进共同富裕的政策框架设计应始终围绕打造与现代化经济体系更加适配的金融体系这一主线。金融促进共同富裕的过程,本质上是金融与实体经济进一步适应和匹配的过程。从各国的发展经验看,金融体系与经济发展水平更加适配的经济体,一般而言收入差距相对较小;存在金融抑制或金融过度发展的经济体,收入差

距相对更大。近年来，我国金融发展与实体经济的适应性、匹配性在不断增强，金融供给侧结构性改革与经济供给侧结构性改革在逻辑上一脉相承，在节奏上基本同步。经济是肌体，金融是血液，经济强则金融强。同时，金融高质量发展对经济高质量发展形成了有力支撑，金融服务实体经济和人民生活的效率及质量不断提高。共同富裕是高质量发展的重要内涵。金融促进共同富裕政策框架包含深化改革、扩大开放、普惠包容、绿色发展、金融安全等多个方面，这些领域的政策设计和施行，都必须紧紧围绕建设更具适应性和匹配性的现代化金融体系这一条主线来展开。

（二）三大原则

一是坚持政治性与市场化的有机统一。金融促进共同富裕的政策框架和制度设计，既要恪守政治性、人民性原则，确保金融促进共同富裕不走样、不变色；又要坚持市场化道路，发挥金融专业性优势，确保商业可持续。两者是相辅相成、有机统一的，只有坚持这一原则，金融才能更好地服务实体经济和人民生活，更好地与实体经济发展相适应、相匹配，真正实现做大做好"蛋糕"、切好分好"蛋糕"。近年来我国金融发展的实践表明，市场化和政治性能够实现相互促进。一方面，我国信贷市场、股票市场、债券市场、期货市场、汇率市场等领域市场化改革不断推进，金融促进共同富裕的市场化基础不断夯实。另一方面，金融工作的政治属性得到强化，以人民为中心的理念深入贯彻落实，金融投资者和消费者权益保护更加有力，金融风险防范成效更加显著。

二是坚持高质量发展与公平性的有机统一。高质量发展是实现共同富裕的基础和前提，更加公平的财富和收入分配机制是实现共同富裕的重要手段。一方面，当前我国国民财富积累、人均收入、消费水平与发达经济体相比仍有较大差距，人民对美好生活的向往与不平衡、不充分的发展之间存在矛盾，金融服务实体经济高质量发展还存在短板和挑战。只有深化金融供给侧结构性改革，不断提升服务实体经济高质量发展质效，才能更好地夯实共同富裕的物质基础。另一方面，要进一步完善我国收入分配机制和财富积累机制，逐步缩小地区发展、城乡发展差距，支持增强经济发展的平衡性、协调性和包容性，夯实社会公平基础。因此，金融促进共同富裕政策制定，必须坚持促发展与扩普惠兼顾，坚持效率与公平的有机统一。

三是坚持金融创新与金融安全的有机统一。各国实践表明，金融既可以发挥积极作用，助力缩小财富和收入差距、缓解不平等状况；也可能产生消极作用，拉大财富和收入差距，加剧不平等状况。要发挥其积极作用、抑制其消极作用，真正促进共同富裕，必须鼓励创新、大胆测试，积极主动进行金融产品、服务、工具、模式创新，但所有创新必须以维护金融稳定为前提。金融稳则经济稳，离开稳定和安全的金融环境，共同富裕的根基便可能动摇。当前，外部环境异常严峻复杂，国内经济面临的三重压力有增无减，多项风险因素交织叠加，因此，在设计金融促进共同富裕的政策框架时，必须牢牢把握防范化解金融风险这个永恒主题，守住不发生系统性风险的底线。

（三）六项建议

针对金融促进共同富裕面临的短板和挑战，围绕一条主线，遵循三大原则，我们提出六项建议。

1. 提升金融发展质量和效益，更好地服务经济高质量发展

第一，深化金融供给侧结构性改革。中国经济已经进入高质量发展阶段，增长动能、方式、重心均已发生变化，金融服务实体经济的能力、效率、质量也应有相应的变革和提升。深化金融供给侧结构性改革，一是更好地发挥货币政策总量和结构双重功能。强化信贷政策引导作用，疏通传导机制，助力降低实体经济运行成本，更好地发挥货币政策逆周期和跨周期调节功能。二是提高直接融资比重，持续改善融资结构，促进多层次资本市场健康发展。稳步提高直接融资特别是股权融资比重，拓展多层次、多元化股权融资渠道；积极发展债券市场，扩大债券市场规模和债券品种，增强债券市场服务实体经济的能力。三是加快金融机构数字化、智能化转型步伐，充分利用金融科技赋能，改善金融服务结构和效率，提供更多层次、更加便捷、更高质量的金融产品和服务，更好满足人民对美好生活的需求。

第二，稳步扩大金融双向开放。在健全跨境资本流动宏观审慎政策的基础上，加大汇率机制改革，扩大汇率浮动区间，逐步实现资本项目可兑换，推动人民币国际化。进一步便利跨境投融资、促进要素资源全球化配置，推进金融市场制度型开放，拓展优化境内外市场互联互通机制，拓宽双向融资渠道，支持企业依

法依规用好国内国际"两个市场、两种资源",鼓励企业"走出去",深度参与国际分工,确保我国产业链、供应链安全,提升我国企业在价值链中的地位。要支持企业由"走出去"向"走进去"转型,深度融入东道国经济和社会生活,拓展发展空间,实现各方互利共赢。提高中国金融市场服务实体经济的能力和国际竞争力,为境内外投资者提供更为丰富的投资品种,助力实现中国居民财富和企业资产全球化配置。不断提高跨境金融监管能力,加强国际金融监管协调合作,更加注重开放的节奏和安全。

2. 提高金融普惠性和包容性,助力缩小收入差距与财富差距

第一,提升普惠金融支持小微主体质效。大力发展普惠金融,提高金融包容性,扩大金融服务的覆盖面和渗透率,更多更好地惠及小微市场主体。支持小微市场主体增强经营活力和韧性,成为促进就业、增加居民可支配收入的主力军。要积极发展数字普惠金融和产业数字金融,打造数字信用基础设施,提升信用贷款和首贷户比重,防范贷款风险。要注重疏通资金传导机制,缓解中小企业应收账款压力,提升资金周转效率。加快发展电子票据市场,积极推进商业信用体系建设。

第二,打造高质量的农村金融服务体系。持续深化农村经济领域改革,夯实农村金融有效需求的基础。一是重点推进农村土地制度改革,以土地流转带动农村金融发展;积极推进农业规模化、融合化、智能化发展,改善农村供应链金融和消费金融的需求基础;完善农村产权确权登记和交易流转机制,拓宽农业经营

主体抵质押品范围。二是加快推进农村金融体系改革，增强农村金融适配性。完善多层次、广覆盖、具有适应性的农村金融组织体系；发挥资本市场直接融资和风险管理功能，更好满足农村企业差异化需求，推广"保险+期货"运行模式，稳定农产品价格，保护农民基本利益；持续创新丰富农村金融产品体系，不断满足农村居民日益增长的财富管理需求。三是推动金融机构数字化转型，提高农村金融服务效率。强化数字技术和金融科技运用，健全农村数字金融基础设施建设，加强金融科技合规监管和风险防范。四是通过加强立法保障、强化财税政策支持、扩大货币政策支持、实施差异化监管等举措，强化农村金融发展政策保障，提升农村金融服务可持续性。

3. 释放金融市场财富效应，助力扩大中等收入群体

第一，努力建设规范、透明、开放、有活力、有韧性的资本市场。我国中等收入群体对多元化、多层次的金融产品和服务的需求很大，要更加重视发挥资本市场的投资功能和释放财富效应，更好地支持居民财富增长。一是要改善资本市场健康发展的基础环境。完善法治化、市场化、国际化环境，丰富和发展多层次资本市场体系，提升各层次市场广度和深度，增强价值创造能力；健全投资者保护机制，优化投资者结构，丰富资本市场产品供给。二是引导资本市场健全资源配置机制。完善市场发行、交易制度，提升市场内生稳定性；强化上市或发行主体盈利和分红管理，规范会计、律师、信用评级、投行、经纪、咨询等各类中

介机构的行为。三是加强上市公司和发债主体质量管理。完善准入管理制度,维护市场公开、公平、公正原则;完善退市相关制度和标准,做到应退尽退,形成有进有出的良性生态。四是大力培育中长期机构投资者,厚植价值投资和专业投资理念,提高投资者获得感;突出国有机构投资者职能,发挥其资本市场稳定器、中长期投资转化器和价值投资引导者的作用。五是保持监管政策的稳定性和一致性,提升政策预期引导的有效性。

第二,加强投资者教育与保护,切实维护其合法权益。要提升市场透明度,强化以信息披露为中心的理念,完善信息披露制度。同时,对各类金融活动依法进行全面监管,针对不同种类的金融产品实施差异化监管,并秉持精细化原则,细化监管标准,提升监管精度。大力开展投资者教育活动,普及财商知识,强化投资者适当性管理,树立"卖者尽责、买者自负"的投资理念,畅通投资者投诉渠道,运用多种方式,依法维护投资者,特别是中小投资者的合法权益。

4. 发挥金融市场化配置资源优势,促进基本公共服务均等化

第一,提高公积金、养老金市场化投资收益。随着人口结构的变化和居民公共服务需求的不断扩大,自 2013 年以来我国住房公积金、基本养老保险基金逐步开启市场化投资模式,以保值增值为主要投资目标,2022 年 4 月国务院办公厅正式发布《关于推动个人养老金发展的意见》,标志着覆盖面更广的第三支柱养老金将以更具市场化的方式进入运营管理。一方面,完善公积金、

养老金市场化投资机制和相关配置制度，为居民提供更加有效的跨期财富配置，提高投资收益，促进可持续的代际财富公平。另一方面，推动大规模公积金、养老金入市，与资本市场形成良性互动，充分发挥稳定器功能，降低经济波动对个人财富积累的影响。鼓励各类金融机构参与，引导多方资本共同参与，丰富金融产品形态。

第二，建立健全新市民金融服务体系。新市民是成为中等收入群体的潜在对象。目前我国新市民人口近3亿，正在成为城市经济与消费中不可忽视的力量，进一步发展新市民金融服务正当其时。要聚焦新市民在就业、创业、住房、教育、医疗等重点领域的金融需求，开发创业就业类、教育类等信贷产品，创新普惠型商业健康保险，突破新市民的职业、户籍等限制，解决新市民缺少信用记录、缺乏抵押担保等困境，提高金融服务的可得性和便利性。要利用市场化金融手段扩大新市民保障性住房供给，形成"政府引导，市场参与"的多元建设格局。金融机构要进一步完善新市民金融服务的组织体系、产品体系、科技体系和内部控制体系，提升金融服务精准度、数字化程度和宣传教育力度，因地制宜，有序推进，确保可持续发展。

5. 实施金融安全战略，构建防范金融风险长效机制

第一，继续保持宏观杠杆率基本稳定，优化债务结构，稳妥化解地方政府债务、房地产市场、影子银行资金等风险。进一步完善宏观审慎政策框架，明晰治理分工与责任，提出客观

审慎管理的中间目标，丰富宏观审慎管理工具箱。要切实防范输入型风险，加强跨境资本流动的审慎管理，维护我国海外金融资产安全。审慎监管金融科技，坚持金融持牌经营，坚持风险为本、技术中性，强化功能监管和行为监管，增强监管协同性、有效性。

第二，积极参与国际金融治理体系建设，营造以人民币自由使用为基础的互利合作关系，提升贸易、投资中使用人民币计价和结算的比重。对标高水平多边贸易投资协定，实施高标准金融双向开放，推动金融市场会计、评估等基础性制度改革，提高大宗商品定价话语权，牢牢掌握人民币利率、汇率定价权，健全金融市场风险监测与预警机制。

6. 抑制金融消极作用，引导金融生态向善向好

一是强化金融与财政、产业、科技、就业等政策的统筹协调与多方联动，把握好政策的"时度效"。二是加强金融机构治理，塑造更加负责任的金融市场主体。健全中小金融机构公司治理机制、风控体系、内控机制，提高信贷资产质量，引导金融机构完善ESG评价体系，支持绿色低碳发展，强化战略创新能力和社会责任担当。三是健全金融伦理治理，特别是金融科技伦理治理体系。要将伦理道德规范内化于心、外化于行，对可能造成歧视性、误导性以及数字鸿沟的产品和服务应予以限制和禁止，助力金融生态向善向好。

02

金融促进经济高质量发展
　　助力共同富裕

共同富裕并不等于同步富裕，也不是平均化的同等水平富裕。虽然收入分配是古典经济学的重要研究内容，但有关经济不平等的研究（包括收入不平等和财富不平等）一度并非经济学关注的主题。尤其是自边际革命和新古典经济学成为经济学的主流以来，以索洛（Solow，1956）为代表的新古典增长理论被广泛接受，理论界开始对卡尔多（Kaldor，1961）提出的资本产出比总体稳定、资本和劳动在国民收入中的份额基本不变等经济增长典型性事实深信不疑。然而，20世纪90年代以来，很多学者发现，欧美等主要发达经济体的劳动收入占比持续下降，明显偏离了卡尔多典型性事实（Blanchard，1997；Guscina，2006），于是经济不平等再次成为理论和政策研究的重点，皮凯蒂（Piketty，2013）更是将其推向新的高峰。不过，迄今为止有关经济不平等的讨论尚未形成共识。相形之下，20世纪80年代出现的更加强调技术创意、人力资本和制度等因素在增长中的作用的内生增长理论迅速发展，很好地解释了要素投入在经济增长中的作用的下

降,从而使市场规模扩大、经济加速增长、人均人力资本上升、相对工资长期稳定等"新卡尔多事实"都能在理论上得到很好的解释(Jones and Romer,2010)。

由此可见,经济发展和社会进步是共同富裕的前提,实现共同富裕的重点并不在于分配,根本上还是需要依靠发展生产力,通过机会平等而非结果平等来最大化地动员和激发各种要素在经济增长中的作用,以更好地促进经济高质量发展,在将"蛋糕"做大的同时,进一步分好"蛋糕"。而金融本质上就是在不确定的条件下,通过对时间(跨期)和风险的管理去实现资源的最优配置。金融发展有效促进了资本积累和经济增长,使可用于分配的"蛋糕"越来越大,即使是初始收入分配和财富分配存在一定差异,也不会妨碍社会整体福利水平的提升,从而为实现共同富裕(而非绝对平均的共同贫穷)提供了必要的保障。不过,尽管金融活动对经济公平的结果有着重要的影响,但金融本身并不属于分配政策手段。如果金融无法促进经济可持续增长和高质量发展,那么也很难实现真正的共同富裕。

长期以来,与理论界不够重视经济不平等的研究类似,金融助力共同富裕(或称金融与不平等的关系)问题一直隐含于金融发展与经济增长的研究范畴,并非理论和政策关注的重点。甚至在2000年和2014年出版的《收入分配手册》(*Handbook of Income Distribution*)的第一卷和第二卷中,均未提及经济不平等与金融政策之间的关系。只是随着20世纪90年代以来经济金融全球化进程的快速推进和金融自由化浪潮的兴起,各国不

同阶层人群之间和不同国家之间的贫富差距日益扩大，特别是全球金融危机之后这一差距变得愈加明显，金融发展的分配效应才逐步引起各方的高度关注。与理论界有关经济增长与不平等的研究类似，对金融发展在经济公平中发挥作用的研究也远未形成一致的结论（Hasan et al., 2020；Avdjiev and Spasova, 2022）。但根据德米尔居奇－昆特和莱文（Demirgüç-Kunt and Levine, 2009）、齐哈克和萨海（Cihak and Sahay, 2020）对相关研究与文献进行的系统性梳理，不难看清的一个事实是：作为现代经济的核心，金融部门只有紧紧把握其本质特征，通过跨期和风险管理优化资源配置去促进经济高质量发展，才能够更好地助力实现共同富裕。

一、金融促进经济高质量发展助力共同富裕的作用

按照默顿（Merton, 1992）提出的金融功能观，金融的功能（作用）就是在不确定的环境中对资源进行时间和空间的配置，具体可归纳为六大功能：支付清算以促进交易，资源积聚并在经济部门中分配，在不同时间和不同空间之间转移资源，风险管理，提供信息以利于经济决策，解决由于信息不对称带来的激励问题。由此可见，在不确定的条件下对资源进行跨期配置是金融的基本功能：提高支付清算效率有助于促进交易，提升经济活力；深化金融市场能够提高资金配置效率，降低信息不对称和交易成本，减少资金跨期配置的风险；合理的融资安排（无论是直

接融资还是间接融资）还将促进企业形成良好的治理结构，有助于其改进决策和经营，避免企业出现重大风险。这些都将有效促进经济增长，提升社会整体福利水平，为共同富裕提供必要条件和物质保障。因此，可以通过时间和风险两个维度，深入分析金融促进经济高质量发展助力共同富裕的作用。

（一）时间维度：金融发展与经济增长

作为货币的时间价值，利率是宏观经济和金融活动中非常重要的变量，它连接着货币因素与实体经济，也是货币当局调节经济活动的重要手段。利率水平的高低直接影响着微观主体的消费、投资等经济决策，进而影响物价和产出水平，并对不同微观主体的收入和财富分配发挥一定的间接作用。

1. 利率管制、利率市场化与经济增长

利率是资金的价格，在实现储蓄与投资的宏观经济均衡中发挥着重要的价格信号作用。不过，自第二次世界大战以来直至20世纪70年代，各国普遍存在对利率的人为干预和管制等现象。无论是发达经济体，还是发展中国家，大多有过利率管制及放松管制的共同经历，但其背景却各有不同。以美国为代表的发达国家对利率进行管制，主要是基于对20世纪30年代"大萧条"的经验教训及第二次世界大战后传统凯恩斯主义成为宏观经济学的主流，主张通过人为干预压低利率水平来刺激投资和消费，灵活管理总需求，从而熨平经济波动并实现经济的快速增长。大多数

发展中国家则主要是受到第二次世界大战后发展经济学的"结构主义"影响,希望通过管制的低利率人为降低资金成本,从而更快地实现重化工业化的赶超目标。然而,各国利率管制的目标并没有得到很好的实现,反而引发了金融创新和金融脱媒(主要在发达国家)、信贷配给和金融腐败(主要在发展中国家)等诸多问题。很显然,对利率的人为干预和管制,不利于金融资源的优化配置,扭曲了经济结构和收入结构。

首先,发达国家中央银行的相机抉择低利率政策引发了滞胀恶果,加剧了收入和财富的不平等。在传统凯恩斯主义思想的指导下,第二次世界大战后主要发达国家的央行更加关注增长和就业,热衷采取根据每一期经济情况进行逆风调控的相机抉择货币政策,利率调整幅度往往不够充分,政策反应节奏也比较滞后,再加上对存款利率的上限管制,因此引发了布雷顿森林体系的崩溃和滞胀恶果,学术界也涌现出大量对通货膨胀与经济不平等关系的研究(Colciago et al.,2019)。古典经济学和早期新古典宏观理论模型主要讨论人口、资本存量、产出等实际变量的关系,在这些模型中只有通货膨胀率为零才符合社会福利最优情形,通货膨胀相当于累退税,"通货膨胀税"侵蚀了名义价值既定的经济合约和金融资产等的实际价值,从而对社会福利造成损失(Walsh,2017)。

在收入分配方面,名义货币收入剔除物价上涨因素之后才是实际收入,而通常工薪阶层在物价持续上涨时期,工资调整往往落后于物价上涨,实际收入水平相应下降;相反,企业利润则会

由于物价上涨而增加,从而使企业所有者的实际收入上升。可见,低利率导致的持续物价上涨,在很大程度上能够解释资本和劳动在国民收入中份额发生改变的卡尔多典型性事实偏离现象(Blanchard,1997;Sieron,2017)。虽然很多发达国家都采取了与通货膨胀挂钩的工资调整机制,但指数化的工资可能无法跟上通货膨胀加速的步伐。而且,指数化工资安排本身还很可能进一步助长并固化通货膨胀。有研究表明,尽管较低的物价上涨对收入分配恶化的作用相对有限,但过高的通货膨胀的影响不容忽视,即使工资按季度调整,20%的物价上涨将使每年的收入损失2%,如果工资按年调整,薪资阶层的年收入损失将高达8.5%(Cardoso,1992)。在财富分配方面,低利率有助于资产价格上升,持续通货膨胀则使债务人的实际债务负担下降,而债权人的实际债权受损(Amaral,2017)。低收入人群主要持有现金和储蓄存款,往往缺乏抵抗通货膨胀的金融资产;高收入人群则可以通过复杂的金融产品在通货膨胀中获益,甚至还可以将资产转移到国外,从而避免货币贬值的风险。

其次,发展中国家赶超战略下的金融抑制政策,无法有效动员储蓄,致使资源配置效率低下,反而陷入低水平发展陷阱。20世纪50—60年代,受当时流行的结构主义影响,发展中国家普遍实行了封闭性、高度管制的进口替代工业化赶超战略。金融在资源配置中的作用往往被忽视,反而为刺激投资实行了人为压低利率、信贷配给管制、扭曲资本价格及外汇管制的金融抑制政策。但是,管制利率过低或由于通货膨胀而导致实际利率为负,

致使金融体系和经济效率低下。只有放弃对金融体系的过度干预，放松利率和汇率管制，才能形成金融与经济的良性循环，这也就是所谓金融深化理论（McKinnon，1973；Shaw，1973）。20世纪70年代以来，以智利为代表的很多发展中国家开展了以取消利率上限和信贷配给管制为主要内容的金融自由化改革，成功控制了通货膨胀，大量体制外资金回流到正规金融体系内并有效动员了储蓄，极大促进了金融深化发展且提高了资源配置效率（Levine，2005）。随着市场功能完善和效率提升，金融能够更好地服务于原本无法获得正规金融支持的中小企业，在经济增长、鼓励创新、改善收入分配和扶贫等方面发挥了积极的作用（Levine，2008）。金融市场的深化发展还使低收入群体可以通过基金等方式进入门槛较高的资本市场，从而增加其财产性收入和参与公司治理的机会，这有助于缩小财富差距。

最后，对中国的理论和实证分析表明，随着利率向均衡水平收敛，劳动所有者的收入占比将明显提高，资本所有者的收入占比则有所下降，这有利于消费与投资的经济结构优化。利率管制的一个共同特征就是管制利率水平低于市场均衡水平，中国也不例外。长期以来，中国利率被压抑在较低水平，即使是2015年我国基本放开存贷款利率上限之后，由于仍保留央行制定存贷款基准利率的制度安排，银行存贷款定价主要参考基准利率，央行通过市场利率自律机制和MPA（宏观审慎评估体系）考核等方式对银行存贷款定价进行较强的"窗口指导"，近年来还一再强调存款基准利率在利率体系中的压舱石作用，因此，事实上的隐

性利率双轨制仍然存在。正是由于利率被长期压抑在较低水平，过度投资倾向难以得到有效控制，中国经济一度饱受过度投资等经济失衡的困扰。

早在我国开始推进利率市场化改革之初，就有研究深入讨论了利率市场化与经济结构优化、发展方式转型的关系。考虑劳动者和资本所有者相分离的经典拉姆齐模型的理论分析（徐爽和李宏瑾，2006）表明，通过利率管制压低利率来促进资本积累的目标往往难以实现，反倒只会提高资本所有者的消费水平，导致社会福利差距扩大；随着利率水平逐渐趋近于均衡市场利率水平，劳动者的资本存量和消费水平都会提高，进而促进资本积累和经济增长，缩小不同要素所有者的消费差距，改善社会收入分配。DSGE（动态随机一般均衡）框架的研究和实证分析也表明，随着实际利率逐步向均衡水平趋近，投资和资本存量的过快增长会得到有效抑制，投资占GDP的比重趋于下降，而消费占GDP的比重趋于上升（见图2-1），从而有利于改善经济结构和经济可持续发展；在劳动力市场条件不变的情况下，投资和资本存量的增速下降将有助于企业提高生产率和产出稳定，并增加居民部门的消费水平；在劳动力市场存在实际价格黏性的情况下，实际利率的上升不仅不会降低产出水平，反而有助于提高生产部门效率，改善收入分配和经济结构（金中夏等，2013；陈彦斌等，2014；王宁和史晋川，2015）。

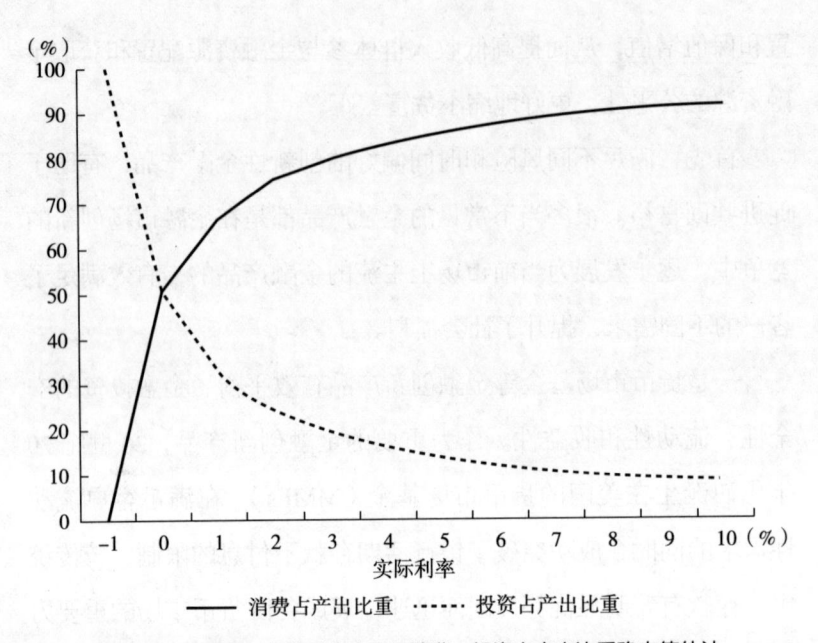

图 2-1 不同实际存款利率水平下消费、投资占产出比重稳态值估计

注：基于实际经济周期模型，采用中国资本折旧率、收入法 GDP 等数据进行校准和稳态值估计而得。

2. 利率市场化、金融创新与国民财富配置

随着我国利率浮动限制逐步取消以及流动性过剩格局的根本改观，银行负债竞争压力明显上升，对存款作为主要资金来源和存贷利差作为主要收入来源的传统银行的经营方式提出了新的挑战，这将倒逼金融机构加大产品创新力度，由传统存贷业务转向更加综合化的经营，为客户提供更加多元的财富管理服务。金融深化发展不仅能够有效缓解融资约束，有利于低收入群体通过人力资本和实物资本渠道增加收入和积累财富，还可以通过合理规划财富管理，有效平滑收入变化和经济波动的影响，实现跨期配

置和保值增值，从而提高低收入群体参与金融资源配置和获取金融资源的公平性，更好地缩小贫富差距。

首先，满足不同风险和时间偏好的创新性金融产品，有助于促进共同富裕。很多当下常见的金融产品都是在金融市场创新的竞争中，逐步发展为当前市场上主流的金融产品的，有效满足了客户的不同需求，提升了社会福利。

一是货币市场基金等金融创新产品有效平衡了金融投资的安全性、流动性和收益性。作为重要的金融创新产品，20世纪70年代初诞生在美国的货币市场基金（MMFs），在满足客户流动性需求的同时，成功突破了银行活期存款不付息的限制，较传统银行存款有着明显优势，因而迅速发展成各国货币市场的重要力量。根据美联储的数据，1974年末美国国内非金融部门持有的货币市场基金规模仅为23.8亿美元，到2021年末已高达3.8万亿美元。2013年，以余额宝为代表的中国互联网金融迅速发展，作为其底层资产的货币型基金发展迅速。2013年末我国货币基金净值仅为8 397.3亿元，2014年末迅速升至2.2万亿元，2021年第一季度末则已突破10万亿元；货币基金净值占全部开放式基金的比重在2018年末一度高达62.8%，其中余额宝规模在2018年第一季度末一度高达1.7万亿元（见图2-2）。互联网金融的迅猛发展还推进了利率市场化改革步伐，商业银行也加大了理财等业务和产品创新。

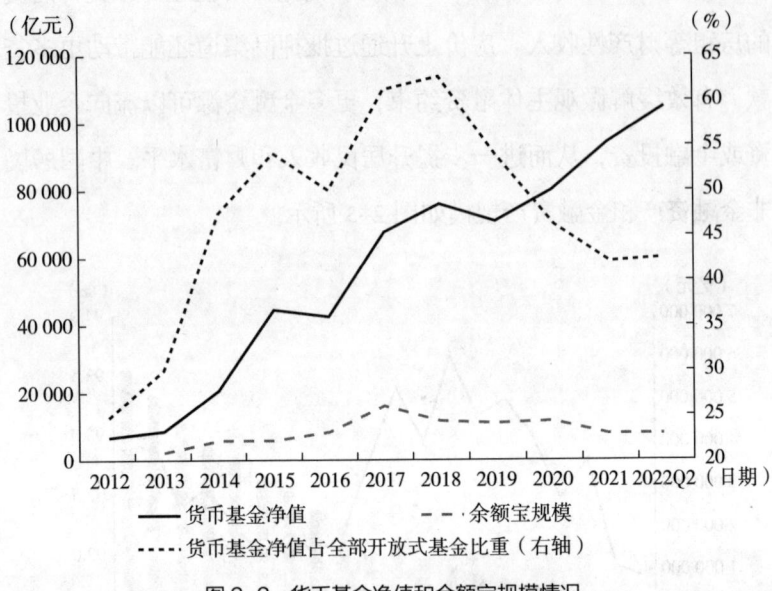

图 2-2　货币基金净值和余额宝规模情况

注：Q 表示季度。
资料来源：Wind。

二是住房按揭贷款、信用卡和汽车消费信贷等消费金融满足了居民的消费需求，促进了财产规模和收入。信用卡、汽车消费信贷等金融产品能够有效缓解居民预算约束，更好满足消费需求，而适度的消费金融无疑有助于提升社会福利。房地产则同时具有消费属性和投资属性。随着房地产价格的持续上升，住房按揭贷款在有效满足家庭居住需求的同时，也为居民资产保值增值做出了重要贡献。目前，住房是中国居民最主要的资产，2019 年城镇居民家庭资产中，住房资产占比接近七成，超过居民持有

的金融资产（易纲，2020）①。同时，房地产升值还可以提升居民的房租等财产性收入。房价上升通过抵押品渠道还能带动更多贷款，有效缓解微观主体融资约束，更多金融资源可以流向企业投资或金融投资，从而进一步提升居民收入和财富水平。中国居民非金融资产和金融资产规模如图2-3所示。

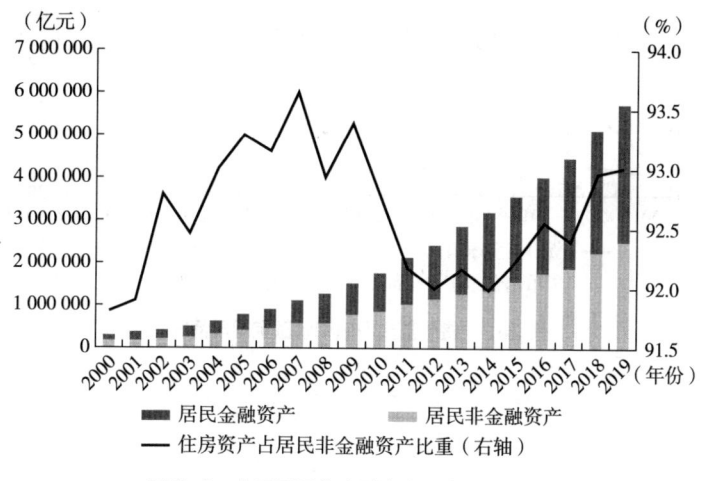

图 2-3 中国居民非金融资产和金融资产规模

资料来源：国家金融与发展实验室。

三是助学贷款等金融产品可以促进人力资本投资，缩小收入差距。随着人口年龄结构的变化，我国传统人口红利已逐步消失，以人力资本为核心的第二次人口红利对经济高质量发展至关重要（蔡昉，2020），助学贷款等金融产品可在其中发挥重要的作用。国

---

① 资料来源：中国人民银行调查统计司的调查数据。根据国家金融与发展实验室对居民部门资产负债表的统计，2010年以来居民住房和全部非金融资产占居民全部资产的比重已降至50%以下。

家助学贷款作为践行普惠金融理念的重要手段，是助推教育公平、实施教育精准扶贫的有效抓手，不仅事关阻隔贫困代际传递、决战决胜脱贫攻坚大计，也有助于提升人力资本质量，更好发挥人口优势，推动经济更好实现长期可持续高质量发展。自1999年推行国家助学贷款制度以来，我国已累计发放助学贷款逾2 000亿元，2022年第一季度末助学贷款余额已达1 434亿元（见图2-4），助学贷款惠及数千万学生，在提高人力资本积累的同时，也增加了特定低收入群体的未来收入水平，从而有助于缩小收入差距。

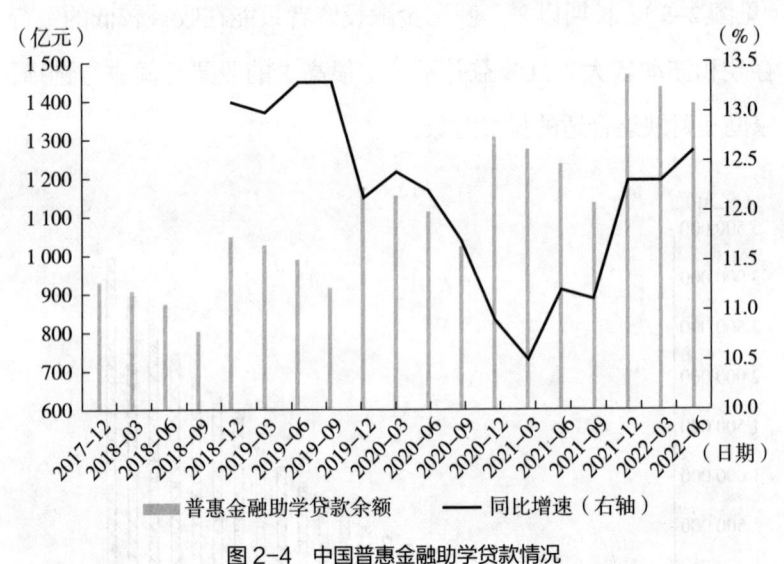

图2-4 中国普惠金融助学贷款情况

资料来源：Wind。

其次，金融市场深化发展，特别是资本市场日益多元丰富，能够有效满足居民财富的跨期保值增值需求，缩小财富差距。我国金融体系以银行间接融资为主，股票、债券等直接融资方式发

展相对缓慢，间接融资在金融中的比重不仅高于美英等市场主导型金融体系，也明显高于德日等银行主导的金融体系。也就是说，我国居民储蓄主要仍是以存款等方式通过银行间接融资满足实体部门融资需求，而非通过股票等直接融资方式直接获得实体经济增长的收益，现金和存款在很长一段时期内一直是居民最主要的金融资产，股票、债券、基金、信托等其他金融产品配置较少，这在很大程度上与利率未完全放开，金融各行业产品没有得到与金融投资相应的期限、风险、规模等相匹配的市场回报有关（见图2-5）。长期以来，我国金融投资者只能在收益较低的银行存款和波动较大（且收益并不一定很高）的股票之间进行选择，家庭理财缺乏合适的投资对象。

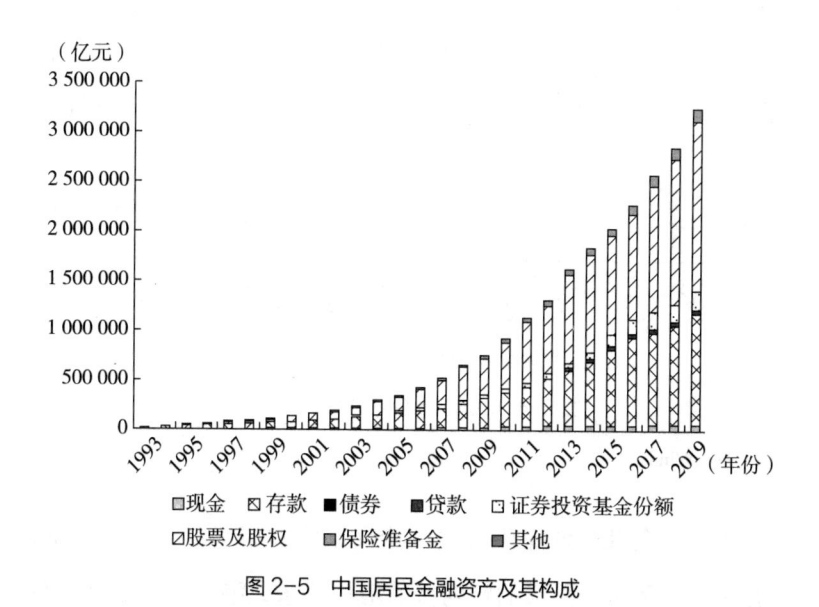

图2-5 中国居民金融资产及其构成

资料来源：国家金融与发展实验室。

随着利率市场化改革的加速推进和基本完成，以余额宝为代表的互联网金融、银行理财等创新产品不断涌现，证券、保险等各类资管产品极大丰富了居民金融投资渠道。鉴于此，近年来我国居民持有的证券投资基金份额、股票及股权、保险准备金等金融资产占比不断上升，自 2007 年开始，股票及股权在居民金融资产中的比重超过现金和存款，成为中国居民最主要的金融资产。随着经济持续增长，我国中产群体不断壮大，特别是高净值人群数量已形成较大规模。根据胡润研究院发布的《2021 意才·胡润财富报告》，2021 年中国拥有 600 万元可投资资产的"富裕家庭"数量为 186.2 万户，拥有 1 000 万元可投资资产的"高净值家庭"数量为 110 万户，拥有 1 亿元可投资资产的"超高净值家庭"数量为 7.94 万户，分别比 2018 年多 10.6 万户、7 万户、1 080 户。针对中产人群、高净值人群等不同类型群体的特征做好财富管理，需要金融体系为其提供定制化、配置差异化、策略多元化的金融产品，从而更好地满足其资产期限、收益和风险管理需求，这既能实现居民金融资产的保值增值，提高家庭福利，也可以通过相应的金融产品，满足实体经济需要，有助于做大社会财富"蛋糕"并促进经济增长。

最后，医疗保险和养老年金市场的发展，有助于在生命周期内做好财富平滑，促进社会代际公平。随着人口结构的变化，我国居民对医疗、养老等服务的刚性需求日益增加，社会保障体系建设对居民福利和经济公平有着非常重要的影响。不过，中国的基本医疗、养老等社会保障制度建设都是在 20 世纪 90 年代才开

始起步的，当前提供的基本社会保障在不同地区、行业和人群之间仍存在很大差异，金融可以在促进经济公平方面发挥重要的作用。对于高收入人群，商业医疗保险和第三支柱养老金建设可以有效弥补这方面的不足。根据莫迪利安尼（Modigliani，1986）提出的生命周期消费理论，居民整个生命周期预期的总收入将决定其消费行为，从而对家庭持有资产的数量和类型产生重要的影响。根据坎贝尔等（Campbell et al.，2001）的生命周期消费投资组合模型，利用中国宏观数据的模拟分析（见图2-6），在居民生命周期效用最大化的假设下，居民生命周期的收入水平和消费投资行为可以分为财富积累期（工作初期至中年）、高消费期（中年至退休）和退休期三个阶段，其中第二阶段的投资中风险资产的比重最高，在前两个阶段投资医疗、养老保险对于第三阶段和全部生命阶段的消费福利有着非常重要的影响。

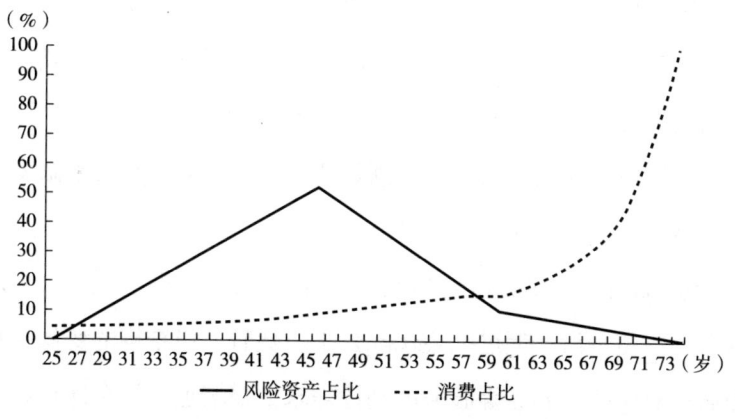

图 2-6　中国居民生命周期财富配置模拟

注：在坎贝尔等（2001）的基本模型设定基础上，根据中国出生率、死亡率、存款利率、股票收益率等数据进行参数校准并模拟而得。

目前，我国正加速进入老龄化社会，第七次全国人口普查数据显示，2020年65岁及以上人口为1.91亿人，而2010年仅为1.19亿人，预计2050年将达3.7亿人。当前我国以再分配功能为主、现收现付制的受益基准型（DB型，Defined Benefit）基本社会养老保险已不适应老龄化加快的现实，资金缺口将越来越大，容易加大代际差距，必须转向发展采用个人账户形式并由市场机构进行投资管理、具有储蓄性质预筹积累的供款基准型（DC型，Defined Contribution）养老安排，中国的社会养老保障体系也要由以第一支柱为主转向强化企业年金和商业保险的作用（张晓慧，2020）。发展DC型第三支柱商业养老保险，不仅可以对居民个人形成良好的激励，提高其在整个生命周期内的福利水平，还能够在平滑经济波动对家庭未来收入影响的同时，为资本市场提供长期投资资金，促进机构投资者的发展，有助于金融市场稳定和深化发展。类似地，商业医疗保险也能够有效缓解不确定医疗支出对消费的影响，平滑收入变化的影响。同时，DC型养老安排和商业医疗保险也有助于减少年青一代为老年人提供保障的支出负担，促进居民福利和代际公平。

　　基于大数据等技术的金融科技发展，为发展商业可持续的普惠保险提供了可能。作为金融科技的重要形式，保险科技的重要功能之一，就是通过大数据技术对客户进行识别，通过点对点的方式对特定客户开展按需承保活动（BIS，2020a）。原本被排除在商业保险之外的低收入群体，可以通过金融科技支持小额普惠保险，有效补充社会基本医疗保障的不足，这将有助于解决其"保

险难"的问题，减少因病致贫现象，更好地平滑低收入人群的收入（支出）波动，促进不同群体的经济公平。

3. 通过利率价格杠杆调控引导金融资源优化配置

长期以来，除了并不成功的货币数量目标制的实践之外，利率政策一直是央行进行货币调控的主要手段，即使是全球金融危机之后，隔夜利率仍是各国央行最主要的操作目标之一（Bindseil，2018）。20 世纪 80 年代中期以来，主要发达国家央行普遍采取以物价作为首要最终目标，（隐含地）遵循一定规则以及仅调节市场短期（隔夜）利率的货币政策模式（即"单一目标、单一工具"框架），在产出和价格稳定方面取得了巨大成功，为长达 20 多年的"大缓和"奠定了良好的货币基础（Batabyal et al.，2018）。对很多发达经济体的实证研究也表明，旨在维持低通货膨胀和稳定增长的审慎货币政策，提高了低收入阶层的社会福利，减轻了收入不平等（Romer and Romer，1999）。那么，中国的情况如何？

首先，在 1998 年之前，脱胎于计划经济、以信贷规模管理为主的货币调控方式无法有效控制货币扩张和物价上涨压力。1984 年中国人民银行专门行使央行职责之后，主要是通过现金发行计划和信贷规模管理的直接贷款、再贷款（再贴现）等方式，调节现金发行规模和信贷在不同地区、不同行业的分配。然而，一方面，信贷规模管理很容易被倒逼和出现货币超发，物价上涨压力较大，不利于社会经济公平。随着全国性资金市场的逐步形成和

金融市场的深化发展，由于地区之间的资金收益率分化加大和审慎监管力量不足，内地资金大量流向沿海发达地区和高收益、高风险行业（如房地产行业），贷款需求较大的经济发达地区有动力突破信贷规模，存款较多的经济落后地区在套利机制的作用下也有动力寻求更多的再贷款资金支持。鉴于此，中国人民银行一直面临各方面较大的再贷款倒逼压力，信贷规模控制效果越来越差，通货膨胀易升难降（谢平，1996）。另一方面，由于信贷规模分配并不完全以经济效率为原则，信贷资源可能存在错配并损害经济效率，这也不利于各地区部门行业之间的公平竞争。

其次，以数量为主的货币调控有效性越来越差，难以适应经济高质量发展要求，容易恶化各部门的收入分配。1998年，以取消信贷规模管理和重启人民币公开市场操作为标志，中国货币政策转向符合现代意义的以数量为主的间接调控方式。在通货紧缩和流动性过剩时期，中国人民银行通过公开市场操作、法定准备金调整等方式，较好地调节了基础货币和广义货币供给数量，在经济高速增长的同时，保持了物价的基本稳定。不过，在成功应对全球金融危机冲击后不久，中国的要素禀赋和国际经济环境发生了变化，经济逐渐由高增长阶段转向以中高速增长为特征的高质量发展阶段，长期困扰我国的外汇占款和流动性过剩格局出现根本性改变，这在提升央行主动调节市场流动性和基础货币供给能力的同时，使以数量为主的间接货币调控方式面临的挑战也越来越大。随着利率市场化改革的加快推进和基本完成，银行资产负债表更加复杂，金融市场参与者更加丰富多元，金融创新和金

融脱媒迅猛发展，货币需求也越来越不稳定，即使央行能够有效控制基础货币数量，也很难有效控制广义货币供给。以规避利率管制而进行的金融创新日益活跃，影子银行体系迅速膨胀，金融向实体经济的传导链条也被人为拉长，这加剧了资金空转，降低了金融服务效率，致使金融相对于其他部门扩张过快。2015年，中国金融业增加值占GDP的比重一度高达8.2%，超过同期的美国①，这在一定程度上也加大了不同经济部门的收入差距。

最后，与货币数量调控方式相比，通过利率价格杠杆引导更有利于金融资源的最优配置，进而促进高质量发展和共同富裕。随着中国经济由高速增长转向以中高速增长为特征的高质量发展阶段，金融调控新老问题相互叠加，面临的挑战更加严峻，传统的数量调控方式难以适应新的要求。中国作为全球最大的新兴转轨经济体，货币当局面临的约束条件更加复杂，不仅原有的矛盾依然存在，来自其他领域的新扰动也日益增多，经济深层次结构性问题更加突出。为支撑投资驱动的高速经济增长，金融体系信贷投放较多，宏观杠杆率水平较高且持续上升，资金使用效率明显下降，传统的数量扩张政策效果逐渐下降。过去追求增量、做大加法而非完善机制、做好减法的政策导向，不利于金融服务供给质量和效率的提高。特别是，随着新旧动能此消彼长、相互交织，主要经济变量间的关系显著变化，把握经济金融运行新规律、精准施策的难度进一步加大，以数量为主、兼顾量价平衡与

---

① 作为全球金融业最发达的国家，美国的金融和保险业增加值占GDP的比重长期保持在8%以下，直至2020年和2021年才分别上升至8.6%和8.5%。

转换的传统货币调控难度明显上升。

从可测性来看，经济主体通常更关注当前和未来的价格而非货币总量信息，利率价格往往更为透明且容易测量，而基础货币、广义货币供给等数据通常比较滞后且在准确度量上存在较大困难（Barro，1986）。从可控性来看，作为金融市场最大的参与者，央行通过公开市场操作及利率走廊安排等机制，完全有能力引导市场利率与目标水平相符，金融创新与金融脱媒的迅猛发展则使货币供给（无论是基础货币还是广义货币）变得更加难以控制（Moore，1988）。从与物价产出等最终目标的相关性来看，随着经济转向高质量发展阶段和货币进入经济体系后运行规律发生显著变化，过去能够"立竿见影"的数量型调控通常由于未能全面考虑微观主体行为，甚至以加强管理等名义直接替代微观主体决策和正常公司治理，往往容易导致"一刀切"和"按下葫芦浮起瓢"。而在以利率为主的货币调控模式下，自主经营、自负盈亏的微观经济主体可以根据价格信号自主进行经济决策，货币政策传导也是通过商业可持续利益机制来进行的，因此是一种激励相容的政策调控方式，能够实现事半功倍的效果（周小川，2020）。

（二）风险维度：信息不对称和交易成本

风险是金融的永恒命题。实体经济高质量发展是防范化解金融风险的基础，服务实体经济则是金融的本质要求。尽管卢卡斯（Lucas，2003）对美国1947—2001年消费数据的研究表明，经济

波动的社会福利成本可能微不足道（仅为 0.05%，即消除所有波动仅能提高 0.05% 的消费水平），但无数历史经验表明，金融危机将使经济遭受巨大损失，甚至加剧贫富分化。众多学者对卢卡斯的理论模型进行修正或采用更广泛的样本进行研究后发现，经济波动其实具有较大的社会福利成本，特别是金融危机导致的经济剧烈波动往往损失巨大（Barro and Ursua，2008；Meyer et al.，2019）。做好风险管理，防范化解金融风险，特别是防止发生系统性风险，既是金融促进高质量发展的内在要求，也是确保国民财富合理分配的重要前提。

1. 金融科技能够有效解决信息不对称导致的融资约束难题，降低交易成本，提升"三农"、小微等普惠金融服务水平

虽然新古典经济学早已证明，完全竞争的市场经济可以实现瓦尔拉斯一般均衡，整个社会资源配置可以达到帕累托最优状态，进而实现社会整体福利的最大化（福利经济学第一定理），但这要以完全市场作为理论前提。现实中，信息不对称是造成风险和不确定性的重要原因之一，增加了交易成本，市场在资源配置上很容易失灵，经济运行不能满足帕累托最优条件，进而造成资源配置无效率和社会整体福利净损失。金融科技在有效管理风险、降低交易成本等方面，能够发挥重要的作用。

首先，依托大数据等金融科技手段做好风险控制，可以降低抵押品依赖，有效缓解小微企业融资难。小微企业融资难、融资贵不仅是长期困扰中国经济金融的难题，在国际上也是如此。从

企业的角度来看，很多小微民营企业没有建立完善的财务制度，无法提供可信赖的财务报表，导致银行对企业的经营状况缺乏足够的了解。加上这类企业"逃废债"更加随意频繁，也导致金融部门对整个小微企业放贷政策偏紧。从金融机构的角度来看，由于信息不对称、小微企业自身风险偏高及信用体系不完善，银行不得不采用更加谨慎的尽调、风控策略，小微企业贷款成本明显高于大中型企业，致使银行服务小微企业的动力不足。

在信息不对称的条件下，企业融资依赖于企业的资产状况（抵押品价值），这是小微企业融资难的主要原因。由于缺乏足够的风控手段，传统商业银行为企业提供贷款时往往以抵押品（例如房产）价值为依据。金融机构贷款定价需要综合考虑企业净资产状况、资本收益情况、贷款需求等，以覆盖资金成本、平衡风险与收益。因此，金融机构给企业的贷款利率往往高于无风险利率，即企业需要承担一定的融资溢价。一般，当经济面临正向冲击时，企业净资产增加、收益率提高，金融机构将企业贷款视为优质资产，交易成本减少，企业融资溢价降低、可贷资金增多、扩大生产；而当经济遭到负向冲击时，企业净资产减少，金融机构贷款风险加大，交易成本增加，企业融资溢价上升、可贷资金减少、缩减生产。因此，金融摩擦在经济遇到冲击时会放大经济波动，这也就是所谓的"金融加速器"效应（Bernanke et al., 1999）。由于小微企业的信息不对称程度更高，贷款对抵押品的依赖程度也更高，这种"金融加速器"效应在小微企业融资中尤为明显。对于传统银行来说，由于信息不对称问题严重，为小微

企业提供信用贷款可能会面临成本过高或风险过大的两难问题，扩大小微企业信贷确实存在较大难度。

以大数据等技术手段作为支撑的金融科技贷款，可以有效弥补小微企业抵押品不足的影响，扩大贷款可得性。依托金融科技的风控管理，主要从企业整体资质和经营情况分析风险并进行风控管理，而非依赖于抵押品，从而帮助很多无法提供抵押品的小微企业获得贷款。同时，利用金融科技手段进行风控管理，还可以减少小微企业信贷对抵押品的依赖，提高金融体系的稳定性。已有研究表明，传统银行抵押贷款受资产价格影响最大（房地产价格下降10%，贷款额度下降5.8%），传统银行信用贷款受资产价格影响相对较小（房地产价格下降10%，贷款额度下降2.1%），而采用大数据风控为基础的网商银行小微信用贷款受资产价格影响最小（房地产价格下降10%，贷款额度下降0.5%，在统计意义上影响不显著）。这一发现表明，金融科技信贷将减弱"金融加速器"效应下资产价格与信贷的相关关系。同时，与传统银行信贷相比，金融科技信贷对金融周期依赖性较弱，这将有利于提高中小企业融资和整个实体经济与金融市场的稳定性（Gambacorta et al., 2020）。另外，近年来，我国的票据交易所依托企业经营信息构建的供应链票据平台，以"确权+风险防控"作为发展供应链金融的关键，从源头上促进应收账款票据化，将产业链核心企业信用传导至末端企业，很好地解决了上下游企业因信息不对称产生的融资难、融资贵等问题。

其次，在确保安全的前提下，数字技术促进了支付体系的发

展，扩大了微观主体参与市场的范围，增进了社会福利。作为重要的数字技术，移动互联网技术有效促进了金融服务模式与工具的创新，在一定程度上消除了因使用成本、文化程度、地域限制等造成的数字鸿沟，为突破普惠金融发展瓶颈提供了有效的解决方案。中国的移动支付业务发展迅速，作用最为突出。早在2006年中国银联就推出了基于金融IC卡（集成电路卡）芯片的移动支付方案。2011年正式发放第三方支付牌照之后，以支付宝、微信支付等为代表，基于互联网技术的第三方支付迅速崛起，与购物平台、游戏平台等网络平台相结合，极大地推动了移动支付业务的发展。2021年，移动支付业务高达1.2万亿笔，业务金额达882.44万亿元（见图2-7）。

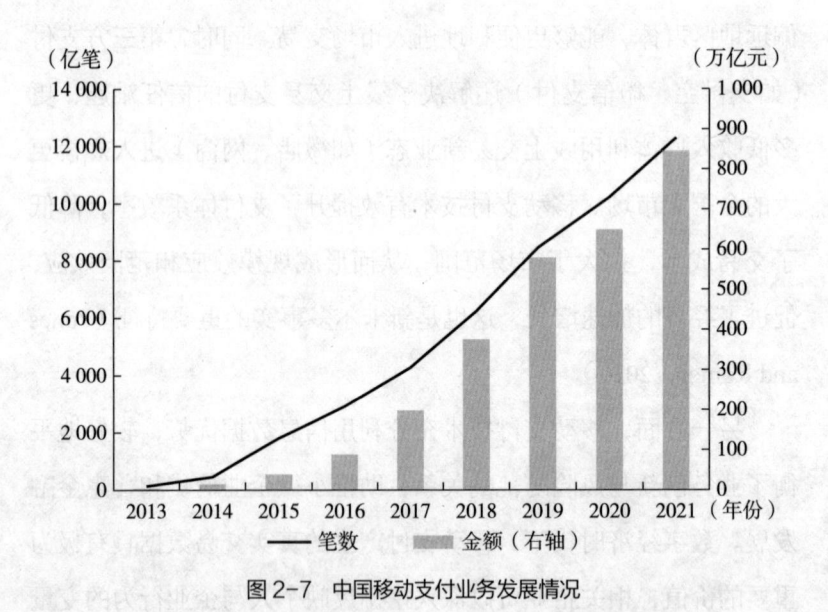

图2-7 中国移动支付业务发展情况

资料来源：Wind。

移动支付作为"互联网+金融"的产物,为小额零售支付提供了便捷支持,从最初应用于电商平台支付逐步拓展到线下,成为人们生活中不可或缺的支付方式,为支持数字经济发展夯实了坚实的基础。移动支付创新也将互联网思维引入传统金融部门,加速了金融体系在数字经济时代的自我变革,极大地提升了支付体系效率,助推小微企业融资和普惠金融发展。

一方面,移动支付更加便捷高效,极大降低了低收入群体进入市场交易的门槛。与基于POS机(刷卡机)的传统银行支付技术相比,二维码支付技术成熟安全、简单实用、成本更低、易于普及,能够有效解决分销渠道和"最后一公里"的问题,覆盖人口稀少的偏远和农村地区。过去被传统电子支付渠道排斥的落后偏远地区群体,能够更便利地进入市场交易。同时,第三方支付(如支付宝、微信支付)还解决了线上交易支付的信任难题,更多低收入群体利用线上交易新业态(如微店、网商)进入规模更大的全国大市场。移动支付技术有效提升了支付体系效率,降低了交易成本,扩大了市场范围,从而形成规模效应和范围效应,促进了经济的加速增长,这也是新卡尔多事实的重要特征(Jones and Romer,2010)。

另一方面,移动支付技术充分利用信息数据优势,较好地平衡了业务创新与风险防范的关系,助推小微企业信贷和普惠金融发展。数字经济时代下,移动支付产生的真实交易数据具有极为重要的价值,相关企业可以深入挖掘反映个人与企业行为的变量以及它们在网络中的重要性信息,实时反映最新动态情况,分析

市场主体的显示性偏好和风险特征,从而形成合理的风控模型,开展更合理的资产定价,更好地实现收益与风险的合理匹配。

2. 有效风控对做好科创金融支持至关重要,在促进经济转型升级和高质量发展的同时,也有利于收入分配和人力资本提升

在新古典增长模型中,技术进步(全要素生产率)在经济增长中有着非常重要的作用;内生增长理论则表明,与技术进步密切相关并具有规模效应的创意因素,能够很好地解释经济的加速增长。科技进步和创新对一国可持续增长与经济高质量发展至关重要,经济效率的提高意味着单位投入的产出上升和价格下降,低收入人群也可以更多地分享经济发展成果,从而改进收入分配和社会福利。但是,科技创新活动链条长、投入大、风险高,往往缺乏足够的实物抵押品,传统银行信贷的作用有限。特别是在基础科研和科技成果转化初期阶段,科技创新前景的不确定性巨大,信息不对称问题尤为严重,以激励相容方式有效分担风险的金融安排,在提升科技创新水平、促进科技创新成果转化方面,可以发挥积极的作用。

首先,PE/VC(私募股权投资/风险投资)等市场化直接融资方式的发展壮大,对技术进步至关重要。PE/VC 是多层次资本市场的重要组成部分,对于推动长期资本形成、促进科技成果产业化等,发挥着不可替代的作用。PE/VC 并不局限于单个具体项目的成败,而是对特定领域的科技在早期进行数量虽然相对较小,但更为关键的分散化投资,或在科技创新活动产业化关键

阶段进行股权融资。只要有投资项目成功，就可以获得超额回报，弥补其他项目的损失，并且通过资本市场退出，还可以提高投资基金收益，更好地促进其可持续发展和支持科技创新活动的能力。为此，以美国为代表的很多发达国家，都对 PE/VC 予以税收优惠等各项政策支持，大力发展多层次资本市场（包括场外市场，如美国场外交易集团的 OTCQX[①]、OTCQB[②] 和 OTC Pink[③] 三个层级不同的市场，以及日本的绿单市场等），拓宽 PE/VC 的退出和融资渠道。我国也积极发展创业板、科创板、新三板市场，积极为科创金融提供资金支持。此外，由于很多科技创新活动主要依赖科研人员的知识产权和人力资本投资，PE/VC 有效提高了科技创新活动产业化的成功率，这在促进技术进步的同时，还极大提升了项目研发人员的人力资本转化价值，告别"造导弹的不如卖茶叶蛋的"现象，促进收入分配更为合理。

其次，传统银行通过优化风控流程、完善风险补偿机制（如提高拨备、数字银行）等方式，也可以在支持科技创新方面发挥重要作用。一是银行可以利用大数据等金融科技手段，加大金融数据基础设施建设，优化风控流程和管理模式，有效解决信息不对称问题，为科技创新活动提供必要的信贷支持。二是银行可以优化业务流程，探索知识产权抵押等方式，为科创企业提供信贷支持，提高相关产品的风险拨备，有效控制科技创新信贷风险。

---

① OTCQX 是美国场外交易市场最高层级的交易市场。
② OTCQB 是美国场外交易市场中间层级的市场。
③ OTC Pink 是粉单市场，是美国场外交易市场较低层级的市场。

三是银行可以创设专门服务科技创新活动的专营机构，提高科技创新信贷服务的专业性。2009年5月，原银监会与科技部联合发布《关于进一步加大对科技型中小企业信贷支持的指导意见》，推动商业银行在分支行层面设立专门的"科技银行"；2016年，原银监会、科技部、人民银行联合发布《关于支持银行业金融机构加大创新力度 开展科创企业投贷联动试点的指导意见》，首批有5个国家自主创新示范区和10家银行业机构获得试点资格。在这些政策的指导下，商业银行通过设立专门的科技支行，开发针对性投贷联动产品，与政府相关部门合作，加强与PE/VC、保险等机构联动等方式，为科技创新活动提供金融支持。

最后，政府通过成立引导基金、央行创设科技创新再贷款等方式，撬动社会资源加大科创金融支持。科技创新活动在起步之初的种子期，是股权投资中市场失灵的主要领域。政府通过设立引导基金，以市场化方式运作，充分发挥财政资金的杠杆作用，通过母基金的方式吸引更多社会资本，共同为科技创新活动提供长期稳定的资金支持，这已成为各国支持科技创新的重要经验，如美国中小企业管理局于1958年成立的小企业投资公司（SBIC）、以色列于1993年成立的亚泽马（Yozma）基金。2002年，我国第一只政府引导基金——中关村创业引导基金正式成立，2005年国家发展改革委等中央十部委联合发布《创业投资企业管理暂行办法》，第一次对政府引导基金进行规范，在此之后政府引导基金逐步规范发展，日益壮大，在科创金融支持方面发挥了重要作用。为强化国家战略科技力量，推进关键核心技术攻关和自主创

新，2022年4月中国人民银行还设立了2 000亿元的科技创新再贷款，向金融机构提供低成本资金，引导金融机构在自主决策、自担风险的前提下，向高新技术企业、"专精特新"中小企业、国家技术创新示范企业、制造业单向冠军企业等科创企业发放贷款，撬动社会资金促进科技创新。

3. 风险对冲的金融衍生品是保障收益、避免外生冲击扩大不平等的重要手段

金融市场交易存在的风险是产生金融衍生品的主要原因。金融衍生品是从基础资产中派生出来的交易形态，是有关互换现金流量或旨在为交易者转移风险的一种双边合约，期货合约、期权合约、远期合约、互换协议等金融衍生品，主要就是为了规避风险而产生的（Merton，2017）。虽然与赌博一样，金融衍生品具有零和博弈的特征，但金融衍生品是以具有实际经济意义的资产或变量为标的，与现实存在的风险（如利率风险、汇率风险、股市风险、信用风险和商品价格风险等）挂钩的。例如，现货市场中的价格经常波动，投资者在期货市场上建立与现货市场方向相反、数量匹配的交易头寸，就可以对冲现货市场的价格波动风险。对经济中实际存在的风险进行管理，是金融衍生品的重要功能之一，纯粹的赌博只能给参与者带来额外风险而不具备风险管理功能，这是两者的本质区别。

衍生品是对未来基础资产价格的交易，这是其与其他金融产品的主要差异，对防范未来可能发生的风险具有重要的意义。当

然，金融风险并不能被完全消除，但由于市场参与者的风险偏好并不完全相同，金融衍生品可以通过对未来基础资产的价格设定不同形式的合约（如存在一定溢价的固定价格、浮动价格）及合约组合，有效分散、转移和对冲风险。同时，金融衍生品合约价格包含的信息较基础资产价格更为丰富，对市场可能出现的变化反应更灵敏，因此衍生品还具有非常重要的价格发现功能，有助于形成更为合理的市场价格，从而提高金融市场效率，促进经济的平稳发展。

不过，金融衍生品作为对未来基础资产价格的交易合约，通常能以小博大、具有高杠杆特征，只要支付一定比例的保证金就可以获取未来合约的权利，这也是衍生品往往被认为具有高风险特征的主要原因。然而，一方面，高杠杆并不必然意味着高风险。市场参与者完全可以通过调整买卖规模来控制风险敞口。例如，对于1亿元的现货，按照5%的保证金要求需要支付500万元的期货保证金，此时期货和现货的风险敞口都是1亿元，而且期货交易通过较少资金就锁定了未来的价格，提高了风险对冲的资金使用效率。但是，如果为追求更多收益而追加保证金，期货的风险实际敞口将超过需要对冲风险的实物交易数量。因此，衍生品的高杠杆风险，与市场参与者对冲既有基础资产的价格波动风险，以及追求利润而加大杠杆承担额外风险（这在本质上更类似于赌博，已经偏离了现实风险需求）密切相关。另一方面，利率互换、货币互换等金融衍生品，杠杆属性较低，市场风险较小。由于利率互换、货币互换并不涉及本金，交易双方的风险也

仅限于利息或汇差部分，而且市场参与者大多是信用较好的成熟机构交易者，市场广度和深度较高，交易成本低，流动性较强，因此，利率互换、货币互换已成为金融市场中除远期交易之外的利率、汇率风险管理的最主要衍生品。而且，随着金融市场的深化发展，利率互换等衍生品交易已远超基础资产规模[1]。目前，我国对金融机构参与衍生品市场仍存在非常多的限制，金融衍生品仍以交易类型为主，针对价格发现和风险管理的产品发展相对滞后。2018年，中国利率互换衍生品交易达到历史最高的21.49万亿元（2021年利率互换规模为21.12万亿元），仍不到全部债券余额的20%；2021年，中国即期外汇交易金额14.2万亿美元，外汇远期和互换分别为0.9万亿美元和20.5万亿美元。中国金融衍生品市场在保障投资者收益、避免利率汇率波动冲击等方面的作用，仍有待大幅提升。

二、金融助力共同富裕要权衡好效率与公平的关系

金融业是与金钱打交道的行业，而且主要是在不确定的条件下对资金进行跨期配置，为规避风险通常需要抵押品或设置较高

---

[1] 例如，根据国际清算银行（BIS）公布的数据，2021年6月末，全球美元利率衍生品名义合约为173.8万亿美元（其中，利率互换为120.9万亿美元），而同期美国全部债券（包括国内债券和国际债券）余额为47.8万亿美元；2019年4月，全球日均美元外汇即期交易16.9亿美元，同期美元外汇远期、外汇互换日均交易分别为0.88亿美元和29.1亿美元。

的服务门槛。由于高收入人群投资选择范围更广①，且拥有大量可用于抵押的资产，往往信用等级较高且违约概率较低，可以获得更多的金融服务。因此，金融的本质决定了其天然倾向于高信用人群，嫌弃低信用人群，具有坊间常常吐槽的"嫌贫爱富"的特征。现实中，金融在提升效率、促进经济增长的同时，也存在分配效应，往往对中低收入群体并不友好，在结果上扩大了经济不平等。因此，金融在促进经济增长和高质量发展的同时，也要考虑社会贫富差距的影响，权衡好效率与公平的关系。

（一）时间维度：货币政策的基本功能与副作用

1. 如何看待非常规货币政策扩大贫富差距

货币政策作为宏观总量调控手段，通常无须关注经济公平目标。传统观点认为，经济全球化、人口趋势和劳动力市场结构（如工会的作用）等实体因素才是经济不平等的主要原因（Bernanke，2015；Roeger et al.，2021）。尽管银行家们很早就意识到，货币政策确实对社会收入分配或财富分配存在一定的影响，但从一个完整的经济周期的视角来看，经济扩张和紧缩的循环过程将抵消货币政策对经济公平的影响，因此经济公平不应是货币政策关注的主要问题（Greenspan，1998；Bullard，2014）。

全球金融危机以来，货币政策的分配效应得到了各方的广泛关

---

① 很多金融服务要求较高的资金门槛，如我国家族信托资金起点最低为1 000万元。

注。危机后，主要央行政策利率始终维持在较低水平，史无前例的持续量化宽松带来的资产负债表扩张以及前瞻性指引等非常规货币政策，使各国的贫富差距明显扩大（Domanski et al.，2016）。尽管非常规货币政策对产出、物价等货币政策最终目标的长期效果并不理想，但各国房地产和股票等资产价格却因此迅速反弹，并很快就恢复和超过了全球金融危机之前的水平，非常规货币政策通过资产价格、实际收入和就业、储蓄补偿以及债务成本等渠道对经济不平等产生了显著影响。基于家庭技能或财富分布的异质性主体所建立的新凯恩斯主义模型，成为央行研究货币政策分配效应的重要分析框架（Del Negro et al.，2022）。由于教育背景和劳动熟练程度不同的人群之间、劳动者与资本所有者之间的工资收入和财富差距越来越大，致使边际消费倾向显著下降，这进一步压低了利率水平并导致经济长期停滞（Rachel and Summers，2019），以至于当前各国民粹主义迅速蔓延、全球化大幅倒退，甚至央行制度（至少是独立性方面）都面临着严重的挑战（Borio，2019）。

不过，当经济受到系统性危机的冲击时，稳定金融市场并刺激经济复苏才是央行的首要任务，分配效应并非货币政策关注的重点。在危机发生后，金融市场流动性迅速枯竭，金融市场功能受到严重损害，经济面临严重的通货紧缩压力，此时央行应切实履行"最后贷款人"职责，确保金融体系稳定。央行需要在未来可能的通货膨胀与经济进一步衰退之间进行权衡。但是，如果经济持续衰退，经济主体对未来的预期更加悲观，处于底层的低收入人群的就业机会更加渺茫，社会消费和总需求就很有可能陷

入"经济萎缩—贫富差距扩大"的恶性循环。反之，一个有活力、包容性强的劳动力市场则能够有效抑制就业的"疤痕效应"，从而有助于减少失业、增加收入并改进收入分配（Min, 2009；Heathcote et al., 2020）。因此，全球金融危机后，除传统的贴现窗口手段外，美联储等各国央行大量创新政策工具向金融市场提供流动性支持，成功消除了市场的恐慌情绪；量化宽松等非常规货币政策有效稳定了金融市场条件，在降低失业率和刺激经济复苏等方面取得了积极的效果（BIS, 2019）。新冠肺炎疫情暴发后，正是基于应对全球金融危机的成功经验，各国央行的危机应对更加坚决果断，政策应对规模更大，政策效果也更加显著。

可见，非常规货币政策的首要目标是恢复金融市场的信心和功能，促进经济复苏，量化宽松导致的资产价格过快上升和贫富差距扩大只是政策的副作用，而这在很大程度上与各国货币政策正常化进程相对缓慢有关。全球金融危机后，尽管各国（尤其是美国）的劳动力市场表现良好，但通货膨胀与产出（就业）的短期交替关系发生了明显变化（也就是"菲利普斯曲线扁平化"），各国通货膨胀及通货膨胀预期长期保持在较低水平，再加上金融市场和国际经济环境动荡等因素的干扰（如欧债危机、英国脱欧危机），主要央行都加大了对量化宽松等非常规货币政策的依赖（Blanchard, 2016）。不过，大量实证研究表明，虽然低利率和非常规货币政策确实成功恢复了市场信心和金融市场功能，但其对经济复苏的刺激作用仅在短期有效，对产出和物价等货币政策最终目标的长期效果并不理想（Kirikos, 2021；Fado et al., 2021）。

因此，国际清算银行和很多学者都强烈呼吁，各国应更充分地发挥财政政策的作用，在劳动就业、收入分配、社会保障等方面进行结构性改革，在金融市场稳定后要果断加息和货币政策正常化（Cochrane and Taylor，2016；BIS，2017）。

与外国央行相比，中国货币政策当局很早就认识到过度依赖危机应对政策的弊端。中国人民银行早在2009年中期就注意到经济过度刺激的苗头，通过公开市场操作"动态微调"，2010年连续上调准备金和基准利率，逐步退出适度宽松政策并回归稳健货币政策。尽管2011年以来经济逐步进入新常态，但市场仍存在强烈的新一轮刺激预期。为有效打破各方政策放松预期，2013年第二季度中国人民银行重新发行央票，并对部分到期的3年期央票进行续做，积极与市场沟通，通过公开市场操作和创新性政策工具成功化解了货币市场波动。由于地方政府融资平台效益和房地产市场明显下滑，2014年以来我国一度出现对通货紧缩的担忧，各方政策放松预期强烈。不过，由于宏观杠杆率过高，特别是地方政府隐性债务攀升，货币政策空间非常有限。为此，中国人民银行主要通过逆回购、SLF（常备借贷便利）和MLF（中期借贷便利）等创新性政策工具弥补市场流动性数量缺口，通过定向降准与普遍降准相结合的方式，将准备金率保持在适当较高的水平，在成功应对经济下行的同时始终坚持稳健货币政策取向。

正是在稳健货币政策和包括扶贫攻坚等各项政策的综合作用下，全球金融危机以来中国的资产价格上升幅度明显低于发达经

济体（特别是，中国住房价格上升幅度也不及美国、英国等主要发达经济体，见图2-8），这对促进中国经济公平发挥了非常重要的作用。根据国家统计局的数据，全国居民收入基尼系数在2008年达到0.491，之后逐步下降至2020年的0.468。类似地，按前

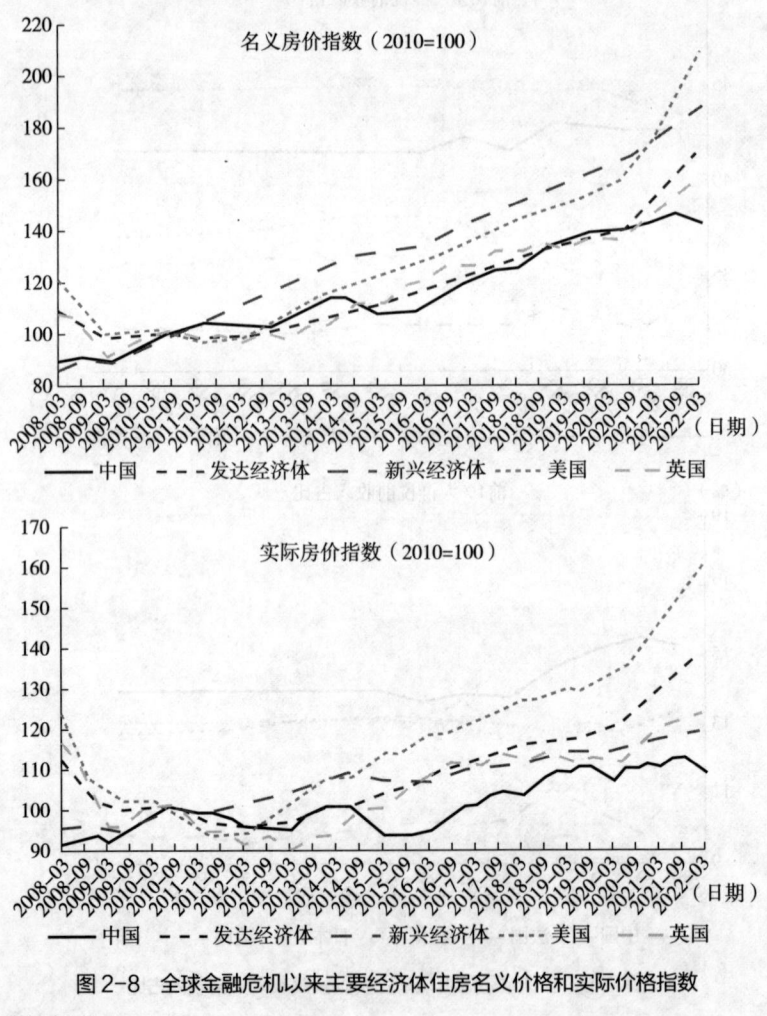

图2-8　全球金融危机以来主要经济体住房名义价格和实际价格指数
资料来源：BIS。

10%或前1%人群收入和净财富占比衡量，全球金融危机以来中国的收入差距逐步改善，2011年以来财富差距并没有出现明显的变化（见图2-9和图2-10）。

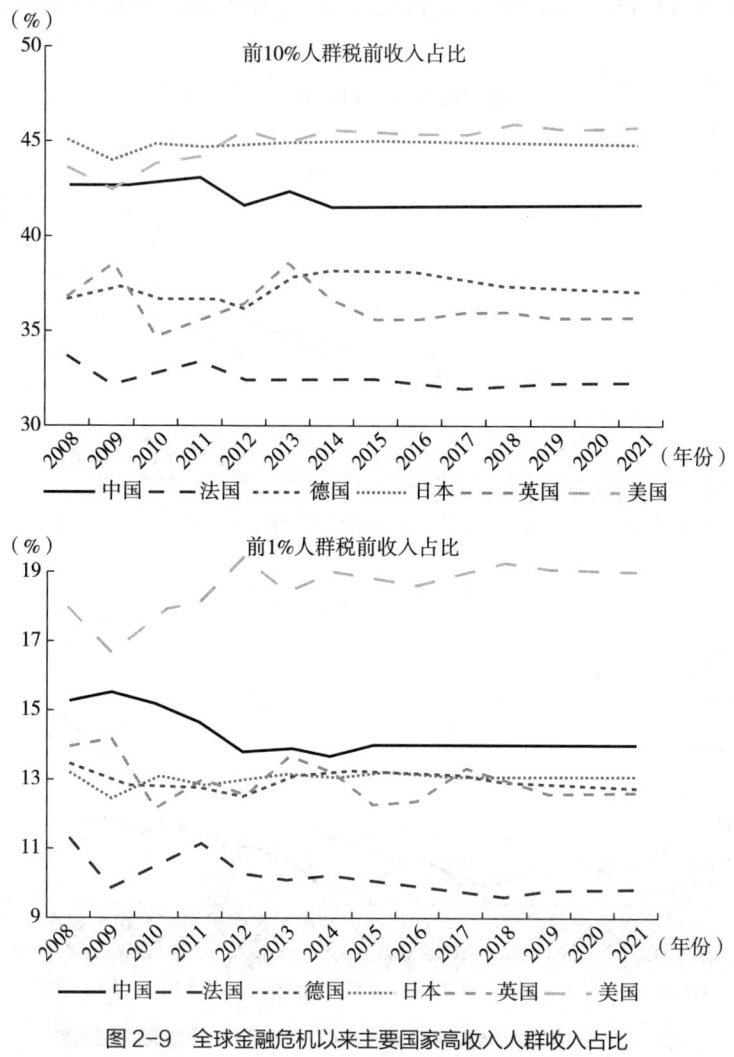

图2-9 全球金融危机以来主要国家高收入人群收入占比

资料来源：世界不平等数据库。

前10%人群净财富占比

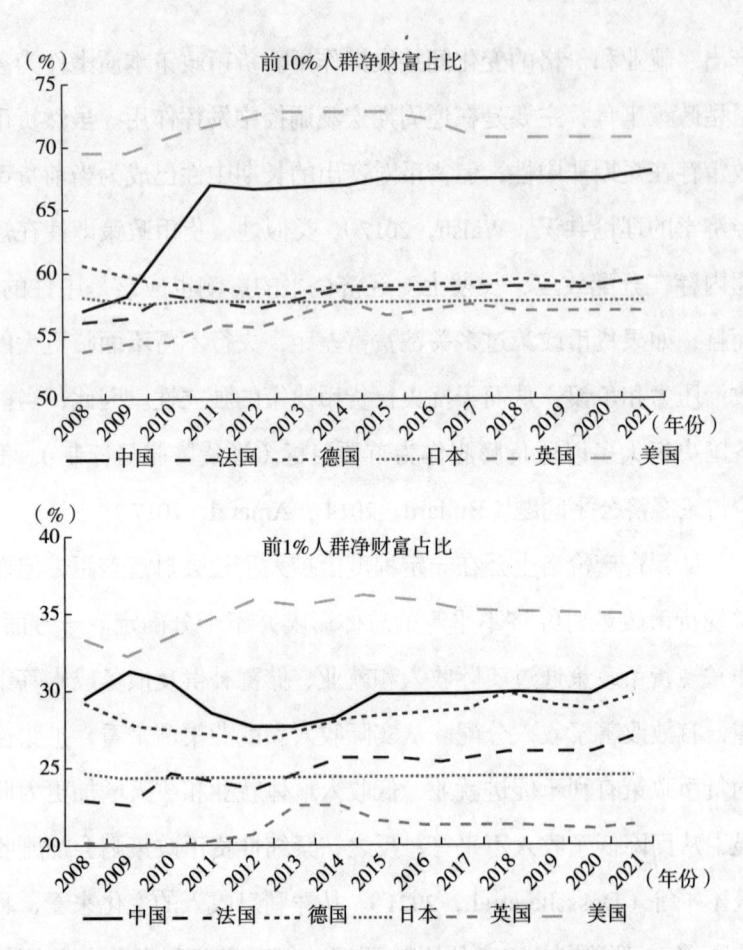

前1%人群净财富占比

图 2-10　全球金融危机以来主要国家高收入人群财富占比

资料来源：世界不平等数据库。

2. 尽管货币政策促进经济公平的作用有限，但央行仍可在宏微观审慎监管、包容性金融发展及支付体系建设等方面发挥一定的作用

货币政策本身对收入分配的直接影响非常有限，主要是通过

产出、就业和价格的变化间接发挥作用。货币政策本质上作为总量型政策工具，主要是在逆周期宏观调控中发挥作用。虽然货币政策存在短期非中性，但货币对产出的长期中性已成为当前货币经济学的理论共识（Walsh，2017）。类似地，货币政策即使在短期内存在分配效应，长期上对经济公平的影响也应该是中性的。而且，如果货币政策过多关注贫富差距，央行不得不面临更大的政治压力和争议，从而干扰央行货币决策的独立性。因此，当前各国央行大多以通货膨胀作为首要目标（通货膨胀目标制），很少讨论经济公平问题（Bullard，2014；Amaral，2017）。

尽管资产价格上升在一定程度上扩大了社会财富差距，但非常规货币政策对经济不平等的总体影响并不十分确定。一方面，非常规货币政策通过实际收入和就业、储蓄补偿及债务成本等渠道，有效改善了收入分配。从实际收入和就业渠道来看，扩张性的货币政策有利于促进就业，低收入群体就业和收入增加更为明显，从而降低了收入不平等；反之，紧缩性货币政策则会加剧收入不平等（Dossche et al.，2021）。从净利息收入的变化来看，利率下降对不同收入家庭的影响不同，但对家庭利息收入差距的影响并不显著。持续低利率对家庭净息收入的影响主要取决于家庭有息资产的期限及获得融资的抵押率等因素（Tzamourani，2021）。对欧元区的实证研究表明，低收入家庭的债务和有息资产往往较少，低利率对其利息收入影响不大；中产阶级家庭拥有的抵押贷款债务相对较多，其净息收入会随着利率的下降而增加；高收入家庭负债较少，利息收入反而是净损失。因此，持续

低利率并未显著加剧不同家庭的利息收入差距。

另一方面，非常规货币政策的财富分配效应与财富的初始分配条件密切相关。如果房地产和股票等资产只集中于最富有阶层，那么持续低利率就会加剧财富不平等。但是，金融资产在不同收入群体中分布不同，量化宽松政策的财富效应也并不一致（Adam and Tzamourani，2016）。事实上，全球金融危机之后，德国、法国等国家的前10%（甚至是前1%）人群的财富占比并未随着央行的资产购买而明显上升。对欧元区的实证分析表明，由于欧元区持有房产的家庭比例及房产在家庭总财富中的比例较高，其财富上涨主要受益于房价上升；而最富裕群体的房地产占财富比例较低，其财富增长主要受益于股票价格上涨。因此，量化宽松货币政策拉升的房地产价格上涨在一定程度上显著降低了财富不平等（Lenza and Slacalek，2021）。

央行可以通过宏微观审慎监管、包容性金融发展及支付体系建设等方面，更好地促进经济公平。信贷和资产价格上升会通过风险承担渠道加速经济扩张，经济周期与金融周期很可能分化，进而加大金融脆弱性，影响经济公平，宏观审慎政策可以在这方面发挥重要作用（后文还将对此进行专门分析）。类似地，有效的微观审慎监管对货币政策畅通传导和经济公平至关重要。微观审慎监管往往是顺周期的，与逆周期货币政策存在内在冲突并可能引发道德风险（譬如掩盖监管失败，或过度救助容易引发通货膨胀风险），将银行监管职能从央行分离一度成为各国潮流（Goodfriend and Lacker，1999）。然而，全球金融危机的爆发表明，

央行由于没有掌握足够的监管信息，无法在事前进行有效介入，也无法在事后及时开展救助，不得不承担最后贷款人职责，甚至演变为"最后做市商"（BIS，2020b），这也使金融部门更多获益并可能恶化经济公平。全球金融危机后，以《巴塞尔协议Ⅲ》的出台为标志，国际上加强了金融监管标准，各国还纷纷改革监管体系，强化央行在金融监管和金融稳定中的作用。新冠肺炎疫情暴发以来，各国金融体系总体稳健，不仅顺利度过了经济衰退危机，美国和很多国家的银行资本金和盈利能力都已恢复并有所提高，这主要得益于危机之后的监管体系改革。此外，央行还可以结合自身职能积极发展普惠金融、加大金融知识普及力度、加强金融消费者保护、推动支付体系建设、提高金融体系的包容性，在促进经济公平、实现共同富裕方面发挥更大的作用（BIS，2021）。

（二）风险维度：如何看待金融创新与金融监管的关系

金融资本天生具有逐利性，为追求更高的投资回报，金融业务往往容易过度创新，更加贪婪的过度套利不仅加剧了资金空转风险，还扩大了社会不平等。在主张新自由主义的"华盛顿共识"的影响下，所谓"最好的监管就是最少的监管"成为当时的主流思潮（Greenspan，2007）。迅猛发展的金融创新模糊了传统金融行业的界限，引发了不同国家、不同金融行业的"监管竞次"和"监管俘获"。各国监管体制越来越部门化、碎片化，甚至监管机构为了取悦本部门的利益集团，吸引潜在监管对象或扩

展监管范围，竞相降低监管标准，分业监管已不适应金融业综合经营的趋势。虽然各国都认识到微观审慎监管在金融安全网中的重要性，1988年的《巴塞尔协议Ⅰ》也在加强银行资本监管方面进行了大量努力，但金融监管总是滞后于金融创新的步伐，各国都经历了管制、放松管制、再管制的政策循环。20世纪60年代开始的金融创新和金融自由化浪潮，在2008年全球金融危机爆发时达到阶段性顶点。21世纪初以来，游离于银行体系和央行信用支持之外、正规监管体系无法有效覆盖的影子银行体系迅速发展。系统重要性机构的核心资本充足率普遍不足，跨市场、相互交叉、结构复杂的金融产品形成了巨大的监管真空，信贷和杠杆率迅速上升，最终随着美国次贷危机的爆发逐渐演变为全球系统性金融危机。

　　金融发展必须在风险防范和鼓励创新中取得动态平衡，通过竞争开放和深化改革（而非严格的金融抑制）来促进金融安全，方能更好地促进经济公平。虽然过度自由放任的金融监管是危机的重要原因，但也应看到，20世纪80年代以来，在资产定价理论和金融交易技术迅猛发展的推动下，传统银行业地位明显下降，金融市场（特别是债券和衍生品市场）的作用明显上升，各金融市场间的关系越来越密切，经济和金融全球化浪潮使各国金融体系逐渐融为一体，当前的金融业面貌与几十年前已完全不同。金融全球化与经济全球化相伴相随，金融业综合经营则是适应金融创新和在经济全球化背景下满足企业综合金融服务需求的必然结果，欧美发达国家的金融业综合经营，实际上也不过

是对金融业其实已突破分业经营限制的事后确认。即使是全球金融危机后，国际金融监管标准和各国监管力度趋严，金融业既不应该也不可能倒退回到严格抑制的分业经营、分业监管模式。事实上，美国的"沃尔克规则"、英国的"围栏法则"、欧盟发布的"卡列宁报告"，都是为了完善综合经营的监管规则和风险防范机制，并没有颠覆金融业综合经营的基本格局（徐忠，2018）。21世纪初以来，中国金融体系取得了飞跃发展。尽管2014年开始以规避监管和监管套利为主要驱动因素、交叉嵌套更为复杂的结构化影子银行规模迅速膨胀（Ehlers et al., 2018），但经过2017年以来的努力，中国影子银行规模得到有效控制，经营日益规范，系统性风险隐患大为减弱（中国银保监会课题组，2020）。毕竟，影子银行体系具有独特的价值，在满足传统金融部门无法有效覆盖的领域的融资需求方面发挥着重要的作用。影子银行也不可能被完全消灭，而是要通过完善监管规则和监管体系实现规范发展，既要积极支持市场力量大胆创新，又要对"有照行车"和"无照驾驶"施行监管全覆盖，更好地发挥包括影子银行在内的金融部门在促进经济增长和经济公平方面的作用。

（三）时间与风险的平衡：货币政策与宏观审慎双支柱调控框架

物价稳定并不一定能够确保金融稳定，央行应高度重视金融周期和宏观审慎政策，在系统性风险防范中发挥更重要的作用。作为现代宏观经济学和央行政策分析的主流理论框架，早期的DSGE模型并未充分考虑金融摩擦在经济周期中的作用，往往认

为价格稳定的货币政策有助于减少资产泡沫并能够自动实现经济稳定（Bernanke and Getler，2001）。尽管大家一直对货币政策是否需要应对资产泡沫存在分歧（张晓慧，2009；Mishkin，2014），但对于央行不应关注并压制资产泡沫，而仅需在泡沫崩溃后进行清理的观点占据了上风。因此，虽然各国央行也意识到金融失调可能带来的严重影响，发布"金融稳定报告"讨论金融体系面临的潜在风险，但随着通货膨胀目标制在各国的广泛流行，各国央行采取了将货币政策与金融稳定分置的策略，即使银行监管职能并未被分离出去，物价稳定也仍是央行的首要目标，通过物价稳定促进金融体系稳定。然而，全球金融危机爆发前，尽管发达经济体通货膨胀表现良好，但资产价格（尤其是房价）大幅上升，泡沫风险迅速积聚并最终酿成了危机。信贷和杠杆率大幅攀升致使资产价格迅速上涨，金融因素对实体经济的影响更加重要，金融周期与经济周期并不完全一致，其持续时间和波动幅度要远远大于经济周期（Borio，2014）。如果忽视风险偏好、信贷杠杆与资产价格的联动对宏观经济的影响，即使能够实现产出和物价稳定，金融体系的失衡也将累积并最终引发系统性金融危机。毕竟，清理资产泡沫崩溃和金融危机的代价过于沉重，以价格稳定为主并仅针对经济周期实施逆周期调控的货币政策存在着明显缺陷，央行应更加关注金融周期因素并强化宏观审慎政策，在金融稳定和系统性风险防范中发挥更重要的作用，这已成为危机发生后各方的重要共识。各国在加强监管标准并健全监管框架的同时，强化央行在金融稳定和审慎监管中的作用，在健全宏观审慎

政策框架方面进行了大量有益的探索（BIS，2020c）。

全球金融危机的爆发表明，所有单个机构的健康并不等于金融整体稳定，央行可以通过宏观审慎政策更好地防范系统性风险。巴塞尔银行监管委员会的前身库克委员会，早在1979年首次提出宏观审慎概念时就指出，当微观经济问题开始引发宏观经济后果时，微观审慎就演变为宏观审慎问题（Borio，2009）。由于金融创新往往是为了突破现有监管的束缚，分行业、分部门的监管机构即使能够监管单个金融机构，也很难把握金融体系风险的全貌。因此，很多学者从学理上指出，金融体系的系统性风险并不等于单个金融机构风险的简单加总，由于个别机构的行为与系统性风险可能存在冲突，并且金融风险存在顺周期性和外部性，单个机构的健康也并不代表金融体系整体的安全（Crockett，2000；Adrian and Brunnermeier，2009），全球金融危机的爆发充分证明了这一点。与微观审慎政策的顺周期性不同，宏观审慎政策与货币政策类似，同样存在着逆周期性质。逆周期资本缓冲、贷款价值比、附加资本和杠杆率要求等主要的宏观审慎政策工具，都是为了抑制金融机构在信贷扩张过程中承担过多的风险，这与信贷数量这一重要的货币政策监测指标非常类似。因此，央行完全可以同时负责货币政策和宏观审慎政策，在逆周期宏观调控和系统性风险防范中更好地进行政策协调。

与关注宏观总量目标的货币政策不同，宏观审慎政策主要针对金融体系，强调系统性风险防范和金融稳定目标，两者互为补充、共同促进。在全球金融危机爆发前，很多学者都强调了资产

价格和金融周期的重要性，指出 2001 年以来由美联储主导的发达经济体政策利率持续偏低，放大了货币政策传导的风险承担渠道，这是全球金融危机货币层面的重要原因（White and Borio，2004；Taylor，2007）。因此，很多主张货币政策应压制资产泡沫的学者认为，应尽早提高利率以防止资产泡沫过度膨胀。不过，杠杆信贷驱动型泡沫的危害更大，非理性繁荣的资产泡沫的冲击则相对较小，应该对泡沫的性质进行区分，主要是针对信贷驱动型泡沫采取主动压制的政策。虽然加强金融监管能够有效识别信贷驱动型泡沫，但现实中两种类型的泡沫往往存在密切的关系，压制政策很容易误置了对象（White，2009）。实证研究表明，提高利率并不能完全有效应对信贷扩张引发的金融危机，仅对 60% 左右的危机具有显著作用（Klomp，2010）。针对信贷扩张的逆向调节政策效果可能非常有限，因为抵押贷款每年的到期数量有限，信贷和杠杆存在很强的惯性，为了压制资产泡沫而过快提高利率，很可能损害整体经济福利，甚至容易引发"债务－通货紧缩"效应（Robstad，2018）。因此，当前的主流共识是，央行应更加重视金融稳定等目标，但这并非货币政策目标，而是属于宏观审慎政策范畴。在经济正常时期，货币政策应主要关注物价稳定，面对信贷过度扩张和泡沫系统性风险，则需要加强金融监管和宏观审慎政策，也就是货币政策与宏观审慎政策双支柱调控框架（Samarina and Apokoritis，2020），这也体现了金融调控中时间与风险的有机平衡。

三、金融助力共同富裕的边界

改善社会分配根本上取决于经济的深层次结构性因素。金融助力共同富裕，必须明确其发挥作用的前提和边界，把握好应有的度，只有这样才能更好地实现社会经济公平。

（一）结构性货币政策可以边际改进分配结果，但关键仍是以增长促公平

1. 当传统政策传导不够顺畅时，结构性货币政策可以在改进经济公平方面发挥一定的作用

货币政策本质上属于总量政策，但在传统政策失灵、传导不畅的条件下，通过实施结构性货币政策可以更好地实现产出、物价稳定，进而有利于改进经济公平。

自全球金融危机爆发以来，主要发达经济体由于传统利率政策传导渠道受阻和总量型量化宽松非常规政策长期效果不佳，逐步进行了结构性货币政策的探索和实践。由于超低（零）利率政策和大规模国债购买引发的资产负债表和基础货币扩张并未带来广义信贷的同步增长，央行投放的流动性未能顺利进入实体经济，主要发达经济体不得不推出非常规的结构性货币政策工具，通过定向支持的方式向金融体系注入大量流动性，提高特定部门的金融支持力度（Smaghi，2009）。例如，美联储推出定期拍卖便利（TAF）、商业票据融资工具（CPFF）等流动性创新支持工具，

欧洲央行推出定向长期再融资操作（TLTRO），英格兰银行推出融资换贷款计划（FLS），日本银行推出贷款支持计划（LSP）。2020年新冠肺炎疫情暴发后，各国央行采取了较全球金融危机发生后更为坚决的降息措施，资产负债表扩张更加迅速，进一步加大了对结构性货币政策工具的依赖。例如，美联储推出了薪资保障计划流动性便利（PPPLF）、主街贷款计划（MSLP）等工具，直接为特定企业和居民提供资金支持；欧洲央行更是突破了各国的购债范围和比例限制，推出紧急资产购买计划（PEPP）。

中国的结构性货币政策有着较长的实践经验和良好的基础，在服务国家战略、支持国民经济重点领域和薄弱环节方面发挥了一定的积极作用。中国的货币政策一直高度关注与产业政策、区域发展政策的协调配合。2014年中国人民银行积极创新结构性货币政策工具，通过定向降准、设立补充抵押贷款（PSL）、中期借贷便利等创新性工具，为"三农"、小微、棚改等特定部门提供资金支持。近年来，在世界百年未有之大变局和新冠肺炎疫情的冲击下，我国进一步加大了结构性货币政策的力度，通过定向中期借贷便利（TMLF）、两项直达实体经济工具、碳减排支持工具等创新手段，加强对科技创新、普惠小微、绿色发展等领域的精准支持。

当前我国结构性货币政策工具箱较为丰富，存续的结构性货币政策工具已超过10个，根据政策目标不同分为长期性工具和阶段性工具，阶段性工具是应阶段性政策目标要求设立的，完成目标后就及时退出，通过有进有退，将工具数量稳定在一个合理的水平上。

2. 与传统总量货币政策相比，结构性货币政策对社会福利的改进相对有限

理论上，结构性货币政策可以提高特定部门的资金可得性并促进经济转型，但结构性货币政策的效果在很大程度上取决于实体部门的结构性特征。针对不同类型的银行和新兴产业融资约束问题，基于 DSGE 框架对中国定向降准、再贷款质押率和再贷款利率这三种结构性货币政策的效果进行分析，可以得到如下几点结论。

一是结构性货币政策能够有效促进新兴产业产出和总产出（见图 2-11），但价格型的再贷款利率在优化经济结构、增进社会福利方面的效果更好。稳态分析表明，结构性货币政策可有效刺激新兴产业的贷款和产出增加（见表 2-1）。二是近年来结构性货币政策工具在引导信贷投向、驱动信贷扩张方面发挥了积极作用，但与普遍降息、降准的传统总量政策相比，结构性货币政策对经济总量的影响相对较小。传统利率政策和准备金政策对传统产业和总产出的变化的影响都在 10% 以上，而结构性货币政策对总产出的影响不到 2%，当然这也体现了其"精准滴灌"的特征。三是与传统利率政策相比，结构性货币政策对社会福利改进有限。尽管结构性货币政策能够降低通货膨胀和产出波动，改进了社会福利，但与传统利率政策相比，福利损失的减小幅度在 0.001 以内，这表明其对社会福利的改进效果有限。

此外，结构性货币政策还可能存在对传统产业的挤出效应、对总量政策的替代效应，以及对经济结构的扭曲效应。当再贷款

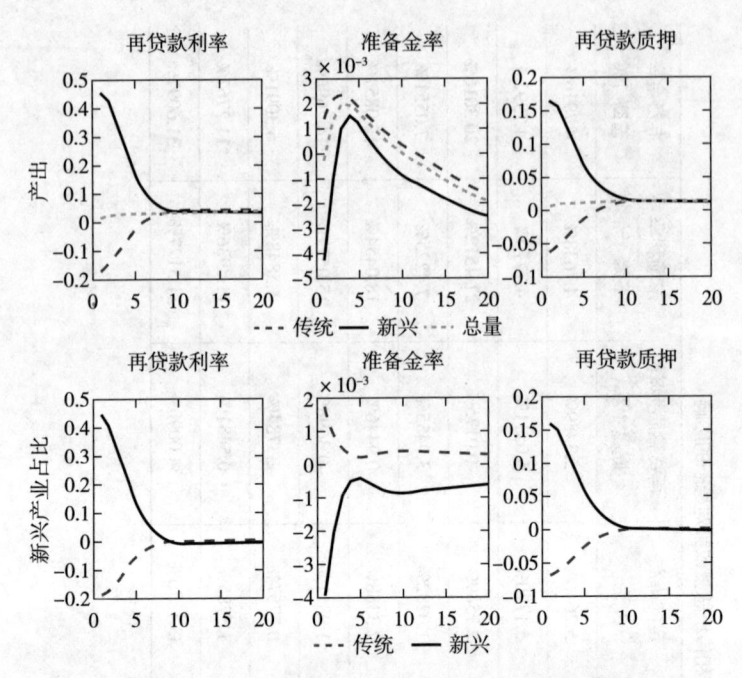

图 2-11 结构性货币政策对产出和经济结构的动态冲击

资料来源：Wind。

利率降低或再贷款质押率提高时，中小银行融资成本降低，大型银行存贷款利率升高，传统产业贷款和产出下降，从而形成一定的挤出效应（见表 2-2）。此外，结构性货币政策在一定程度上具备传统总量政策效果，也会导致基础货币数量扩张，如果结构性货币政策力度过大，将不可避免地替代并扭曲传统总量政策，增加总产出波动（见图 2-12）。而且，一旦结构性货币政策对特定领域支持不当，甚至由于信息不对称，使一些低效的"伪新兴"企业获得低成本资金支持，将加剧产业结构的不平衡，不利于经济结构优化。

表 2-1 结构性货币政策和传统总量政策对稳态的影响

	基准情形	再贷款利率降低1%	定向降准1%	再贷款质押率提高1%	市场利率下降1%	准备金率普降1%
传统产业贷款利率	5.3489%	5.3489%	5.2646%	5.3489%	4.7638%	4.7916%
新兴产业贷款利率	5.2443%	4.6826%	5.1770%	5.0511%	4.7770%	4.7992%
传统产业贷款量相对变化率	—	−0.05997%	2.7589%	−0.0175%	21.4512%	20.3016%
新兴产业贷款量相对变化率	—	12.0403%	1.0282%	3.9455%	7.4225%	7.0551%
总贷款量相对变化率	—	2.8779%	2.3388%	0.9446%	18.0454%	17.0857%
传统产业产出相对变化率	—	−1.0886%	1.9811%	−0.3698%	15.0577%	14.2696%
新兴产业产出相对变化率	—	7.1494%	0.7757%	2.3784%	5.5848%	5.3091%
总产出相对变化率	—	1.6630%	1.5785%	0.5481%	11.8936%	11.2767%
新兴产业占比	33.4010%	35.2035%	33.1370%	34.0090%	31.5177%	31.6097%

表 2-2　不同政策工具的社会福利损失

	通货膨胀损失	产出损失	损失函数 $\lambda=0.5$	$\lambda=1$	$\lambda=1.5$
传统利率政策	1.3812	1.7272	2.2447	3.1083	3.9719
再贷款利率	1.3772	1.7254	2.2400	3.1027	3.9654
定向降准	1.3812	1.7273	2.2449	3.1085	3.9721
再贷款质押率	1.3802	1.7276	2.2440	3.1078	3.9716
三种结构性货币政策	1.3748	1.7231	2.2363	3.0979	3.9595

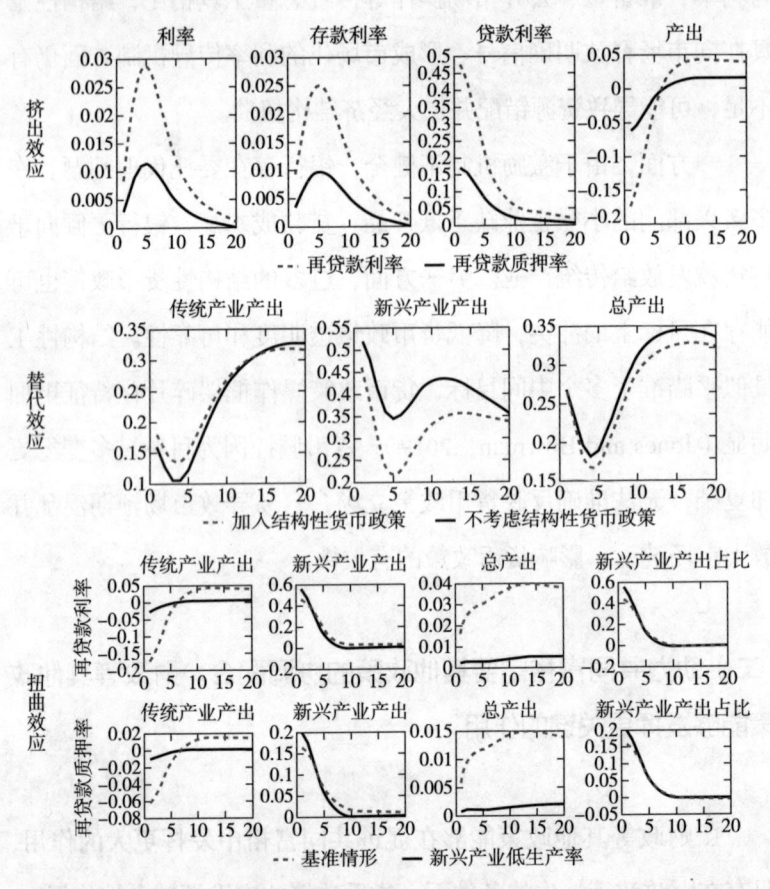

图 2-12　结构性货币政策的副作用

资料来源：Wind。

02
金融促进经济高质量发展助力共同富裕

3. 结构性工具应坚持聚焦重点、合理适度，避免碎片化和不同行业之间的攀比

近年来，结构性工具在中国人民银行投放流动性的各类债权类工具中已占据半壁江山，除了小微、"三农"等传统领域之外，还针对清洁煤、科技创新、养老等领域进行专项再贷款支持。但与利率、准备金、公开市场操作等传统总量工具相比，结构性工具在向市场释放明确信号、形成市场化的利率传导机制方面仍有不足，可能导致资源错配并加大经济结构扭曲。

一方面，由于激励机制不健全，银行存在委托代理问题。许多新兴部门的小微企业缺乏抵押品、贷款成本高，银行更倾向于将贷款发放给传统产业。另一方面，过多的结构性货币政策也可能存在目标上的冲突，降低货币政策透明度和可靠性。结构性工具似乎瞄准了多个中间目标，货币政策操作框架碎片化特征更加明显（Jones and Bowman，2019）。货币调控因为目标过多变得更加复杂，无法准确反映货币政策立场，容易导致市场预期混乱并放大市场波动，影响货币政策的有效性。

（二）助力共同富裕需要其他政策的协调配合：财政等其他政策能够发挥更关键的作用

1. 财政等其他政策能够在促进共同富裕中发挥更大的作用，只有在财政政策缺失的条件下，货币政策才应发挥辅助性作用

自宏观经济学诞生以来，货币政策和财政政策在各国宏观调控

中发挥了重要的作用（李扬，2021）。货币政策本质上属于总量政策，在结构调整方面的作用有限，财政政策在结构调整方面能够发挥更大的作用（贾康和苏京春，2021；Borio and Disyatat，2021）。

从最终目标来看，各国货币政策都以物价稳定等宏观总量作为最主要的目标；而财政政策则要充分考虑收入分配、地区协调发展等因素，具有明显的结构性特征。从工具手段来看，货币政策主要是通过央行资金或利率的变化影响金融机构的行为，在总量调节方面能够发挥更大的作用；财政政策主要通过不同主体税率、转移支付等手段影响不同微观主体、部门和地区的经济行为，在结构调整方面能够发挥更大的作用。从传导机制来看，货币政策主要通过金融机构和金融市场发挥作用，属于间接总量型调控，对不同行业和地区的影响主要取决于各自的经济状况和风险偏好；财政政策主要通过税收、发债和支出等方式发挥作用，能够直接影响不同微观主体的决策行为。从资金性质来看，央行的资产是央行对全社会的负债，资金最终仍要偿还并回流到央行，否则会影响公众的信心和币值稳定；财政资金对应税收和政府发债，往往直接无偿拨付给特定的经济主体，资金在流通过程中的所有权发生变化，具有强制性和无偿的特点。

与财政政策类似，本质上更接近于调整市场主体行为的就业、产业、投资、消费、区域发展等中微观调控政策，同样具有结构化的特征，能够在实现共同富裕方面发挥更大的作用。

可见，实现共同富裕应以财政政策等为主，以货币政策为辅，只有当政府融资能力有限，财政政策的结构性功能受限时，

货币政策才不得不承担经济结构调整的任务，这也是结构性货币政策最主要的理论基础（张晓慧，2018）。第二次世界大战之后的日本和 1990 年统一之后的德国，为更好地实现经济重建、经济一体化等目标，都曾实施过结构性货币政策，它们分别通过结构性再贷款和结构性再融资工具，为特定行业、地区提供低成本资金支持。

2. 只有充分发挥财政政策作用，做好政策协调配合，才能够更好地实现共同富裕

长期以来，财政政策在宏观调控中的作用有限，货币政策则被赋予了更多的责任。传统凯恩斯主义非常强调财政政策的作用（政府收支的乘数效应），早期的宏观调控也以财政政策为主导（Farhi and Werning，2016）。但是，一方面，为追求更高就业和增长而采取的总需求过度扩张政策最终导致了"滞胀"恶果，由于李嘉图等价及对私人部门的挤出效应，再加上发达国家社会福利支出刚性、决策程序和体制障碍等原因，财政政策空间越来越小。甚至自 20 世纪 80 年代中期以来，OECD 国家的财政政策表现出明显的顺周期特征（Bartsch et al.，2020）。另一方面，通货膨胀相当于税收（Schmitt-Grohé and Uribe，2010）。在世代交替模型下，政府税收、支出和货币发行实际上是无差异的，这相当于李嘉图等价的现代版本，人们无意中在理论上忽略了财政政策分析。鉴于此，至少从 20 世纪 80 年代中期以来，货币政策几乎成为各国宏观调控最主要的政策手段（Mishkin，2014）。

财政政策在应对新冠肺炎疫情中发挥了更大的作用，在财政和货币双扩张政策的协调下，经济快速复苏，这与全球金融危机后各国的经济绩效形成了鲜明对比。在危机应对过程中，货币政策与财政政策应做好协调配合，以较低利率水平为财政融资提供合理的政策空间（Borio and Disyatat，2021）。不过，全球金融危机之后，各国财政救助决策滞后。例如，危机发生后，美国、英国和欧盟累计支出1万多亿美元的公共资金救助金融体系，这与美联储7 000亿美元的危机救助和1.73万亿美元的首轮量化宽松相差甚远。正是由于财政政策作用有限及传统利率传导渠道下降，各国央行才不得不转向非常规货币政策，而量化宽松在操作上也模糊了财政政策与货币政策的界限（Blinder et al.，2017），又被称作"准财政政策"（Hall and Reis，2015）。

新冠肺炎疫情发生后，各国财政刺激力度加大。在危机救助方面，2020年3月初至4月末，美国相继通过了四轮共计近3万亿美元的疫情应对法案①，救助规模远高于2008年10月的7 000亿美元救市法案。在促进复苏方面，继2020年12月特朗普政府批准9 000亿美元纾困法案、2021年3月拜登政府批准1.9万亿

---

① 为应对新冠肺炎疫情的冲击，2020年3月以来，美国国会分别通过四轮应对法案，并由特朗普进行了签署，分别为2020年3月6日推出的《冠状病毒准备和响应补充拨款法案》，为公共卫生支出分配了83亿美元的援助；2020年3月18日推出的《家庭首次冠状病毒应对法案》，为中小企业和劳动者提供1 920亿美元的资金支持；2020年3月27日推出的《冠状病毒援助、救济和经济安全法案》，提供2.2万亿美元的资金救助；2020年4月24日，推出了总额达4 840亿美元的《薪资保护计划和医疗保健增强法案》，为中小企业和个人就业提供救助。

美元救助法案后，在 2021 年 3 月和 4 月又宣布了总额高达 2.3 万亿美元的"美国就业计划"和为期 10 年共计 1.8 万亿美元支出的"美国家庭计划"。尽管年底通过的就业计划缩水至 1.2 万亿美元，但其规模远高于 2009 年奥巴马政府推出的 0.8 万亿美元的《美国复苏与再投资法案》。从赤字率来看，2020 年美国、欧元区、日本的赤字率由上一年的 5.73%、0.64%、3.03%，分别上升至 14.49%、7.21%、8.95%。

与货币政策相比，财政政策针对家庭部门，对促进经济公平的效果更为明显，保障居民福利和刺激消费的作用更加直接。从全球来看，过去几十年，累进性税收制度对于降低税后收入不平等发挥了重要作用（Chancel，2019）。特别是，在有效需求不足和零利率下界条件下，财政转移支付不仅能够更有效地刺激增长，还更有助于缩小贫富差距，通过加大教育、医疗、社会保障等公共投入及采取反垄断等结构性政策，能够更好地促进社会公平（Woodford，2022）。鉴于此，新冠肺炎疫情暴发以来大规模的财政刺激政策更加注重社会公平。根据美国国会预算办公室的数据，2.2 万亿美元的《冠状病毒援助、救济和经济安全法案》和拜登政府的 1.9 万亿美元财政刺激计划中，用于企业、居民救助和税收减免支出的比重分别高达 68% 和 51%。

3. 货币政策应以价格稳定作为首要目标，在兼顾多目标的同时不能包打天下

中国社会经济金融的现实情况决定了货币政策的多目标制，

但仍要以国内物价稳定作为首要目标。由于货币政策传导存在一定的时滞，而且通货膨胀波动与产出波动存在一定的交替关系，许多国家在以通货膨胀为目标的同时兼顾充分就业、经济增长等目标，这也被称作"弹性通货膨胀目标制"。不过，多目标实际上增加了货币政策调控的难度，对货币政策的有效性提出了更高的要求。我国货币政策各目标的重要性并不完全相同，在不同时期也会有所侧重。货币政策的多目标难免重叠并相互干扰，容易引发相机抉择倾向。作为一个大国，中国的国际收支外部目标显然应当服从内部目标，充分就业与经济增长目标有很大重叠，而物价稳定也就意味产出缺口为零的经济均衡，也是实现其他政策目标的自然结果。因此，国内物价稳定始终是中国货币政策的最主要目标。

货币政策不能包打天下，货币政策传导效果还取决于财政政策、审慎监管、市场机制等多重约束。货币政策本质上作为总量宏观政策，在解决经济深层次结构性问题上并不具备优势。而且，近年来我国货币政策传导不畅，很大程度上源于在内外环境恶化的同时，整顿地方政府债务、加强监管和金融去杠杆、处置中小问题金融机构等政策叠加，放大了信用风险溢价。甚至，预算软约束部门不仅挤占了大量金融资源，还通过商业信用方式大量挤占小微民营企业资金，致使其被动加杠杆，融资环境恶化（姚洋，2019）。同时，国有企业、财税体制、市场准入等深层次改革有待完善，以及疫情防控持续加码，政策预期不稳，市场信心不足，进一步抑制了微观主体的融资需求。虽然结构性货币政

策具有一定的边际效果，但过于依赖货币政策很可能导致原有的结构性问题未能得到解决，甚至还会恶化原有矛盾，容易带来物价上涨、资产泡沫和贫富差距加大等副作用。金融促进共同富裕，根本上还是应当加强财政政策与货币政策的协调配合，各部门通力合作协同推进，真正通过深层次结构性改革切实提升经济增长和信贷需求的内生动力，只有这样方能更好实现经济高质量发展和共同富裕。

（三）通过全方位深化改革提升金融服务可得性，更好助力共同富裕

金融是实体经济的镜像，金融活动引发的分配扭曲，本质上反映了实体经济的内部失衡，经济深层次矛盾和问题制约了金融作用的发挥。因此，根本上还需要通过全方位深化改革提升金融服务的可得性，让金融更好地促进增长，助力共同富裕。

一是加快深化要素市场化改革。早在20世纪90年代，中国就已基本完成商品市场化改革，但要素市场化改革相对滞后，无论是土地、资本还是劳动力，仍存在着不同程度的二元分割和价格双轨制，要素市场发育不充分，市场决定要素配置的作用有限，要素市场化流动在体制机制上仍存在较大障碍，这已成为制约中国经济发展潜力的重要因素。可以说，要素市场化配置既是关键性、基础性的重大改革任务，也是中国市场化改革成败的关键，直接关系到共同富裕目标能否真正实现。

土地作为重要的生产要素，能否市场化自由流转交易，对金

融和劳动力资源有效配置以及经济增长效率具有非常重要的意义。长期以来，农村土地归集体所有，市场化程度较低，农业发展和农地流转投融资需求难以得到有效满足，抑制了金融服务农业、农村的水平。2015 年，我国开始推行"两权"（农村承包土地经营权和农民住房财产权）抵押贷款试点，对盘活农村土地资源、促进农业规模化经营具有一定的成效。但是，由于农村土地资源仍未完全市场化，土地流转并不规范，抵押物价值评估不健全且处置存在较大困难，风险分担机制仍不合理，这些都使"两权"抵押贷款进展缓慢。近年来，随着《中华人民共和国农村土地承包法》的出台以及《中华人民共和国土地管理法》的修订，特别是《关于构建更加完善的要素市场化配置体制机制的意见》和《要素市场化配置综合改革试点总体方案》的发布，我国要素市场化改革有望深化推进，金融要素将与土地等其他要素更加紧密地结合，更好实现共同富裕。

二是加快深化养老金体制改革。当前我国的养老金体系结构中，作为第一支柱的公共养老金所占比重仍然过高，市场化的第二和第三支柱的职业年金、个人养老金发展还很不充分。而且，公共养老金替代率（即劳动者退休养老金领取水平与退休前收入水平的比率）不到 50%，养老金资产积累不足以应对人口老龄化风险。中国的养老金制度由现收现付的 DB 型为主转向预筹积累的 DC 型为主，在当前人口老龄化加剧的趋势下是必然的选择。

一方面，充分发挥个人账户的激励作用，夯实养老保险第一支柱。我国的基本养老保险采取了现收现付和个人账户的统账结

合模式，兼顾基本养老保险的社会再分配和个人激励功能。但是，现有个人账户长期不实，激励作用有限。今后，在做好现有统账结合的同时，可用历史还原法处理代际差异，为中老年人建立名义个人账户，空账运行以减少资金需求；在处理好代际公平的同时，应划转国有资本做实个人账户，结合参数化改革延迟退休年龄等方式，适当降低隐性债务。金融可以通过长期多元化投资、风险管理及市场竞争降低管理费用等方式，平衡好基本养老金的风险和收益。另一方面，切实通过财税手段，鼓励企业年金、职业年金和第三支柱发展。在发展基本养老保险的同时，税收优惠对鼓励企业和个人参加第二支柱和第三支柱养老保险、多渠道满足更高需求养老保障、有效补充基本养老保险具有非常重要的作用。2006年以来，中国保险监管部门一直致力于推动出台税收政策，支持以商业养老保险为主的第三支柱发展。2018年我国开始进行个人税收递延型商业养老保险试点，但由于税收优惠有限且抵扣流程烦琐，对消费者的吸引力不高，业务发展仍然有限。为此，2022年4月国务院办公厅发布《关于推动个人养老金发展的意见》，这将进一步推进我国养老金第三支柱的发展。

三是加快深化金融双向对外开放。随着人口结构和储蓄率的变化，中国的经常账户顺差将趋势性收窄，未来不排除频繁出现逆差。跨境资本流动不仅对国际收支平衡更加重要，更关系着国内企业和居民能否更充分地利用全球资源，促进经济高质量发展并更好地实现共同富裕。当前，中国对外资产仍以外汇储备为主，总体收益不算太高。2021年，国际储备资产占对外

资产的比重小幅下降 1.1%，但仍高达 36.8%（其中，外汇储备占比 34.9%），持续位居各项对外金融资产之首，对外证券投资（包括股权和债券）和金融衍生品占对外资产的比重分别为 10.5% 和 0.16%，而且，在 3.25 万亿美元的外汇储备中，美国国债高达 1.06 万亿美元，全部对外金融资产收益率仅约为 2.8%。

虽然 2018 年以来，金融对外开放按照"宜早不宜迟、宜快不宜慢"的原则，取得了较大进展，但总体来看，金融对外开放仍侧重于"引进来"而非"走出去"，主要是通过"债券通""沪港通"等管道式措施，稳妥有序地推进境内主体对外投资，这在避免跨境资本流动加快和对外敞口扩大可能引发风险上升的同时，一定程度上也抑制了我国更充分地利用国际资源的能力。今后，应在放松不必要管制措施深化外汇等金融市场发展、健全跨境资本流动宏观审慎政策的同时，克服浮动恐惧症，加大对汇率波动的政策容忍度，真正发挥汇率作为宏观经济自动稳定器的作用，择机扩大并最终取消汇率浮动区间和实现资本账户完全可兑换。在经常账户收支向均衡水平收敛并可能出现逆差的条件下，积极鼓励各类型企业走出去，并为其海外融资提供必要支持；与"一带一路"倡议相结合，通过"黑字还流"等方式大力推动人民币国际化，实现中国居民财富和企业资产的全球配置。

四是加快深化国有企业改革。中国经济高速增长得益于民营企业的发展壮大，但全球金融危机发生以来，国有企业在经济中的作用越来越重要。与国外的国有企业仅集中于公共事业、交通运输及金融等少数领域不同，中国国有企业几乎涵盖了所有经济

部门（IMF，2020）。由于存在预算软约束的隐性担保，国有企业在获得信贷资源方面较民营企业更有优势，这使民营企业融资难问题更为突出，信贷资源扭曲错配进一步严重，企业活力大幅下降（Jurzyk and Ruane，2021；Cerdeiro and Ruane，2022）。

一方面，在完善国有企业公司治理和社会保障体系的同时，按照竞争中性原则，国有企业应从低效率非战略性部门真正退出。有效的公司治理是现代企业制度的核心，社会保障体系的完善将有助于明确政府与企业的边界。国有企业要按照竞争中性原则参与市场活动，降低特定行业市场准入要求，对于非战略性的低效企业要果断退出，将资源配置到效率更高的民营企业。另一方面，切实硬化国有企业预算约束，推动国有企业降杠杆，避免融资的所有制歧视。与财税体制改革同步，逐步取消隐性担保，按照"控增量、化存量"的要求处置好地方隐性债务，完善企业市场退出机制，容忍更多国企违约。金融部门也应为此加强金融安全网建设，完善信用评级和资产定价，加大相关风险拨备和流动性、资本缓冲要求，阶段性提高国有企业贷款风险权重，为民营企业创造更公平的融资环境。

五是加快深化金融监管改革。我国的金融监管一度过于关注行业发展而忽视风险防范，重准入轻监管、重发展轻规则、重机构规模轻效率质量，监管目标不明确、政策标准不统一，未能很好地兼顾监管政策的逻辑一致性和相对稳定性。监管规制过严而实际监管偏松，很多监管指标要求都明显高于国际标准，但在日常监管中往往只关注大机构，放松对小机构的要求，甚至为掩盖

监管失败而以稳定之名延缓对问题机构的处置，但在出现风险苗头时又往往进行运动式监管，容易导致"一放就乱，一管就死"，不利于金融促进高质量发展。

在强化央行在宏观审慎和金融稳定中的作用的同时，应按照激励相容的原则，完善金融监管体系。一方面，明确监管目标，处理好行业发展与审慎监管的关系。如果同时兼负行业发展目标，监管者很容易倾向于更容易观测的行业发展目标，而偏离审慎监管的初衷。另一方面，监管规则应公开透明，责权匹配。为避免监管寻租和监管俘获，应按照规则与原则进行审慎监管，通过增加透明度来避免监管随意性和相机抉择。同时，监管目标与监管成本应适度平衡，不同的专业监管者为履行各自目标也应权责匹配，作为金融安全网的最后贷款人，央行和存款保险机构也应在与微观审慎机构做好协调的同时，承担一定的日常监管职责。

六是加快深化财税体制改革，从根本上实现房住不炒。受计划经济惯性和 GDP 目标制的影响，我国长期实行建设型财政，这意味着政府直接参与市场活动，与市场经济条件下服务为主的公共财政转型存在较大距离，逆周期宏观调控仍以基建等建设支出为主要手段，而对教育、养老、医疗等公共服务的投入仍存在较大缺口。尽管在经济下行期也实行积极财政政策，但没有赤字率大幅上升的积极财政往往容易被人诟病为并不是真积极，赤字率最高的 2020 年也仅为 3.7%，与发达经济体存在较大差距。当然，财政政策更关注年度财政平衡且不愿大幅提高赤字率有其客

观原因，很大程度上是由于中央和地方财税事权关系并不匹配，规范地方隐性债务堵后门的同时并未开好地方政府融资的正门，致使地方政府不得不依赖房地产推动经济增长，弥补财政支出缺口。房价飙升的症结，仍在于迟迟未得到理顺的财税体制。

　　为根本上实现房住不炒，真正优化居民财富格局，更好地发挥资本市场的财富管理功能，应加快深化财税体制改革。一方面，大力理顺中央地方财税事权关系，积极培育新的地方主体税种；稳妥推进房地产税试点，更好地稳定地方财政能力。另一方面，大力提高地方债务透明度，充分发挥金融市场和地方人大的约束作用，推动地方政府向服务型政府转型。

03

金融助力区域协调发展

与高收入地区相比，低收入地区的金融体系存在明显差距。造成这些差距的原因有些来自金融体系所处的外部环境，有些来自金融体系自身。补上金融体系自身的短板，有助于促进区域间的资源自由流动，有助于缩小低收入地区和中高收入地区的全要素生产率差距，是推动区域协调发展过程中必不可少的重要环节。

本章第一部分将简要总结区域协调发展的内涵和目标，回顾我国区域发展的差距和金融资源配置格局的新变化。从省域间人均 GDP 观察，过去 10 年我国的区域发展差距小幅收窄。黄河以南的低收入省份，如安徽、江西、四川和海南经济增长较快，从低收入组迈入中等收入组，缩小了区域发展差距。黄河以北的多数省份经济增速大幅滑坡，特别是黑龙江、吉林、河北、青海等省份从中等收入组落入低收入组。从金融资源配置的角度看，经济增长相对滞后区域面临金融资源流失的局面，尤其是直接融资方面，差距的拉开更为迅速，单位贷款对应的 GDP 增量也迅速

拉开差距。对于经济增长赶超组的区域，单位新增贷款对应的GDP增长显著上升；对于经济增长落后组的区域，单位新增贷款对应的GDP增长显著下降。

第二部分是区域经济发展差距背后的金融短板。东北和部分北方省份经济增速大幅滑坡的主要原因是经济转型升级遇到困境，经济增长缺乏内生动力。这背后有多个方面的原因，包括金融服务方面的短板：一是地方政府债务负担过重拖累了地方经济发展；二是金融服务难以对接企业转型升级，特别是权益类融资的匮乏；三是区域金融资源配置中没有充分发挥中心城市的集聚效应和引领作用；四是中小金融机构公司治理问题突出；五是缺少针对地方经济发展特色的金融服务。实现区域间的协调发展，不仅要关注低收入地区的状况，也要关注人口流动，关注高收入地区对来自低收入地区人口的接纳状况。同时，我国的都市圈房价过高为人口流动竖起了过高的围墙，都市圈高房价背后存在着都市圈建设中投融资机制方面的短板。

第三部分是区域发展战略中的金融政策对于缩小区域发展差距的作用。本部分重点观察了西部大开发战略和东北老工业基地振兴战略。比较而言，通过"政策性金融支持基础设施建设—更好承接产业转移—产业和人口流入增强与集聚效应—区域政府信用和企业信用提升—吸引更多金融资源"能够形成较好的正反馈机制。对某些特定企业或者行业的支持能发挥一定的纾困作用，但是难以建立可持续的增长机制。本部分还比较了国际上其他国家的区域发展战略。日本的教训是实现区域协调发展不能过

度依赖政府投资，一旦公共投资减少，当地经济很快会陷入衰退困境。过度依赖政府公共投入的经济体制会削弱当地自主开发意识，导致当地把更多的精力放在游说政府投资工程上。德国和美国的更加针对地方经济特点的灵活金融监管体系和政策性金融机构值得借鉴。

第四部分是小结和政策建议。实现我国区域经济协调发展，金融政策方面的工作重点有以下四个方面。

一是补上低收入地区的金融服务短板，助力低收入地区产业和城市的转型升级。具体包括：第一，降低经济增长滞后区域的隐性债务负担，对公益类建设项目相关的存量债务要尽可能地置换为低成本、长周期的债务，对增量部分要尽可能使用政府信用债务；第二，发展多层次的权益类融资，助力产业转型升级；第三，合理发挥产业投资基金对有发展潜力的产业的引导作用，财政资金通过引导、担保、兜底等方式充当后盾，协同完成支持产业发展和转型升级的重任；第四，建设资金重点支持区域内的人口和产业流入的城市建设，发挥中心城市的集聚效应和引领效应，支持区域内的人口流动；第五，规范金融监管，严厉打击各种金融诈骗活动。

二是做好大都市圈建设的相关金融服务。从低收入地区到中高收入地区的人口流动是实现区域协调发展的重要支撑，大都市圈是吸纳低收入地区人口的主要区域。当前，我国的都市圈房价过高，一方面，可以增加都市圈的住宅用地供应；另一方面，通过发行债券而不是依赖土地收入为都市圈建设融资，可以大幅降

低进入都市圈购房和生活的门槛。

三是探索更有针对性的地方特色金融服务体系。我国采取中央集中的金融监管模式，针对地方经济基本面的特色金融服务不够灵活。在中央对经济发展滞后区域的金融支持政策中，信贷资源的支持非常重要，同样重要的是设计和培养与地方经济相匹配的区域性金融基础设施、金融机构和金融产品。可以探索更加灵活的区域性金融服务措施，包括与当地房地产市场和经济基本面发展相匹配的差异化住房抵押贷款政策、区域资本市场、多样化的政策性金融服务等。

四是发挥普惠金融、数字金融促进区域协调发展的积极作用。构建普惠金融成本可负担、商业可持续的长效机制是关键，数字化是普惠金融发展的重要方向，具体措施包括：第一，持续加快建设全国性金融信用信息基础数据库、区域性金融服务平台等金融基础设施，发展市场化第三方征信机构，有效降低资金供给与需求间的信息不对称；第二，完善风险分担补充机制，加大各级政府融资担保公司和风险补偿基金对中小微企业、"三农"等的增信、风险补偿和风险分担，撬动更多金融资源进入普惠领域；第三，数字化赋能普惠金融发展，有效降低银企间信息不对称，使服务触达传统金融不能覆盖的包括中小微企业在内的长尾客户群体。

一、区域发展差距与金融资源配置的新特征

过去10年当中我国的区域发展差距小幅收窄。黄河以南的低收入省份，如安徽、江西、四川和海南经济增长较快，从低收入组迈入中等收入组，缩小了区域发展差距。黄河以北的多数省份经济增速大幅滑坡，黑龙江、吉林、河北、青海等省份从中等收入组落入低收入组，成为我国区域发展差距新的主要矛盾。经济增长赶超组吸引了更多金融资源，特别是在直接融资方面有明显进步；经济增长落后组则面临金融资源流失，直接融资方面差距的拉开更为迅速，单位贷款对应的GDP增量也迅速拉开差距。经济增长赶超组的区域，单位新增贷款对应的GDP增长明显上升；经济增长落后组的区域，单位新增贷款对应的GDP增长大幅下降。

（一）区域协调发展的内涵与新特征

1. 区域协调发展的内涵与目标

我国幅员辽阔、人口众多，地理环境多样，城乡制度存在差异，区域间经济发展水平和人民生活水平一直以来都存在显著差距。党的十九大报告归纳指出，"中国特色社会主义进入新时代，我国社会主要矛盾已经转化为人民日益增长的美好生活需要和不平衡不充分的发展之间的矛盾"。"不平衡不充分的发展"是我国发展的阶段性特征，区域间发展协调性有待增强正是"不平

衡不充分的发展"的主要表现之一。区域协调发展是贯彻新发展理念、构建新发展格局、推进社会主义现代化建设的重要内容之一。

根据政策梳理和对已有研究的总结，目前我国区域协调发展的内涵与目标主要包括三个方面。

一是促进区域之间分工协作，形成全国统一大市场。我国区域间要素禀赋和比较优势各异，这一客观条件决定了不同地区在产业布局和主体功能等方面必须进行分工，从而实现全国资源的有效配置，而地区分工反过来又需要形成统一大市场来满足各自的发展需求。只有在区域分工和全国统一大市场的构建过程中，中国经济的规模优势才能得到最大限度的发挥，区域间协调发展的全国性增长基础才能被筑牢。

二是促进生产要素区域、城乡间的合理流动和高效集聚，推动经济高质量增长。区域间分工协作、发展具有比较优势的产业的前提就是生产要素的合理流动。历史经验表明，生产要素在流动中会在地理空间上形成集聚，发展出中心大城市、城市群和都市圈，并辐射带动外围中小城市和农业区域的发展（陆铭和陈钊，2008）。

三是将发展差距控制在合理边界以内，推动区域间达成人均意义上的平衡发展，同时促进公共服务均等化，实现共同富裕。共同富裕是中国特色社会主义的本质要求，也是中国式现代化的特征之一。发展是否平衡，关键是看人均GDP、人均实际收入等人均指标的差距，而不是区域之间GDP总量的差距。与总量指

标不同，人均指标往往更能反映居民的实际生活水平和在发展中的获得感。党的二十大报告强调要"坚持以人民为中心的发展思想"，"不断实现发展为了人民、发展依靠人民、发展成果由人民共享，让现代化建设成果更多更公平惠及全体人民"。以人民为中心的发展和共同富裕的实现意味着区域间在人均意义上的平衡发展，为此政府需要通过一些政策帮助欠发达地区，最终走向城乡和区域协调发展的状态。

基于上述区域发展的内涵和目标，本文以近10年来省域间人均GDP（名义GDP/常住人口）的演变特征为观察起点，尝试分析和总结区域发展差距的新特征以及与之相关的金融配置格局。

2. 区域间差距整体缩小，南北差距拉大

近10年来，中国经济在持续增长的同时，区域间经济发展整体差距在缩小。2011—2021年，全国人均GDP年均增长8.4%，突破8万元。区域间的相对差距呈缩小态势：31个省区市间的人均GDP变异系数从2011年的0.473降至2021年的0.438，居民人均可支配收入的变异系数从0.443降到0.395（见图3-1）。但从国际比较来看，我国区域间经济发展差距仍然偏大。例如，美国除华盛顿特区外，各州人均GDP间的变异系数约为0.185，远低于中国的水平。

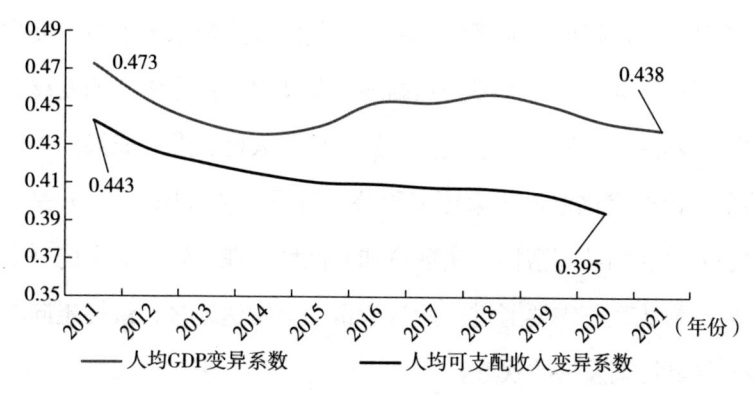

图 3-1　省域间人均 GDP 和居民人均可支配收入变异系数

资料来源：Wind。

从地理区域的划分来看，省域间经济发展差距缩小主要体现为中西部地区的经济追赶加快、东部和中西部[①]间的差距缩小。将中西部视为整体计算，中西部人口占全国人口的比重从 53.6% 微降至 53.0%（见表 3-1）；其 GDP 占全国的比重从 39.3% 升至 43.1%，提高 3.8 个百分点；中西部人均 GDP 年均增速领先于东部和东北地区，2011 年，中西部人均 GDP（2.84 万元）相当于东部地区的 54.0%，2021 年这一比例上升到了 62.7%。

东中西部差距缩小的同时，南北差距在迅速拉大。2011—2021 年，北方人口占全国人口的比重微降 1.5 个百分点至 40.4%，而 GDP 占比大幅下降 7.6 个百分点至 35.2%（见表 3-2）；2011

---

① 东中西部、东北地区划分来自国家统计局。东部包括：北京、天津、河北、上海、江苏、浙江、福建、山东、广东和海南。中部包括：山西、安徽、江西、河南、湖北和湖南。西部包括：内蒙古、广西、重庆、四川、贵州、云南、西藏、陕西、甘肃、青海、宁夏和新疆。东北地区包括：辽宁、吉林和黑龙江。参见 http://www.stats.gov.cn/zt_18555/zthd/sjtjr/dejtjkfr/tjkp/202302/t20230216_1909741.htm。

年，南北方人均GDP相差无几，北方还要略高于南方，到了2021年，南方人均GDP比北方高出约1.7万元；10年间，南方人均GDP年均增速（8.7%）较北方高出2.8个百分点。

北方地区经济增长相对滞后，东北地区经济增速放缓最明显。东北地区的GDP和人口占全国的比重分别从2011年的8.7%和8.1%，降至2021年的4.9%和6.9%；人均GDP 10年间年均仅增长3.2%，远低于东、中、西部的7.1%、8.9%、8.5%。2011年，中西部地区人均GDP比东北地区低约1.3万元，10年后，中西部人均GDP要比东北地区高出约8 000元。

表3-1 东中西部、东北地区GDP、人口占全国的比重及人均GDP变化

	GDP占比（%）		人口占比（%）		人均GDP（万元）	
	2011	2021	2011	2021	2011	2021
东北	8.7	4.9	8.1	6.9	4.17	5.72
东部	52.0	52.1	38.3	40.1	5.25	10.46
中西部	39.3	43.1	53.6	53.0	2.84	6.56
西部	19.2	21.1	27.0	27.1	2.76	6.26
中部	20.0	22.0	26.6	25.8	2.92	6.86

资料来源：Wind。

表3-2 南北方GDP、人口占全国的比重及人均GDP变化

	GDP占比（%）		人口占比（%）		人均GDP（万元）	
	2011	2021	2011	2021	2011	2021
北方	42.8	35.2	41.9	40.4	3.96	7.03
南方	57.2	64.8	58.1	59.6	3.81	8.77

资料来源：Wind。

从时间上的趋势观察，也可见10年间区域发展差距以2015年、2019年为节点分为三个阶段。2011—2014年区域发展差距整

体不断缩小，这一缩小趋势在 2015 年停止，随后 2015—2018 年区域发展差距又略有上升，2019—2021 年差距再度进入缩小通道。

观察数据可以发现，这一时间上的演变主要体现的是南北方人均发展差距的演变。2015 年以前，南方人均 GDP 一直略低于北方，但总体上处于追赶进程中，因此，这一时期全国整体的区域发展差距在缩小。2015 年，南方人均 GDP 正式追赶上北方，并逐渐与北方拉开差距，全国整体的区域发展差距再次扩大。但 2020 年以后，整体的区域发展差距扩大的趋势停止，这或许是因为在新冠肺炎疫情的冲击下，生产要素的正常流动受到制约，发展速度较快地区的经济活跃度也有所降低，使整体区域发展差距有所缩小。

3. 中西部原本的中低收入地区赶超效果明显，北方部分省份增长滞后

基于各省份 10 年间的人均 GDP 及其变化，我们可以从两个维度观察区域间的经济发展差距（见表 3–3）。

一是绝对收入水平维度。可以在 31 个省区市中，将人均 GDP 排名前 10 的省份定义为高收入组，将人均 GDP 排名后 10 的省份定为低收入组，其余为中等收入组。2021 年，高收入组的 10 个省份中，前 7 名均位于东部，1 个（湖北）位于中部，2 个（重庆、内蒙古）位于西部；从南北划分看，7 个省份位于南方，其余的北京、天津、内蒙古位于北方。中等收入组的 11 个省份中，位于中部、西部的均有 4 个，另有山东和海南位于东部、辽宁位于东北地区；从南北划分看，5 个位于南方，6 个位于北方。

低收入组的 10 个省份中，6 个位于西部、2 个位于东北地区、1 个位于东部（河北）、1 个位于中部（河南）；从南北划分看，位于北方和南方的分别为 6 个和 4 个。

二是相对收入水平的变化维度。将 2021 年 31 个省区市的人均 GDP 排名与 2011 年做比较，有 19 个省份的排名没有退步。其中有 15 个是南方省份，排名进步不低于 5 个位次的省份共有 8 个，全部为南方省份；而在排名退步的 12 个省份中，除了广西外，其余均为北方省份。

在排名进步的省份中，重庆、湖北从 2011 年的中等收入组晋级到了高收入组；安徽、江西、四川和海南则从低收入组晋级到了中等收入组。在排名退步的省份中，吉林、黑龙江排名退步高达 15 位，河北退步了 13 位，再加上青海，这 4 个省份 2011 年时是中等收入组，到 2021 年退回到了低收入组。此外，还有辽宁和山东从高收入组退回到了中等收入组。

表 3-3　31 个省区市绝对收入水平和相对收入水平变化（括号中为排名变化值）

	人均 GDP 排名进步或持平	人均 GDP 排名退步
高收入组	北京（2）、上海（0）、江苏（1）、福建（6）、浙江（0）、广东（1）、重庆（5）、湖北（3）	天津（-4）、内蒙古（-5）
中等收入组	安徽（13）、江西（9）、四川（7）、湖南（5）、陕西（4）、海南（4）、山西（1）	新疆（-1）、山东（-2）、宁夏（-3）、辽宁（-9）
低收入组	云南（7）、西藏（5）、贵州（3）、河南（0）	广西（-2）、甘肃（-3）、青海（-4）、河北（-13）、吉林（-15）、黑龙江（-15）

资料来源：Wind。

基于上述两个维度的比较，结合各省份人均 GDP 的增速。可见 10 年前的"最不发达"省份赶超效果显著，这些省份集中位于南方的中西部地区，创造了较高的人均 GDP 增速。2011—2021 年人均 GDP 年均增速高于全国水平（8.4%）的 13 个省份中，有 7 个是 2011 年的低收入省份，分别是贵州、云南、西藏、安徽、江西、四川和海南；其中前 4 个省份的人均 GDP 年均增速高于 10%，是全部省份中人均 GDP 增速最快的 4 个。

北方地区普遍面临发展相对滞后的局面。2011—2021 年人均 GDP 年均增速低于 5% 的 6 个省份全部位于北方，分别为河北（4.8%）、内蒙古、吉林、黑龙江、天津和辽宁（2.5%）。其中，天津和内蒙古 2021 年仍然位于高收入组，但排名较 2011 年已经分别下降了 4 位和 5 位，其他 4 个省份则在 10 年间从原来各自的收入组中退回到更低的收入组。

部分原高收入省份继续保持着高速发展的态势，人均 GDP 水平持续创造新高。2011 年就位于高收入组，且在之后的 10 年保持了较高人均 GDP 年均增速的省市分别是北京（8.6%）、上海（7.9%）、江苏（8.4%）和福建（9.6%），这 4 个省市 2021 年的人均 GDP 分别为 18.4 万元、17.4 万元、13.7 万元和 11.7 万元（见图 3-2），按照 2021 年的平均汇率计算，北京、上海和江苏的人均 GDP 已经超过 2 万美元。

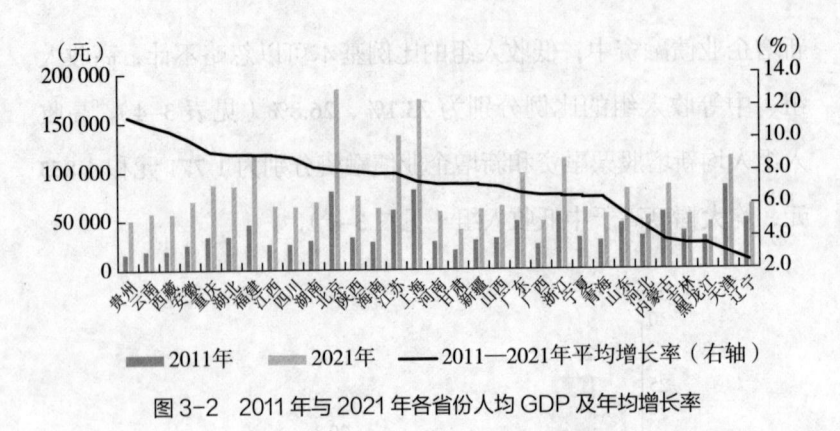

图 3-2　2011 年与 2021 年各省份人均 GDP 及年均增长率

资料来源：Wind。

（二）金融资源配置格局的新特征

1. 绝对收入水平维度的金融资源配置

从绝对收入水平维度观察，金融资源高度集中于高收入地区，该区域的直接融资更发达。2021 年，高收入组常住人口占全国人口的比重为 35.0%。存款余额占比为 56.1%，贷款余额占比为 53.6%，分别高于其人口占比 21.1 个百分点和 18.6 个百分点。高收入组 2021 年人均存款、贷款余额分别为 25.9 万元、20.3 万元（见图 3-3），人均存款余额分别是中等收入组、低收入组的 2.1 倍、2.8 倍，人均贷款余额分别是中等收入组、低收入组的 2.0 倍、2.4 倍。

直接融资方面，不同收入组之间的差距更加显著，直接融资资源更加集中于高收入组。2021 年的新增股票融资中，72.4% 来自高收入组，21.4% 来自中等收入组，低收入组占比仅为 6.1%；

新增企业债融资中，低收入组的比例基本可以忽略不计，高收入组、中等收入组的比例分别为73.1%、26.8%（见表3-4）。高收入组人均新增股票融资和新增企业债融资分别为1 771元和4 853元，均大幅度高于中低收入组（见图3-4）。

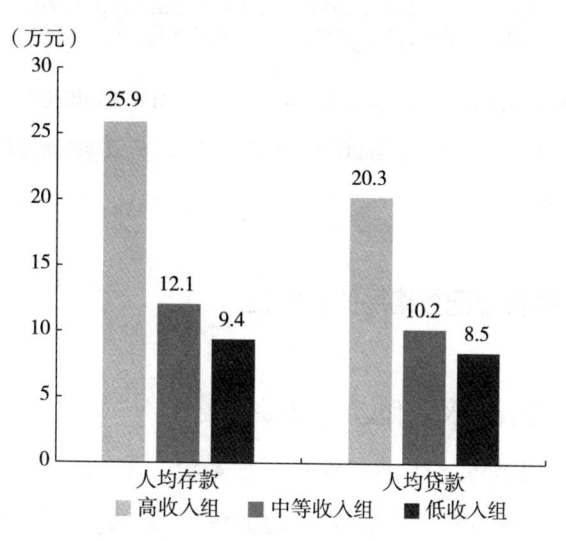

图3-3 2021年各收入组人均存贷款

表3-4 2021年存贷款、新增股票融资和新增企业债融资在各收入组中的分布

	常住人口占比	存款余额占比	贷款余额占比	新增股票融资占比	新增企业债融资占比
高收入组	35.0%	56.1%	53.6%	72.4%	73.1%
中等收入组	36.7%	27.4%	28.3%	21.4%	26.8%
低收入组	28.3%	16.4%	18.1%	6.1%	0.1%

资料来源：Wind。

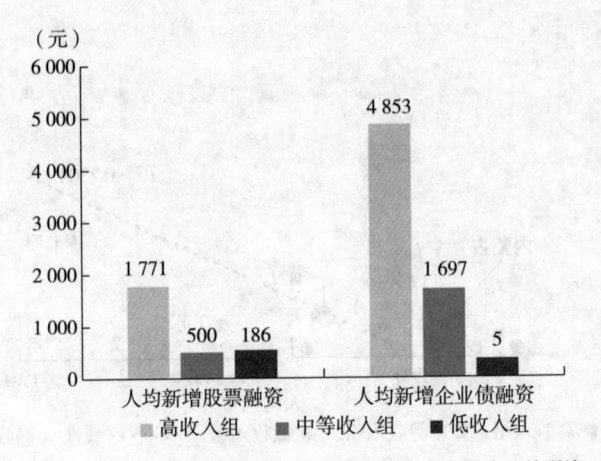

图 3-4　2021 年各收入组人均新增股票融资和新增企业债融资

资料来源：Wind。

从各省份的情况看，高收入组对金融资源的吸引十分显著。总体上人均贷款、新增股票融资和新增企业债融资与人均 GDP 之间的相关性较强，高收入组中的相关性则更加显著（见图 3-5、图 3-6 和图 3-7）。

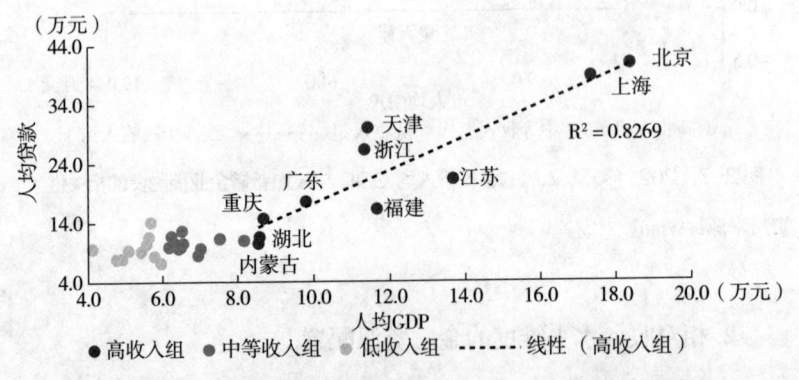

图 3-5　2021 年分收入组的各省份人均 GDP 与人均贷款的相关性

资料来源：Wind。

03
金融助力区域协调发展

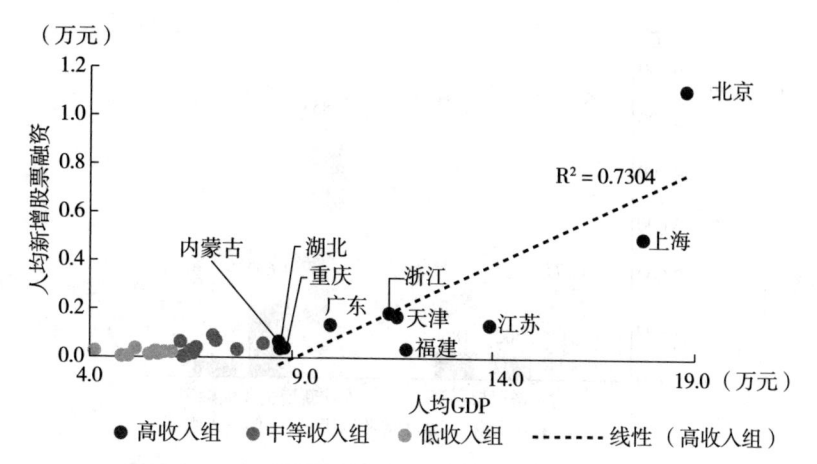

图 3-6　2021 年分收入组的各省份人均 GDP 与人均新增股票融资的相关性

资料来源：Wind。

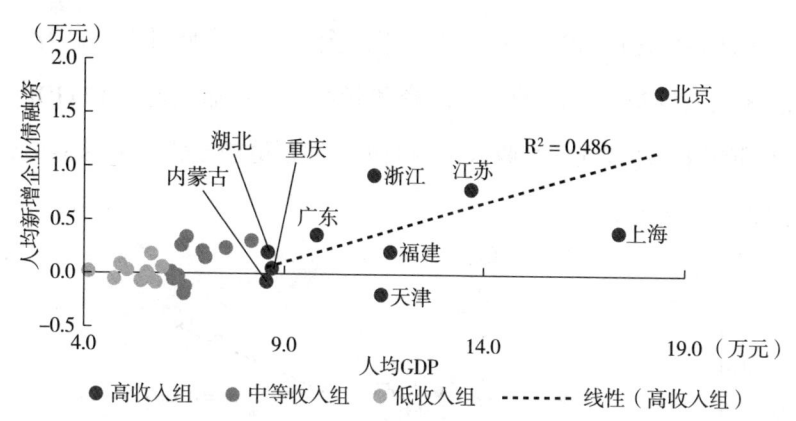

图 3-7　2021 年分收入组的各省份人均 GDP 与人均新增企业债融资的相关性

资料来源：Wind。

2. 相对收入水平维度的金融资源配置

在相对收入维度，人均 GDP 排名下降的省份面临金融资源流失的局面，融资使用效率也在下降。将 2021 年 31 个省区市的

人均GDP排名与2011年做比较，将19个排名没有退步的省份归为"赶超（含持平）组"，其他省份均为"退步组"，可以发现以下几点。

退步组省份面临着明显的金融资源流失局面。2011—2021年，退步组省份存款余额、贷款余额、新增股票融资、新增企业债融资合计占全国的比重全线下降，降幅分别为2.4个百分点、2.5个百分点、17.7个百分点、18.8个百分点，减少的比重同时体现为赶超组省份的相应比例增加（见表3-5）。10年间，退步组省份的人均存贷款增速分别低于赶超组省份0.8个百分点和0.9个百分点。直接融资方面差距的拉开则更为迅速。2013年，赶超组省份人均新增股票融资和退步组省份基本一致，人均新增企业债融资方面的差距也不大。但到了2021年，赶超组省份人均新增股票融资和企业债融资分别是退步组省份的3倍和7倍（见表3-6）。

表3-5 存贷款、新增股票融资和新增企业债融资占比在赶超组和退步组省份间的分布变化

	存款余额占比		贷款余额占比		新增股票融资占比		新增企业债融资占比	
	2011	2021	2011	2021	2013	2021	2013	2021
进步（含持平）	74.9%	77.3%	73.3%	75.8%	69.1%	86.8%	75.6%	94.4%
退步	25.1%	22.7%	26.7%	24.2%	30.9%	13.2%	24.4%	5.6%

注：各地区新增股票融资、新增企业债融资数据从2013年开始公布，后表同此说明。
资料来源：Wind。

表3-6　赶超组和退步组省份人均存贷款、新增股票融资和新增企业债融资变化

	人均存款（万元）			人均贷款（万元）		
	2011	2021	年均增速	2011	2021	年均增速
进步（含持平）	6.5	17.9	10.7%	4.4	14.4	12.5%
退步	4.8	12.2	9.8%	3.5	10.6	11.6%
	人均新增股票融资（元）			人均新增企业债融资（元）		
	2013	2021	年均增速	2013	2021	年均增速
进步（含持平）	166	1 065	20.4%	1 476	3 143	11.4%
退步	162	375	8.7%	1 041	428	−11.9%

资料来源：Wind。

从单位GDP增量所对应的贷款来看，退步组省份的融资使用效率也在下降。2012年和2021年，退步组省份单位GDP增长所需的贷款均高于赶超组省份。其间，赶超组省份单位GDP增长所需的贷款从1.34元降至1.15元，下降了13.9%；而退步组省份单位GDP增长所需的贷款则从1.87元升至2.95元，提高了57.3%（见图3-8）。

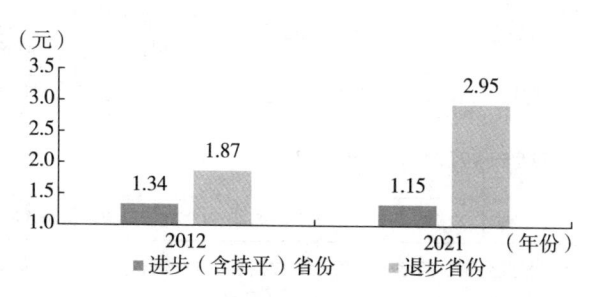

图3-8　单位GDP增量对应的贷款增量

资料来源：Wind。

3. 不同地理区位划分下的金融资源配置格局变化

根据前文所述，进步明显的地区不少是原本属于低收入省份的中西部省份，而退步省份基本位于北方（除广西）。全国直接融资则进一步向东部集中，中西部获得的间接融资资源增长明显，而北方省份在直接融资和间接融资上全面落后。

基于东中西部和东北地区的划分，从以贷款为代表的间接融资来看，中西部近10年来得到的贷款资源配置增长较快，有力地支撑了其经济增长。2011—2021年，中西部贷款余额占全国的比重提高了4.7个百分点，从33.5%到38.2%；其人均贷款余额从2.6万元升至9.6万元，年均增速13.9%，领先于东部和东北地区。

从直接融资来看，东部地区近10年的直接融资发展速度远高于其他地区，直接融资在东部地区的集中度大幅提高，中西部地区在直接融资层面追赶不及。2013—2021年，东部地区新增股票融资、新增企业债融资占全国的比重分别从37.5%和59.5%上升至74.0%和77.4%，分别提高了36.5个百分点和17.9个百分点（见表3-7）；东部地区人均新增股票融资和新增企业债融资10年间年均增长38.6%和11.6%，2021年分别为1 579元和4 481元（见表3-8），均大幅高于其他地区。中西部地区的新增股票融资、新增企业债融资占全国的比重在10年间则分别下降了31.9个百分点和11.0个百分点。

无论从间接融资还是从直接融资看，东北地区在金融资源格局的演进中都处于落后地位。2011—2021年，东北地区贷款余额、新增股票融资、新增企业债融资占全国的比重全线下降，降幅分

别为 1.6 个百分点、4.6 个百分点、6.8 个百分点。10 年间人均贷款余额和人均新增股票融资年均增速在各区域中均为最低，人均新增企业债融资年均下降了 0.6%。

表 3-7　东中西部、东北地区存贷款、新增股票融资和新增企业债融资分布变化

	存款余额占比		贷款余额占比		新增股票融资占比		新增企业债融资占比	
	2011	2021	2011	2021	2013	2021	2013	2021
东部	59.1%	59.9%	59.4%	56.3%	37.5%	74.0%	59.5%	77.4%
中西部	33.9%	34.3%	33.5%	38.2%	56.1%	24.2%	35.8%	24.8%
中部	15.6%	16.7%	14.7%	17.8%	22.5%	14.3%	17.9%	14.8%
西部	18.3%	17.6%	18.8%	20.4%	33.6%	9.9%	17.9%	10.0%
东北	7.0%	5.9%	7.1%	5.5%	6.4%	1.8%	4.7%	-2.1%

资料来源：Wind。

表 3-8　东中西部、东北地区人均存贷款、新增股票融资和新增企业债融资变化

	人均存款（万元）			人均贷款（万元）			人均新增股票融资（元）			人均新增企业债融资（元）		
	2011	2021	年均增速	2011	2021	年均增速	2013	2021	年均增速	2013	2021	年均增速
东部	9.2	24.1	10.1%	6.4	18.6	11.2%	161	1 579	38.6%	2 080	4 481	11.6%
中西部	3.8	10.5	10.7%	2.6	9.6	13.9%	139	474	19.2%	900	1 332	5.8%
东北	5.2	13.8	10.3%	3.7	10.5	11.1%	205	313	6.2%	889	852	-0.6%

资料来源：Wind。

基于南北方的划分看，南北方的差距在间接融资和直接融资层面均显著拉大（见表 3-9 和表 3-10），这与东北地区的经济停滞相互印证。2011—2021 年，北方地区贷款余额、新增股票融资、

新增企业债融资占全国的比重降幅分别为 4.4 个百分点、9.1 个百分点和 39.3 个百分点，南方则有相应比例的提升。2011 年，南方地区人均存款、贷款余额仅较北方高出 3.3%、11.7%，到了 2021 年，就要高出 10.9%、27.2%；2013 年，北方人均新增股票融资和新增企业债融资均高于南方，但 2021 年南方人均新增股票融资较北方高出 17.7%，人均新增企业债融资是北方的近 3 倍。

表 3-9 南北方存贷款、新增股票融资和新增企业债融资分布变化

	存款余额占比		贷款余额占比		新增股票融资占比		新增企业债融资占比	
	2011	2021	2011	2021	2013	2021	2013	2021
北方	41.1%	38.0%	39.2%	34.8%	45.7%	36.6%	57.7%	18.4%
南方	58.9%	62.0%	60.8%	65.2%	54.3%	63.4%	42.3%	81.6%

资料来源：Wind。

表 3-10 南北方人均存贷款、新增股票融资和新增企业债融资变化

	人均存款（万元）			人均贷款（万元）			人均新增股票融资（元）			人均新增企业债融资（元）		
	2011	2021	年均增速	2011	2021	年均增速	2013	2021	年均增速	2013	2021	年均增速
北方	5.8	15.2	10.0%	3.9	11.4	11.3%	180	775	23.2%	1 846	1 055	−7.7%
南方	6.0	16.8	10.8%	4.4	14.5	12.8%	154	912	29.0%	975	3 185	18.4%

资料来源：Wind。

总的来看，金融资源配置格局与区域收入增长密切相关。尤其值得关注的是收入增速显著下滑的地区（主要是北方地区）的直接融资能力迅速下降。这与北方地区以能源、重工业为主的产业结构在产业转型过程中遇到的困境有关。

股票市场融资方面。基于 Wind（万得）数据库的数据，2011—2021 年 A 股非金融行业上市公司通过 IPO（首次公开发行）、增发、配股方式募集所得资金，可见融资占比增长幅度最大的三个行业是技术硬件设备、半导体设备和生物医药行业，三个行业的占比分别从 2011 年的 3.5%、1.1% 和 3.0% 增长至 2021 年的 10.8%、7.0% 和 7.1%，合计占比从 7.6% 升至 24.9%，增幅达 17.3 个百分点。这些行业代表了技术进步的方向，并非北方地区原有的优势产业。而作为北方地区优势产业之一的能源行业，其 A 股融资额占比 10 年间下降了 3.6 个百分点，2021 年 A 股全部股权融资中，仅有 0.3% 来自能源行业。

债券市场融资也基本遵循着与股票市场相同的态势，2011 年能源行业信用债发行规模占全部信用债发行的比例达到 10.5%，到了 2021 年这一比例就萎缩至 2.6%。此外，信用债融资也倚重于区域内的信用环境，内蒙古、河南和东北地区发生过的信用事件也对部分北方地区的信用债融资能力有较大冲击。

二、区域发展差距背后的金融短板

传统上，中西部区域的低收入省份较多，低收入的原因往往是地理位置受限、各种生产要素投入质量和资源配置效率偏低等。近 10 年，拉大区域发展差距的不再是传统上的中西部低收入省份，而是东北地区和其他一些北方省份。地理因素、要素投入质量难以解释新的区域发展差距放大。产业和城市转型成为区

域发展出现差距的新主导因素。

安徽、江西、四川、海南等10年前还处于低收入组的省份较好地推进了产业转型升级，在过去10年当中取得了较快增长，晋级到中等收入省份。金融在其中发挥了重要作用，特别是对中心城市发展的基础设施建设融资和对企业的权益类融资助力了产业转型升级。东北地区和很多北方省份经济增长滞后的主要原因在于传统产业成长空间受到限制，新产业缺乏成长空间，产业和城市转型升级不顺利。这些区域的产业和城市转型升级遇到困境，背后有多个方面的原因。金融服务方面的短板包括：一是政府债务负担过重拖累了地方经济发展；二是金融服务难以对接企业转型升级，特别是权益类融资的匮乏；三是区域金融资源配置中没有充分发挥中心城市的集聚效应和引领作用；四是中小金融机构公司治理问题突出；五是缺少针对地方经济发展特色的金融服务。

实现区域间的协调发展，不仅要关注低收入地区的状况，也要关注人口流动，关注高收入地区对来自低收入地区人口的接纳状况。当前，我国的都市圈房价过高，为人口流动竖起了过高的围墙，都市圈高房价背后存在着都市圈建设中投融资机制方面的短板。

（一）低收入地区金融资源配置的短板

与高收入地区相比，低收入地区的金融体系存在明显差距，金融资源配置水平偏低，尤其是直接融资水平更低。出现这些差距的原因有些来自金融体系所处的外部环境，有些来自金融体系自身的不合理因素。我们把这些不合理因素称为金融短板。在我

国中央集中统一度较高的金融监管体制下，低收入地区面临的金融短板在全国范围内普遍存在，在低收入地区表现得更为突出。

1. 债务负担过重拖累地方经济发展

沉重的债务负担下，经济增长滞后区域面临着金融和实体经济部门之间的负反馈机制：经济活力不足—地方综合财力下降—偿债能力下降—融资成本上升和融资能力下降—限制公共管理和服务并增加非税负担—遏制地方经济活力。

地方经济缺乏活力，税收增长乏力。我国的税制结构以增值税等流转税为主，税收征管也主要依赖于规范性的企业组织，地方税收实现能力与该地工业经济的活力密切相关。近10年来，伴随着减税降费、经济结构转型和经济下行压力等方面的影响，全国税收增速趋势性下降，但低收入地区降幅最大。2010—2015年，低收入地区税收年均增速为18.5%，到了2015—2020年，年均增速则降至3.5%，降幅达15个百分点，这一降幅分别较高收入地区、中等收入地区高出1.6个百分点、3.4个百分点。同时，低收入地区税收占一般公共预算的比重下降也更为显著（见图3-9）。2010—2020年，低收入地区税收占其一般公共预算的比重从74.9%降至66.4%，降幅为8.5个百分点，降幅较高收入地区和中等收入地区分别高出3.1个百分点和2.9个百分点。此外，低收入地区的政府性基金收入也表现不佳，2021年低收入地区政府性基金预算收入下降了8.9%，但高收入地区、中等收入地区则分别增长了8.4%、5.0%。将赶超表现最好的安徽、江西、四川与发展滞后最

明显的黑龙江、吉林、辽宁、河北做比较后发现，近年来赶超省份税收增速均高于落后省份，且在新冠肺炎疫情冲击后，税收恢复的速度也更快（见图3-10）。

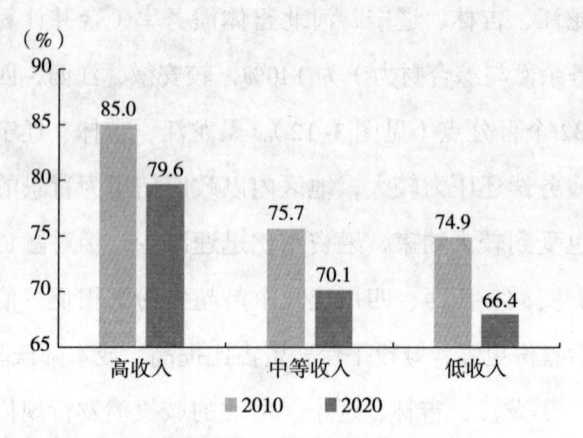

图3-9 税收收入占一般公共预算收入比重

资料来源：Wind。

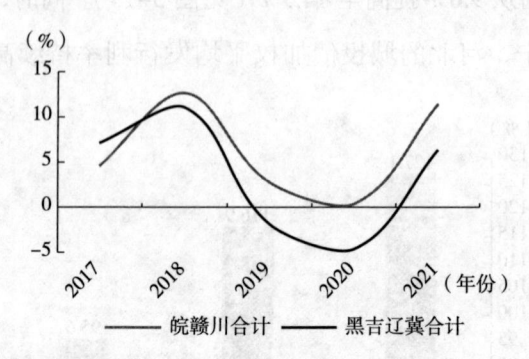

图3-10 赶超组和落后组税收收入增速

资料来源：Wind。

债务率快速上升，融资成本上升，融资能力下降。2021年低收入地区政府显性债务率（地方一般债专项债余额之和/综合

财力，综合财力包括一般公共预算、政府性基金预算收入以及接受中央转移支付收入）为127.1%，较高收入地区、中等收入地区分别高出31.5个百分点、10.2个百分点（见图3-11）。2021年，黑龙江、吉林、辽宁、河北整体债务率（合并计算4省的显性债务余额与综合财力）为140%，较安徽、江西、四川合计要高出32个百分点（见图3-12）。黑龙江、吉林、辽宁、河北的显性债务偿还压力较大，地区内以政府信用为背景的城投平台融资也受到较大约束，融资占比迅速减少，相对融资成本显著上升。安徽、江西、四川这几个赶超省份则相反，信用实力相对落后省份更强，城投平台融资占比提高，成本降低。2011—2021年，黑龙江、吉林、辽宁、河北的城投债发行规模占全国的比重从9.3%连年下降至0.6%，近乎归零；安徽、江西、四川的占比则从9.6%提高至14.3%（见图3-13）。同时，黑龙江、吉林、辽宁、河北的城投债加权平均发行利率持续高于安徽、

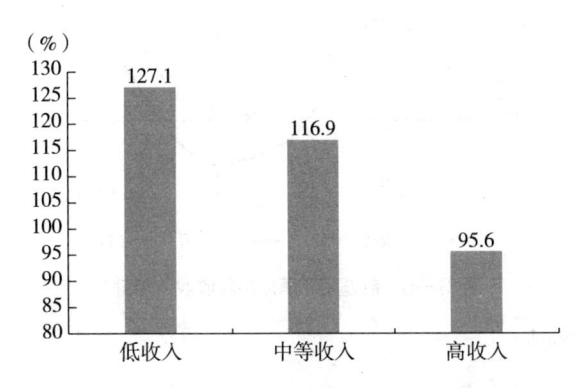

图3-11 2021年地方政府显性债务率

资料来源：Wind。

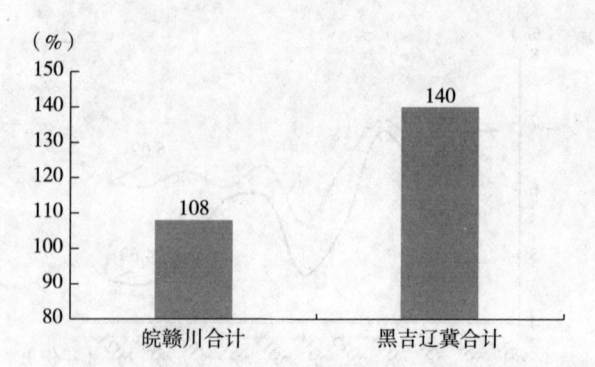

图 3-12　2021 年赶超组和落后组显性债务率

资料来源：Wind。

江西、四川，到 2021 年，黑吉辽冀 4 省和皖赣川 3 省的加权平均发行利率分别为 6.09% 和 4.63%（见图 3-14），它们之间的利差已经达到 146 BP（基点）。

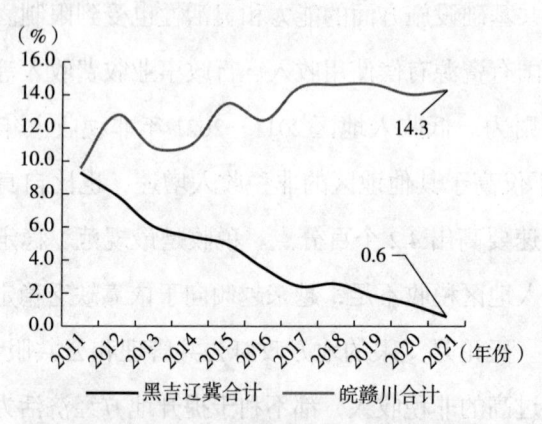

图 3-13　城投债发行规模占全国比重

资料来源：Wind。

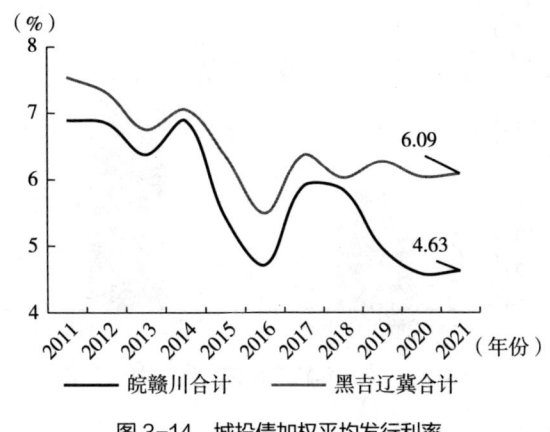

图 3-14 城投债加权平均发行利率

资料来源：Wind。

地方政府财力捉襟见肘，公共支出受限，非税收入增加。经济增速滞后省份的税收和融资能力下降，地方政府提供公共管理服务和公共基础设施方面的能力和灵活性也受到限制。部分地方政府通过国有资源有偿使用收入、行政事业收费收入等非税收入弥补政府财力。低收入地区 2011—2021 年非税收入年均增速是 10.7%，不仅高于其他地区的非税收入增速，也比自身的税收收入年均增速要高出 4.2 个百分点。税收是最规范、稳定的政府财源，低收入地区税收不足，越来越倾向于依靠缺乏稳定性的非税收入补足。无论是受限的地方政府公共管理和公共服务灵活性，还是征收过高的非税收入，都不利于提升地方经济活力和推动经济结构转型。

2. 金融服务难以对接产业转型升级

产业转型升级的主要方向是从劳动和资本密集型投资转向技术和知识密集型投资，从物质资本投资转向人力资本投资。对于传统的劳动和资本密集型产业，在获取抵押品方面具有优势，与银行贷款容易形成对接，大型企业可以借助债券市场获得更廉价的融资。对于人力资本密集型的服务业/制造业，企业起步阶段或者项目开展初期面临着较高的风险且缺少抵押品，难以获得债务融资，只能与权益投资形成对接，企业或者项目进入稳定发展期并积累了声誉以后，可以借助债券市场获得廉价融资。权益融资是企业转型升级的关键支撑。对比皖赣川和黑吉冀，它们在这些方面表现出明显的差距。

从总体融资规模上看，黑龙江 2021 年新增社会融资规模不及 2013 年的一半，吉林和河北 2021 年新增社会融资规模较 2013 年小幅增加，而安徽、江西、四川 2021 年新增社会融资规模较 2013 年都实现翻倍。结构上，2014 年开始受金融同业治理以及《关于规范金融机构资产管理业务的指导意见》（简称资管新规）等政策的约束，各省委托贷款、信托贷款等表外贷款持续呈净减少状态。皖赣川融资渠道呈现多元化发展，新增企业债券和股票融资倍数级增加，2021 年新增直接融资较 2013 年分别增加 861 亿元、1 397 亿元、1 829 亿元（见表 3-11），为企业持续发展创新注入活力，而黑吉冀直接融资欠缺，2021 年企业债券和股票融资呈现净融出状态（见图 3-15 和图 3-16）。

表3-11 2013—2021年人均GDP增速赶超与退步组组融资情况

		安徽 社会融资规模（亿元）				江西 社会融资规模（亿元）			
	总计	其中:本外币贷款	委托贷款+信托贷款+未贴现银行承兑汇票	企业债券+股票融资	总计	其中:本外币贷款	委托贷款+信托贷款+未贴现银行承兑汇票	企业债券+股票融资
2013年	4 969	2 876	1 435	475	3 898	1 987	1 447	316
2021年	9 712	6 564	−710	1 336	8 291	5 562	−1 207	1 713
变化	4 743	3 688	−2 145	861	4 393	3 575	−2 654	1 397

		黑龙江 社会融资规模（亿元）				吉林 社会融资规模（亿元）			
	总计	其中:本外币贷款	委托贷款+信托贷款+未贴现银行承兑汇票	企业债券+股票融资	总计	其中:本外币贷款	委托贷款+信托贷款+未贴现银行承兑汇票	企业债券+股票融资
2013年	3 333	1 518	1 495	193	2 172	1 529	351	167
2021年	1 581	1 774	−1 190	−160	3 038	1 838	−102	72
变化	−1 752	256	−2 685	−353	866	309	−453	−95

		四川 社会融资规模（亿元）				河北 社会融资规模（亿元）			
	总计	其中:本外币贷款	委托贷款+信托贷款+未贴现银行承兑汇票	企业债券+股票融资	总计	其中:本外币贷款	委托贷款+信托贷款+未贴现银行承兑汇票	企业债券+股票融资
2013年	7 137	4 125	1 867	596	6 247	3 047	2 376	440
2021年	14 306	9 373	−1 030	2 425	8 796	6 969	−675	−458
变化	7 169	5 248	−2 897	1 829	2 549	3 922	−3 051	−898

资料来源：Wind。

安徽大力发展区域性股权市场，丰富中小微企业融资渠道。安徽省股权托管交易中心于2013年正式运行，当年挂牌企业22家、托管企业127家。发展至2021年底，安徽区域性股权市场累计挂牌企业8 325家，挂牌企业融资覆盖率达48.0%，省级股权投资基金累计募集到位资金619.8亿元，累计完成投资项目786个，投资金额424.5亿元；累计发起设立子基金83只（不含已清算），累计募集到位资金358.8亿元，累计完成投资项目599个，投资金额253.4亿元①。

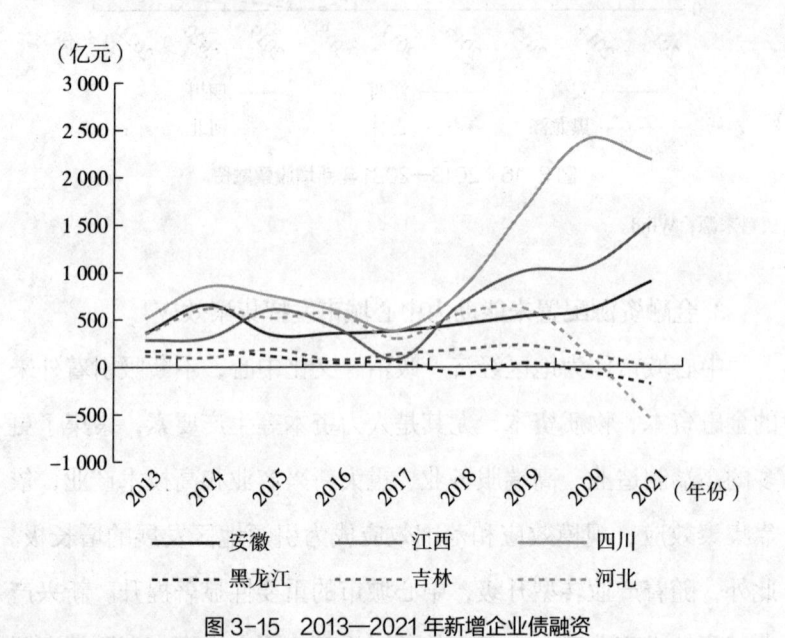

图 3-15 2013—2021 年新增企业债融资

资料来源：Wind。

---

① 资料来源：《安徽省金融运行报告（2022）》。

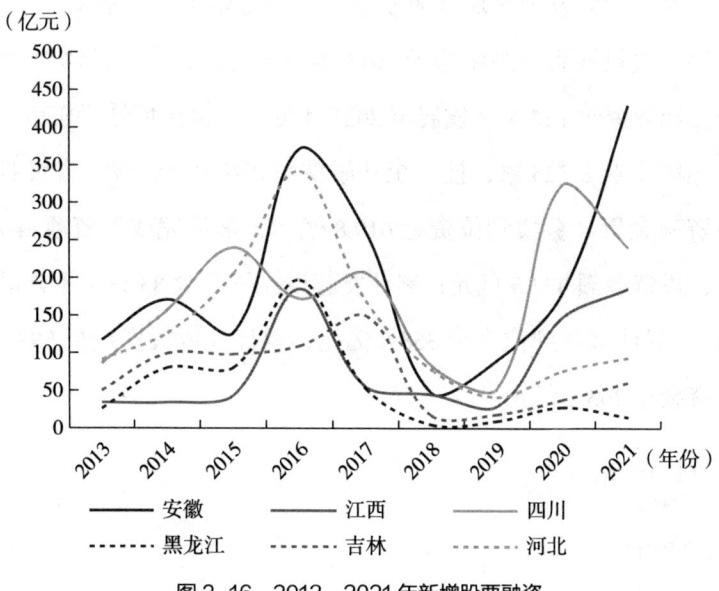

图 3-16 2013—2021 年新增股票融资

资料来源：Wind。

3. 金融资源配置未能助力中心城市发挥集聚效应

中心城市作为地区经济、政治、文化中心，不断吸引着外来的金融资本、物质资本，尤其是人力资本等生产要素，聚集了更多的高端制造业、高端服务业、重大新兴产业和高技术产业，依靠集聚效应、规模效应和范围效应成为引领地区发展的增长极。此外，随着产业转型升级，中心城市的重要性显著提升。新兴产业与高技术产业对人力资本的要求更高，而人力资本在区域配置中往往向具有更多的就业机会和更完善的公共服务的中心城市集聚，带动中心城市在区域经济发展中作用的提升。

南北差距拉大就是最典型的例子。北方地区在产业结构上依

赖重化工业、资源型产业，在以重化工业为主导的经济增长时期，北方经济能够实现发展。但是2015年以后，随着产能过剩矛盾凸显，国家推动供给侧结构性改革，北方的重工业明显收缩，而且由于北方缺乏发展新兴产业与高技术产业的各种生产要素，尤其是更高素质的人力资本，与南方的经济发展差距明显拉大。

从区域发展的角度看，中西部省份实现赶超的一个重要途径是，以政策性金融或者财政支持基础设计建设为先导，随着基础设施完善高效承接产业、人口持续流入，在区域政府信用和企业信用提高后，持续吸引更多金融资源。集中金融资源助力中心城市发挥聚集效应，一方面是要加强对中心城市的基础设施建设投入，为产业引入和后续发展打好基础；另一方面是围绕产业集群发展、转型升级提供匹配的金融服务。中西部赶超省份的经验表明，伴随着中心城市集聚程度的持续提高，省内中心城市和非中心城市的发展差距会以更快的速度缩小[1]。

人均 GDP 排名上升最快的安徽、四川的中心城市发挥的集聚效应尤其明显。以安徽为例，2010—2020 年，安徽省合肥市常住人口从 571 万人增加到 937 万人（见图 3-17），增幅达 64.2%，常住人口占全省的比重从 9.6% 提升至 15.3%，GDP 占比从 21.9% 提升至 26.0%。同期，四川省成都市常住人口从 1 405 万人增加到 2 095 万人，增幅达 49.1%，常住人口占全省的比重从 17.5% 提升至 25.0%，GDP 占比从 32.3% 提升至 36.5%。

---

[1] 详见"中西部发展战略"评估部分。

排名退步的省份当中,不仅是人口总体净流出,中心城市的人口流入与排名进步省份的中心城市相比也很有限。2010—2020年,东北三省常住人口大量净流出,辽宁、吉林、黑龙江常住人口分别净流出120万人、348万人、662万人。同期内,辽宁省沈阳市和吉林省长春市常住人口分别增长了96万人和139万人,增幅分别达11.9%和18.1%,黑龙江省哈尔滨市常住人口下降63万人,增幅为–5.9%。排名退步省份未能依托于中心城市形成产业集群,缺乏产业协作的空间和人口集聚。

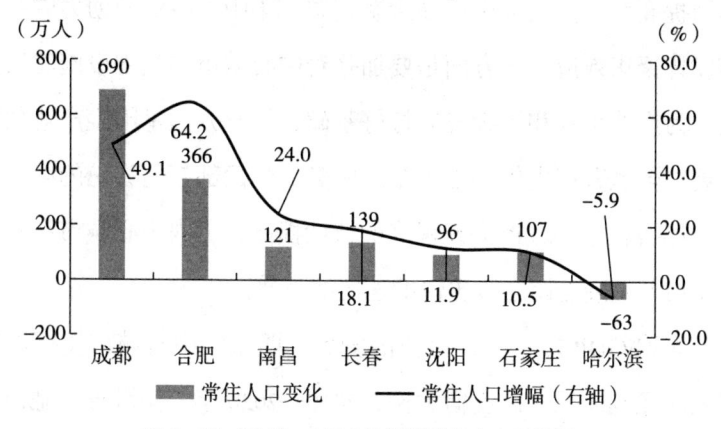

图3-17　2010—2020年新增常住人口及增幅

资料来源:Wind。

4. 中小金融机构公司治理问题突出

2012年以来,全国大型银行在排名退步省份的贷款业务占比呈收缩趋势,员工数量持续下降,同时贷款不良率持续攀升[①]。排

[①] 详见"东北振兴战略"评估部分。

名退步省份的中小金融机构风险频发，公司治理问题尤为突出。2009 年开始，全国中小银行发展迅速，机构数量和资产规模快速扩张。2010—2017 年，城商行总资产同比增速约为 24.2%，显著高于全银行业同比增速 15.5%。在"四万亿刺激计划"的背景下，为让银行的信贷能力匹配宽松政策，监管机构放宽了对中小银行在市场准入、跨区经营等方面的限制。同时，在中国人民银行、原银监会和各级地方政府的积极推动下，包括小额贷款公司、村镇银行、贷款公司和农村资金互助社等在内的各类新型农村金融机构加快发展。排名退步省份的增长尤为突出，2016 年东北地区的城商行、农村金融机构资产规模同比增长 34.9%、27.6%，分别高于全国同类机构平均增速 8.7 个百分点、12.9 个百分点。

2017 年以来，在金融严监管、新冠肺炎疫情冲击等多重因素的叠加下，中小银行风险频发，主要是由于公司治理失灵。部分中小银行的公司治理呈现"形似而神不至"，表面上公司治理结构完善、组织架构健全、职责明确、各项规章制度一应俱全，但事实上"大股东控制"和"内部人控制"问题突出。大股东操纵股东大会，干预银行正常经营，通过各种方式进行利益输送。董事会形同虚设，缺乏全面有效的风险管理体系，风险管控职能失效，核心作用被董事长个人取代。监事会监督职能弱化，监事专业性不足、独立性不强，监督履职失灵。管理层凌驾于制度之上，以领导指示或领导集体决策代替规章制度。

排名退步省份的金融机构治理漏洞突出。根据《2021 年四季度央行金融机构评级结果》，机构类型上，农合机构（包括农村商

业银行、农村合作银行、农信社）和村镇银行风险最高，高风险机构数量分别为186家和103家；地区分布上，存量高风险机构数量主要集中在4个省份[①]。而《中国金融稳定报告2021》表明，绝大多数省份存量风险已经压降，截至2021年第二季度，辽宁、甘肃、内蒙古、河南、山西、吉林、黑龙江等省份高风险机构数量较多[②]，包揽了排名退步前5名中的4个，即黑龙江（↓15）、吉林（↓15）、辽宁（↓9）、内蒙古（↓5）。特别是，2022年5月银保监会对外披露，"2021年以来，在金融风险重灾区的辽宁，已有63名中小银行'一把手'被采取留置和刑事强制措施"，排名退步省份金融机构的内部治理问题可见一斑。2011—2021年排名上升与下降前3名省份新型农村金融机构发展情况见表3-12。

表3-12　2011—2021年排名上升与下降前3名省份新型农村金融机构发展情况

	黑龙江			吉林			河北		
	营业网点（亿元）		法人机构（个）	营业网点（亿元）		法人机构（个）	营业网点（亿元）		法人机构（个）
	机构个数（个）	资产总额（亿元）		机构个数（个）	资产总额（亿元）		机构个数（个）	资产总额（亿元）	
2011年	31	46	22	0	84	25	22	25	22
2021年	96	317	37	311	1 127	69	329	933	111
变化	65	271	15	311	1 043	44	307	908	89

---

① 资料来源：中国人民银行，《2021年四季度央行金融机构评级结果》，参见 http://www.gov.cn/xinwen/2022-03/26/content_5681610.htm。文中并未指出具体的4个省份。

② 资料来源：中国人民银行，《中国金融稳定报告2021》，参见 http://www.pbc.gov.cn/goutongjiaoliu/113456/113469/4332768/2021090315580868236.pdf。

续表

	安徽			江西			四川		
	营业网点（亿元）		法人机构（个）	营业网点（亿元）		法人机构（个）	营业网点（亿元）		法人机构（个）
	机构个数（个）	资产总额（亿元）		机构个数（个）	资产总额（亿元）		机构个数（个）	资产总额（亿元）	
2011年	325	290	325	32	56	19	78	175	37
2021年	363	908	68	174	884	77	304	825	56
变化	38	618	−257	142	828	58	226	650	19

资料来源：Wind。

5. 缺少针对地方经济发展特色的金融服务

我国采取的是中央集中的金融监管模式，地方在设立金融基础设施建设、金融机构以及金融产品方面空间较小。与此形成对应的是，低收入地区与高收入地区面临情况迥异的经济基本面，对金融服务的要求有很大差异。金融体系缺乏足够的弹性来服务经济增长滞后区域的经济发展。

经济活力与真实利率高度相关。经济有活力的区域支出意愿高，投资和消费水平高，真实利率偏高；经济缺乏活力的区域支出意愿低，投资和消费水平低，真实利率偏低。资金跨区域自由流动的环境下，资金从经济缺乏活力的区域流入经济富有活力的区域，这从资源配置的角度看是合理的。但是对于经济缺乏活力的区域而言，利率不仅不能下降，反而比经济富有活力的区域更高，对地方经济形成新的压力。

针对企业部门，低收入地区面临更高的融资成本。2016—

2021年，信用债利率整体有所下行（见图3-18），但低收入地区的信用债利率持续处于高水平，且与高收入地区的利差逐渐扩大，从57 BP扩大到117 BP。低收入地区在债券市场上融资难、融资贵，还要面对更贵的银行贷款成本。如图3-19所示，选取黑龙江、吉林、河北这3个位于低收入组且10年间人均GDP排名下滑超过10位的省份，这3个省份2021年企业贷款加权平均利率分别为5.06%、5.42%、5.40%，较全国水平分别高出45 BP、81 BP、79 BP。10年间人均GDP排名提高13名，从低收入组晋级到中等收入组的安徽，贷款加权平均利率为4.65%，与全国水平相当。高收入组的上海、北京，贷款加权利率更低，分别为4.20%、3.76%。

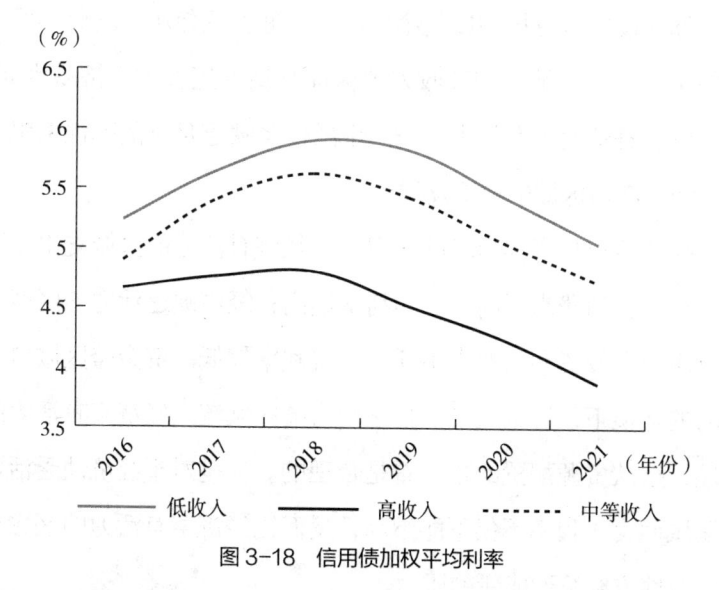

图 3-18 信用债加权平均利率

资料来源：Wind。

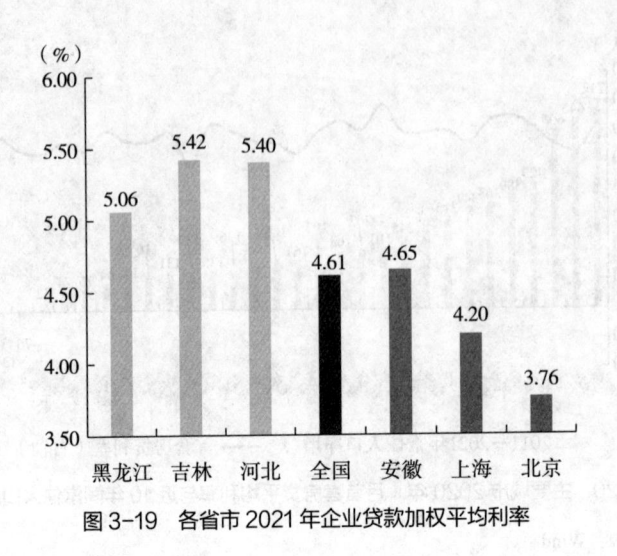

图 3-19　各省市 2021 年企业贷款加权平均利率

资料来源：中国人民银行。

对居民部门而言，当前缺少与地方经济相匹配的金融服务价格弹性。相对其他形式的贷款，房地产贷款对应的是不动产，可以排除跨区套利，采取差异化的住房抵押贷款政策。低收入地区的房地产市场普遍低迷，但是低收入地区的居民所承担的房贷政策和利率与高收入地区的居民没有显著区别（见图 3-20）。低收入地区过于严格的住房抵押贷款环境，给当地居民带来了过高的债务成本，也难以起到调节当地房地产市场的作用。

对政府部门而言，在低收入地区和产业转型压力比较大的地区，市场失灵现象更普遍，需要更加多样化的政策性金融机构帮助地方政府缓解市场失灵压力。当前，地方缺乏足够的授权和能力设立类似的金融机构，而现有的政策性金融机构虽然能够针对某个区域设立专门的政策性金融服务措施，但是覆盖范围受到限制。

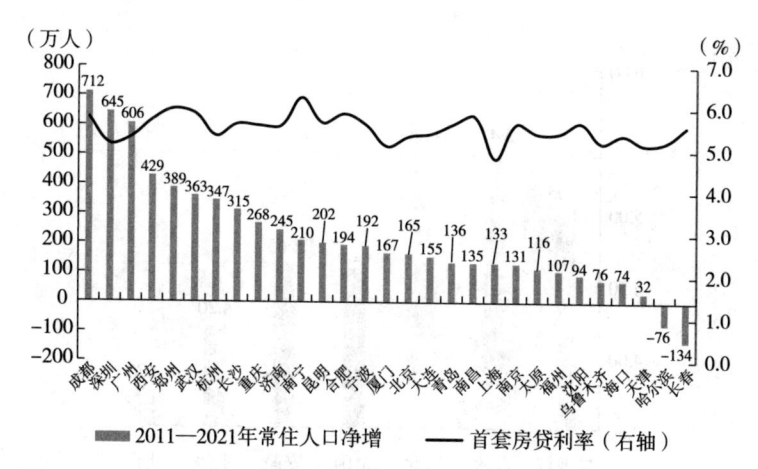

图 3-20　主要城市 2020 年 1 月首套房贷平均利率与近 10 年间常住人口净增量

资料来源：Wind。

（二）发达地区助力区域协调发展的金融短板

区域间的人均收入趋同来自两股力量：一是低收入地区通过自身努力缩小其与高收入地区的全要素生产率差异；二是生产要素，特别是劳动力的跨区域自由流动。从国际经验来看，劳动力的跨区域自由流动是实现区域之间收入趋同的重要支撑。金融助力区域间协调发展，不仅要关注低收入地区的金融短板，也要关注高收入地区在吸纳低收入地区劳动力方面存在的金融短板。

低收入地区劳动力进入高收入地区，主要的落脚点是高收入地区的都市圈。都市圈的高房价阻碍了劳动力流入，是制约外来人口在都市圈定居的最直接因素。与国际上的其他大都市圈相比，我国都市圈的房价收入比过高，把大部分新进入者挡在了都市圈外面，为大都市的发展竖起了过高的围墙。以美国纽约与英

国伦敦为例，都市圈房价大约为中心城区房价的1/7~1/6，中心城区一套600万~700万元人民币的两居室，在都市圈售价只有100万元人民币左右，能够被当地普通收入家庭所接受。在我国北上广深这类大城市，中心城区房价收入比超过30，较偏远郊区的房价收入比也均超过15（见图3-21），都市圈房价仍达到中心城区房价的1/3~1/2。中心城区一套600万~700万元人民币的两居室，在都市圈售价仍在200万~300万元人民币之间，超出了绝大部分普通收入家庭的承受范围。过高的房价遏制了都市圈的发展，与发达经济体的都市圈相比，我国都市圈容纳的人口比例较低。东京、大阪、纽约都市圈的人口占全市人口的比重均超过70%，伦敦也达到63%，而北京城六区以外的都市圈的人口只占全北京人口的不到50%。在大都市工作的众多普通工薪阶层，难以在大城市安家。

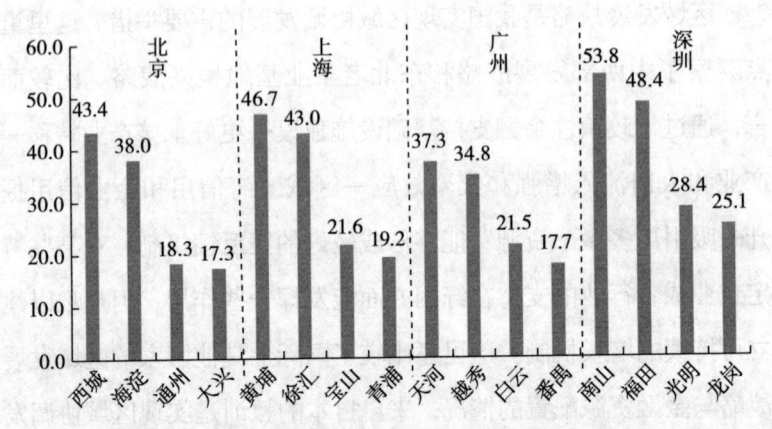

图3-21 中国一线城市核心区域与较偏远郊区的房价收入比
资料来源：诸葛找房，国家统计局。

都市圈的高房价与都市圈建设的融资模式有关。在都市圈的建设过程中，地方政府高度依赖土地销售收入，以土地销售收入为杠杆撬动更多信贷资源支撑基础设施建设。都市圈的土地供应数量有限，价格疯涨，高地价促成了高房价。这种模式下，都市圈的扩张和外来人口流入受到较大限制。作为对比，还可以考虑另外一种模式：通过地方政府发行长期低成本债券的融资方式获得资金，投资于都市圈的基础设施建设，都市圈扩容扩大了税基，以此偿还债券融资成本。这种模式下要求尽可能地保持土地供应弹性、较低的土地供应价格，使都市圈房价能够实现较大幅度下降，容纳更多外来人口，助力区域协调发展。

三、区域发展战略中的金融政策

区域发展战略是我国实现区域协调发展的重要举措。这里重点观察了中西部发展战略和东北老工业基地振兴战略。比较而言，通过"政策性金融支持基础设施建设—更好承接产业转移—产业和人口流入增强和集聚效应—区域政府信用和企业信用提升—吸引更多金融资源"能够形成较好的正反馈机制。对某些特定企业或者行业的支持在纾困方面能发挥一些作用，但是难以建立可持续的增长机制。这里还比较了国际上其他国家的区域发展战略与金融资源配置的情况，来自日本的教训是实现区域协调发展不能过度依赖政府投资，一旦公共投资减少，当地经济就会陷入衰退困境。过度依赖政府公共投入的经济体制会削弱当地自主

开发意识，导致当地把更多的精力放在游说政府投资工程上。德国和美国更加针对地方经济特点的灵活金融监管体系和政策性金融机构值得借鉴。

（一）促进区域经济发展的金融政策

改革开放以来，东部地区依靠区位优势和改革开放的先发优势率先发展，而区域协调发展是社会和谐、政治稳定和经济可持续发展的重要保障，我国从1999年开始相继做出了实施西部大开发、振兴东北地区等老工业基地、促进中部地区崛起等重大区域发展战略决策。习近平总书记在《扎实推动共同富裕》一文中指出，要"把逐步实现全体人民共同富裕摆在更加重要的位置上，推动区域协调发展……为促进共同富裕创造了良好条件"。金融政策是实现区域协调发展的重要工具。有必要回顾过去20年以来区域发展战略中金融政策发挥的作用，总结前期经验教训，为"到2035年，全体人民共同富裕取得更为明显的实质性进展"蓄力。

整体来看，区域发展战略中金融政策多方面发力，商业银行、政策性金融机构（包括国家开发银行）等多机构参与，主要采取以下7个方面的措施，具体金融政策详见本章附录。

一是加大银行信贷和政策性金融机构对基础设施建设、积极发展产业的支持，持续优化产业结构、实现产业转型升级，包括适当延长贷款项目期限、扩大信贷发放范围等。同时，探索建立中小企业贷款、科技企业贷款支持的风险分担机制等。

二是支持丰富区域金融机构，完善金融市场体系，促进金融

创新和加快金融业发展，包括支持政策性银行、国有商业银行、股份制商业银行、邮政储蓄银行、保险公司在区域设立分支机构，规范发展所有制形式的中小银行以及证券公司、期货公司、财务公司、融资租赁公司、汽车金融公司、基金管理公司等非银行金融机构，建设产权交易市场、商品期货交易市场等。

三是鼓励拓宽股权、债券直接融资渠道。

四是鼓励发展绿色金融供给，推动区域经济绿色转型升级。

五是金融政策支持鼓励科技创新，包括引导金融机构在西部地区设立服务科技型企业的科技支行或科技金融事业部等专营机构，促进企业与投资机构、金融机构对接等，鼓励发展创投基金、地方产业基金等。

六是加强投资、产业政策支持与引导，鼓励设立战略性新兴产业创业投资引导基金，规范发展私募股权投资等。

七是加强区域间金融基础设施建设和互联互通。

（二）促进中西部发展的金融政策

1. 中西部区域经济和金融资源配置情况

从改革开放开始到21世纪之前，受制于地理区位，中西部经济发展相对落后。进入21世纪以后，我国先后实行了西部大开发、中部崛起等区域发展战略。如前文所述，最近10年来，中西部经济发展取得了长足进步，与东部地区的差距逐渐缩小。中西部人均GDP从2011年的2.8万元提高至2021年的6.6万元，

年均增长8.7%,高于全国人均GDP年均增速(8.4%)0.3个百分点。

中西部地区内部的发展存在差异,存在部分省份赶超、部分省份相对滞后的差别。在中西部的18个省份中,以2011—2021年全国人均GDP 8.4%的年均增速为标准,将同时期人均GDP增速高于全国水平的省份归类为"赶超区域","赶超区域"有10个,分别是安徽、江西、湖北、湖南、重庆、四川、贵州、云南、西藏和陕西(除了陕西,其他省份均位于南方);将人均GDP增速低于全国水平的省份归类为"滞后区域","滞后区域"有8个,分别是山西、内蒙古、河南、广西、甘肃、青海、宁夏和新疆(除了广西,其他省份均位于北方)。

中西部赶超区域的10个省份的人均GDP在2011—2021年年均增长了9.8%,高于全国水平1.1个百分点,带动了中西部整体人均经济发展水平的快速提高;滞后区域的8个省份的人均GDP年均增速为6.9%,分别较中西部赶超区域和全国水平低2.9个百分点和1.8个百分点(见图3-22)。

在金融资源配置方面,贷款增长是中西部金融资源配置强化的主要支撑点(前文已述),中西部赶超区域贷款配置的强化程度也要明显高于滞后区域。2011—2021年,中西部赶超区域的10个省份的人均贷款余额年均增长了14.4%,高于全国水平0.5个百分点;滞后区域的8个省份的人均贷款余额年均增速为12.9%,分别较中西部赶超区域和全国水平低1.5个百分点和1个百分点(见图3-23)。

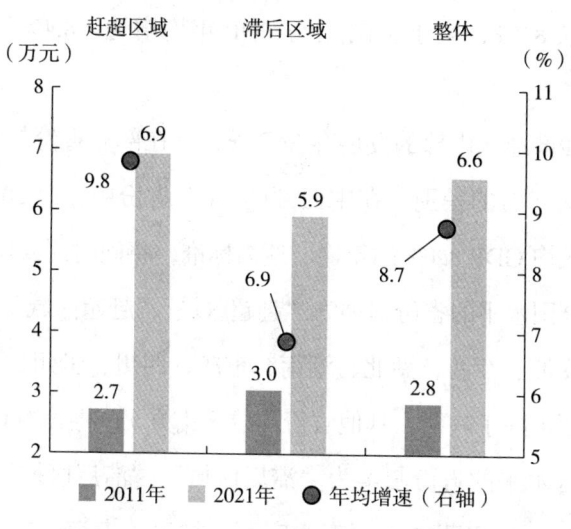

图 3-22 2011—2021 年中西部人均 GDP 变化

资料来源：Wind。

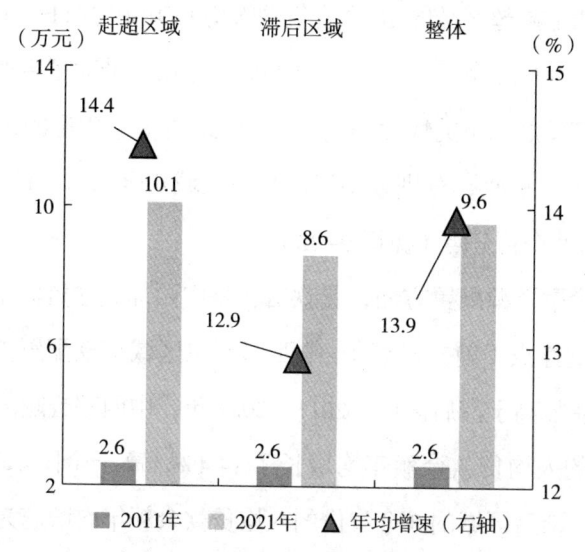

图 3-23 2011—2021 年中西部人均贷款余额变化

资料来源：Wind。

对比 2011—2021 年中西部各省份人均 GDP 与人均贷款余额年均增速，可见二者存在一定的相关性（见图 3-24）。总体而言，人均 GDP 增长较快的省份，基本上都有较高的人均贷款增速作为支撑。

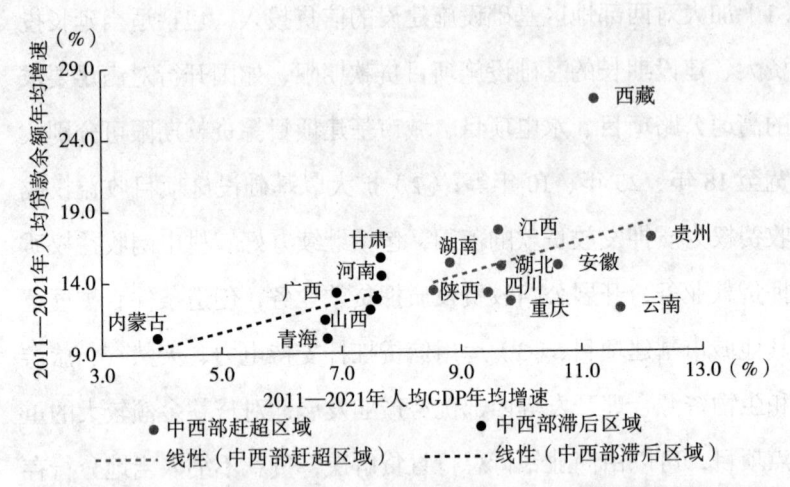

图 3-24　2011—2021 年中西部各省份人均 GDP 与人均贷款余额年均增速

资料来源：Wind。

2. 中西部金融政策支持的成功经验

支持中西部发展的区域发展战略主要有西部大开发战略、中部崛起战略、成渝地区双城经济圈建设和长三角一体化战略。在成功的区域发展战略中，金融支持政策与产业转型升级之间存在良性互动链条：政策性金融支持基础设施建设—更好地承接产业转移或者地方特色产业发展—产业和人口流入增强区域政府信用和企业信用—吸引更多金融资源。在上述战略中，西部大开发战略涉及金融支持的政策文本最为全面，通过分析政策文本，可见

金融支持政策基本遵循了上述反应链条，关于中部崛起的政策思路也较为类似。

早期的西部大开发金融支持政策集中于基础设施建设领域。《关于西部大开发若干政策措施的实施意见》列出以下几点：（1）加大对西部地区基础设施建设的信贷投入，包括适当延长投资大、建设期长的基础设施项目贷款期限，如国开行对满足要求的高速公路项目、水电项目、城市基建项目等贷款期限可分别放宽至18年、25年、10年等；（2）扩大以基础设施项目收益权或收费权为质押发放贷款的范围，包括继续办好农村电网收益权质押贷款业务，开展公路收费权质押贷款业务，创造条件后扩展至其他城市基建项目；（3）运用信贷杠杆支持电力、天然气、旅游和生物资源合理开发等西部优势产业发展，对贷款金额较大的重点项目，可以由商业银行总行直贷解决，贷款不纳入当地分行存贷比或限额考核范围。

此后的金融支持政策进一步扩展到综合产业发展层面。这一时期的新政策集中在：（1）完善金融组织体系，支持政策性银行、国有商业银行、股份制商业银行、邮政储蓄银行、保险公司等金融机构在西部地区设立分支机构，支持壮大地方金融机构的规模实力；（2）推进西部地区农村金融体系建设，加大农村信用社改革力度，继续扩大农户小额贷款和农户联保贷款；（3）加快推动金融市场的发展，鼓励各金融机构采取银团贷款、混合贷款、委托理财、融资租赁、股权信托等多种方式，加大对西部地区的金融支持。

近年来的金融支持政策则更加强调发展直接融资市场，注重科技创新和人才培养。重点的新政策包括：（1）构建多层次、宽领域、有差异的银行机构体系，引导金融机构更好服务实体经济；（2）积极发展多层次资本市场，提高企业直接融资比例；（3）着力发展普惠金融，加强对小微企业、农村特别是贫困地区的金融服务，降低企业融资成本；（4）支持科技企业上市融资，促进企业与投资机构、金融机构对接，支持西部优质企业通过新三板、科创板上市融资；（5）成立服务科技企业的专营机构，纳入区域创新发展联合基金，将广西、重庆、四川、西藏、青海、宁夏等纳入国家自然科学基金区域创新发展联合基金，加强对西部地区的人才队伍培养和支持。

上述早期金融支持政策对中西部基建投资的推动作用明显。从整体上看，中西部2011—2021年基建投资年均增速为12.4%，高于全国水平1.5个百分点；其中，中西部赶超区域基建投资增长更快，年均增速达到13.4%，分别较全国和中西部滞后区域高2.5个百分点和2.7个百分点（见图3-25）。从基建投资占当年名义GDP的比重看，全国和地区层面均经历了2011—2017年上升、2017年后下降的趋势（见图3-26）。但中西部基建投资占GDP的比重始终以较大幅度高于全国水平。2017年最高峰时，中西部赶超区域的基建投资占GDP的比重达到30.1%，分别较全国水平和中西部滞后区域高9.3个百分点和3.0个百分点。

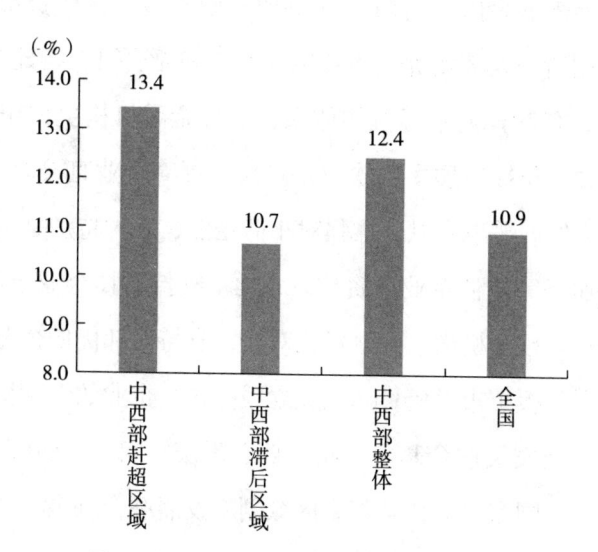

图 3-25 2011—2021 年基建投资平均增速

资料来源：Wind。

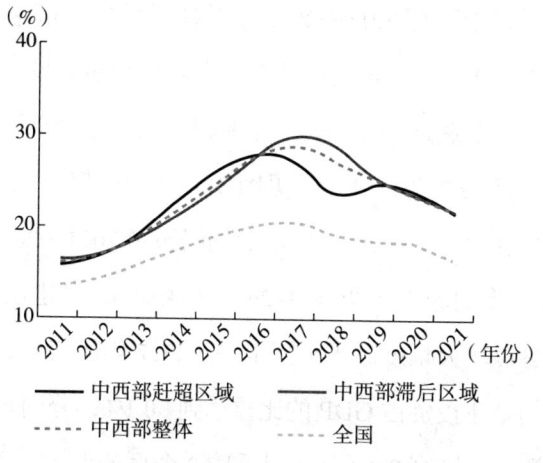

图 3-26 2011—2021 年基建投资 / 名义 GDP

资料来源：Wind。

在基础设施逐渐完善的同时，伴随着产业转移和地方特色产业的发展，中西部的产业结构也处于升级过程中。2008年，在全球金融危机的背景下，制造业梯度转移和产业承接趋势加速。制造业产业转移速度趋快，成为产业转移的重点行业。东部发达省份积极向辖内相对落后的地区、中西部地区及部分东盟国家转移部分低附加值和劳动密集型产业，以腾出更大空间承接国内外先进和高端制造业、高新技术产业等高附加值产业。中西部地区纷纷出台产业转移和承接政策，积极建立和完善各类工业园区，为承接国内外产业转移做好准备。近年来，中西部积极推进产业结构进一步优化升级、发展特色产业，例如安徽合肥人工智能、新型显示器件、集成电路以及铜陵先进结构材料4个产业集群入选国家首批战略性新兴产业集群。贵州也在加快形成基本完备的数据产业链，催生数据融合新业态，发挥大数据在工业转型升级中的引领作用。

随着基础设施的建设和产业的转移，中西部中心城市的集聚程度不断提高。从赶超区域和滞后区域的对比看，集聚程度越高，区域内经济发展水平差距缩小的速度越快。我们将直辖市、省会城市和计划单列市视为中心城市，中西部整体常住于中心城市的人口的比例2011年是17.7%，到2021年上升为22.2%（见图3-27），其中，赶超区域集聚速度更快，10年间中心城市人口比重提高了5.3个百分点，明显快于滞后区域。在人口向中心城市加快集聚的过程中，赶超区域非中心城市的人均GDP在10年间达到了年均10.3%的增速，较大幅度地领先于其他区域（见

图3-28）。这说明在集聚过程中，集聚程度越强，中心城市和非中心城市的人均发展水平间的差距会以更快的速度收缩。

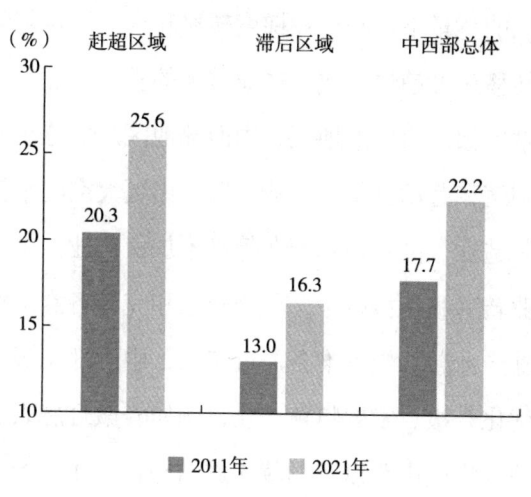

图 3-27 区域中心城市人口比重

资料来源：Wind。

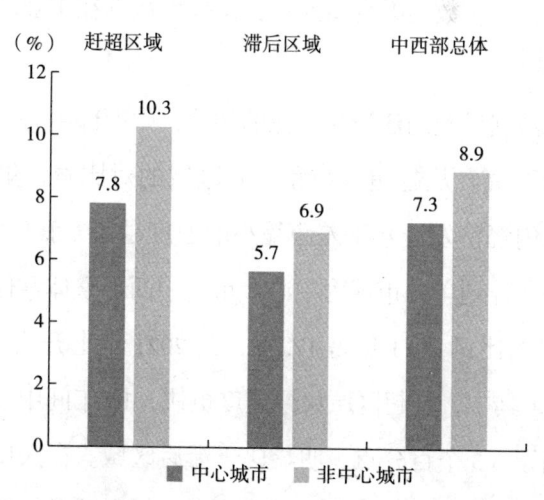

图 3-28 2011—2021 年区域中心城市与非中心城市人均 GDP 年均增速

资料来源：Wind。

总的来看，中西部地区的发展，尤其是赶超区域的引领发展，以政策性金融支持基础设施建设为先导，基础设施的完善引导着产业和人口流入，区域政府信用和企业信用提高后，可以吸引更多的金融资源。在支持基础设施建设和产业转移方面，政策性金融、传统银行信贷和直接融资都发挥了积极作用。

3. 中西部经济金融发展中的潜在风险

在取得进步的同时，在中西部金融支持经济赶超的过程中也存在潜在的风险。

一是债务风险正在累积，应妥善应对，避免影响区域信用水平和经济稳定。中西部的发展离不开基础设施建设，基础设施建设往往由地方城投平台负责实施，目前已积累了规模较大的债务。2011—2021年，虽然中西部赶超区域取得了较好的经济增长成就，但其城投公司负债占GDP的比重2011年为28.0%，2021年上升至87.4%，较全国水平和滞后区域分别高出23.3个百分点和40.0个百分点（见图3-29）。对于中西部的发展而言，因为初期需要规模巨大的基础设施投资，举债不可避免，债务风险也与经济规模的增长相伴而生。2017年以后，中西部金融支持政策开始向风险化解、优化信贷投向方面做出更多的努力。第一，金融支持化解产能过剩和支持产业升级。鼓励银行业金融机构在风险可控、商业可持续的基础上加大对西部产能过剩行业的兼并重组、转型转产、技术改造等环节的信贷支持，促进化解过剩产能和传统产业的转型升级。第二，金

融支持轻资产企业融资。引导和鼓励银行业金融机构合理调配信贷资源，支持轻资产实体经济企业或项目以适当的方式融资。第三，增加绿色金融供给，推动西部地区经济绿色转型升级。第四，依法合规探索建立西部地区基础设施领域融资风险分担机制。

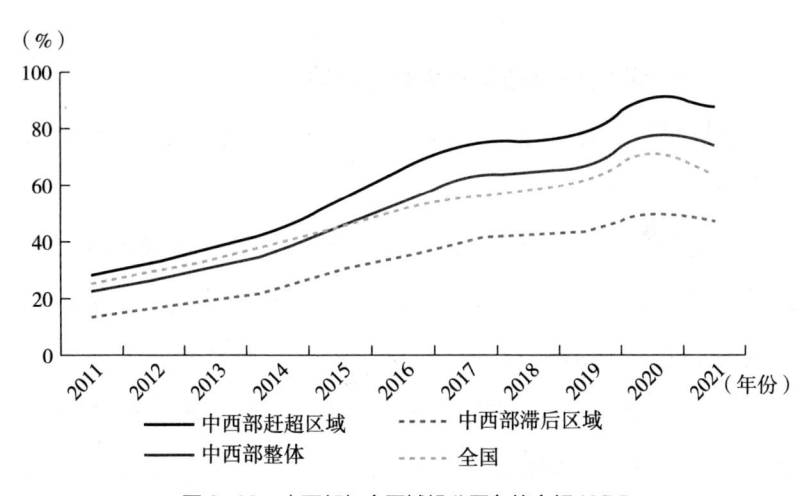

图 3-29　中西部与全国城投公司负债余额/GDP

资料来源：Wind。

二是直接融资发展依旧缓慢，亟须培养直接融资能力助力产业科技创新与产业升级。2011—2021 年中西部地区的新增股票融资、新增企业债融资占全国的比重在 10 年间分别下降了 31.9 个百分点、11.0 个百分点，股票、债券等直接融资资源进一步向东部集中。在中西部赶超的初始阶段，通过基础设施建设和承接东部淘汰的产业可以贡献较大规模的经济增量，以银行信贷为主的间接融资也与基建和相对低端的产业相契合，因为当时的增长模

式多由要素投入驱动。在间接融资为主的体系下，银行作为债务资金供应方，可以高效地将资金大规模地配置到基础设施和工业体系建设领域。资本要素投入通过相对简单的方式即可获得较高的产出效率，使金融体系支持经济增长的有效性较强。但随着基建的完善和产业升级趋势的演进，既有发展模式的边际效用正在减弱。中西部与全国其他地区一样，也亟须科技创新和产业升级为经济增长提供更持续的动力。同时，如果没有未来持续的增长动力，中西部地区以往积累的债务风险难以被缓释，可能会威胁到地区经济形势的稳定。应该在不断完善以债务融资为主的融资模式的基础上，针对性地探索建立以股权融资为主的区域性多层次资本市场体系，提高直接融资在中西部的比重，通过政策设计引导各类金融服务为处于不同发展阶段的企业和科技项目提供有针对性、差异化的金融支持。

（三）"东北振兴"的金融政策

2003年10月，中共中央、国务院发布《关于实施东北地区等老工业基地振兴战略的若干意见》，标志着东北振兴战略正式实施。迄今为止，东北振兴战略仍然是我国区域协调发展战略的重要一环。2021年10月，《东北全面振兴"十四五"实施方案》经国务院同意正式发布，为东北地区下一步在深化国企改革、发展民营经济、促进开放合作、产业结构调整升级、完善基础设施等方面提出了新要求。

东北振兴战略实施至今近20年，金融等各方面政策为前期

东北地区的经济发展提供动力，但 2014 年以来东北地区在新旧动能转换、产业结构调整升级上进展较为缓慢，金融支持效率降低，隐藏的风险逐渐暴露。

1. 东北地区经济资源配置情况

国家启动东北等老工业基地振兴战略以来，东北三省抓住战略机遇，加快工业改革步伐，初期工业增速和效益稳步提升，固定资产投资增速显著提升，激发了经济活力，人民收入水平显著提高。但在 2012 年以后，伴随着我国经济增速"下台阶"，东北地区经济结构调整和转型的压力突出，2014 年固定资产投资增速显著回落，2015 年工业生产增速放缓，东北地区经济一度面临较大的下行压力。

2003—2015 年，东北地区人均 GDP 持续上升，从 11 858 元/人上升至 57 246 元/人，高于同期全国人均 GDP 水平。但 2016 年以后，东北地区人均 GDP 增长几乎处于停滞状态，落后于全国人均 GDP 水平且差距呈扩大态势（见图 3-30）。东北地区加权平均增速呈现同样的规律，2004—2014 年高于全国 GDP 增速，但是在 2012 年全国经济增速换挡期，东北地区 GDP 同比增速以更快的速度下滑，从 2011 年的 12.6% 持续深度下跌至 2016 年的 2.7%，2017 年开始才企稳至 5% 左右，但仍然未达到全国平均水平（见图 3-31）。

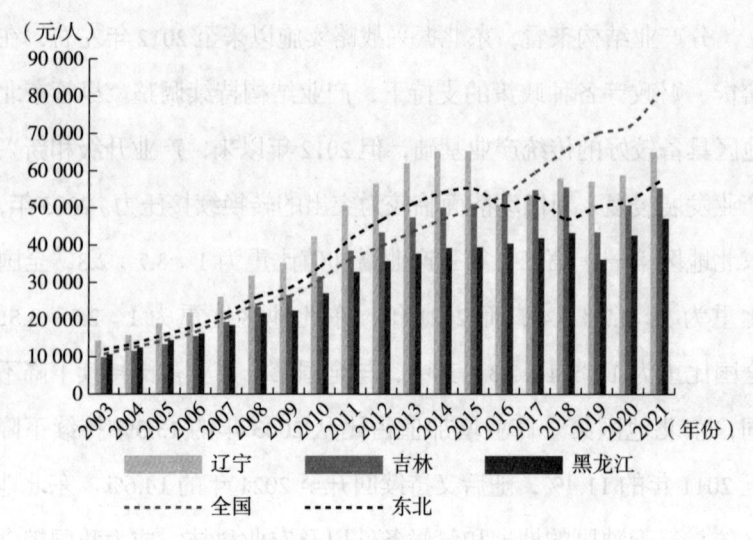

图 3-30　2003—2021 年东北地区人均 GDP

资料来源：Wind。

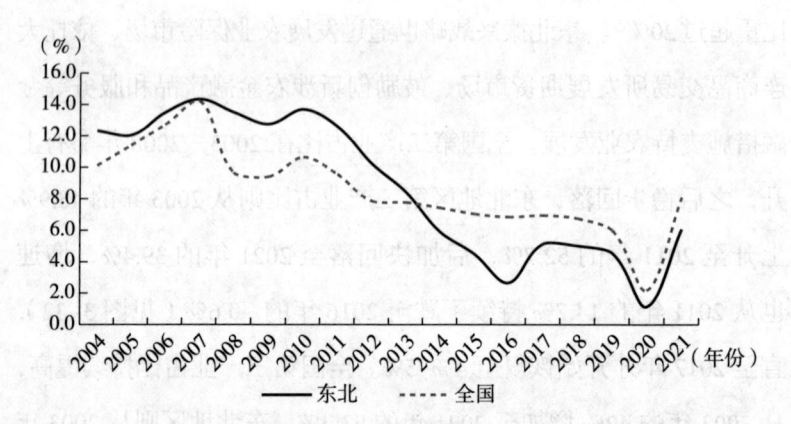

图 3-31　2004—2021 年东北地区人均 GDP 增速[①]

资料来源：Wind。

---

① 东北地区同比增速为加权平均增速，以当期 GDP 为权重，东北三省中辽宁省的经济体量约占一半，对加权增速影响最大。从整体来看，与东北三省增速的算术平均数差别不大。

分产业结构来看，东北振兴战略实施以来至 2012 年左右，在信贷、财政等各种政策的支持下，产业结构持续调整。尽管东北地区具备较好的传统产业基础，但 2012 年以来，产业升级和新兴产业发展缓慢，新旧动能面临较为突出的转换续接压力。2003 年，东北地区第一、第二、第三产业增加值比重为 1∶3.7∶2.8，全国比重为 1∶3.7∶3.4；而 2021 年，东北地区比重为 1∶2.3∶3.5，全国比重为 1∶5.4∶7.3。其中，与全国第一产业占比持续下降不同，东北地区第一产业增加值占比从 2003 年的 13.3% 持续下降至 2011 年的 11.4%，随后又持续回升至 2021 年的 14.6%。东北地区依靠得天独厚的地理和气候条件以及农业科技，成为我国粮食安全的"压舱石"，2021 年东北三省粮食产量占全国粮食产量的比重超过 20%[①]。东北振兴战略也通过发展农业保险市场、依托大连商品交易所发展期货市场、鼓励创新涉农金融产品和服务等金融措施支持农业发展。全国第二产业占比在 2003—2008 年略有上升，之后稳步回落，东北地区第二产业占比则从 2003 年的 48.9% 上升至 2011 年的 52.7%，后加快回落至 2021 年的 39.4%，增速也从 2011 年的 14.7% 持续下跌至 2016 年的 –0.6%（见图 3–32），直至 2017 年才开始恢复至 4%~5%。全国第三产业占比持续提高，从 2003 年的 42% 增加至 2021 年的 53.3%，东北地区则从 2003 年的 37.8% 增加至 2021 年的 51.3%。

---

① 国家统计局的数据表明，2021 年，全国粮食总产量达 68 285 万吨（13 657 亿斤），其中黑龙江 7 867.7 万吨（1 573.54 亿斤），吉林 4 039.2 万吨（807.84 亿斤），辽宁 2 538.7 万吨（507.74 亿斤），东北三省占据全国粮食产量的 21.15%。

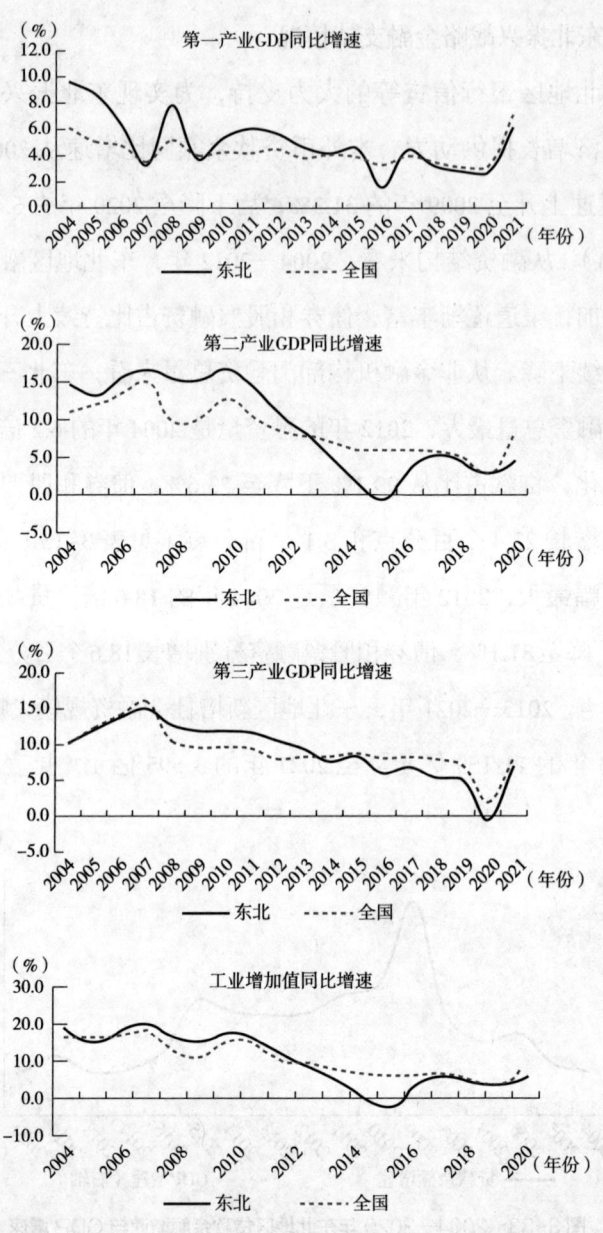

图3-32 2004—2021年第一、第二、第三产业及工业增加值同比增速

资料来源：Wind。

03
金融助力区域协调发展

2. 东北振兴战略金融支持情况

东北地区银行信贷等的大力支持，为实现东北振兴战略前期的经济增长提供动力。本外币贷款余额同比增速从 2004 年的 6.3% 迅速上升至 2009 年的 31.3%，后下降至 2020 年的 6.4%（见图 3-33）。从融资结构来看，2004—2012 年，东北地区融资总量大幅增加，渠道逐渐丰富，债券和股票融资占比持续上升，贷款占比持续下降。从非金融机构部门融资总量来看，东北三省中辽宁省的融资总量最大，2012 年的融资量是 2004 年的 6.2 倍，结构更多元化，贷款占比从 99.1% 下降至 73.6%，债券和股票融资占比分别增长 22.4 个百分点和 3.1 个百分点（见表 3-13）。黑龙江融资增幅最大，2012 年融资量是 2004 年的 18.6 倍，贷款占比从 100% 下降至 81.1%，债券和股票融资分别增长 18.6 个百分点和 0.3 个百分点。2013—2021 年，东北地区新增社会融资规模大幅减小，从 2013 年的 11 159 亿元降至 2021 年的 3 595 亿元（见表 3-14），

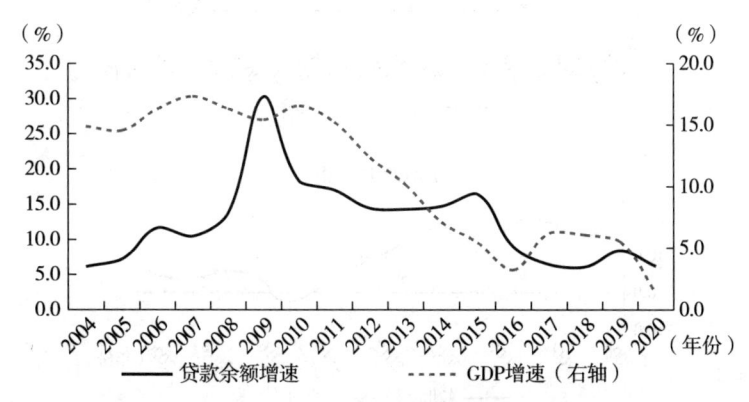

图 3-33　2004—2020 年东北地区贷款余额增速与 GDP 增速

资料来源：Wind。

表3-13 2004—2012年东北地区非金融机构部门融资变化

	辽宁				吉林				黑龙江			
	非金融机构部门融资量（亿元）	贷款占比	债券占比	股票占比	非金融机构部门融资量（亿元）	贷款占比	债券占比	股票占比	非金融机构部门融资量（亿元）	贷款占比	债券占比	股票占比
2004年	761.5	99.1	0.9	0.0	301.1	100.0	0.0	0.0	99.1	100.0	0.0	0.0
2012年	4711.6	73.6	23.3	3.1	1181.8	87.1	7.8	5.0	1848.1	81.1	18.6	0.3
变化	6.2倍	-25.5	22.4	3.1	3.9倍	-12.9	7.8	5.0	18.6倍	-18.9	18.6	0.3

资料来源：Wind。

表3-14 2013—2021年东北地区社会融资规模变化

	东北 社会融资规模（亿元）				全国 社会融资规模（亿元）			
	总计	其中：本外币贷款	委托贷款+信托贷款+未贴现银行承兑汇票	企业债券+股票融资	总计	其中：本外币贷款	委托贷款+信托贷款+未贴现银行承兑汇票	企业债券+股票融资
2013年	11159	6466	3224	991	173169	94764	51626	20330
2021年	3595	4553	-4563	-479	313509	201118	-26686	45223
变化	-7564	-1913	-7787	-1470	140340	106354	-78312	24893

资料来源：Wind。

其中受资管新规、部分企业债券违约事件等影响，委托贷款、信托贷款减少了7 787亿元，企业债券和股票融资减少了1 470亿元。

政策性金融机构和金融政策指导的目的在于，引导产业发展和维护信贷稳定。2005年东北振兴战略开始之初，东北地区新增贷款重点投向老工业基地的改造和振兴，国家开发银行向辽宁集中发放贷款233.7亿元，支持59个重点项目建设。2021年在中国人民银行加大对信贷的支持力度的各项政策的引导下，三家政策性银行和六家国有商业银行在东北地区的贷款投放规模达到近5年新高，全年新增贷款3 112.6亿元，增量是上年同期的2.1倍，占东北地区全年新增贷款的2/3[①]。

3. 有待解决的问题和风险

一是东北地区经济增长新旧动能转换问题突出，资金使用效率有待进一步提高。东北地区由于老牌重工业企业较多，转型和经营压力较大，辽宁和黑龙江的工业企业资产负债率仍在提高，工业企业效益整体欠佳。全国工业企业资产负债率整体呈下降趋势，从2004年的59.2%下降至2021年的56.1%，降幅约为3.1个百分点（见图3-34）。东北三省中，除了吉林，辽宁和黑龙江的工业企业资产负债率均高于全国平均水平，且呈上升趋势，2021年较2004年分别增加2.3个百分点和2.4个百分点。东北地区工业企业利润增长内部差异较大，但整体来看，从2014年开始，

---

① 资料来源：中国人民银行，《中国区域金融运行报告》。

图 3-34 工业企业资产负债率

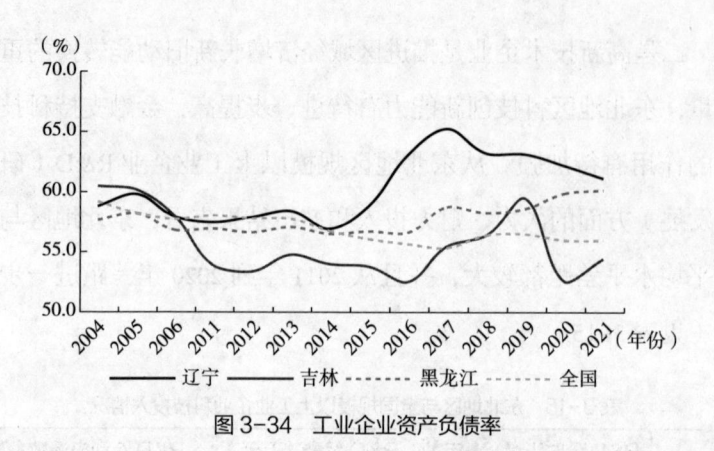

资料来源：Wind。

东北地区出现负增长的年份显著多于全国（见图 3-35）。一些过剩产能、低效率企业占用大量金融资源，容易导致资金使用效率偏低，并可能挤出其他主体的资金需求。

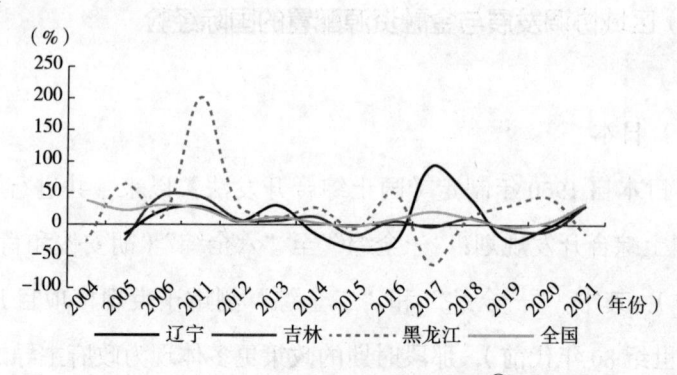

图 3-35 工业企业利润同比增长[①]

资料来源：Wind。

---

① 东北地区同比增速为加权平均增速，以当期 GDP 为权重，东北三省中辽宁省的经济体量约占一半，对加权增速影响最大。整体来看，与三省增速的算术平均数差别不大。

二是高新技术企业是推进区域经济增长新旧动能转换的重要力量，东北地区科技创新能力有待进一步提高，金融支持科技创新的作用有待加强。从东北地区规模以上工业企业R&D（研究与发展）方面的人力、财力投入和产出结果来看，东北地区与全国平均水平差距都较大，并且从2011年到2020年差距进一步扩大（见表3-15）。

表3-15 东北地区与全国规模以上工业企业科技投入情况

	R&D 全时当量（人年）		R&D 经费（万元）		R&D 专利申请数（件）	
	东北	全国平均	东北	全国平均	东北	全国平均
2011年	35 019	62 551	1 357 943	1 933 486	4 402	12 454
2020年	28 685	111 626	1 634 768	4 926 223	10 076	40 127

资料来源：国家统计局。

（四）区域协调发展与金融资源配置的国际经验

1. 日本

日本自1950年制定《国土综合开发法》以来，共进行了6次国土综合开发规划："一全综"至"六全综"（胡安俊和肖龙，2017）。其中，"一全综"和"二全综"侧重于大规模项目开发（20世纪80年代前），那段时期的政策更多体现为政府主导的倾斜政策。其间，日本选定21个地区为"特定区域"，重点进行资源开发、重工业开发。接近国外原料市场和消费市场的沿海地区成为重化工业的最佳选择地。1961年"一全综"提出，在东京、大阪、名古屋及其周围地区选择15个新产业城市、6个工业建设

特别地区和 93 个低开发地区，实施据点开发模式。1969 年"二全综"提出，一是通过交通网"建轴"，形成以东京为中心，以札幌至福冈为主轴，连接若干聚集地的开发网络；二是发展区域性特色产业，在北海道、东北和九州地区建设大型家畜基地，振兴农业，并废除东京、横滨、大阪和神户四大工业基地的旧工厂，在临海地区建立以钢铁和石油等为骨干产业的新型大工业基地。

但到了 1977 年，"三全综"及其之后的国土开发开始转向：从重视经济开发转向重视国民生活的改善，从推动工业转移到建设技术聚集城市，从加码重化工业到发展休闲娱乐业，从依托点轴网络到倚重世界级都市圈，从国家主导到多主体参与协作。从已有文献看，对日本区域发展金融支持政策的研究，基本集中于其"一全综"和"二全综"时期的政策，也就说集中于 20 世纪 80 年代之前。当时与金融相关的政策可归纳为以下几个方面，但这些政策中金融基本不独立发挥作用，而是以政府制度和信用为基础。

一是制定金融支持法令。自 20 世纪 40 年代末以来，日本先后制定了一系列的金融支持法令，主要包括《自耕农维持资金通法》《北海道东北开发公库法》《冲绳振兴开发金融公库法》《农业现代化资金助成法》《农业信用保证保险法》《农村信用基金法》《果树保险临时措施法》《渔业现代化资金助成法》《林业改善资金法》等。此外，日本政府每隔 10 年左右都会针对新情况，重新制定或修改立法。

二是成立专门的政策性金融机构，投放优惠信贷资源。为促进欠发达地区的经济发展，日本成立了专门的政策性金融机构，其中最典型的是"北海道东北开发公库"和"冲绳振兴金融公库"。这两个公库主要是对有关企事业单位提供贷款或债务保证，其发放贷款的利率相当于或略低于商业银行的最优惠利率，而贷款期限长于商业银行。同时，日本政府在遵循不宜在各地都设立独立的地区开发金融机构的宗旨下，在开发银行中设置"地方开发局"，统一承担面向九州、四国和东山等欠发达地区的开发金融职能。此外，日本还设立了促进地方开发公团、特别会计和发展基金等其他政策性金融机构。促进欠发达地区开发的公团主要有地域振兴整备公团，其任务包括给工业小区和地方城市新区开发提供资金，以及向从人口稠密的大城市外迁的企业发放低息贷款等。促进欠发达地区开发的特别会计有城市开发资金融通特别会计和特定国有资产整备特别会计，前者主要为政府指定的 33 个人口在 30 万以上的城市的基础设施建设和工厂迁移等提供低息贷款，后者主要为特定国有资产向地方转移提供低息贷款。地区发展基金则有产业基础整备基金，主要为欠发达地区提供中长期低息贷款或债务担保等（张家寿和谭春枝，2007）。

三是充分利用民间闲散资金。为获得足够的资源进行经济建设、开发欠发达地区，日本政府和金融机构采取了多种措施，以充分利用民间闲散资金：第一，对小额储蓄免税，并逐步提高免税标准；第二，制定较合理的储蓄利率；第三，建立庞大的邮政储蓄。此外，日本政府组织小农形成了农民群众组织——农业协

同组合。在政府的扶持下，农协除了经营农村的产、供、销以及技术指导外，还经营信贷和保险事业。农协信用系统以略高于私人银行利率的优惠利率吸引农家存款，并将因此而筹集的大量农家闲散资金以优惠的条件放贷给农家。1978年末，农协系统吸收的农村存款达20万亿日元，发放的农贷达8.9万亿日元，农协贷款占整个农业贷款的80%。在保险方面，农协不仅经营养老、生命、建筑等各种长期保险，还经营火灾、汽车及其他事故等短期保险。1979年3月末，长期保险额达86.2万亿日元，短期保险额达168.8万亿日元（张家寿和谭春枝，2007）。

四是发行地方特别债券。为了开发欠发达地区，日本政府制定有关法规，规定某些指定的欠发达地区可以发行特别债券，为这些地区的道路建设、渔港建设、住宅建设、医疗设施、通信设施及其他政令规定的各种设施和地方传统产业等筹集所需资金。例如《过疏法》规定，"过疏"地区可发行地方"过疏"债券，用于基础设施、观光和休闲旅游设施等方面的建设。

在金融之外，值得注意的是，在支持欠发达地区的政府倾斜政策中，中央政府的作用大于地方政府。在工业方面，中央政府投入大量资金在欠发达地区投资兴建道路、港湾、机场及工业用地等基础设施。如中央政府对北海道和冲绳的基础设施建设补助分别为80%和90%，对除此之外的其他欠发达地区的补助也达到50%。在农业方面，对农业基础设施建设中的农田水利设施的投入，中央政府承担了70%~80%。

经过多年的开发，日本欠发达地区的经济获得较大发展，与

发达地区的收入水平差距缩小，但20世纪70年代后期以来，某些地区的发展又陷入困境，与其他地区相比人均收入差距又呈扩大趋势。出现这种状况的原因是多方面的，从金融支持的角度看，有一个应引以为戒的教训，即投资过度依赖政府。过度依赖政府公共投入的经济体制非常脆弱，一旦公共投资减少，当地经济就会陷入衰退困境。过度依赖政府公共投入的经济体制还会削弱当地自主开发意识，导致当地把更多的精力放在游说政府投资工程上。从20世纪90年代末期开始，日本政府提出要改变过度依赖政府投资的开发方式，走"内涵式发展"道路，在继续发挥政府主导作用的同时，通过"官、产、学"的结合，积极鼓励地方自治体、民间企业和个人参与欠发达地区的开发。

2. 美国

美国历史上的欠发达地区主要分布在西部和南部。美国西部开发始于殖民地时期。南部开发以罗斯福实施"新政"为主要标志，始于20世纪30年代，持续到20世纪80年代初。在开发欠发达地区的各个历史时期，美国实施了一系列金融支持措施，其政策市场化程度较高，侧重于建立完整的制度。

一是其金融机构体系较有利于欠发达地区的经济发展。首先，美国建立了具有本国特色的联邦储备制度，对全国金融业实施分层次管理。在国家一级设有相当于央行总行的联邦储备委员会；在地方则设有12家联邦储备银行，执行央行分行的职能。联邦储备银行权力很大、独立性很强，可根据所在地经济状

况，出台有差别的货币政策，以利于本地区金融和经济的发展。其次，实施"双线银行制度"。美国的商业银行可向联邦政府注册成为国民银行，也可向州政府注册成为州立银行，美国的商业银行约70%是州立银行。州立银行主要为本地区经济发展服务，虽然其规模较小，但数量庞大，能较好地满足各地特别是欠发达地区经济建设资金的需要。美国《社区再投资法》颁布后，规定州立商业银行不得随意跨州经营，其资金首先应满足当地经济的发展，同时还要拨出一部分专项资金用于银行所在地黑人和贫穷居民经济活动的需要。最后，建立多种类的政策性金融机构。20世纪30年代后，美国先后成立了进出口银行、农业信贷机构及住宅建设信贷机构等。其中，农业信贷机构种类很多，包括农业信贷局及其所属的联邦土地银行、联邦中期信贷银行、合作社银行和商品信贷公司等。联邦土地银行主要向农场发放5~40年的长期抵押贷款，联邦中期信贷银行提供为期半年到3年的中短期贷款，合作社银行只向参加合作社的农场提供贷款，商品信贷公司通过向农户提供农产品抵押贷款的方式对农产品进行价格支持，而农业信贷局主要向没有其他信贷来源的个体农场发放各种期限的贷款。为了推动农场电气化发展，政府还成立了农场电气化管理局，向农场主发放贷款，资助农村电力系统和电话通信的发展。

二是实施有利于欠发达地区经济发展的市场化金融管理政策。首先，设置较低标准的法定存款准备金率。如1935年，纽约、芝加哥、圣路易斯的国民银行准备金最高为26%，其他16

个较大城市的国民银行准备金最高为20%，而欠发达地区如阿肯色、俄克拉何马、得克萨斯等地的国民银行准备金仅为14%。其次，制定较低的贴现率。联邦储备银行根据欠发达地区的实际情况，规定不同的低贴现率，通过调整贴现率来解决欠发达地区资金供给能力弱、资金大量外流的问题。最后，对商业银行的资本金有不同的要求。如在人口不到6 000人的地方设置银行，其最低资本金仅为5万美元；在人口为6 000人到5万人的地方设置银行，其最低资本金为10万美元；在人口超过5万人的地方设置银行，其最低资本金为20万美元。此外，还对欠发达地区的银行的库存现金和备付金进行较低的要求。

三是采取公共投资、优惠信贷等措施推动移民，而不是直接进行政府投资，政府的角色多是引导性的。一方面，政府采取分期付款等优惠信贷，鼓励西部移民购买土地。1796年的《土地法》规定，买主可得到政府10%的信贷，而且购买与付款之间可相隔一年；1800年的《土地法》规定，购地者可采取分期付款的方式在4年内交清地款；1806—1832年，美国国会还制定了一系列救济法，试图帮助购地者解决拖欠地款的问题。另一方面，政府通过公共投资兴办教育的方式间接推动人口向欠发达地区迁移。在西部，19世纪60年代联邦政府投入巨资建立麻省理工学院、哈佛大学和普林斯顿大学等研究型大学，地方政府则投入大量资金用于培训和职业教育。在南部，为了提高人口素质，满足南部经济开发对人才的需求，各级政府投入大量资金发展基础教育和职业培训，让当地居民掌握科技知识，学到谋生本领。这些措施为

欠发达地区的发展创造了良好的投资环境，也对美国人口的西移和南迁起到了推波助澜的作用。仅在19世纪70年代，北部南迁的劳动力就达到500万人左右，极大地推动了南部经济的发展（张家寿和谭春枝，2007）。

四是支持欠发达地区基础设施建设的融资策略多元化。西部铁路建设对美国西部的发展至关重要，政府实施多种融资策略支持西部铁路建设。一方面，以贷款形式予以金融援助。平原地区每英里①可贷1.6万美元，高原地区每英里可贷3.2万美元，高山地区则是4.8万美元。另一方面，采取铁路债券和股票等直接融资方式筹集资金。这些铁路证券的购买者主要是国内外投资者。1865—1890年，西部地区铁路建设资金的64%~68%由国内投资者提供，22%~23%的资金由外国人提供。还允许铁路部门经营银行业务和彩票，以此来为铺设铁路筹集资金。此外，按农业相关法律的规定，凡是与政府签订限耕合同的农场，在农作物收获后，若销售条件不利，农场主可暂不出售，而是用它作为抵押从商品信贷公司取得贷款。若将来市价涨到规定的贷款额之上，农场主可收回抵押的农产品到市场上销售，同时偿还贷款，并支付低微利率；若贷款到期时市价跌至贷款额之下，商品信贷公司便用贷出的款项收购该部分作为抵押的农产品。这种贷款是无追索贷款，因此抵押贷款额实际是最低保证价格。

美国对欠发达地区的开发总体上非常成功。早在20世纪20

---

① 1英里≈1.6千米。——编者注

年代初，西部经济就赶超东部，实现了东西部经济一体化和西部经济的腾飞。而南部经济在经过几十年的开发后也获得了巨大发展，其人均收入在 1950—1980 年增长了 6 倍以上，并且从仅占全国人均收入的 74% 上升到 91%。在美国欠发达地区的经济发展中，金融支持措施起到了很大的促进作用。

3. 德国

德国促进区域协调发展的政策集中在两个时期：第二次世界大战后和两德统一后。德国经济之所以能在第二次世界大战废墟的基础上迅速恢复，重要条件是位于德国西北部的鲁尔工业区乃至北莱茵－威斯特法伦州（简称北威州）的经济支撑。德国政府从 20 世纪 60 年代起，通过各种方式对老工业基地进行改造，经过数十年持续不断的发展，取得了一定的成效。在整个 20 世纪 50 年代，这一老工业基地曾扮演德国经济迅速恢复和高速增长的发动机的角色。20 世纪 50 年代后期石油和天然气被大量开采和广泛使用，原有矿山资源因过度开采而出现相对枯竭，生产成本直线上升且环境问题日益凸显；因产品市场萎缩导致这一地区的失业人数急剧上升，并成为德国失业率最高的地区之一。从 20 世纪 60 年代起，北威州老工业基地发展一度放慢。该州在德国经济中的相对地位有所下降，并且面临传统产业的冲击及其带来的失业压力等问题。目前北威州及老工业基地在德国总体的经济发展中仍发挥着重要作用。现将该地区发展的主要金融支持措施总结如下。

一是积极争取和利用国际各项基金。从成立之初，欧盟的目标之一就是对煤炭钢铁部门实行扶植保护政策，并为此建立了相应的发展基金，如地区结构基金、欧洲复兴基金等，因此，可以从欧盟获取各种发展基金。虽然德国是欧盟各项基金和费用的主要摊派国，但也是从欧盟获取上述两项基金的主要受益方，并且其中很大一部分直接用于北威州老工业基地的这种做法持续至今。如在20世纪90年代末实施的"鲁尔地区结构改造计划"，就是运用了来自欧盟的这些基金（李敏，2006）。

二是建立各种经济金融机构，为中小企业发展提供包括融资在内的多种服务。从20世纪50年代末期起，政府已预见到这一地区产品结构和融资结构的调整压力。联邦、州和地方政府相继恢复和组建了一批最初为官办和半官方的行会组织，如工商会、行业协会、经济促进协会及驻外联络机构等。如北威州的经济促进协会已成为一个连接政府与企业的中介和桥梁，而其自身又完全按企业化经营运作。这类组织在老工业基地的中小企业转型、应用新技术、人力资源开发培训、拓展海外市场和多种咨询和融资服务方面，发挥着越来越重要的作用。

20世纪90年代，统一后的德国东部地区，经济落后。德国政府运用地区政策对东部的经济进行扶持。政府对东部的振兴政策主要体现在大量使用政策性金融方面。例如，通过开发性金融机构提供的低息贷款，以及投资的补贴来吸引更多的投资者到落后地区投资，促进地区经济发展，改善地区经济结构。政府严格监管资金使用，若投资者不能将资金应用到产业性基础设施的建

设上，就不能享受政府提供的一切优惠政策。这一举措能够有效促进资金与具体项目的配合。明确的法律依据与极强的稳定性，是德国开发性金融促进东部地区平衡发展，进行区域金融援助的鲜明特点。《联邦基本法》《联邦改善区域结构共同任务法》《联邦空间布局法》《联邦财政平衡法》等都有具体体现。根据《德国复兴信贷银行法》，复兴信贷银行的经济活动必须以重建或促进德国经济为目的，不能为以获得盈利为目的的债券进行担保。这些规定实际上是为确保德国复兴信贷银行进行借贷活动的安全性而设立的。

德国地方性资本市场也是德国支持欠发达地区发展的特色政策。在20世纪90年代，德国证券市场体系形成了由一个全国性交易所、七个地方性交易所和一个电子交易系统（Xetra）构成的交易所网络。法兰克福证券交易所是全国性的交易中心，主要交易国内外大型优质企业的股票以及政府、银行债券等。七个地方性证券交易所分别位于杜塞尔多夫、汉堡、汉诺威、柏林、不来梅、慕尼黑与斯图加特。地方性交易所积极探索服务及机制的创新，包括延长交易时间、降低交易费用、增加交易的金融产品种类等措施，以吸引投资者。与法兰克福证券交易所相比，地方性交易所的市场准入要求相对宽松，平均上市费用也较低，在境外证券、金融衍生产品以及地方性中小企业证券交易上具有比较优势。不同细分市场的定位使德国地方性资本市场在服务地方性中小企业、促使国内金融资源均匀化分布方面起到了重要作用。

4. 巴西

为了开发欠发达地区，有效解决经济发展不平衡问题，巴西先后采取了一系列重要的金融措施，如成立政策性银行、提供优惠信贷等常规性政策。此外，巴西支持欠发达地区发展的两大较特殊机制是，大量利用外资和设立各类基金。

巴西利用外资的主要途径有两个。

一是举借外债。巴西大胆进行国际融资，举债发展。例如，为了促进内陆经济的发展，巴西于1956年决定迁都巴西利亚，而为了建设新首都，巴西借入2 500亿美元的外债。为了解决东北部地区的能源问题，巴西于1978年动工在托坎廷斯河下游建造图库鲁伊水电站，这项耗资约45亿美元的大工程，很大一部分资金来源于外债。1979年，在实施著名的塞拉多计划时，为了开发130万平方千米的中西部稀疏草原，巴西政府大量利用日本提供的低息贷款。还有许多其他大型开发计划或项目，如大卡拉雅斯计划，以及位于北部重城贝伦市的南美洲最大的油棕榈开发项目等，都是在借助外债的情况下进行的。

二是吸引外国直接投资。巴西政府以优惠政策鼓励外国企业到本国投资。例如，巴西政府规定在巴西营业的外国企业每年缴纳相当于纯利润总额30%的利润税，若将利润作为资本投往欠发达地区，则可享受减税优待和纳税贷款。政府还规定使用本地产品高于85%的外资企业可获得官方贷款和享有税收优惠，若把50%的产品用于出口，还可获得巴西经济开发银行的特别贷款。1996年底，巴西政府出台了一项政策性措施，规定对前往巴西中

西部和东北部投资的外国汽车厂商提供大幅减税优惠。地方政府也提供优惠的条件以吸引外国的投资。欠发达地区的地方政府负责改善基础设施，赠予土地，参与新建企业股份，特别是在税收方面，给予极大的优惠。例如，马拉尼昂州提出10年之内免除95%的商品与劳务流通税，并向新建工厂提供土地等；塞阿拉州除了在15年内免除商品与劳务流通税外，还为新企业培训职工。此外，巴西政府以建立自由贸易区的方式吸引外国投资。为了开发亚马孙河流域，政府成立了马瑙斯自由贸易区，并制定了诸多优惠措施以吸引外资。如在建区之初，就规定凡进入该区的外国商品在10年内一律免征进口税，免除进口许可证。在1967—1976年，允许任何外国人在贸易区内投资，外国投资者可独资经营，并规定凡在特区设厂的企业可得到亚马孙开发私人投资基金的资助，可用所得税的减免部分进行再投资，向企业缴纳商品流通税的产品可得到贷款资助，特区还为外资选厂提供方便等。

在利用外资以外，为了筹集更多资金以促进欠发达地区的经济发展，巴西设立了各种各样的基金，如为了促进亚马孙地区的经济发展而设立的亚马孙开发私人投资基金，为了缩小欠发达地区与发达地区之间的经济差距而设立的社会一体化基金，为了给人力发展指数低于0.5的城市提供社会和人力资本发展所需的基础设施而设立的国家减贫基金，为了发展农牧业而设立的发展畜牧业基金，以及为了降低欠发达地区的文盲率而设立的巴西扫盲基金等。

引进外资的显著成效和国内私人投资的增加使欠发达地区的投资增长较为迅速，其对经济的促进作用也越来越大。当然，巴

西对欠发达地区的金融支持也产生了消极的效果，巴西一直为外债所困扰。

四、展望与政策建议

(一) 总结与展望

20世纪末，基于区域发展不平衡、不协调的现实，我国就提出要坚持区域协调发展，后逐渐上升至国家战略高度。近10年以来，我国区域发展差距总体缩小，区域经济一体化程度有所加深，全国统一大市场建设加速进行，但仍然存在南北差距加大、生产要素合理流动机制有待完善等问题和挑战。从结构上来看，以安徽、江西、四川为代表的传统低收入省份实现了经济增速赶超，缩小了区域收入差距；以吉林、黑龙江、河北为代表的部分北方省份经济增速显著放慢，拉大了近10年的区域收入差距。

展望未来，党的二十大报告指出，"深入实施区域协调发展战略、区域重大战略、主体功能区战略、新型城镇化战略，优化重大生产力布局，构建优势互补、高质量发展的区域经济布局和国土空间体系。……以城市群、都市圈为依托构建大中小城市协调发展格局，推进以县城为重要载体的城镇化建设"。区域协调发展的最终目标是，既要在人口、技术、资本等要素合理流动和高效集聚中实现整体经济高质量发展，又要缩小区域间的收入差距，最终形成分工合理、优势互补的区域经济布局。过往的经验表明，实现缩小区域间收入差距、促进区域协调发展，产业和城

市转型升级是关键,财政转移支付是重要手段,金融体系是重要支撑。

产业和城市转型升级成为缩小区域发展差距的关键。实现经济增速赶超的区域或者得益于承接发达区域的产业转移,或者得益于发展自身有独特优势的产业,找到了产业和城市转型升级的可行道路。经济增速相对滞后的区域在产业和城市转型升级方面遇到了较大的困难,传统产业包袱难以摆脱,新产业发展也相对乏力,中心城市难以充分发挥集聚和引领效应。

产业转型升级离不开金融体系的支撑。产业转型升级顺利的区域中,政策性金融、传统银行信贷有力地支持了区域内的基础设施建设,特别是为发挥中心城市的集聚作用和承接外来产业转移打下了基础,权益类融资则有力地支持了新企业发展和各种创新活动的展开。产业转型不成功的区域在产业转型升级方面还面临诸多金融服务的短板。这些金融服务短板在其他区域也普遍存在,但是在产业转型不成功区域的表现更加突出。一是政府债务负担过重拖累了地方经济发展;二是金融服务难以对接企业转型升级,特别是权益类融资的匮乏;三是区域金融资源配置中没有充分发挥中心城市的集聚效应和引领作用;四是中小金融机构公司治理问题突出;五是缺少针对地方经济发展特色的金融服务。实现区域间的协调发展,不仅要关注低收入地区的状况,也要关注高收入地区对来自低收入地区人口的接纳状况。我国的都市圈房价过高为人口流动竖起了过高的围墙,都市圈高房价背后存在着都市圈建设中投融资机制方面的短板。

（二）政策建议

金融政策是区域发展战略的重要组成部分。从西部大开发战略和东北老工业基地振兴战略的比较来看，通过政策性金融支持基础设施建设—更好承接产业转移—产业和人口流入增强和集聚效应—区域政府信用和企业信用提升—吸引更多金融资源，能够形成较好的正反馈机制。对某些特定企业或者行业的支持在纾困方面能够发挥一些作用，但是难以建立可持续的增长机制。

实现我国区域经济协调发展，金融政策方面有四个工作重点。一是补上低收入地区的金融服务短板，助力低收入地区产业和城市的转型升级。具体包括：第一，降低经济增长滞后区域的隐性债务负担，对公益类建设项目相关的存量债务要尽可能置换为低成本、长周期的债务，对增量部分要尽可能使用政府信用债务；第二，发展多层次的权益类融资，助力产业转型升级；第三，合理发挥产业投资基金对有发展潜力的产业的引导作用，财政资金通过引导、担保、兜底等方式充当后盾，协同完成支持产业发展和转型升级的重任；第四，建设资金重点支持区域内的人口和产业流入的城市建设，发挥中心城市的集聚效应和引领效应，支持区域内的人口流动；第五，规范金融监管，严厉打击各种金融诈骗活动。

二是做好大都市圈建设的相关金融服务。从低收入地区到中高收入地区的人口流动，是实现区域协调发展的重要支撑，大都市圈是吸纳低收入地区人口的主要区域。我国的都市圈房价过高，通过增加都市圈的住宅用地供应，以及发行债券为都市圈建

设融资，可以大幅降低进入都市圈购房和生活的门槛。

三是探索更有针对性的地方特色金融服务体系。我国采取的是中央集中的金融监管模式，针对地方经济基本面的特色金融服务不够灵活。中央对经济发展滞后区域的金融支持政策当中，不仅信贷资源的支持很重要，同样重要的是设计和培养与地方经济相匹配的区域性金融基础设施、金融机构和金融产品。可以探索更加灵活的区域性金融服务措施，包括与当地房地产市场和经济基本面发展相匹配的差异化住房抵押贷款政策、区域资本市场、多样化的政策性金融服务等。

四是发挥普惠金融、数字金融促进区域协调发展的积极作用。金融"嫌贫爱富"的天然属性导致金融资源更多流向经济发达地区，加快推进普惠金融、数字金融的发展，有助于缩小金融资源的区域分布差异、城乡分布差异、大中小微企业融资的可得性差异，改善收入分配差距、实现经济包容性增长。构建普惠金融成本可负担、商业可持续的长效机制是关键，数字化是普惠金融发展的重要方向，具体措施上：第一，持续加快建设全国性金融信用信息基础数据库、区域性金融服务平台等金融基础设施，发展市场化第三方征信机构，有效降低资金供给与需求间的信息不对称；第二，完善风险分担补充机制，加大各级政府融资担保公司和风险补偿基金对中小微企业、"三农"等的增信、风险补偿和风险分担，撬动更多金融资源进入普惠领域；第三，数字化赋能普惠金融发展，有效降低银企间的信息不对称，服务触达传统金融不能覆盖的包括中小微企业在内的长尾客户群体。

附录：区域发展战略金融支持措施

（一）西部大开发战略

西部大开发战略（1999年开始），包括内蒙古、陕西、宁夏、甘肃、新疆、青海、西藏、重庆、四川、贵州、云南、广西，以及三个民族自治州（湖北省恩施土家族苗族自治州、湖南省湘西土家族苗族自治州、吉林省延边朝鲜族自治州）。此外，江西省赣州市也参照执行相关政策。

1. 经济金融相关政策

西部大开发战略在前期更多聚焦于基础方面，产业结构不断升级，形成了相对应的金融服务格局。

第一，2001年《关于西部大开发若干政策措施的实施意见》。

加大建设资金投入力度。提高中央财政性建设资金包括中央基本建设投资资金、建设国债资金用于西部地区的比例。国家政策性银行贷款、国际金融组织和外国政府优惠贷款，在坚持贷款原则的条件下，尽可能多地安排西部地区的项目，争取提高用于西部地区的比例。

加大财政转移支付力度。

加大金融信贷支持。（1）加大对西部地区基础设施建设的信贷投入，包括适当延长投资大、建设期长的基础设施项目贷款期限，如国开行对满足要求的高速公路项目、水电项目、城市基建项目等的贷款期限可分别放宽至18年、25年、10年等；（2）扩

大以基础设施项目收益权或收费权为质押发放贷款的范围，包括继续办好农村电网收益权质押贷款业务，开展公路收费权质押贷款业务，创造条件后扩展至其他城市的基建项目；（3）增加农业、生态建设的信贷投入，包括支持帮扶西部特色农业、节水农业、生态农业发展，农业银行和农村信用社要积极扩大农户小额贷款等；（4）运用信贷杠杆支持经济结构及产业结构调整，支持电力、天然气、旅游和生物资源合理开发等西部优势产业的发展，对贷款金额较大的重点项目，可以由商业银行总行直贷解决，贷款不纳入当地分行存贷比或限额考核范围，西部地区农村电网改造贷款，由中国农业银行总行统一安排贷款计划和资金，同时，对西部地区企业技术改造、高新技术企业和中小企业的发展也要给予信贷支持。

第二，2006年《西部大开发"十一五"规划》。

金融服务支持机制。（1）加快推动金融市场的发展，鼓励各金融机构采取银团贷款、混合贷款、委托理财、融资租赁、股权信托等方式，加大对西部地区的金融支持；（2）采取投资补贴、贷款贴息等方式，加强对金融机构参与西部大开发的财政政策支持，扩大国家政策性银行对西部地区的信贷规模；（3）推进西部地区农村金融体系建设，加大农村信用社改革力度，继续扩大农户小额贷款和农户联保贷款；（4）推进设立产业投资基金，支持有条件的企业发行股票和债券，扩大西部地区直接融资规模；（5）对境外金融机构在西部地区设立机构开展业务提供更便利的条件。

第三，2012年《西部大开发"十二五"规划》。

完善金融组织体系。支持政策性银行、国有商业银行、股份制商业银行、邮政储蓄银行、保险公司等金融机构在西部地区设立分支机构，支持壮大地方金融机构的规模实力。规范发展多种所有制形式的中小银行以及证券公司、期货公司、财务公司、融资租赁公司、基金管理公司等非银行金融机构，支持融资性担保机构从事中小企业担保业务，加强资本市场建设，拓宽融资渠道。

鼓励金融机构及金融监管部门结合西部地区实际，创新金融产品，促进西部地区资本市场发展。

进一步加大资金投入，中央财政均衡性转移支付、专项转移支付和中央财政性投资向西部地区倾斜，提高中央专项建设资金投入西部地区的比重，充分体现促进区域协调发展的政策取向。进一步体现项目倾斜，实行差别化的产业政策，支持在西部地区优先布局建设能源资源加工转化利用项目，增强经济增长内生动力和自我发展能力。探索利用政策性金融手段支持西部地区的发展。

第四，2017年《西部大开发"十三五"规划》。

健全绿色发展机制。（1）支持具备条件的地区建设区域性碳排放权交易中心；（2）建立吸引社会资本投入生态环境保护的市场化机制，推行环境污染第三方治理；（3）推进企业环境信用评价、环境污染责任保险、绿色信贷试点。

充分发挥国家新兴产业创业投资引导基金、国家中小企业发

展基金、国家科技成果转化引导基金等政府投资基金的作用,引导地方政府、民间资本共同设立创业投资基金。积极推进云南、广西沿边金融综合改革试验区的建设。

深化金融体制改革。(1)构建多层次、宽领域、有差异的银行机构体系,引导金融机构更好服务实体经济;(2)积极发展多层次资本市场,提高企业直接融资比例;(3)着力发展普惠金融,加强对小微企业、农村特别是贫困地区提供金融服务,降低企业融资成本;(4)继续降低市场准入门槛,引导社会资本向西部地区优势产业聚集;(5)鼓励具备条件的地区根据当地经济发展实际稳步推进金融改革创新。

建立有利于西部大开发的多元化、可持续投融资体制。(1)统筹发挥商业性金融、开发性金融、政策性金融与合作性金融的协同作用,形成分工合理、相互补充的金融机构体系,加大对西部地区重大基础设施建设、现代农业、民生领域的支持力度,推动提升小微企业的金融服务;(2)鼓励银行业金融机构在风险可控、商业可持续的基础上加大对西部产能过剩行业兼并重组、转型转产、技术改造等环节的信贷支持,促进化解过剩产能和传统产业转型升级;(3)规范地方政府债务管理,合理安排西部地区政府债务限额。

第五,2020年《关于新时代推进西部大开发形成新格局的指导意见》。

金融支持科技创新。支持国家科技成果转化引导基金在西部地区设立创业投资子基金。

金融支持小微企业。支持商业金融、合作金融等更好地为西部地区的发展服务。引导金融机构加大对西部地区小微企业融资的支持力度。落实无还本续贷、尽职免责等监管政策，在风险总体可控的前提下加大对西部地区符合条件的小微企业续贷的支持力度。

金融支持扶贫产业、轻资产企业融资。引导和鼓励银行业金融机构合理调配信贷资源，加大对西部贫困地区扶贫产业的支持力度。支持轻资产实体经济企业或项目以适当的方式融资。

增加绿色金融供给，推动西部地区经济绿色转型升级。

依法合规探索建立西部地区基础设施领域的融资风险分担机制。

第六，2020年《关于加强科技创新促进新时代西部大开发形成新格局的实施意见》。

支持科技企业上市融资。实施"科技型中小企业成长路线图计划2.0"，促进企业与投资机构、金融机构对接，支持西部优质企业通过"新三板"、科创板上市融资。

成立服务科技企业的专营机构、纳入区域创新发展联合基金。引导金融机构在西部地区设立服务科技型企业的科技支行或科技金融事业部等专营机构。通过中央引导地方科技发展资金支持西部地区科技创新。将广西、重庆、四川、西藏、青海、宁夏等纳入国家自然科学基金区域创新发展联合基金，加强对西部地区的人才队伍培养和支持。

2. 重要文件

1999年9月，中共中央发布《关于国有企业改革和发展若干重大问题的决定》，实施西部大开发战略写入该决定中。

2000年1月，中共中央、国务院印发《关于转发国家发展计划委员会〈关于实施西部大开发战略初步设想的汇报〉的通知》。同年10月，国务院发布《关于实施西部大开发若干政策措施的通知》。

2001年3月，《中华人民共和国国民经济和社会发展第十个五年计划纲要》对实施西部大开发战略再次进行了具体部署。

2006年12月，国务院审议并原则通过《西部大开发"十一五"规划》，总的目标是，经济又好又快发展，人民生活水平持续稳定提高，基础设施和生态环境建设实现新突破，重点地区和重点产业的发展达到新水平，基本公共服务均等化取得新成效，构建社会主义和谐社会迈出扎实步伐。

2012年2月，国务院正式批复同意《西部大开发"十二五"规划》，主要目标是经济保持又好又快发展，基础设施更加完善，生态环境持续改善，产业结构不断优化，公共服务能力显著增强，人民生活水平大幅提高，改革开放深入推进。

2017年1月，《西部大开发"十三五"规划》印发，主要目标是经济持续健康发展，创新驱动发展能力显著增强，转型升级取得实质性进展，基础设施进一步完善，生态环境实质性改善，公共服务能力显著增强。

2020年5月，中共中央、国务院印发《关于新时代推进西部

大开发形成新格局的指导意见》。

2020年12月,科技部印发《关于加强科技创新促进新时代西部大开发形成新格局的实施意见》。

(二)东北等老工业基地振兴战略

东北等老工业基地振兴战略(2003年开始),包括辽宁、吉林、黑龙江,以及内蒙古自治区呼伦贝尔市、兴安盟、通辽市、赤峰市和锡林郭勒盟(蒙东地区)。

1. 经济金融相关政策

东北老工业基地振兴,依靠财税、金融政策进行产业发展和国企改革,改善营商环境也是重点。

第一,2007年《东北地区振兴规划》。

加快发展金融业。(1)加强信用体系建设,营造良好的金融生态环境;(2)大力推进城市商业银行改革、改组、改造,深化农村信用社改革;(3)积极培育和规范发展投资信托、融资租赁、财务公司等非银行金融机构,鼓励发展投资咨询、资产评估、信用评级、会计、法律等方面的社会服务机构;(4)扩大中小企业贷款试点,探索建立有利于促进中小企业发展的金融服务体系;(5)完善东北地区信用担保体系;(6)加快保险市场的培育和发展,研究设立农业保险等专业性保险公司,推动保险品种和服务方式的创新。

完善现代市场体系。(1)充分利用沈阳产权交易中心,建立

面向东北地区的产权交易市场；（2）依托大连商品交易所，大力发展期货贸易，建设亚洲重要的期货交易中心；（3）以规范市场秩序为重点，改进市场监管；（4）完善社会信用体系，建立健全守信激励机制和失信惩戒机制。

提高外资质量和水平。鼓励外资金融机构在东北地区设立机构和开办业务。

强化创新机制建设。健全科技成果转让和产业化综合政策体系。建立支持自主创新的科技投入体制，形成较为完善的科技风险投资机制。鼓励原始创新和有产业化前景的科技创新。加强知识产权保护。

银行机构对东北地区符合信贷条件的项目，加大信贷支持力度。研究建立区域性中小企业信用担保的再担保机构。改善信用环境，支持国有商业银行灵活处置不良资产。加速企业股票上市步伐。支持东北地区符合条件的发行主体进行债券融资。

第二，2009年《关于进一步实施东北地区等老工业基地振兴战略的若干意见》。

大力发展非公有制经济和中小企业。完善中小企业创业融资服务，继续推动中小企业信用体系和信用担保体系建设，支持东北中小企业信用再担保公司及其分支机构扩展业务。

做优做强支柱产业。进出口银行每年安排一定的信贷额度用于支持东北地区重大技术装备出口，人民银行和外汇局要在政策上给予支持。

积极培育潜力型产业。鼓励地方政府设立专项扶持资金，支

持潜力型产业发展。

加快发展现代服务业。(1)继续支持中外金融机构在东北地区设立分支机构和办事机构;(2)鼓励有条件的城市进行金融改革创新,积极稳妥地发展中小金融机构;(3)推动设立汽车金融公司,拓宽汽车消费融资渠道,推进东北产权交易平台互联互通、区域整合和功能拓展;(3)支持大连商品交易所建设亚洲重要期货交易中心,在做精做细现有上市期货品种的基础上,推出东北地区具有优势、符合大连商品交易所功能定位的期货品种。

加大企业技术改造力度。抓紧完成装备制造产业投资基金设立工作,重点支持东北地区装备制造企业技术改造和兼并重组。

促进自主创新成果产业化。优先支持符合条件的科技型企业在创业板上市融资。

培育壮大接续替代产业。鼓励开发银行等各类金融机构加大对资源型城市可持续发展的支持。

深化国有企业改革。抓紧完成东北地区装备制造业银行不良贷款处置工作。

加快推进其他领域改革。(1)完善企业债券发行政策,探索多样化的企业债信用增级方式;(2)大力发展多种形式的新型农村金融机构,推进农村金融产品和服务创新;(3)加快发展农业保险,扩大试点范围、增加险种,加大中央财政保费补贴力度。

进一步扩大对外开放。(1)研究建立中俄地方合作发展基金,支持中俄地区合作规划纲要项目的实施;(2)开展货物贸易人民币结算试点,推动东北地区与港澳台地区加强经贸合作。

第三,2016年《关于全面振兴东北地区等老工业基地的若干意见》。

加快转变政府职能。大力推进投融资体制改革,积极推广政府和社会资本合作(PPP)模式。

大力支持民营经济发展。改善金融服务,疏通金融进入中小企业和小微企业的通道,鼓励民间资本依法合规投资入股金融法人机构,支持在东北地区兴办民营银行、消费金融公司等金融机构。

大力发展以生产性服务业为重点的现代服务业。积极发展金融业,鼓励各类金融机构在东北地区设立分支机构,支持地方金融机构的发展,加快建立健全多层次的资本市场,拓宽企业直接融资渠道。

加快发展现代化大农业。创新涉农金融产品和服务,加大对新型农业经营主体的金融支持力度。加快推进黑龙江省"两大平原"现代农业综合配套改革试验和吉林省农村金融综合改革试验。

加大政策支持。(1)进一步加大信贷支持力度,鼓励政策性金融、开发性金融、商业性金融机构探索支持东北振兴的有效模式,研究引导金融机构参与资源枯竭、产业衰退地区和独立工矿区转型的政策;(2)推动产业资本与金融资本融合发展,允许重点装备制造企业发起设立金融租赁和融资租赁公司;(3)制定东北地区产业发展指导目录,设立东北振兴产业投资基金。

第四,2021年《东北全面振兴"十四五"实施方案》。

深化国资国企改革；加大对内开放合作力度，提升东北亚国际合作水平；推动产业结构调整升级，改造升级传统优势产业，培育壮大新兴产业，大力发展现代服务业；巩固国家粮食安全"压舱石"地位；完善基础设施，补齐民生短板，完善区域基础设施网络，实施乡村建设行动。

2. 重要文件

2003年10月，中共中央、国务院正式印发《关于实施东北地区等老工业基地振兴战略的若干意见》，东北振兴战略正式实施。

2007年8月，经国务院批复的《东北地区振兴规划》发布。

2009年9月，国务院发布《关于进一步实施东北地区等老工业基地振兴战略的若干意见》。

2016年4月，中共中央、国务院印发《关于全面振兴东北地区等老工业基地的若干意见》。

2021年9月，国务院批复同意《东北全面振兴"十四五"实施方案》。

（三）中部崛起战略

中部崛起战略（2006年开始），包括山西、安徽、江西、河南、湖北、湖南。

1. 经济金融相关政策

中部崛起战略的定位及优势是，粮食生产基地、能源原材料基地、现代装备制造及高技术产业基地和综合交通运输枢纽，金融财税政策在相关方面予以支持。

第一，2006年《关于落实中共中央国务院关于促进中部地区崛起若干意见有关政策措施的通知》。

加大金融支农力度，深化农村信用社改革。（1）政策性金融机构要增加支持农业和农村发展的中长期贷款，引导商业银行加大对农业产业化、农业基础设施、农村公共服务设施等领域的金融服务力度；（2）进一步完善扶贫贴息贷款运作模式；（3）培育和发展农村竞争性金融市场；（4）推行农村小额信贷；（5）支持在中部地区进行政策性农业保险试点，引导商业性保险机构进一步开展"三农"保险业务；（6）引导和支持外资银行、国内股份制金融机构到中部地区设立机构。

构建以武汉、郑州等全国性市场为中心，以区域性重点市场为骨干，以具有地方特色的专业市场为补充，现货市场和期货市场相结合的市场体系。

第二，2012年《关于大力实施促进中部地区崛起战略的若干意见》。

推进资源节约型和环境友好型社会建设试点。支持湖北省开展碳排放权交易试点，合理确定碳排放初始交易价格。

推进重点领域改革。支持民间资本进入资源开发、基础设施、公用事业和金融服务等领域。

加大财税金融政策支持力度。（1）支持武汉、郑州、长沙、合肥等地区加快金融改革和金融创新；（2）鼓励符合条件的金融机构在中部地区设立分支机构，支持地方性金融机构发展；（3）规范地方政府融资平台建设；（4）支持符合条件的中小企业上市融资和发行债券，支持中小企业融资担保机构规范发展；（5）深化农村金融机构改革，扶持村镇银行、贷款公司等新型农村金融机构发展；（6）支持农村信用社进一步深化改革，落实涉农贷款税收优惠、农村金融机构定向费用补贴、县域金融机构涉农贷款增量奖励等优惠政策；（7）支持郑州商品交易所增加期货品种。

加强投资、产业政策支持与引导。鼓励中部六省设立战略性新兴产业创业投资引导基金，规范发展私募股权投资。

第三，2021年《关于新时代推动中部地区高质量发展的意见》。

产业政策，做大做强先进制造业，积极承接制造业转移，提高关键领域自主创新能力，推动先进制造业和现代服务业深度融合。（1）在相对应的金融服务上，在提高自主创新能力方面，支持建设一批众创空间、孵化器、加速器等创新创业孵化平台和双创示范基地，鼓励发展创业投资；（2）在推动先进制造业和现代服务业深度融合方面，增加郑州商品交易所上市产品，支持山西与现有期货交易所合作开展能源商品期现结合交易，推进江西省赣江新区绿色金融改革创新试验区建设。

加大财税金融支持力度。（1）中央财政继续加大对中部地区转移支付力度，支持中部地区提高基本公共服务保障水平，在风

险可控的前提下适当增加省级政府地方政府债券分配额度；（2）积极培育区域性股权交易市场，支持鼓励类产业企业上市融资，支持符合条件的企业通过债券市场直接融资，引导各类金融机构加强对中部地区的支持，加大对重点领域和薄弱环节的信贷支持力度，提升金融服务质效，增强金融普惠性。

2. 重要文件

2006年4月，中共中央、国务院印发《关于促进中部地区崛起的若干意见》，明确了中部地区全国重要粮食生产基地、能源原材料基地、现代装备制造及高技术产业基地和综合交通运输枢纽"三基地、一枢纽"的定位，标志着中部崛起战略进入实施阶段。

2006年5月，国务院办公厅发布《关于落实中共中央国务院关于促进中部地区崛起若干意见有关政策措施的通知》。

2012年8月，国务院发布《关于大力实施促进中部地区崛起战略的若干意见》。

2021年4月，中共中央、国务院发布《关于新时代推动中部地区高质量发展的意见》。

（四）长三角一体化

长三角一体化（2018年11月5日，上升成为国家战略），包括上海、江苏、浙江、安徽。

1. 经济金融相关政策

第一，2019年《长江三角洲区域一体化发展规划纲要》。

强化协同创新政策支撑。（1）支持地方探索建立区域创新收益共享机制，鼓励设立产业投资、创业投资、股权投资、科技创新、科技成果转化引导基金；（2）在上海证券交易所设立科创板并试点注册制，鼓励长三角地区高成长创新企业到科创板上市融资。

推动重点领域开放合作。（1）加快金融市场对外开放，逐步放宽银行业外资市场准入；（2）加大交易所债券市场对外开放，支持境外机构在交易所发行人民币债券，引入境外机构投资者直接投资交易所债券，研究推进基于沪港通的债券市场互联互通；（3）积极引进境外专业服务行业，有序推进服务贸易创新发展试点，完善跨境交付、境外消费、自然人模式下服务贸易准入制度，提升服务贸易自由化便利化水平。

加强各类资本市场分工协作。（1）加快金融领域协同改革和创新，促进资本跨区域有序自由流动；（2）完善区域性股权市场；（3）依法合规扩大发行企业债券、绿色债券、自贸区债券、创新创业债券；（4）推动建立统一的抵押质押制度，推进区域异地存储、信用担保等业务同城化；（5）联合共建金融风险监测防控体系，共同防范化解区域金融风险；（6）鼓励地方政府联合设立长三角一体化发展投资专项资金，主要用于重大基础设施建设、生态经济发展、盘活存量低效用地等投入；（7）支持符合监管政策的地方法人银行在上海设立营运中心；（8）支持上交所在

长三角设立服务基地,搭建企业上市服务平台。

推进投资贸易自由化便利化。(1)允许具有境外职业资格的金融等服务领域专业人才经备案后为区内企业提供专业服务;(2)在风险可控的前提下,简化优质企业跨境人民币业务办理流程,推动跨境金融服务便利化;(3)探索区内资本自由流入流出和自由兑换;(4)支持区内企业参照国际通行规则依法合规开展跨境金融活动。

第二,2020年《关于进一步加快推进上海国际金融中心建设和金融支持长三角一体化发展的意见》。

积极推进临港新片区金融先行先试。(1)金融支持具有国际竞争力的重点产业,包括试点商业银行理财子公司,在上海设立专业子公司投资未上市企业股权;鼓励保险机构投资科技创新基金或直接投资临港片区内的科创企业;支持符合条件的商业银行在上海设立金融资产投资公司;鼓励金融机构为片区内高新技术产业、航运业等重点发展领域提供长期信贷资金;为区域内开展新型国际贸易提供高效便利金融服务。(2)促进投资贸易自由化便利化,包括便利办理跨境贸易人民币结算业务;探索取消外商直接投资人民币资本金专用账户,探索开展本外币合一跨境资金池试点;试点开展境内贸易融资资产跨境转让业务。

更高水平上加快上海金融业对外开放。(1)扩大金融业高水平开放,包括合资设立理财公司,支持外资在上海设立证券经营机构、基金管理公司;跨国公司在上海设立的资金管理中心,经批准可进入银行间外汇市场交易;允许在上海自贸试验区注册的

融资租赁母公司和子公司共享外债额度。（2）促进人民币金融资产配置和风险管理中心建设。（3）建设与国际接轨的优质金融营商环境。

金融支持长三角一体化发展。包括推动金融机构跨区域协作、提升金融配套服务水平、建立健全长三角金融政策协调和信息共享机制等。

2. 重要文件

2019年10月，国家发展改革委印发《长三角生态绿色一体化发展示范区总体方案》。

2019年12月，中共中央、国务院印发《长江三角洲区域一体化发展规划纲要》。

2020年2月，中国人民银行、银保监会、证监会、外汇局、上海市政府联合发布《关于进一步加快推进上海国际金融中心建设和金融支持长三角一体化发展的意见》。

（五）成渝地区双城经济圈建设

成渝地区双城经济圈建设，包括四川、重庆。

1. 经济金融相关政策

第一，发展金融机构：培育法人金融机构，引进境内外金融机构。

第二，构建具有区域辐射力的金融市场体系：推进金融市场

一体化，深化境内外金融市场互联互通，优化区域多层次资本市场服务，打造西部股权投资基金发展高地，促进成渝地区保险业协同发展。

第三，构建支持高质量发展的现代金融服务体系，助推国家重大发展战略实施：乡村振兴，绿色金融，推进供应链金融和贸易融资创新发展。

第四，打造创新驱动发展新引擎：深化科创金融产品和服务创新，拓宽科创企业融资渠道。

第五，建设支持全球资本配置的内陆金融开放体系。

2. 重要文件

2021年12月，中国人民银行、国家发展改革委等部门联合川渝两地政府印发《成渝共建西部金融中心规划》，提出到2025年初步建成西部金融中心的目标。

（六）粤港澳大湾区建设

粤港澳大湾区建设（2019年开始），包括香港特别行政区、澳门特别行政区和广东省广州市、深圳市、珠海市、佛山市、惠州市、东莞市、中山市、江门市、肇庆市。

1. 经济金融相关政策

第一，促进粤港澳大湾区跨境贸易和投融资便利化，提升本外币兑换和跨境流通使用便利度。

第二，扩大金融业对外开放，深化内地与港澳金融合作；推进粤港澳资金融通渠道多元化，促进金融市场和金融基础设施互联互通。

2. 重要文件

2019年2月，中共中央、国务院印发《粤港澳大湾区发展规划纲要》。

2020年5月，中国人民银行、银保监会、证监会、外汇局发布《关于金融支持粤港澳大湾区建设的意见》。

（七）京津冀协同发展

京津冀协同发展（2015年开始），包括北京、天津、河北。

1. 经济金融相关政策

2021年12月，京津冀三地人民银行联合工信部门发布了"京津冀产业链金融支持计划"。

该计划是三地人民银行联合工信部门、商业银行首次推出的区域性金融协同产品，旨在加强京津冀金融与产业的协同，优化区域产业链信贷营商环境。三地人民银行通过单设再贷款、再贴现额度，工信部门通过提供产业链、核心企业名单，支持商业银行为企业提供低成本、高便捷的融资服务。三地人民银行共设置125亿元货币政策资金额度，支持京津冀产业链上的小微企业和民营企业融资。该计划聚焦雄安、北三县、张家口、通州、武

清、宝坻、滨海新区等重点区域，鼓励经办银行综合考虑企业所在产业发展前景和所处产业链、供应链中的重要性等"链"信息，向符合条件的企业发放首贷、信用贷款、中长期贷款，并综合运用供应链金融产品服务上下游企业。

04

农村金融促进共同富裕的框架与路径

04
农村金融促进共同富裕的框架与路径

党的二十大报告提出，"中国式现代化是全体人民共同富裕的现代化"。缩小城乡居民收入差距和财富差距，更准确地说，将城乡差距控制在可接受的区间是实现共同富裕的应有之义，也是重大现实课题。2013 年 12 月 23 日，习近平总书记在中央农村工作会议上指出，"中国要强，农业必须强；中国要美，农村必须美；中国要富，农民必须富。农业基础稳固，农村和谐稳定，农民安居乐业，整个大局就有保障，各项工作都会比较主动"，"我国是个人口众多的大国，解决好吃饭问题始终是治国理政的头等大事"。2020 年 12 月 28 日，习近平总书记在中央农村工作会议上指出，"从世界百年未有之大变局看，稳住农业基本盘、守好'三农'基础是应变局、开新局的'压舱石'"，"构建新发展格局是我们应对世界大变局的战略举措，也是我们顺应国内发展阶段变化、把握发展主动权的先手棋。把战略基点放在扩大内需上，农村有巨大空间，可以大有作为"。金融是现代经济的核心。深化农村金融改革，健全农村金融服务体系，进一步发挥金

融体系在动员储蓄、资源配置、财富管理、风险对冲等方面的功能，对于推动农村经济高质量发展、缩小城乡差距、促进共同富裕具有重大意义。

改革开放40余年来，我国经济发展取得了巨大成就，共同富裕取得了显著进展。胡联等（2022）的评估结果表明，2003—2019年，我国共同富裕指数由5.660上升到5.970。2000—2019年我国农村绝对贫困发生率由0.498下降到0.006。2020年底，现行标准下的农村贫困人口全部脱贫，832个贫困县和12.8万个贫困村全部摘帽，历史性地解决了绝对贫困问题，第一层次的共同富裕目标已经实现。进入21世纪以来，我国采取了一系列惠农支农政策，农村居民人均收入增速持续高于城市居民收入，但是由于城乡二元经济结构尚未彻底破除，农村居民就业、就学、就医、社会保障等方面还无法享受与城市居民同等的待遇，限制了农村居民收入增长；农村地区产权改革滞后，导致与土地、住房相关的财产性收入增长缓慢，使我国城乡居民人均可支配收入绝对差距仍呈扩大趋势，由2000年的3 974元上升到2021年的28 490元[①]，并且农村居民内部收入差距亦未明显收窄，2000—2019年我国农村居民收入基尼系数由0.356上升到0.376，高收入组农村居民收入与低收入组农村居民收入的绝对差距由2000年的4 388元扩大到2020年的33 839元，相对差距由2000年的6.47倍缓慢扩大至2020的8.23倍。可见，我

---

① 资料来源：《中国统计年鉴》。

国在缩小城乡差距乃至农村居民内部收入差距方面还有很大的空间，仍需要付出巨大的努力。

理论分析与实证研究均表明，金融发展与共同富裕之间存在复杂而矛盾的关系（Clarke et al., 2006；Townsend and Ueda, 2006；Beck et al., 2007；Agnello and Sousa, 2012；Hamori and Hashiguchi, 2012；Jauch and Watzka, 2016；De Haan and Sturm, 2017）。国内关于农村金融发展对共同富裕促进效应的研究也未得出清晰一致的结论。李雪松等（2018）的实证分析表明，我国农村金融发展对于农户内部收入差距具有收敛效应，且服从边际效应递减规律，其中农村金融效率（贷款/存款）对农户收入差距的收敛效应大于农村金融规模［（存款+贷款）/GDP］；东部地区农村金融发展对农户收入差距的收敛效应高于全国平均水平，而中西部地区该效应较弱。然而，温涛和何茜（2020）则认为，农村金融市场需求方出现了"精英俘获"现象，随着城乡一体化推进，金融资源开始反哺农村和农业，乡村精英率先求偿、优先受益的利益要求必然侵蚀公共利益空间，分散兼业的小农难以真正受益，其含义是农村金融发展可能扩大农村居民之间的收入差距。近年来，随着数字金融的迅速崛起，其在小额信贷、小额支付领域的优势充分显现，极大提高了普通公众金融服务的可获得性，从而被寄予厚望。然而，由于城乡之间客观上存在"数字鸿沟"，数字金融发展是扩大还是缩小城乡差距尚待观察。换句话说，数字金融发展为金融促进共同富裕开辟了新前景、提供了新可能，但必要前提是城乡数字金融基础设施均衡

发展，以及广大农民数字金融素养显著提升。

习近平总书记在2013年中央农村工作会议上明确指出，农村金融问题是"老大难"问题。从经济学角度分析，农业产业最重要的特征是自然再生产和经济再生产同步，同时面临着农产品市场价格波动的经济风险、自然灾害的巨大冲击这两类不同性质的风险。传统农户既是生产单位也是消费单位，缺乏完整的资产负债表和稳定连续的收支记录，难以满足传统金融机构对融资主体的资质要求。农村地区的信息标准化程度较低，进一步增加了农村金融问题的复杂性。从国内的实际情况来看，农村经济体制改革还有待深化，农民的财产权利不够完整，资产确权、估值和转让还面临许多制度障碍；我国是超大经济体，不同地区资源禀赋、城镇化程度、经济结构、人均收入存在巨大差异，中央政府、地方政府、农村金融机构以及农民群体的利益诉求也不尽一致，这在一定程度上加大了解决农村金融问题的难度。因此，农村金融改革发展，既要遵循金融发展的一般性规律，又要充分考虑其特殊性，必须协调推进农村经济体制改革和农村金融体制改革，处理好政府和市场、中央和地方、财政和金融的关系。

本章有两个突出特点：一是坚持问题导向，主要围绕共同富裕战略下我国农村金融发展面临的现实问题展开讨论；二是抓住基本经济关系，通过阐释农村金融供求变化趋势来分析农村金融改革发展的方向。

改革开放以来，与我国农村经济体制改革以及金融体制改革方向和进程相适应，农村金融改革发展坚持市场化方向，总体上

沿着既相互独立又深度交织的五条主线展开：一是恢复和重建存量农村金融机构，包括农业银行的商业化转型、农村信用社体系再造；二是引入新的元素，降低农村金融机构准入门槛，构建形成多元化、竞争性的农村金融体制；三是逐步放松利率以及金融服务价格管制，让市场在信贷资源配置中发挥越来越重要的作用；四是深入推进农村金融服务创新，丰富农村金融产品，提高金融服务的便利性，降低广大农村居民利用金融服务的门槛；五是健全农村金融发展基础设施，包括农村产权制度改革、农村信息基础设施建设、农业担保体系建设以及农村金融发展政策保障体系建设。

农村金融改革发展为农村经济发展和农民收入增长提供了重要支撑，包括直接效应和间接效应。直接效应包括农业信贷投入提高了农业产量，提高了农村家庭经营性收入；放松利率管制后，储蓄利率上升增加了农村居民财产性收入。间接效应包括农村信贷投入促进农村产业兴旺，增加了农村家庭非农收入；促进了农业机械化，释放了富余劳动力，促进农村劳动力转移，增加了农村家庭的工资性收入等。

放眼未来，我国已经全面建成小康社会，中国特色社会主义进入新时代，农村金融改革发展的经济基础、竞争格局和目标导向均发生了重大变化。

一是经济长期高速增长的累积效应。改革开放40余年来，经济高速增长深刻改变了我国农村金融的运行基础，突出表现为：绝大多数农村居民家庭脱离贫困陷阱，积累了一定规模的资

本，资本的信号显示功能提高了农户获取正规渠道融资的机会；新一代农民受教育程度、专业技术水平和接受新知识的能力显著提高；大规模城镇化进程以及数以亿计的农村转移劳动力不仅改变了农村家庭的收入结构，而且提高了新一代农民的个人主义取向，可以在较短时期内跳出基于家庭和村社的圈层结构。这些变化使大多数农户由"生存小农"转型为"理性小农"，甚至少数种粮大户或家庭农场已升级为"高级生产者"，具备提出正常融资需求的能力，可以满足现代信贷技术要求，并衍生出其他金融需求（陈雨露和马勇，2010）。

二是农村金融市场竞争日趋激烈。21世纪前10年，随着国有大型银行收缩农村地区机构网点，农村信用社在农村金融市场近乎垄断的地位引发了关于农村金融竞争不充分和服务效率低下的激烈讨论。近年来，随着国家发展普惠金融战略的实施，以及城市金融市场竞争白热化和金融科技的崛起，农村金融市场的竞争格局发生了巨大变化。据统计，全国每个县平均有9家法人银行机构展业，农村信用社和村镇银行的经营网点占比已不足50%；农村地区平均每万人拥有POS机73.9台，ATM（自动柜员机）3.9台，行政村支付服务覆盖率达到99.3%，农村地区成年人使用电子支付的比例达到88%。随着竞争的加剧，农村中小银行传统竞争优势逐渐丧失，其财务可持续性面临挑战，防范化解农村金融领域风险成为重要课题。

三是农村金融发展目标重新定位。过去40年间，农村金融改革发展的主要目标是扩大农村金融供给，特别是增加农村小额

信贷供给，以更好地满足农民生产性信贷需求。随着我国社会主要矛盾的变化，农村金融发展的目标应定位于满足广大农村居民对美好生活向往的金融需求，既要进一步扩大农村地区的有效信贷投入、促进农村地区产业发展、增加农民收入，又要提供更广泛的金融服务，如伴随着城镇化进程的新市民住房、就业、教育、文化娱乐方面的金融服务，与老龄化相关的养老、保险金融服务，以及相应的保险、期货和理财产品，提升应对重大风险事件的能力，增加农村居民财产性收入并平滑收入波动等。

我们认为，缩小城乡差距和农村居民内部贫富差距是一个长期历史过程。农村金融发展可能通过四个方面的机制缩小城乡差距和农村居民内部收入差距，从而促进共同富裕：一是促进农村居民收入增长，如果金融发展能够促进农业增产、农民增收，则有助于实现共同富裕；二是拓宽收入来源，通过拓展财产性收入来源等方式增加农村居民收入；三是平滑收支波动，利用金融跨期资源配置功能平滑农村居民的收入支出波动；四是减缓重大事件的负面冲击，通过期货、保险等金融工具对冲自然灾害和经济运行风险，减小经济损失，筑牢共同富裕的底线。从有利于四个方面机制作用发挥的角度，本章建立了农村金融供需联动框架，分析未来10~15年农村金融供给与需求变化趋势，并在此基础上提出推进农村金融改革发展的主要原则和政策建议。

后文的结构如下：第一部分总结了我国农村金融改革的发展阶段和发展成效，第二部分阐述了共同富裕背景下农村金融发展的供需联动框架，第三部分提出了农村金融改革发展应坚持的原

则和农村金融促进共同富裕的具体建议。

一、农村金融改革发展成效

改革开放以来，伴随着中国农村经济的发展与变革，中国农村金融也在渐进式的改革中实现了从无到有、从单一到多元、从支持农业生产到服务乡村振兴的重大突破，金融供给不断改善，金融需求日益提升，金融理念不断创新。总体而言，从总量、结构和便利性三个维度评价，我国农村金融发展均取得了巨大成就，也存在一些明显短板。

（一）农村金融改革发展沿革

改革开放以来，伴随着我国经济体制改革进程的逐步展开，农村金融改革发展取得重大进展，农村金融组织体系逐步完善，金融总量持续扩张，金融产品更加丰富，金融服务便利性显著提升，金融为促进农民增收、农业增产和农村经济社会发展做出了重要贡献。根据40多年来经济金融改革发展的大背景，农村金融改革发展大体可以分为四个阶段。

第一阶段：恢复农村金融机构体系，回归金融本位（1979—1992年）。

1978年，党的十一届三中全会召开，拉开了建立新经济体制的序幕。按照邓小平同志"要把银行真正办成银行"的指导思想，金融领域改革的主要任务是引进市场经济金融体系的基本结

构，将金融从财政中独立出来，改变财政"出纳员"的角色，恢复和加强银行体系基本职能，将央行与商业性金融分开。在这一背景下，中国工商银行、中国农业银行、中国银行、中国人民建设银行陆续恢复和重建，中国人民银行"大一统"的银行体系被逐步打破，国家计划下的专业银行体系基本形成。

经济体制改革的不断深入，在客观上对农村金融体系提出了进行系统性改革的要求。十一届三中全会明确提出，恢复中国农业银行、大力发展农村信贷事业。1979年3月，中国农业银行作为国务院直属机构正式恢复建立，根据国务院授权对农村信用社进行管理，统一管理支农资金，集中办理农村信贷，对农村金融业务进行系统性规划，拉开了农村金融改革发展的序幕。与此同时，农村信用社在民主管理、业务经营、组织建设等方面进行了改革，形成农业银行与农村信用社分工协作的农村金融体制。1986年，为了弥补农村及偏远地区专业银行网点不足等缺陷，邮电部与中国人民银行印发联合通知，邮政机构开始办理农村储蓄业务。

这一时期，家庭联产承包责任制的全面推行，使农民的生产积极性空前提高，有效激发了农村经济活力，促进了农业产业发展。1979—1992年，全国第一产业增加值由1 259亿元提高至5 800亿元，乡镇企业数量由148万家增长至2 092万家。农业快速发展和乡镇企业的兴起扩大了农村金融需求，农业贷款余额由不足200亿元提升至1 988亿元。

第二阶段：启动市场化改革，完善农村金融服务功能（1993—

2002年）。

1992年，党的十四大召开后，中国经济进入由计划经济体制向市场经济体制转变的新阶段。十四届三中全会为建立社会主义市场经济体制下的金融体系和金融运行机制指明了方向、确立了基本框架。1993年12月，国务院出台《关于金融体制改革的决定》，明确金融体制改革目标，实行政策性金融与商业性金融分离，建立以国有独资商业银行为主体、多种金融机构并存的金融组织体系。1994年，中国农业发展银行成立，承接了农业银行、工商银行的政策性信贷业务，建立了总行和省、市、县四级较为完善的机构体系。1995年，全国人大审议通过《中华人民共和国商业银行法》，为国家专业银行转变为国有商业银行奠定了法律基础，农业银行也由此开始向国有商业银行转型。

为更好适应农村经济发展的需要，1996年8月，国务院发布《关于农村金融体制改革的决定》，要求建立和完善以合作金融为基础，商业性金融、政策性金融分工协作的农村金融体系，明确农村金融体制改革的重点是恢复农村信用社的合作性质，进一步增强政策性金融的服务功能，充分发挥国有商业银行的主导作用。改革的主要内容是改革农村信用社管理体制，明确农村信用社从农业银行脱钩，对其业务管理和金融监管分别由农村信用社县联社和中国人民银行承担。1997年，按照国务院同意的农村信用社管理体制改革工作意见，中国人民银行先后制定农村信用合作社管理规定、示范章程等文件，逐步规范农村信用社股权设置、内部治理和业务管理，其经营独立性、管理有效性和支农服

务能力均有所提升。经过改革，农村金融市场主体不断丰富，金融供给得到改善。2002年末，各类银行发放农业贷款余额6 885亿元，10年来年均增速达到13%。

在适应国家经济体制转变的过程中，中国银行业得到快速发展，但由于宏观经济运行出现较大波动，作为微观经济主体的国有企业面临经营困难，加之银行自身管理不善、违规经营，银行体系积聚了巨大风险。这一时期，不仅国有商业银行资本金严重不足、不良贷款高企，城市信用社和农村信用社也存在突出风险，有的严重资不抵债、出现支付困难。社会上还有大量非法金融活动，一些地方出现金融"三乱"，即乱设金融机构、乱办金融业务、乱搞集资活动，乱象屡禁不止。随着农村改革的推进，农村地区资金供给和需求明显增加，农村合作基金会在全国快速发展，但在运行中背离设立初衷，变成了乡村一级的"小金库"，严重扰乱金融市场秩序。1997年亚洲金融危机爆发，加速了金融领域风险的暴露，化解历史包袱、消除迫在眉睫的风险成为首要任务。

1997年全国金融工作会议决定，向国有独资银行注资并剥离不良资产，清理整顿规范城乡信用社，清理撤并农村合作基金会，坚决打击和取缔金融"三乱"。经过5年左右的整治，国有银行在风险状况、财务账款、管理体制等方面均有所起色，城乡信用社资产质量和经营状况逐渐好转，全国28 588个农村合作基金会基本完成清理整顿，金融业逐步走出亚洲金融危机的影响。

第三阶段：深入推进农村金融机构改革，构建多层次、广覆

盖、差异化的农村金融服务体系（2003—2012年）。

2001年底，我国加入世界贸易组织，开放红利进一步释放，我国工业化、城镇化进程明显加快，县域经济快速增长，城乡经济格局发生了深刻变化，农村剩余劳动力加快向非农产业转移，农村经济结构持续调整，农民收入显著提高。随着社会主义新农村建设的蓬勃发展，农村金融需求不断提升，农村信贷供给不足、金融服务功能单一的矛盾日益凸显。2002年召开全国金融工作会议，按照"必须把银行办成现代金融企业"的要求，推动国有独资商业银行综合改革，并将农村信用社改革提到了重要位置。这一时期，国有银行继续推进始于1998年的县域机构撤并，并且上收信贷权限。2007年末，国有银行在县域的网点仅余2.6万个，约占农村信用社县域网点的一半，较1998年减少约7万个。多数县域只有农村信用社和邮政储蓄机构，但邮政储蓄只存不贷，造成农村信用社在县域金融市场"被动垄断"，农村信用社发放的农业贷款在金融机构的占比由1998年的60%升至2007年的91%。此外，农业生产保险和农村商业性保险短缺，农业担保体系和信用环境建设滞后，农村资金供求矛盾日益突出。面对加入世贸组织后金融市场的全面开放，深化农村金融改革势在必行。这一阶段的改革从优化存量和引入增量两个方面发力，在推动完善机构体系的同时，注重健全服务功能。

深化农村信用社改革是此轮改革的重点之一。针对农村信用社产权不清、体制不顺、治理不健全、历史包袱重等问题，2003年，国务院印发《深化农村信用社改革试点方案》，启动以市场

化、商业化和股份制为导向的农村信用社改革。主要有三项改革举措：一是取消乡镇农村信用社法人地位，建立以县（市）为单位的农村信用社法人，组建农村商业银行和农村合作银行；二是改革管理体制，将农村信用社的管理下放给省级人民政府，成立农村信用社省级联社履行全省农村信用社管理职责；三是"花钱买机制"政策，以央行专项票据置换信用社的不良贷款和历年亏损，帮助消化历史包袱。2003—2012年，农村信用社法人数量从34 581家降至2 411家，各项贷款余额从1.7万亿元增至7.8万亿元，其中涉农贷款余额达到5.3万亿元。

这一时期，农村地区政策性和商业性金融得到进一步完善。2004年以来，农业发展银行进入推进内部改革、提高信贷管理水平、实现多方位支农的重要时期。其间，农业发展银行积极拓展业务领域，强化支农服务功能，逐步形成以粮棉油收购贷款为主体、以农业龙头企业和新农村建设中长期贷款为两翼的支农服务格局。2009年1月，农业银行完成股份制改革，并于次年成功上市，按照现代商业银行的治理要求，以服务"三农"为特色，健全内部控制和风险管理，转换经营机制，全面推进"三农"金融事业部制改革。

国有商业银行大面积撤离县域，为民间资本进入银行业创造了机遇。这一时期，为填补农村金融服务空白，增强市场竞争性，国家决定逐步放开农村金融市场，积极探索民间资本进入农村金融的方式，鼓励发展社区金融机构、小额贷款组织。2006年底，村镇银行、贷款公司和农村资金互助社三类新型农村金融机

构试点启动，允许境内外合格银行发起设立村镇银行。同年，批准成立邮政储蓄银行，邮政金融业务开始真正实现市场化独立经营，健全和强化信贷功能，稳步扩大资金自主运用范围，促进邮政储蓄资金回流农村。2007 年，农业保险开始试点，中央财政出台农业保险保费补贴试点，补贴范围由最初试点的 6 省（区）扩大到全国，补贴品种由最初的 5 个种植业品种扩大至种植、养殖、林业 3 大类 15 个品种，基本覆盖了主要的大宗农产品。

经过持续深化改革，农村金融发展的基础不断巩固，层次清晰、功能多元的金融服务体系基本形成，机构整体健康度明显提升，为全面推进市场化改革奠定了良好基础。体制机制改革有效促进了服务功能的提升，2012 年末，银行业涉农贷款增至 17.6 万亿元。在金融体系整体"存差"持续扩大的情况下，县域地区贷款保持了较快增长，从 2002 年的 4.7 万亿元增长到 2012 年末的 18.2 万亿元，占县域 GDP 比例达到 72%。

第四阶段：全面深化农村金融改革，普惠金融理念普及（2013 年至今）。

进入全面建设小康社会关键时期，我国农业现代化提速，中央一号文件连续强调加快推进现代农业建设，要求深化农村金融改革，增强对农业现代化的金融支撑。党的十八届三中全会明确提出，"使市场在资源配置中起决定性作用""发展普惠金融"等。根据全面深化改革的总体部署，2015 年 12 月，国务院印发《推进普惠金融发展规划（2016—2020 年）》，首次提出普惠金融发展 5 年期规划，全方位、多视角阐述了如何从普惠角度提升农村金

融服务的覆盖率、可得性和满意度。在国家政策的引领下，大中型银行普遍设立了普惠金融（"三农"、扶贫）事业部或其他专营机构，逐步向县域下沉网点和服务，并借助金融科技的优势，推出了一系列服务"三农"的金融产品，如农行"惠农 e 贷"、建行"裕农通"、邮储银行"网商贷"等。农村信用社加快股份制改革，治理水平不断增强，同时县域法人地位基本保持稳定，服务能力持续提升。与此同时，更多社会资本参与设立村镇银行，村镇银行县域覆盖面进一步扩大，2021 年末村镇银行增至 1 648 家，县域"双法人"（即农村信用社、村镇银行各一家）格局基本形成。

2017 年 7 月，第五次全国金融工作会议明确，金融机构要回归本源、专注主业，增强服务实体经济能力。农业银行、邮储银行持续完善"三农"事业部运行机制。开发银行、政策性银行加大对乡村振兴长期资金支持，并与地方法人银行积极开展转贷业务合作。在推动农村信用社深化改革中，金融监管部门强化定位监管，要求农村信用社贷款不出县、资金不出省，建立了一整套可监测、可考核、可评价的支农服务指标体系。全国银行业涉农贷款从 2013 年末的 20.9 万亿元，增长到 2021 年末的 43.2 万亿元。农业保险、低收入群体人身保险等业务品种不断丰富，资本市场、涉农期货期权等平台渠道功能逐步发挥，"保险＋期货"试点项目稳步扩大。中国人民银行也对金融机构实施激励政策，加大支农再贷款、扶贫再贷款投放额度，全国支农再贷款和扶贫再贷款余额从 2016 年末的 2 089 亿元和 1 127 亿元，上升至 2021 年

末的 4 967 亿元和 1 750 亿元。

这一时期，我国利率市场化改革明显提速，金融科技快速发展，农村地区金融市场格局发生深刻变化。2013 年 7 月 20 日和 2015 年 10 月 24 日分别取消贷款利率下限和存款利率上限管制，标志着我国利率市场化改革走完最后一步。利率放开有效促进了农村金融市场竞争，缓解了中小企业融资难问题，但同时也对农村中小银行转型发展和风险管控提出了新的挑战。近几年来，大型银行携低成本资金回归县域，大型金融科技平台加速向农村领域渗透，极大提高了农村各类经济主体金融服务的便利性，并深刻改变了农村金融市场竞争格局，农村中小银行生存空间日益受到挤压，发展动能有所减弱，农村信用社管理体制和运行机制矛盾凸现。2021 年末，在县域地区大中型银行的网点数量平均为 26.8 个，已经超过农村信用社的 26.2 个，农村信用社涉农贷款占比下降至 28%。随着我国经济增速周期性回落、不同省份经济增长结构性发展、农村地区内外部经济金融环境变化、金融风险水落石出，进一步深化农村金融体制改革，防范化解农村金融风险被提上重要日程。

（二）农村金融发展评价：总量视角

改革开放以来，随着我国农村经济体制改革的逐步深化，现代农业科技的日益普及，我国农业产值长期持续增长。如图 4-1 所示，1978—2020 年，第一产业增加值由 1 018.5 亿元增加至 77 754.1 亿元，年均增长率为 10.87%。随着工业化、城镇化的快

速推进，第一产业增加值占 GDP 的比重呈下降趋势，从 1982 年的最高点 32% 下降到 2020 年的 7.7%。

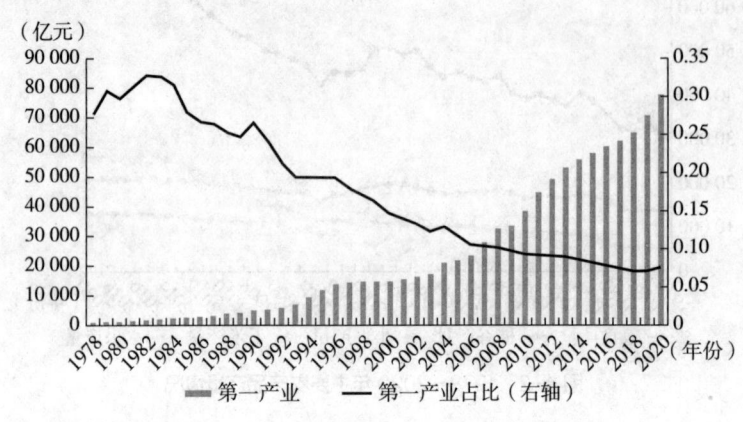

图 4-1 第一产业国内生产总值及占比变化

资料来源：CSMAR 数据库。

1978—2020 年，我国粮食产量稳中有升，从 30 477 万吨上升至 66 949 万吨，年均增长 1.8%，人均粮食占有量达 483 千克，显著高出同期世界平均水平。如图 4-2 所示，稻谷、小麦、玉米等主要农产品和水果产量均有不同程度的增加。

随着经济的快速发展，我国农村金融服务不断深化。如图 4-3 所示，我国农业贷款与第一产业增加值之比由 1990 年的 20% 上升到 2008 年的 50%，此后农林牧渔业贷款与第一产业比重基本稳定在 50%~60%，金融对第一产业的支撑力度明显加强。2020 年末，银行业涉农贷款余额为 43.2 万亿元，其中，农户贷款 11.9 万亿元，占涉农贷款的 27%；银行业县域地区贷款余额 40.4 万亿元，占银行业全部贷款的 22%。

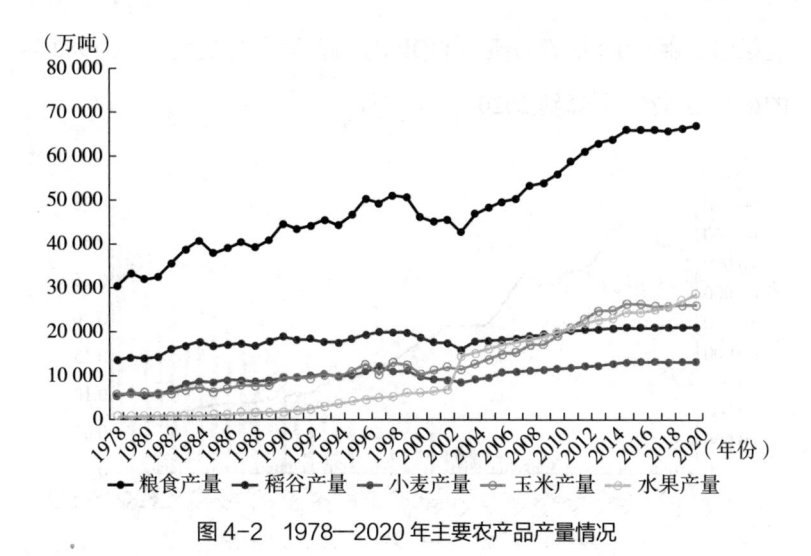

图 4-2　1978—2020 年主要农产品产量情况

资料来源：CSMAR 数据库。

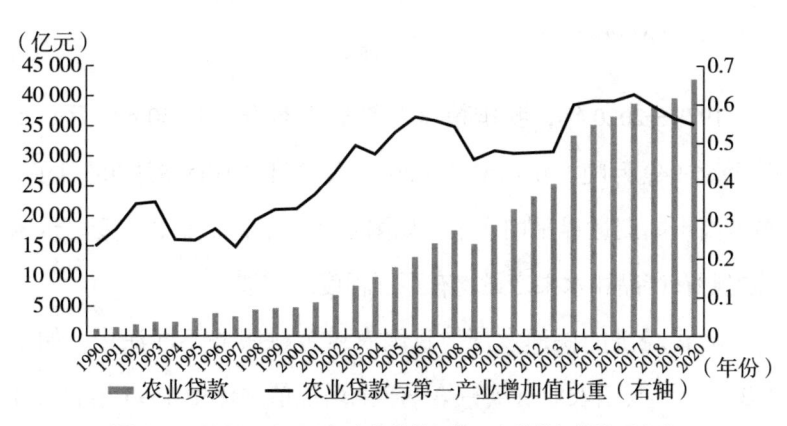

图 4-3　1990—2020 年农业贷款与第一产业增加值比重变化

注：2009 年后为农林牧渔贷款。
资料来源：《中国金融年鉴》。

2007 年以来，如图 4-4 所示，我国农业保险取得了长足的发展，覆盖范围不断扩大，承保的农作物品种超过 270 个大类，覆

盖农林牧渔等多个农业生产领域。2020 年，农业保险保费收入达814.93 亿元，农业保险参保户次达 1.89 亿户次，农业保险保障金额为 4.13 万亿元。农村基础保险服务覆盖 3 万余个乡镇，覆盖率超过 95%。农业保险在服务"三农"、助力共同富裕等方面的作用越来越显著。

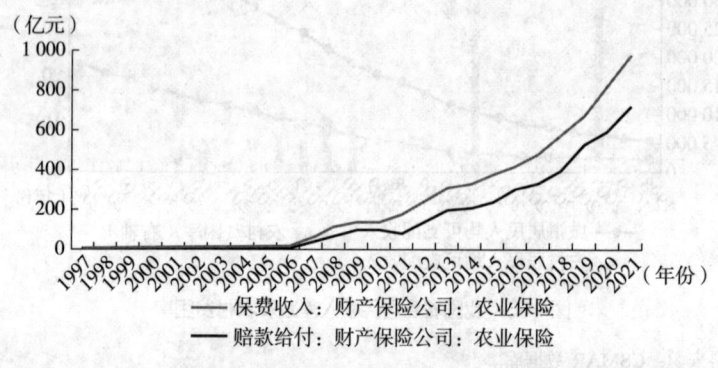

图 4-4　农业险保费金额及赔款给付金额

资料来源：CSMAR 数据库。

从金融促进共同富裕的成效看，农村金融发展为减贫事业做出了突出贡献。如图 4-5 所示，1998—2021 年，城镇居民可支配收入从 5 418.2 元 / 人上升至 47 412 元 / 人，年均增长率为 9.89%；农村居民可支配收入从 2 171.1 元 / 人上升至 18 931 元 / 人，年均增长率为 9.87%，城乡居民收入增长基本同步。如图 4-6 所示，2020 年末，全国建档立卡贫困人口及已脱贫人口贷款余额为 7 881 亿元，扶贫贷款累计惠及贫困人口超过 9 000 万人次。2016 年，中国人民银行设立扶贫再贷款，专项用于支持贫困地区地方法人金融机构扩大涉农信贷投放，2021 年末达到 1 750 亿元。

2000—2019年，全国农村绝对贫困人口由46 224万人持续下降至551万人，贫困率由49.8%降至0.6%。

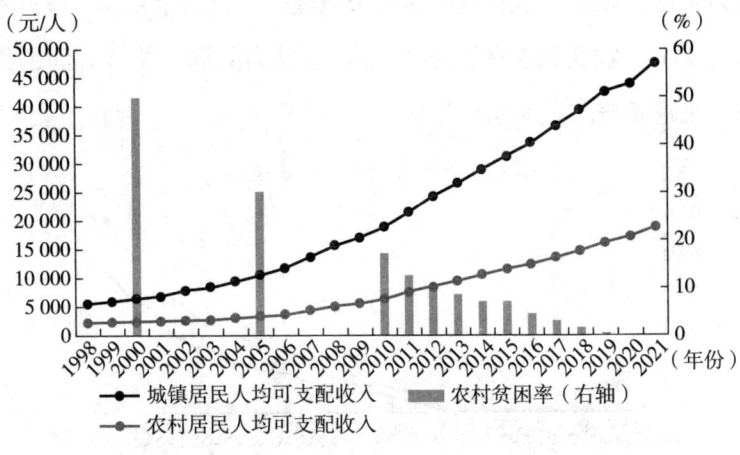

图4-5 我国城乡居民收入差距及农村贫困率

资料来源：CSMAR数据库。

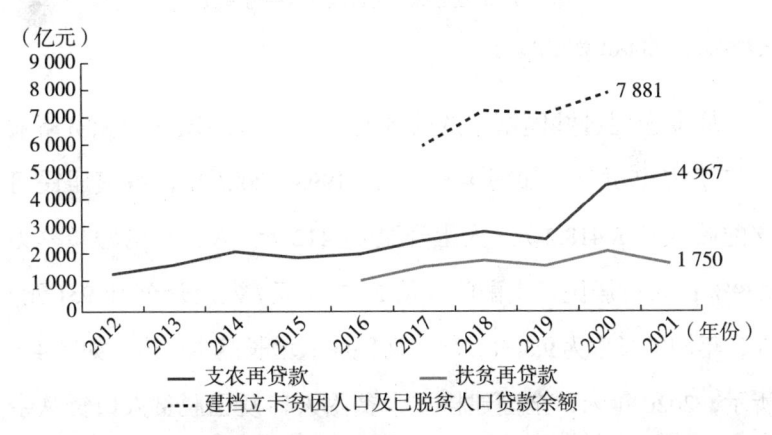

图4-6 我国贫困人口贷款、支农再贷款、扶贫再贷款余额

资料来源：Wind，《中国金融年鉴》。

（三）农村金融发展评价：结构视角

从金融供给方式来看，间接融资仍占农村金融的主导地位。银行贷款在农村融资结构中占绝对主导地位，股票融资和债券融资占比很低。2021年底，农林牧渔业的上市公司为95家，仅占A股主板上市公司总数的2%，农林牧渔业总市值为1.5万亿元，占比为1.6%；农林牧渔业总股本为441亿股，占A股主板上市公司总股本的0.5%。在当前存续的企业债中，发行主体属于农林牧渔业的仅有85家公司，仅占所有发行主体数量的1%。根据中国期货业协会的数据，2020年全国期货交易市场中农产品期货成交量为19.4亿手，占比为31.5%，农产品期货成交金额达97.9万亿元，占比为22.4%，低于除期权外的所有期货种类。

从信贷供给主体来看，中小银行在农村金融体系中发挥着越来越重要的作用。如图4-7所示，2010—2020年，国有银行

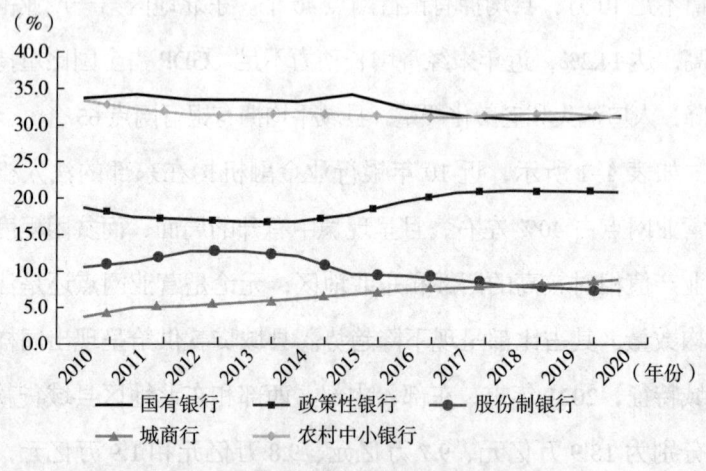

图4-7 近10年来各类机构涉农贷款占比变化

资料来源：中国人民银行网站。

发放涉农贷款占比由 33.6% 下降至 31.4%，排名由第一下降至第二；农村中小银行涉农贷款占比上升至首位且基本稳定。虽然城商行涉农贷款占比最低，但其呈现持续上升趋势。同时，信贷供给适配性逐步提升，从农村中小银行信贷供给的期限看，近年来中长期贷款占比逐年提升，2010—2020 年，农村中小银行中长期贷款占比由 37% 稳步提高至 50%。

从金融供给区域来看，东部金融深度较高，中西部金融深度较低。农村金融供给与区域经济发展紧密相关。2020 年，东部地区第一产业占比为 3.7%，城镇化率达到 70.8%，农村居民人均可支配收入为 2.1 万元，为其他地区的 1.3~1.5 倍，县域平均拥有银行网点 79 个，竞争相对充分。中部地区第一产业占比为 9%，城镇化率 59%，人口基数大，县域平均拥有银行网点 65 个。西部地区第一产业占比为 11.9%，城镇化率 57.3%，部分地区地广人稀，不少"袖珍"小县人口不足 10 万，县均拥有银行网点 40 个。东北地区第一产业占比最高，达 14.2%，近年来经济增长动力不足，GDP 占全国比重持续下降，人口流失和老龄化严重，县域平均拥有银行网点 65 个。

如表 4-1 所示，近 10 年银行业金融机构在东部的法人机构和营业网点占 40% 左右，且呈现稳中有升的局面，而贫困程度和农业产值相对较高的西部和东北地区，无论是营业网点还是法人机构数量，其占比都呈现下降趋势。县域贷款供给呈现出同样的区域特征，2021 年末，东部、中部、西部和东北地区县域贷款余额分别为 18.9 万亿元、9.7 万亿元、9.8 万亿元和 1.9 万亿元，占比分别为 47%、24%、24% 和 5%。

表 4-1　银行业金融机构及营业网点地区分布

年份	营业网点数量占比（%）				法人机构数量占比（%）			
	东部	中部	西部	东北	东部	中部	西部	东北
2010	39.5	23.6	27.0	9.9	29.4	20.9	41.4	8.4
2011	39.0	24.0	27.3	9.7	27.1	28.3	35.9	8.7
2012	39.5	23.4	27.7	9.4	33.4	23.3	33.6	9.7
2013	39.5	23.7	27.2	9.6	33.2	24.9	32.7	9.2
2014	41.0	22.7	26.8	9.5	37.2	23.9	30.2	8.7
2015	39.9	23.6	26.8	9.7	34.8	24.9	31.1	9.1
2016	39.7	23.8	27.1	9.4	34.5	25.3	31.4	8.8
2017	40.3	23.7	26.7	9.3	34.8	24.8	31.5	8.9
2018	40.1	23.6	26.9	9.4	37.2	23.8	30.3	8.7
2019	40.0	23.7	26.7	9.6	39.9	20.1	32.6	7.5

资料来源：CSMAR 数据库。

从金融供给来看，手段和产品较为单一。改革开放以来，农村地区通过提供农产品、土地、资金和劳动工人等资源，为大规模工业化进程和城镇化进程做出了巨大贡献。然而，由于农村金融交易成本高、缺乏抵押品、风险高，农村金融的自身发展及其对农村地区的创新支持仍然不足。近年来，以小额信用贷款和消费贷款为主体的微型金融发展较快，一定程度上填补了小额、短期、分散融资的需求。由于农村各类产权确认、流转、动产抵押等尚未制度化、规范化，农村金融服务创新基础薄弱，保障农民财产性收入的金融服务不足，依然缺乏长期、大额、集中的综合化金融服务。

从金融需求来看，生产性需求逐渐向消费性需求转变。近年来，随着我国农业现代化和农业产业变迁，涌现出大量公司化、规模化运作，并且以家庭农场和农民专业合作社为代表的新型农业经营主体，对金融服务的需求更加综合化。随着城镇化的

推进，新生代农民收入水平提高，价值观念改变，消费、住房和理财等综合性金融需求也相应增加。如图 4-8 所示，近 10 年来，农村居民支出收入比水平持续上升。如图 4-9 所示，2010—2020 年，农户消费贷款占比从 15% 快速增长到 50%。

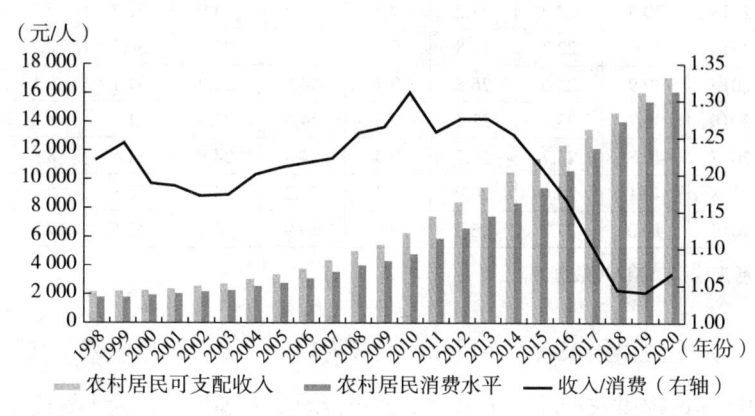

图 4-8　我国农村居民可支配收入和消费水平

资料来源：CSMAR 数据库。

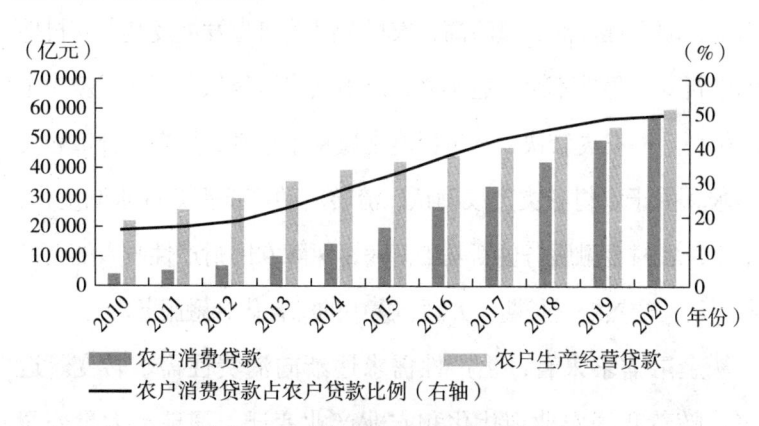

图 4-9　农户消费贷款和生产经营贷款变化

资料来源：中国人民银行网站。

（四）农村金融服务评价：便利性视角

随着农村经济的发展、生产生活节奏的加快和人民生活水平的提高，小微企业和农民对金融服务便利性的要求越来越高。在科技创新的推动下，农村金融基础设施不断完善，服务技术不断革新，农村金融机构提供服务的便利性持续提升。我国普惠金融的发展成效显著，数字金融服务处于全球领先水平。

一是金融服务覆盖面不断扩大。2020年末，县域和农村地区基本实现乡乡有机构、村村有服务。全国乡镇银行机构覆盖率达97.1%，行政村基础金融覆盖率达99.9%，其中以银行卡助农取款服务点为主体的支付服务行政村覆盖率达99.3%。全国乡镇基本实现保险服务全覆盖，农业保险服务农户达到1.89亿户次，农房保险已覆盖所有省份，大病保险已覆盖12.2亿城乡居民。世界银行发布的《2021年全球金融包容性指数报告》显示，中国成年人账户拥有率达89%、数字支付率达82%、女性拥有账户比例达87%、通过银行账户或移动支付账户储蓄的比例达50%，分别高出全球平均水平13个百分点、18个百分点、13个百分点、19个百分点。实际上，若将具有银行账户功能的养老保险卡、医疗保险卡计算在内，我国成年人账户拥有率已接近100%，不仅远高于发展中国家，也超过发达国家平均水平。

二是金融服务技术不断革新。在传统银行金融服务方面，2020年末，农村地区累计开立个人银行结算账户47.41亿户，占全国总量的38.1%，农村地区银行卡发卡量为38亿张。如图4-10所示，移动支付的普及持续推动农村支付方式由传统现金支付向

刷卡、第三方支付转变，构建广覆盖的支付服务网络。2020年末，我国农村地区成年人使用电子支付的比例已达82.4%。银行业金融机构共处理农村地区移动支付业务142.23亿笔、网上支付业务118.77亿笔，非银行支付机构共处理农村地区网络支付业务4 670.42亿笔。

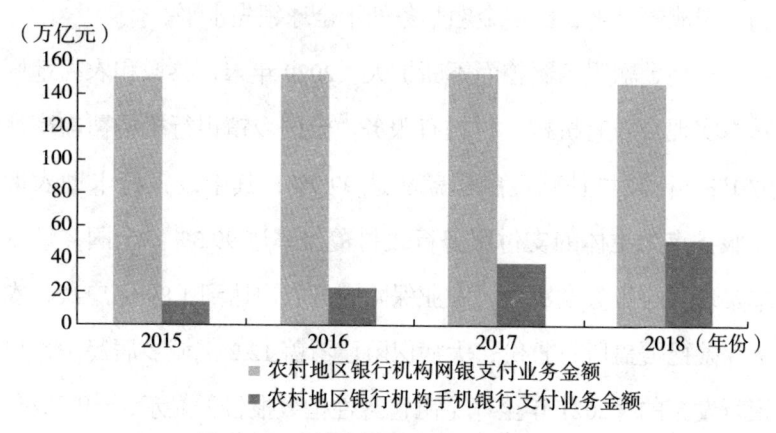

（万亿元）

图4-10 农村地区银行机构支付业务发展

资料来源：CSMAR数据库。

三是金融服务基础设施不断完善。多地建立区域性信用信息共享和综合金融服务平台，通过农户信用信息系统建立信用档案的农户数量持续增加。2020年累计为1.89亿农户建立信用档案，建档农户信贷获得率为52%。发展政府支持的融资担保公司，建立农业信贷担保体系，设立国家融资担保基金，2020年末全国政府性担保公司数量为1 292个，直保余额达1.2万亿元，动产融资统一登记公示系统中担保人为小微企业的登记笔数为624.1万笔，一定程度上缓解了农村地区融资难的问题。

回顾改革开放40多年来我国农村金融改革发展历程，农村金融发展为农村经济发展、农民生活改善和城乡经济协调等提供了重要支撑。主要体现在以下几个方面。一是农村金融与农村经济相互促进、协调发展。农村经济为农村金融发展提供了良好的基础和土壤，农村金融推动农村产业升级和经济提质增效。二是农村金融发展提高了农村地区的资金配置效率，发挥资本替代劳动作用，显著提高农业技术装备水平和农业生产效率，释放了大量剩余劳动力，为我国工业化、城镇化和农业现代化进程注入了强大推动力。三是农村金融助力农村居民发展生产和经营，增加收入来源，提高消费能力和生活质量。

当前，农村金融发展仍存在明显短板，制约了金融功能的发挥。

第一，金融结构不够合理。融资主要依靠信贷，而且是短期信贷，长期资本形成机制不健全，难以满足生产经营周期较长、生产经营规模较大的新型农业经营主体，扩大了农村金融领域的风险。股票市场、债券市场等直接融资功能发挥不充分，保险、信托、证券、基金等非金融机构涉足农村金融领域不深，尤其是中西部农村地区金融供给相对短缺，城乡金融服务均等化仍有待提升。

第二，金融创新能力不足。农村金融产品不够丰富，农业保险保障水平低，农村居民投资渠道不畅。在农业生产领域，针对新型农业经营主体的融资方式单一、融资效率较低、融资成本较高，农村产业链、供应链融资，以及利用金融租赁促进大型农业设备更新等新型高效的融资模式尚处于探索阶段，为新型农业经营主体对冲风险的金融工具供给明显不足。在农民生活中，简

单、易懂、起点低的理财产品供给短缺，不利于广大农民合理配置财产、增加财产性收入。

第三，农村金融基础设施有待完善。农村信用体系建设相对滞后，抵质押登记系统、融资担保体系联通性较弱，信用环境、司法环境等较为薄弱，针对农村金融机构的逃废债行为以及农村居民的集资诈骗屡禁不止。5G（第五代移动通信技术）、物联网、大数据中心、人工智能等新型数字金融基础设施建设落后，城乡数字鸿沟依然较大。伴随着绿色金融发展，构建全国统一碳交易市场激活农业作为低碳产业的竞争优势，对于健全农村金融功能具有重要意义。

第四，关键领域改革有待深入。农村经济体制改革不到位，以土地和房产为中心的农民财产权利的确立、交易、抵押和处置还面临一些制度和政策障碍，客观上增加了农民从正规渠道获取融资的难度，提高了融资成本，一定程度上抑制了有效信贷需求。在农村金融发展政策保障方面，我国尚未出台专门的农村金融法律，相关的财税政策、货币政策、监管政策主要停留在部门规章层面，未形成一套相对完整、内在逻辑一致的支持政策体系，不利于稳定市场参与者的预期、农村金融市场的有序竞争和农村金融体系的稳健运行。

二、共同富裕背景下农村金融发展的供需联动框架

以缩小城乡差距促进共同富裕为导向的农村金融体系，并不

排斥金融机构商业利益最大化的目标，而是同时追求经济利益和社会效益双重目标。德国储蓄银行和合作银行二百年的发展史表明，长期来看双重目标是可以兼顾的（施密特等，2022）。因此，促进共同富裕并不改变金融的核心功能，也不要求金融机构放弃商业原则，但金融机构必须根据经营环境的变化，积极顺应目标客户群体新的金融需求，调整经营策略和展业模式，增强金融服务供求的适配性。

（一）农村金融发展促进共同富裕机制

20世纪90年代，罗伯特·默顿提出"金融功能观"，他认为，金融功能较金融体系和金融机构更加稳定，并总结提炼出金融体系的六大功能：促进储蓄投资、提供支付清算、改善资源配置、防范化解风险、提供价格和协调非集中化决策、处理信息不对称和激励问题（Merton，1995）。在该理论框架下，一些研究对金融发展与收入不平等之间的关系进行了实证分析，发现金融发展对缓解收入不平等的作用不是单调的，市场主导型金融体系与银行主导型金融体系在缓解收入不平等方面的表现存在差异；金融深化有助于减少发展中国家的贫困和收入不平等，但会加大发达经济体的收入不平等（Brei et al.，2018）。

根据默顿的金融功能观，结合我国共同富裕的内在要求，如图4-11所示，农村金融发展对共同富裕的促进大体可以分为四个机制。当然，这四个机制并非泾渭分明，而是相互关联的。

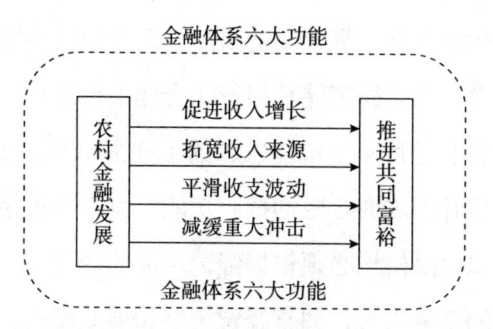

图 4-11　农村金融促进共同富裕的四个机制

一是促进收入增长。主要涉及金融体系促进储蓄投资、提供支付清算、改善资源配置、提供价格和协调非集中化决策等方面的功能。农村金融体系通过增加有效信贷供给促进农村产业发展，通过贷前筛选和贷后监控功能提高资源配置效率，通过提供风险投资等促进创新性活动，通过高效便捷的支付清算提高交易效率等。促进普惠金融高质量发展，提高金融资源的可得性，改善农村地区金融基础设施和运行环境，使之前无法从正规渠道获取金融服务的市场主体能够以合理的成本得到信贷或其他资金支持，有助于扩大农村经济规模，提高农民收入水平，为共同富裕奠定物质基础。

二是拓宽收入来源。收入来源渠道越多元，总收入越稳定，落入贫困陷阱的概率就越低。近年来，我国农村家庭收入结构有所改善，传统种植养殖业收入占比下降，工资性收入占比明显上升。但相对于城市居民而言，由于财产权利不完整、投资渠道有限以及金融素养较弱，农民财产性收入占比很低，导致城乡居民财富差距进一步扩大；由于获取金融资源难度大、成本高，农民

创新创业以及相应经营性收入增长受到抑制。农村金融改革的一个重要方面就是为广大农民提供财富管理、投资、资产交易方面的服务，增加财产性收入，形成可持续的财富积累机制，扭转城乡居民财富差距不断扩大的趋势。

三是平滑收支波动。解决人在生命周期不同阶段的收支错配问题是金融最原始、最重要的功能之一。在金融发展早期阶段，动员储蓄对穷人的积极意义远胜过向其提供贷款，有息储蓄是当时穷人积累财富和应对疾病、灾害最重要的手段。我国农村正在步入深度老龄化阶段，且农村居民养老保障体系相对薄弱，如何平滑年轻和年老阶段的财务收支，已成为农村金融改革发展的一个重要关注点。农村金融机构应积极创新，提供适合农村居民需要的养老储蓄、养老理财产品，缓解农村居民老年阶段收入下滑的负面影响。如果针对农村居民养老金融服务提供额外的财税政策支持，其作用发挥将更加充分。

四是减缓重大冲击。历史经验表明，贫穷通常与高度不确定性相关，贫困人口的收入高度依赖其健康状况，而由于缺乏充足的营养、社会保险和医疗救助，贫困人口的身体也较为羸弱。如前文所述，农业的弱质性源于市场价格波动的经济风险和重大自然灾害的不确定性。虽然我国已历史性地解决了绝对贫困问题，但还有相当一部分脱贫人口收入稳定性较差，存在规模性返贫的可能。积极利用金融工具对冲重大风险、有效发挥保险天然的扶弱济困功能，对于筑牢共同富裕的底线具有重要意义。具体包括：通过开展期货、期权等衍生品交易，对冲农产品价格和重

要原材料价格剧烈波动对粮食生产经营者的负面影响；大力拓展农业保险和农村住房保险市场，降低自然灾害造成的农民财产损失；进一步扩大农村居民大病医疗保险和意外险覆盖面，有效防范因病返贫并帮助其恢复创收能力。

（二）农村金融促进共同富裕的供需联动框架

供求关系是最基本的经济关系。农村金融改革发展必须遵循供求规律。关于金融供给与金融需求（实体经济）之间的互动关系，存在两种不同观点。"需求导向论"认为，经济增长内生的金融需求引导金融体系发展；"供给导向论"认为，金融发展有助于推动经济增长。是需求还是供给发挥主导作用，取决于经济发展不同的阶段。在经济增长早期阶段，金融发展会促进经济增长；发展进入成熟阶段后，经济增长会带动金融发展（Patrick，1966）。

通常而言，在经济落后地区，尤其是在市场机制不健全的地区，较为需要供给主导型金融体系的支持。在经济发展起步阶段，虽然存在一定规模的潜在金融需求，但金融机构面临展业成本高、风险管控难、盈利能力弱等难题，主动响应需求动机不强，造成了一定程度的金融排斥。供给引导下的金融体系有助于打破僵局，通过政策扶持可以弥补发展前期的盈利不足和投资缺口。例如，日本明治时期大力推行"殖产兴业"政策，将有限的金融资源集中支持农业以及重点工商业和外贸项目，对日本早期资本积累和工业化进程起到了极大的推动作用。1897年成立的劝

业银行就是由日本政府建立并控制的，该银行向食品、纺织等农业相关轻工业输送了大量资金（庞宝庆，2010）。

当经济发展达到一定水平后，金融发展动力由供给引领逐渐转向需求驱动。当供给引导型金融支持的行业（地区、项目）进入成熟期后，其自主融资能力增强，金融需求也更加多元化。同时，随着金融市场日趋完善，多元化金融机构会主动响应实体经济部门的金融需求，提供更加丰富的金融产品，金融资源自发流向高增长部门，金融发展模式将切换为需求主导（Patrick，1966）。若金融供给不足，高增长部门的融资需求得不到满足，则会抑制经济增长。

如前文所述，改革开放以来，我国持续推进农村金融供给侧改革，改革主要目标是增加农村小额信贷供给，满足农户生产性贷款需求。近年来，随着我国经济快速发展，社会主要矛盾转变，金融需求由单一融资需求向多元化需求转变。同时，农村金融供给主体持续增加，产品也更加丰富。即便如此，我国农村金融市场供求适配性矛盾依然突出。在传统信贷领域，一方面，农村经济主体普遍反映融资难、融资贵；另一方面，农村金融机构"存差"持续扩大，面临资产荒，资产收益率持续下行。这说明，农村地区尚未形成潜在融资需求转化为有效融资需求的机制，农村金融机构缺乏筛选潜在需求的手段，进而无法形成有效信贷供给。粟芳和方蕾（2016）的实证分析表明，农村地区存在普遍的金融排斥现象，反映在贷款定价、营销策略和风险评估等诸多方面；同时，农村地区市场主体缺乏必要的金融能力，一些农户甚

至意识不到自身金融需求的存在。因此，加快金融供给创新，开发符合农民需求的金融产品，有助于激发农户的金融需求，扩大农村金融的有效需求。彭澎和张龙耀（2021）以农产品仓单融资为对象，研究银行产品创新对非正规金融供给的影响，结果表明，仓单融资等金融创新使农户从高利率小贷市场融资转向正规信贷渠道，降低了融资成本。

经过40余年的改革开放，我国农村经济规模和金融供给均达到了一定水平。基于前文讨论的农村金融发展促进共同富裕的四个机制，必须协同推进供给侧和需求端改革，进一步解除金融抑制，减少金融摩擦，畅通供需循环。综合借鉴萨伊定律（供给创造需求）和凯恩斯理论（需求创造供给），如图4-12所示，构建"农村金融发展供需联动框架"，实现农村金融总量提升、供需高效联动和结构精准匹配，助力农村经济发展，促进共同富裕。

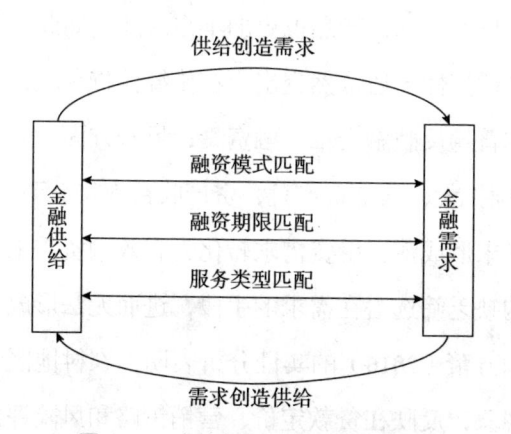

图4-12 农村金融发展供需联动框架

"供需联动"遵从金融体系与实体经济同存共荣的大逻辑，通过金融供给和需求相互促进、高效对接，打破需求不足、供给收缩引发的"金融规模越做越小""低效率、高风险"僵局，形成农村金融发展与农村经济社会发展良性互动的正向循环。具体而言，在供给端，加快农村金融供给侧改革，强化农村金融发展政策支持保障体系，促进金融机构积极响应农村金融需求变化，推动金融创新，拓展农村金融服务的广度、长度、深度和精准度，提供更加丰富的金融产品和高效便捷的金融服务。在需求端，深化农村经济体制改革，破除抑制农村金融需求的制度政策障碍，促进潜在金融需求转化为有效金融需求，充分释放"三农"金融需求潜力，吸引更多金融资源流向"三农"领域，为农村产业发展和农民生活改善注入动力。

需要特别指出的是，农村金融发展供需联动框架，既包括金融总量的有序扩张和动态均衡，也体现在金融供需结构的持续优化和精准匹配上，包括融资模式上的匹配（股权融资、债券融资）、融资期限上的匹配（中长期融资、短期融资）、服务种类上的匹配（存贷汇服务、保险服务、理财服务等）。

（三）农村金融供给变革趋势

未来一段时期内，农村金融供给侧变革的动力主要来自既相互独立又紧密交织的两个方面。一是金融科技普及和数字化转型，将促进农村金融基础设施完善，推动农村金融供给曲线向外扩展，推动金融供给不断下沉。二是农村金融组织体系将遵循金

融发展规律实现重构,在很大程度上改变农村金融竞争格局,形成银行、保险、证券、金融科技平台等广泛参与的多元化、包容性的金融机构组织体系。

1. 金融科技的兴起与普及

以大数据技术为代表的金融科技正在并将继续驱动农村金融体系快速变革,扩大农村金融覆盖面,提供多元化的金融产品,提高金融交易效率,推动农村金融市场竞争格局的重塑。

近年来,我国数字基础设施覆盖面不断扩大,为农村地区发展数字金融提供了基础支撑和"硬件"条件。如图4-13所示,2020年末,全国农村宽带用户总数达到1.4亿户,行政村通光纤和4G(第四代移动通信技术)的比例均超过98%;农村地区网民规模达3.1亿人,互联网普及率达55.9%。

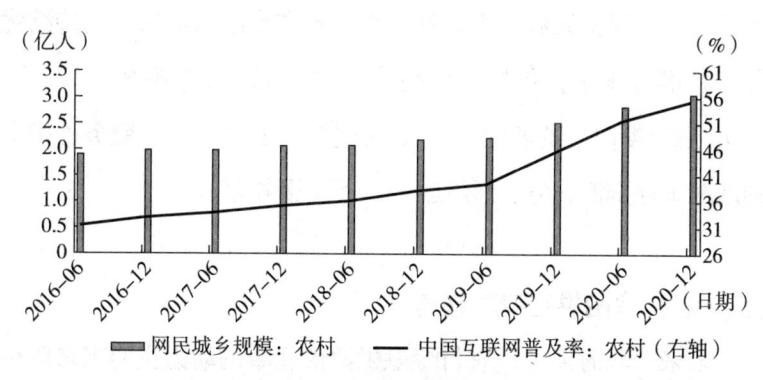

图4-13 中国农村互联网普及率

资料来源:中国互联网络信息中心,Wind。

伴随着通信技术的快速迭代，金融机构和科技公司通过大数据、云计算等金融科技和数字技术，深刻改变了农村金融服务的供给方式和效率。信贷方面，数字技术渗透前端信用评估、客户获取，以及中后端风险控制的全过程，打破"静态、被动、高门槛"的体系，创造"动态、赋能、多场景"的新模式，降低金融服务下沉的成本，促进农村金融业务转型和扩张。傅秋子和黄益平（2018）发现，以智能手机为代表的移动工具促进了数字金融的普及，拓宽了农村经济主体的金融渠道。刘俊杰等（2020）对江苏"淘宝村"的研究结果表明，数字信贷对传统银行信贷有一定的替代作用。除传统的信贷业务外，如表4-2所示，数字技术的广泛运用将推动移动支付、农业保险、投资理财等新型金融服务快速增长。

我国数字技术和金融科技发展方兴未艾，人工智能、区块链等技术快速发展，数字普惠金融正处于飞跃式发展阶段，数字金融技术的应用前景非常广阔，显著扩大了农村金融的服务半径，拓展了金融服务的深度，为农村地区各类市场主体提供更具个性化、更为便捷的金融服务，进一步打开了农村地区的产业成长空间。

表4-2 数字技术促进农村金融发展

指标名	规模	同比
活跃使用账户的成年人	88.01%	增长4.64个百分点
使用电子支付的成年人	82.72%	增长6.51个百分点
银行业金融机构移动支付业务	142.23亿笔	增长41.41%

续表

指标名	规模	同比
银行业金融机构网上支付业务	118.77 亿笔	下降 6.18%
非银行支付机构网络支付业务	4 670.42 亿笔	增长 5.99%
购买投资理财产品的成年人	总体比例为 46.33%，农村地区比例为 33.03%	—
农业保险保费收入	814.93 亿元	增长 21.18%
农业保险参保户次	1.89 亿户	下降 1.14%
农业保险保障金额	4.13 万亿元	增长 8.57%

资料来源：根据《中国普惠金融指标分析报告（2020 年）》整理。

未来，金融机构将持续加大金融科技投入，深化金融科技应用，推动金融服务数字化转型提速换挡。金融机构加强数据整合分析、深度建模、开发运营能力，实现"从线上到数字化""从渠道到生态""从交易到经营"的转换，重塑价值链和商业模式，深度融入储蓄、信贷、结算、财富管理等农村市场各类场景，提供精细化、差异化、智能化的综合金融服务。

科技公司将运用全真互联、分布式云、机器语言等技术，提升数据交互效率，优化数据计算架构，创建农村金融、农村生产、农民生活等诸多场景的身份认证与可信环境，为科技与金融深度融合提供更多支撑。同时，科技公司将加快推动数字金融基础设施建设，为农村金融科技服务提供更加高速率、广普及、全覆盖的基础设施。

特别是随着数字经济、数字生活和数字政府的快速发展，金融科技创新供应链金融服务模式，推动金融供应链和产业供应链

"双链联动"（朱太辉，2022），为农村金融"供需联动"提供了新的路径（见图 4-14）。具体而言，在产业数字化和金融数字化加速推进的大趋势下，通过数字化赋能，金融服务供应链和乡村产业供应链协同利用共性基础设施、共享数字技术能力和数据处理能力，在产品设计、产品营销、交易支付、风险决策、贷后/售后服务等各个环节实现客户、渠道、场景的联动，从而破解农村金融服务面临的信息不可得、信息不对称的制约，减少农村金融

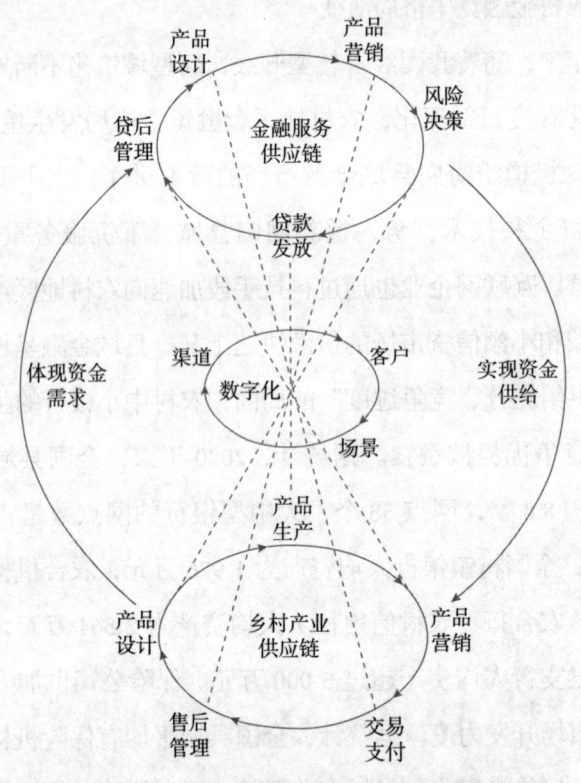

图 4-14　农村金融服务供应链和乡村产业供应链联动机制

资料来源：朱太辉和张彧通（2022）。

04　农村金融促进共同富裕的框架与路径

服务对抵质押物的依赖，实质性提升金融供应链能力，扩展农村金融服务的广度、深度、效率（朱太辉和张彧通，2022）。

农村数字金融加速发展也会带来数据垄断、平台公司高杠杆运营、客户权益保护等问题，改进监管尤为重要。需明确数据要素的权属，打破数据壁垒，实施严格的数据保护，筑牢金融信息与产业信息的防火墙，防止金融风险跨行业、跨部门传染。

2. 农村金融竞争格局演变

近年来，随着我国经济转型升级，新型城镇化不断发展，金融市场化程度日益深化，农村地区金融竞争格局发生重要变化。各类金融机构纷纷向县域金融市场的蓝海进军，大中型银行携低成本资金和技术优势，重新回归县域，下沉服务重心，"掐尖"经营。互联网企业也通过科技手段加速向农村地区渗透，在支付领域和小额信贷市场的份额快速上升。县域金融呈现"网点密集、供给充分、竞争过度"的局面，农村中小银行的生存空间和传统竞争优势被蚕食。据统计，2020年末，全国县域平均有银行机构8.8家，网点58个，大中型银行的网点数量占比超过了50%；全国村镇银行人均资产为1 976万元，农合机构（包括农商行、农合行、农村信用社）人均资产为2 564万元，国有商业银行县支行人均资产超过5 000万元。保险公司也加大了农村地区的市场开发力度。据统计，全国县域平均有保险机构12家，保险产品日趋多元化，包括农业保险、财产保险、信用保险、健康保险、人身保险、投连险、分红险等。

近年来，随着我国经济由高速增长阶段转向高质量发展阶段，经济增长速度持续回落，尤其是东北、华北地区经济转型难度大，产业结构调整缓慢，经济增长动能减弱，有效信贷需求不足，银行业资产扩张受阻，金融风险"水落石出"，对业务区域集中度较高的农村中小银行影响远远大于全国性银行。如图4-15所示，近年来，农村商业银行不良贷款持续增加，不良贷款率明显高于银行业平均水平。

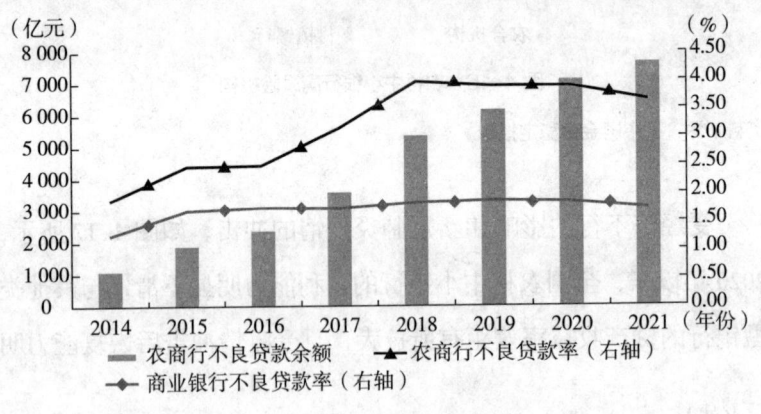

图4-15 农村商业银行资产质量

资料来源：中国银保监会网站。

央行金融机构评级结果显示，国内高风险银行主要集中在农村中小银行。如图4-16所示，2019—2021年农村中小银行风险处置虽然取得了一些进展，但高风险机构数量和占比仍处于高位。从区域分布看，高风险农村中小银行主要分布在辽宁、甘肃、内蒙古、河南、山西、吉林、黑龙江等北方省份。

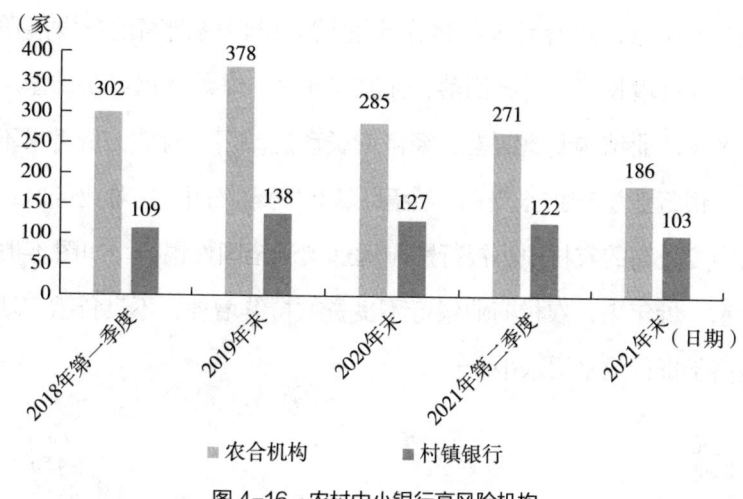

图 4-16　农村中小银行高风险机构

资料来源：《中国金融稳定报告》。

受经济下行的影响和新冠肺炎疫情的冲击，如图 4-17 所示，2020 年以来，全国农村中小银行的盈利能力明显下滑，与其他类型银行的资产收益率差距有所拉大，且受疫情冲击后恢复能力明

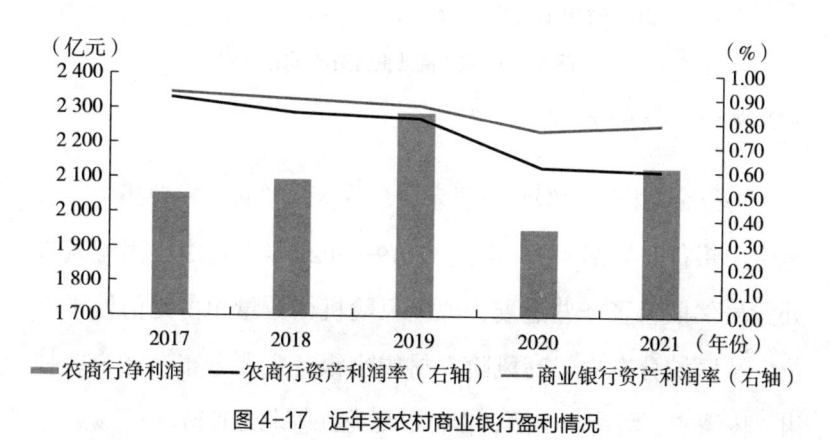

图 4-17　近年来农村商业银行盈利情况

资料来源：Wind。

显偏弱。从短期来看，盈利能力下降将削弱农村中小银行的资本内生能力，不利于化解存量风险；从长期来看，将影响社会资本投资入股农村中小银行的意愿，扩大外源融资难度，进一步弱化其市场竞争力。

农村金融市场的竞争加剧也暴露出农村中小银行管理体制和运行机制方面存在的问题，尤其是农村信用社省联社和市县法人机构（包括农商行、农合行和农村信用社）两级管理体制的矛盾，表现在省联社职能定位不清、履职行为不规范，市县法人机构公司治理不健全、专业化管理能力不足等方面问题较多。在现行一县"两法人"（农村信用社、村镇银行各一家）机构布局下，农村中小银行"数量多、规模小、成本高、抗风险能力弱"，很多县域经济总量过小，金融承载力弱，使部分农村中小银行难以达到合理的经济规模，商业可持续性面临挑战。据统计，全国有200个袖珍小县，人口不足10万人，绝大部分集中在中西部地区，难以支撑法人银行机构的持续经营。自20世纪90年代以来，随着金融市场边界的扩展、金融科技广泛运用以及受金融危机的影响，欧美发达国家中小银行都经历了大规模的重组整合，中小银行数量持续下降。美国社区银行从1990年的11 582家减少到2019年的4 750家，德国储蓄银行从20世纪90年代前期的3 000家减少至2019年的384家。

未来一段时期，我国农村金融领域仍将延续以银行信贷为主体的融资结构，但资本市场的融资功能和保险保障功能将有所提升。银行体系内部将发生结构性变化，大中型商业银行借助资金

成本低和线上服务优势，为农业产业化龙头企业、新型农村经营主体以及新市民提供广泛的金融服务，农村信贷市场份额将由降转升；开发性、政策性银行为农村基础设施和粮食安全提供更多长期性资金支持；金融承载能力较弱地区的农村中小银行将加速兼并重组，法人机构数量将减少，单家机构经营规模将上升，治理更加规范，经营稳健度提高，在农村金融领域细分市场上仍具有竞争优势。

（四）农村金融需求演变趋势

随着城镇化发展、土地制度改革、农村产业变迁，农村经济社会结构发生变化，农村金融需求也将转型升级。总体而言，未来农村金融需求将由以农户小额生产性贷款为主体的融资需求，转向农村基础设施建设长期融资需求、新型市场主体融资需求，以及新市民金融服务、保险、理财等多层次、多元化、综合性金融需求。

1. 农村产业转型升级推动金融需求转变

农村融资需求主体由传统农户向新型农村经营主体转变。随着国家对"三农"发展的重视，以及农村税费的减少和补贴的增加，农民简单再生产和维系生活所需的资金基本实现自给自足，传统农户的小额信贷资金需求将逐步减弱。随着农村土地经营权的有序流转，农业生产主体由高度分散的小农户向新型农业经营主体转换，规模经营的种养大户和家庭农场、生产与服务一体的

农民合作社、具备显著示范效应的龙头企业已成为农村金融市场的重要需求方。2020年末，全国家庭承包耕地经营权流转面积已达5.3亿亩，占全国家庭承包经营耕地面积的34%，其中，土地经营权流转入农户的占比为16%，流转入家庭农场、专业合作社等规模种植户的占比为18%。农业集约化、设施化、产业化水平不断提高，物质技术装备大量应用，使新型农业经营主体对信贷资金的需求十分旺盛，且对信贷资金的需求额度、集中度、季节性、期限等均呈现多元化特征。事实上，2010—2020年，农村信用社的农户贷款户均余额由3万元上升至14.7万元，提高了近4倍。典型调查结果显示，规模种植户参加农业保险的比例明显高于传统农户，这说明新型农业经营主体的金融需求已不局限于融资，对冲风险、防灾减灾、平滑收入波动等多元化金融需求日趋旺盛。

农村产业转型升级催生新的金融服务需求。农业将突破传统种植养殖生产环节，推动第一、第二、第三产业融合发展，形成生产、加工、物流、销售等农业生产经营一体化的格局，农业产业链延长，农业增加值提高。休闲农业、乡村旅游、特色民宿和农村康养等新业态不断发展，形成了多元化的产业形态。数字乡村建设快速发展，电子商务逐渐普及，农产品网上交易，农民网上消费成为新风尚。新产业、新业态和新生活方式将推动网络支付、供应链金融、互联网贷款等更敏捷的金融服务需求持续上升。

2. 农民收入增加推动金融需求变化

居民收入与金融服务可获得性显著相关。进入 21 世纪以来，随着工业化、城镇化和农业现代化进程提速，城乡二元经济体系逐步被打破，农村剩余劳动力大量向城市转移，推动农民收入水平上升和结构改善。农户收入中传统的农业收入占比明显下降，工资性收入、"土地流转"收入以及征地拆迁等财产性收入将成为主体。如图 4-18 所示，随着收入的提高，农村居民消费支出逐年走高，城乡消费差距逐步缩小，农村居民的消费观念和消费结构发生改变，农村居民家庭恩格尔系数由 2010 年的 41.1% 下降至 2020 年的 32.7%。教育、文化和娱乐支出由 2010 年的 8.4% 提升至 2019 年的 10.6%，享受型消费和发展型消费支出明显增长（见图 4-19）。消费贷款将取代生产性／经营性贷款成为最重要的信贷需求。

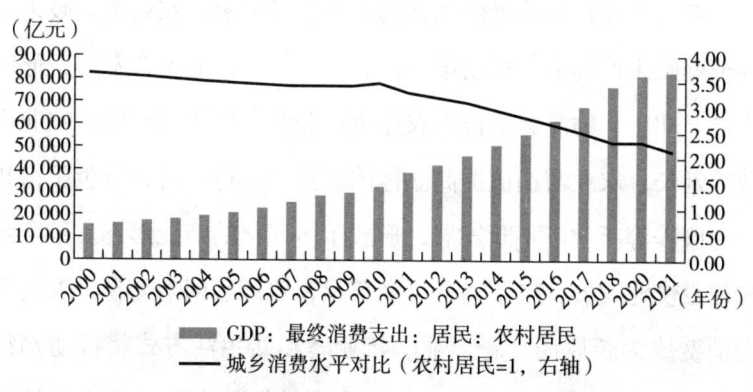

图 4-18 农村居民消费支出及城乡消费水平对比

资料来源：国家统计局，Wind。

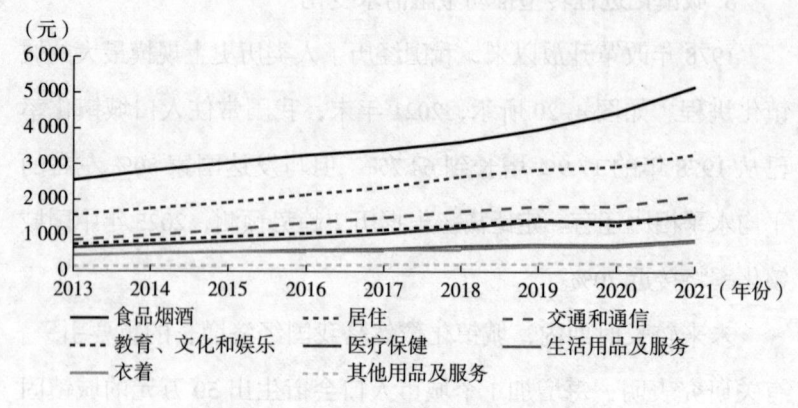

图 4-19 我国农村居民人均多元化支出

资料来源：国家统计局，CEIC 数据库。

收入增加不仅推动传统信贷需求转型升级，而且催生多元化金融需求，农村金融需求不再局限于传统的存、贷、汇业务，理财、保险等保值性、安全性金融需求不断上升。据统计，目前农村地区成年人投资理财产品和购买保险的比例已达到 33% 和 32.4%。未来，农村居民对创业就业、住房安居、技能培训、子女教育、健康保险、养老保障、理财保险等方面的需求将会持续增加，吸引更多金融机构下沉，催生更加丰富且有针对性的金融产品。

牢牢守住不发生规模性返贫的底线是促进共同富裕的重要方面。目前，相当一部分脱贫户收入刚越过贫困线，防止返贫的任务依然艰巨。金融业不仅要促进"造血"，为脱贫人口增加收入创造条件，而且应该在"兜底"保障方面发挥重要作用，为脱贫不稳定户和边缘易致贫户提供综合性风险保障，尤其是防止因病致贫、因灾返贫。

3. 城镇化进程转型推动金融需求变化

1978年改革开放以来，我国经历了人类历史上规模最大的城镇化进程。如图4-20所示，2021年末，我国常住人口城镇化率已从1978年的17.9%增长到64.7%，但与发达国家80%左右的平均水平相比还有一定距离。根据历史趋势预测，2025年中国城镇化率将接近70%。

未来较长时期内，城镇化依然是我国经济增长的重要引擎。有关研究表明，每增加1个城市人口会衍生出50万元的城镇固定资产投资和1万元的消费需求。按照每年转移1 300万农村人口计算，城镇固定资产投资年均新增6.5万亿元，居民消费年均新增1 300亿元。2022年5月，中共中央办公厅、国务院办公厅印发《关于推进以县城为重要载体的城镇化建设的意见》，将推进新型城镇化建设重点从城市群、都市圈进一步下沉至县城。

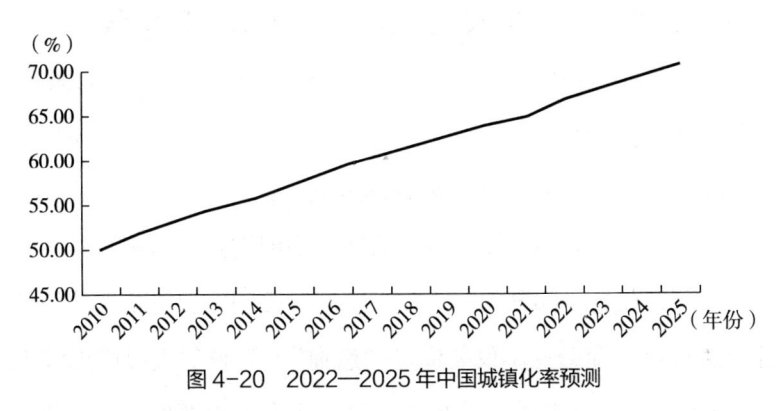

图4-20 2022—2025年中国城镇化率预测

注：2022—2025年为预测值。
资料来源：国家统计局，Wind。

以县城为重点的城镇化将释放出巨大的融资需求。一是培育当地优势产业。产业是城镇化的根基，产业发展创造就业岗位，形成人口集聚效应。金融机构应积极支持具有比较优势、就业容量大的产业发展，促进居民就地就近就业和持续增收。二是扩大基础设施投资。相对于大中型城市而言，县城路网、地下管网、停车场等市政公用设施，医院、教育、养老、托育等公共服务设施，污水处理、垃圾处理等环境基础设施均存在较大的供给缺口。基础设施建设具有投资规模大、回收期限长、经济回报低、社会效益高等特点，与传统银行信贷融资模式存在内在矛盾，必须有效破解长期资金供给不足的困境。三是新市民金融服务。据估算，我国目前户籍和就业分离的新市民约3亿人。充分激发新市民在创业就业、住房保障、医疗教育等方面的巨大潜力，对于扩大国内需求、促进共同富裕具有重要意义。政府部门应致力于破解新市民在获取金融服务时存在的信息不对称、信用不足等难题，将潜在需求转化为有效需求。

4. 深度老龄化推动金融需求变化

人口是推动金融发展的重要基础变量。根据2020年第七次全国人口普查数据，全国60岁及以上人口占比18.7%，65岁及以上人口占比13.5%，人口老龄化超过全球平均水平（9.3%），正在步入深度老龄化社会。近年来，农村青壮年劳动力和中老年人群呈现反向流动趋势，青壮年进城，中老年人群回流农村，导致农村常住人口老龄化程度远高于城市常住人口。农村人口中，60

岁及以上人口占比 23.8%，65 岁及以上人口占比 17.7%，分别较城市高 8 个百分点、7 个百分点。由于农村老龄人口收入有限，养老资产储备不足，同时财政投入相对薄弱，农村养老问题越发突出。

老有所养是实现共同富裕的内在要求。数量庞大的农村老年人口为养老金融发展带来了机遇。全国老龄工作委员会发布的《中国老龄产业发展报告》显示，2014—2050 年，我国老年人口消费潜力将从 4 万亿元增长到 106 万亿元，占 GDP 的比重将达到 33%。长寿时代农村老年人口的健康管理和财富管理成为一个全新的金融课题。农村养老金融需求具有以下特征。一是储蓄需求稳定。农村老年群体文化层次相对较低，金融风险识别能力不足，偏好安全性更高的银行储蓄。二是对金融机构物理网点的依赖性较强。中老年群体接受新事物的能力差，对新型金融业态接受度低，习惯于通过传统渠道办理存取款、购买保险和投资理财等业务。三是商业养老保险发展潜力较大。目前，农村基本养老保险虽然覆盖广泛，但保障水平过低，农村商业养老保险几乎空白。随着土地流转、子女进城，传统家庭养老模式将向社会化养老模式转型，普惠型农村养老保险、健康保险、医疗保险以及农村养老社区服务、医疗服务，将在未来成为保险市场新的蓝海。

5. 维护国家粮食安全推动金融需求变化

习近平总书记强调，"中国人的饭碗任何时候都要牢牢端在自己手中，我们的饭碗应该主要装中国粮"，"保障粮食安全，关

键在于落实藏粮于地、藏粮于技战略，要害是种子和耕地"。维护国家粮食安全，同时实现"农民富"的目标，需要持续加大金融资源投入。第一，高标准农田建设、农田水利设施建设是维持粮食生产能力的基础。党的二十大报告明确提出，"逐步把永久基本农田全部建成高标准农田"。目前，全国约5亿亩永久基本农田尚未建成高标准农田，据测算每亩建设成本约4 000元，需要近两万亿元长期低成本的资金投入。第二，良种培育和繁殖是提高粮食产量的关键，具有科技含量高、风险大、投入周期长等特点。相当一部分育种企业在发展早期达不到银行授信标准，迫切需要拓宽农业企业股权融资和长期债务融资渠道，降低经营风险。第三，提升对冲自然灾害的能力是保护农民种粮积极性的重要举措，推动农业保险提标、扩面，由成本保险向收入保险转型，并借助大数据手段，开展农业风险区划研究，健全灾害预警机制，增强灾害防范能力，为农民种粮撑起"安全伞"。

三、农村金融发展促进共同富裕的政策建议

良性运转的农村金融体系能够撬动更多资源满足日趋多元化的金融需求，服务农民增收、农业增长和农村经济社会建设，促进共同富裕和不同区域均衡协调发展。在我国这样一个地域广、差异大、人口多的超大经济体，这种复杂性显得尤为突出。农村金融改革发展是一个系统工程，应充分发挥市场的决定性作用和更好发挥政府的作用，坚持机会平等和商业可持续原则，着力提

高农村金融的适应性和普惠性。既要跳出传统金融思维框架，加强财政、金融、产业协调联动，又要超越融资的狭义概念，挖掘金融在财富管理、风险管理等方面的功能。基于前文讨论的供需联动框架和"四个机制"，农村金融促进共同富裕需要挖掘有效的金融需求和增强金融供给质效，加强相关政策协调，全面推动农村金融体系改革发展。

（一）农村金融促进共同富裕坚持的原则

1. 坚持政府与市场协同

理论分析和国际经验均表明，市场自发调节机制不可能有效解决农村金融问题，农村金融处于政府与市场之间的交叉地带，具有较强的公共属性，其发展需要政府与市场的相互促进而不是二元对立。一方面，坚持农村金融市场化改革方向，建立竞争性、多元化的农村金融体系，让市场在农村金融资源配置方面发挥更大的作用。另一方面，需要政府部门积极作为，强化政府在信息集成、信用增进等方面的特有功能，加快农村经济体制改革，激发有效金融需求，引导金融资源向农村流动。

2. 平衡中央与地方的关系

依据现行的政策法规，我国金融事权主要归属中央，地方权力有限。事实上，在农村金融领域，央地权责关系非常复杂，央地博弈空间很大。鉴于农村金融发展与区域经济发展、地方党委

政府目标密切相关，应合理划分央地金融事权、明确责任边界、规范行为方式，并建立严格的问责机制。在农村金融体制改革方面，中央负责顶层设计，但避免一刀切，赋予地方党委政府一定程度的自主权；在监管事权划分方面，坚持涉众型金融业务由中央监管的体制，将涉众程度不高、风险外溢效应低的金融活动划归地方监管；在风险处置方面，实行中央地方协同配合、责任分担。

3. 坚持规模与结构并重

经过40多年的改革开放，我国农村金融主要矛盾已由总量严重不足转向结构不合理、效率不高。农村金融改革发展应摆脱"金融越大越好"的认识误区。我国宏观杠杆率经过10余年的快速攀升，已达到较高水平，应保持债务总量与经济增长匹配，尤其要避免短期债务快速扩张，防范债务危机。要持续深化农村金融供给侧改革，着力补足股权资本和长期债务资本供给不足的短板，进一步发挥理财在促进农民财产性收入增长以及保险托底保障方面的功能。

4. 兼顾效率与公平

农村金融改革发展应坚持普惠金融理念，提高农村地区金融服务可得性，使更多农村人口有机会利用金融工具，突破发展瓶颈，分享经济发展成果。同时，应坚持金融市场化交易属性，维持"普遍服务"与"价格优惠"的平衡，确保金融服务可持续

性。对于无法实现商业可持续的金融交易，应按照保本微利原则，参照市场化定价方法，给予财税政策、货币政策、监管政策支持，提高金融服务可负担性。

5. 统筹发展与安全

农村经济增长环境、市场主体质量以及农村金融机构治理能力参差不齐，防范化解农村金融领域风险是一项长期挑战。农村金融改革发展应落实高质量发展的理念，处理好"促发展"与"防风险"的关系，加快农村中小银行改革，破解"小、散、弱"的体制机制难题，有序出清农村金融风险，提高农村金融资源配置效率，促进农民持续增收。改进和加强金融监管，倡导负责任的金融理念，有效遏制农村金融市场乱象，坚决打击非法金融活动，保护广大农民财产安全。

（二）农村金融促进共同富裕的具体建议

乡村振兴是实现共同富裕的必经之路。2021年4月，全国人大审议通过《中华人民共和国乡村振兴促进法》，全面乡村振兴成为我国法定战略。2018—2022年，中央一号文件连续5年聚焦和谋划乡村振兴工作，有关部门配套出台一系列政策措施。加快推进农村金融领域供给侧改革，精准对接乡村振兴，释放出巨大金融需求，促进农村金融更好服务乡村振兴和推进共同富裕。

1. 持续深化农村经济领域改革，夯实农村金融有效需求的基础

实体经济是金融体系发展的基础，没有农村经济、农民收入的发展，农村金融的发展就是"无源之水"。实现共同富裕的关键是，促进低收入地区的经济发展和低收入人群的收入增长。深入推进农村经济领域体制机制改革，进一步增强农村地区经济活力，农村金融发展才具有坚实的需求基础（见图4-21）。

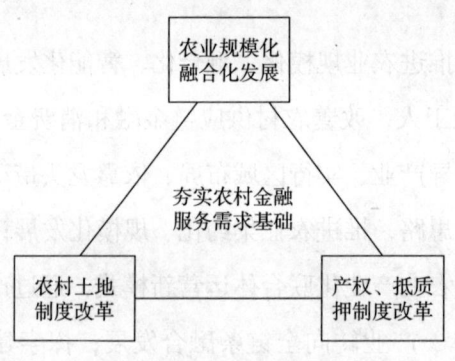

图4-21 农村经济改革释放农村金融需求

一是重点推进农村土地制度改革，解决好"三块地"问题，以土地流转带动"三农"和农村金融发展。深化农村土地制度改革是实现乡村振兴的重要保障，是加快城镇化发展、促进农业规模化经营、提高农民财产性收入协同推进的需要。党的十八大以来，我国推动实施土地所有权、承包权和经营权"三权"分置制度改革，农村土地资源进一步盘活，土地金融属性逐步释放，还权赋能成为农村土地制度改革的主旋律。应继续解除农村宅基地使用权流转的相关限制；引导进城落户农民依法自愿有偿转让承

包地，有序解决"进城不弃地"问题，逐步扩大宅基地流转范围，让城市资金有序进入农村，提高农民宅基地流转收益；在符合规划和用途管理的条件下，推动解决农村集体经营性建设用地与城市建设用地的入市范围、同权同价、收益分配问题。稳妥探索土地信托等金融服务模式，允许农民自愿将土地承包经营权委托给信托公司，对土地进行流转、归整、打包，企业再从信托公司租赁土地和开发利用，推动农业规模化经营，增加农民的财产性收入。

二是积极推进农业规模化、融合化、智能化发展，将农村农民转化为农业工人，改善农村供应链金融和消费金融需求基础。按照"确立主导产业、实行区域布局、依靠龙头带动、发展规模经营"的发展思路，推进农业集约化、规模化发展；以企业为龙头，建立新型农业产业化联合体运营新模式，通过产、加、销紧密融合，使单一产业转向全链条融合发展；探索建立"龙头企业＋合作社＋农户"的发展模式，让农村农民转化为农业工人，协同实现农业增效、产业发展、农民增收，打开农村供应链金融和消费金融的业务空间。

三是完善农村产权确权登记和交易流转机制，拓宽农业经营主体抵押质押品范围，提升农业、农村、农民的有效金融需求。加快农村产权确权登记颁证、价值评估、流转交易、处置变现等配套机制和平台建设，支持活体畜禽、农业设施装备等充当担保和抵质押。围绕农村、农业、农民贷款的可用抵质押物，推广农村承包土地的经营权抵押贷款，探索开展集体经营性建设用地使

用权、农村集体经营性资产股份、农垦国有农用地使用权抵押贷款业务，稳妥开展农民住房财产权（宅基地使用权）抵押贷款业务。

2. 加快农村金融供给侧结构性改革，增强农村金融供给适配性

坚持问题导向和目标导向相结合，从组织体系、市场体系、产品体系等多个方面，协同推进农村金融供给侧改革，增强农村金融供给的适配性。在农村金融服务薄弱领域，以降低获取金融服务门槛为着力点，优先解决"有没有"问题，为广大农民提供利用金融手段拓展生存发展空间的机会。在金融服务竞争充分的领域，坚持以为客户创造价值为中心，重点解决"优不优"问题，提供专业、精准、便利以及成本合理的金融服务。

一是健全多层次、广覆盖、适应性的农村银行体系。坚持商业性金融主导、政策性金融配合、其他类型金融补充，大型、中型、小型银行分工合作、差序竞争的农村银行组织体系。农业银行、邮储银行等国有大型商业银行，按照商业化原则，为农村三大产业融合发展、农业产业化龙头企业、新型农村经营主体和新市民提供金融服务。调整农业发展银行业务定位，全面退出竞争性金融业务，为农业基础设施和城镇化基础设施建设提供长期信贷支持，缓解长期资金供给不足的矛盾，降低期限错配的风险。适应农村金融市场竞争格局的变化，出台促进农村中小银行兼并重组的政策，整合重构农村中小银行体系，更好地发挥农村中小

银行贴近市场和本地化信息优势，为当地居民、小微企业和社区组织提供安全可靠、运作规范和长期可持续的金融服务。尊重省情差异，因地制宜，一省一策，深化农村信用社管理体制改革，将省联社改制为名副其实的金融企业，淡化省联社与市县法人机构之间的行政管理关系，强化两级法人之间以股权为纽带的经济联系，实行"统分结合、差异经营、功能互补"，增强农村信用社体系稳健性，提升农村信用社的竞争力和适应性。引导农村非正规金融规范发展，为农村居民提供零星小额贷款。

二是发挥资本市场直接融资功能。推进多层次资本市场建设并完善转板机制，大力发展直接融资工具，增强区域性股权市场活力，不断提高直接融资比重，更好满足农村企业差异化股权融资需求。根据农业科技企业的财务结构特点和成长规律，适当调整首发上市、再融资、新三板挂牌等门槛，开辟上市融资绿色通道，促进其转型升级，增强企业竞争力。拓展土地权益金融属性，支持新型农业经营主体发行以土地经营收益为基础的中长期证券，增加对土地生产能力的投入。提供财税政策、监管政策支持，鼓励风险投资、私募基金、产业基金等参与发起设立农业科技发展基金，促进高科技农业企业形成合理的财务结构，降低经营风险。充分发挥期货市场工具作用，完善"保险+期货"的运行模式，丰富交易品种，利用市场化手段，稳定农产品价格，提高农业保障能力，帮助农民减少受灾受损，保护农民基本利益。

三是增强农业保险风险补偿和托底保障功能。推动农业保险扩面、增品、提标，着力提高粮食主产省产粮大县的三大主粮作

物完全成本和种植收入的面积覆盖率,并逐步将实施范围扩大至其他地区规模种植户;适应土地流转加快,土地租金提高的趋势,提高三大主粮作物的保障标准,稳定种粮大户的积极性。鉴于我国自然灾害多发、频发、重发,为增强应对极端灾害的能力,推动设立国家农业保险大灾风险基金,明确中国农业再保险公司政策性保险公司的定位,有效分散农业大灾、巨灾风险。积极发展面向农民、老年人、低收入人口等群体的普惠型健康险、大病保险、意外险和人身保险业务,提高人身保障和风险抵御能力,防止因病致贫、因病返贫。开发保险与信贷交叉产品,开展涉农贷款保证保险、农业保单抵押贷款、借款人意外伤害保险等,强化保险增信功能,提高农户信用等级,提高融资能力。

四是创新丰富农村金融产品体系。逐步将农村土地经营权、集体经营性建设用地使用权、农村宅基地使用权、林权、大型农机具、活体生物纳入合格抵质押品范围,拓展传统信贷产品的深度。依托大数据技术,开发更多依赖场景、基于交易的信贷产品,降低对抵押物的依赖。丰富理财产品类型,推出结构简单、信息透明、小额便捷的普惠型理财产品,满足农村居民日益增长的财富管理需求,拓宽财产性收入来源;顺应农村人口快速老龄化的趋势,结合不同年龄段收入差异巨大的分布特征,开发符合农村居民特点的养老储蓄业务,助力老有所养,提高农村老年人的生活质量。针对新市民群体金融需求"广、多、散、碎"等特点,金融机构和地方政府应加强协同配合、科技支持和数据赋能,打通难点和堵点,解决新市民自主创业、住房保障、子女就

学、医疗健康、意外伤害等方面的金融难题，健全风险分担和补偿机制，确保金融服务可持续、成本可负担。

3. 积极推进农村金融数字化转型，拓展农村金融服务广度、深度和效率

加快农村金融机构，特别是农村中小银行数字化转型，创新金融服务模式，改变农村金融服务的"成本－收益－风险"函数，持续提升农村金融服务的可得性和商业可持续性。

一是强化数字技术和金融科技应用。在信贷领域，金融机构应积极运用大数据、物联网等技术，深度处理交易场景和产业链金融数据，建立农业资产动态评估和信贷管理体系，实现对农业资产的精准估值和对客户的精准画像，实现精准获客，提高风控效率。创新供应链金融服务模式，提升农业农村农民的信贷可得性和融资效率，降低银行授信成本。在农业保险领域，深度融合气象灾害、地理信息和行业数据，建立农业风险地图，强化灾害预警，提升减灾防灾能力，建立农业保费差异化定价和动态调整机制；支持保险公司加大新技术投入和运用，在农险承保和理赔两端应用无人机航拍、卫星遥感、电子耳标等技术，提供更加精准和便捷的专业保险服务。在财富管理领域，通过运用金融科技手段，结合农村居民的财产收入状况、风险承受能力、金融认知能力等，设计出更加实用的普惠型财富管理产品，帮助农村居民扩大财产性收入，实现财产保值增值。

二是健全农村数字金融基础设施建设。全面推广政银合作、

银企合作、银商合作模式，支持农村金融机构参与数字乡村治理，强化金融数字化转型与乡村振兴数据治理基础设施协同，归集整合基础数据信息，健全政府主导的公共征信信息服务平台，打破涉农数据孤岛，强化数据收集利用和服务赋能，扩大农户信用档案覆盖面和应用场景，缓解信息不对称、信用不足等关键难题。升级改造农村金融服务网点、普惠金融服务站等基础设施，提升线下服务智能化水平，拓展服务功能。支持金融科技公司依法依规与农村金融机构加强业务合作，输出数字营销、风控和供应链金融等技术，促进农村地区数字金融协同发展。

三是加强金融科技合规监管和风险防范。坚持金融科技的本质是金融，按照实质重于形式的原则，严格持牌经营，加强行为监管和穿透监管，防止运用科技手段不当销售金融产品、欺骗金融消费者、诱导过度负债、多层嵌套放大金融杠杆，防范系统性风险。引导金融机构坚持技术与管理并重的原则，从"战略规划与组织流程建设""业务经营管理数字化""数据能力建设""科技能力建设""风险防范"多个维度，高质量推进数字化转型。加强数据反垄断、个人信息保护、数据安全和网络安全执法，不断扩大算法监管和征信业务监管范围，依法合规推进数据开放和规范流转，严厉打击非法处理农村居民信息的违法犯罪活动，保护农村金融消费者权益。打造数字化监管平台，加强数据自动化报送处理和实时监控预警，防控数字金融风险。

4. 强化农村金融发展政策保障，提升农村金融服务安全性和可持续性

一是加强立法保障。我国尚未颁布专门的农村金融法律，现行的政策法规以部门规章为主，数量多、层级低、权威性不足。应借鉴其他国家的立法实践，制定统一的农村金融促进法，改变政出多门的现状。通过立法形式，明确农村金融性质和宗旨、农村金融组织体系构成和分工、涉农金融资金来源和运用原则、中央和地方责任分工、政策保障措施等，为农村金融健康发展奠定法律基础。

二是加强财税政策支持。加强农村金融发展财税支持政策的顶层设计，将农村金融财税支持政策与全面乡村振兴、农业农村优先发展、绿色发展战略相结合，为农村金融支持农业农村发展提供更大的财税支持，加快发展农业农村绿色生态，缓解城市降低能耗总量和强度的压力。建立以中央财政为主导的涉农贷款贴息、农业保险保费补贴体系，降低农村金融服务的成本。健全农村金融服务风险分担机制，增加中央财政和省级财政投入，扩大农业融资担保覆盖面，发挥财政资金的杠杆作用，加强财政政策与金融政策的协调配合，缓解农民"贷款难"和银行"难贷款"之间的矛盾。拓宽不良贷款处置渠道，放宽农村中小银行批量处置不良贷款的限制，统一农村中小银行资产减值准备提取和不良资产核销的财务政策与税收待遇，加快存量风险出清，增加农村信贷供给能力。

三是扩大货币政策支持。发挥差别化存款准备金率政策调节

作用，优化存款准备金政策框架，进一步下调县域农村中小银行存款准备金率，扩大农村中小银行可贷资金规模。加大支农支小再贷款、再贴现等政策工具的投放力度，向农村中小银行提供长期大额低息"三农"专项借款，通过优惠利率传导，降低涉农融资成本。央行加大对农业发展银行的长期低息资金支持，补充农村基础设施建设重大项目资本金，撬动更多社会资本参与，加快农村地区交通、水利、农田、管网、物流等重点基础设施建设。

四是改进农村金融监管。基于区域金融承载力评估，科学规划金融机构区域布局，引导大型银行合理下沉经营网点，通过向农村中小银行输出资金、数据和技术，以及参与农村中小银行并购重组等多种方式进入农村金融市场，促进农村金融市场有序竞争。加强农村中小金融机构股东股权和公司治理监管，建立简单、有效、制衡的公司治理架构，严格约束主要股东行为，选优配强管住高管团队，强化市场纪律和司法惩戒，防范外部人操纵和内部人控制，筑牢农村金融体系稳定运行的微观基础，确保农村金融服务的持续性。按照激励与约束并重的原则，加强涉农金融机构市场定位监管，合理设定涉农金融业务的占比，同时对支农支小业务实施差异化的监管政策，降低涉农金融业务的监管成本，引导金融资源向"三农"领域合理流动。严厉打击农村金融领域非法金融活动，降低非法金融活动对群众财产安全的冲击，持续加强农村地区金融知识宣传教育活动，提高广大农民的金融素养，引导其理性参与金融交易，增强金融反欺诈意识，守护好自己的钱袋子。

05

健全资本市场，
扩大中等收入群体

习近平总书记在 2021 年 8 月 17 日主持召开中央财经委员会第十次会议时指出，要坚持以人民为中心的发展思想，在高质量发展中促进共同富裕，扩大中等收入群体比重，形成中间大、两头小的橄榄型分配结构。资本是社会主义市场经济的重要生产要素，关系高质量发展和共同富裕。党的二十大报告明确提出，到 2035 年，居民人均可支配收入再上新台阶，中等收入群体比重明显提高，全体人民共同富裕取得更为明显的实质性进展。本章着重从资本市场功能出发，分析资本市场促进中等收入群体扩大的机理与作用，提出健全资本市场相关制度的政策建议。

一、资本市场促进中等收入群体扩大的机理分析

（一）资本市场扩大中等收入群体的使命

中等收入群体一般指收入在全社会中处于中等水平、就业相对稳定、生活相对宽裕的群体（李实，2017），具有较强的消费

能力和较高的边际消费倾向,对住房、教育医疗、休闲旅游等中高端商品和服务有较大需求,受过良好的教育,主要从事专业性和技术性较强的工作(杨汝岱和朱诗娥,2007;王一鸣,2020),通常用收入或消费的相对值或绝对值来界定。这个群体是维护社会稳定的中坚力量,是扩大内需、释放消费红利的主力军,也是推动经济高质量发展的人力资本。产业革命后生产率的大幅提高不仅推动人均收入水平提高,也促使中等收入群体扩大。美国、日本等高收入国家均经历过中等收入群体扩大(或收入倍增)阶段。

改革开放以来,随着社会主义市场经济体制不断深化,我国中等收入群体迅速发展壮大。党的十八大以来,以习近平同志为核心的党中央把实现全体人民共同富裕摆在更加重要的位置,从战略全局高度认识扩大中等收入群体的重要性。当前我国正处在经济结构调整关键时期,扩大中等收入群体、激发中等收入群体消费活力,对推动经济高质量可持续发展、实现全体人民共同富裕、维护社会和谐稳定具有重要作用。

国际经验表明,当人均国民总收入超过1万美元后,居民家庭资产配置中金融资产的占比,特别是权益类资产的占比会显著提升,资本市场对居民的财富创造和收入分配有着重要影响。近年来,我国资本市场基础制度不断夯实,市场参与主体类型日益丰富,形成了全球规模第二大的资本市场[①],丰富了居民的财富管

[①] 2022年6月23日证监会副主席李超在"中国这十年"新闻发布会上介绍,截至2021年末,沪深股市市值达91.6万亿元、交易所债券市场托管面值达18.7万亿元,商品期货交易规模连续多年位居全球前列,资本市场总体规模稳居全球第二。

理产品，增加了居民对冲风险的工具。资本市场健康发展，有助于投资者分享经济转型升级、企业成长壮大释放的红利，对增加居民财产性收入、扩大中等收入群体有积极作用。资本市场公平有效，也有助于投资者更好地分散投资风险，缓释外部冲击，增强风险承受能力。根据国家统计局的数据，我国人均国民总收入已跨越1万美元关口[①]，中等收入群体超过4亿人[②]，但与发达国家相比[③]，占比仍然偏低，扩大中等收入群体规模和占比任重道远，持续深化资本市场改革仍然在路上。

（二）资本市场与经济增长

资本市场通过发挥资源配置、价格发现、风险对冲和财富管理等功能推动经济发展。帕特里克（Patrick，1966）从需求跟随和供给领先的视角，证明金融发展可以提高资本配置效率，促进资本积累，提升社会生产性投资水平。莱文（Levine，1997）通过构建金融内生化的增长模型，证实金融体系和长期经济增长之间的正向联系。罗默（Romer，1990）和帕加诺（Pagano，1993）将金融变量引入经济增长模型，发现金融发展

---

① 2021年我国人均国民总收入约为8.024万元，约合1.244万美元。
② 国家统计局将2018年价格下家庭年收入（典型三口之家）介于10万元至50万元之间的家庭定义为中等收入家庭，该标准下有1.4亿个家庭，覆盖4亿人口。
③ 国务院发展研究中心课题组（2022）研究表明，采用国际上引用率较高的每天人均消费10美元至100美元（2005年购买力平价）的标准界定中等收入群体，英国、德国、法国、挪威、加拿大等国家中等收入群体占比为70%左右；美国中等收入群体比重略低，约为55.9%，高收入群体占比为30.5%。

通过促进资本积累和提高技术创新效率来刺激经济增长。但资本市场无序扩张则易引发各种金融乱象并导致资产泡沫，甚至导致金融危机，阻碍经济增长。哈里斯（Harris，1997）通过比较研究发现，发展中国家资本市场机制不健全，较高的投机性与波动性会使资金不能得到有效配置，难以实现资本市场与经济增长稳定双赢。

经济增长为资本市场发展提供持续稳定的内在动力。经济发展速度快会提高经济主体融资需求，促进资本市场扩张，推动多层次资本市场体系完善。若没有经济发展的保障，资金易在金融体系内循环，脱实向虚，风险不断累积引发金融危机。

1. 资本市场发展与经济增长的正向机制

资本市场发展与经济增长的正向机制，主要体现在以下几个方面。

一是投资转化机制。从需求侧看，资本市场有助于将经济体系中的储蓄（S）转化为生产性投资（I），增加总需求，促进经济增长（见图5-1）。从供给侧看，内生经济增长理论认为，资本是经济增长的主要内生变量，从资本市场融资可以增加企业资本存量，改善其财务状况，提高其风险承受能力，有利于企业扩大生产规模，提高全要素生产率，从而提高全社会总产出，实现经济增长。

二是财富效应机制。财富效应由美国经济学家庇古首先提出，指由于金融资产或其他有形资产和无形资产价格上涨，使资

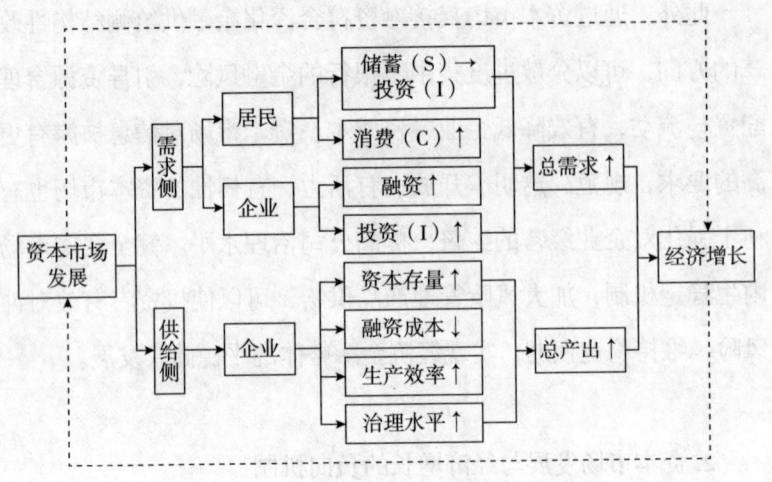

图 5-1 资本市场的投资转化功能作用于经济增长

产持有者财富增加,刺激消费增长的效应。居民通过资本市场进行财富管理可以获得预期财产性收入①,改变居民收入预期,进而改变边际消费倾向,增加消费支出,刺激经济增长。

三是资本市场与经济发展具有长期协动机制。资产价格围绕经济基本面波动,形成资本市场周期与经济周期长期协动的特征。资本市场长期趋势的波动领先于经济发展水平的变化,发挥着"经济晴雨表"的功能。同时,经济周期波动也会影响资本市场周期波动。当经济周期处于复苏期或繁荣期时,实体经济效益增长引起居民工资收入上涨,再通过财富效应引起资产价格上涨,景气的资本市场进一步赋能实体经济,形成资本市场与经济发展相互促进的"正反馈"。

---

① 财产性收入是指家庭或企业通过拥有的动产(如银行存款、有价证券等)、不动产(如房屋、车辆、土地、收藏品等)所获得的收入。

此外，通过资本市场直接融资符合深化金融供给侧结构性改革的方向，可以分散过度集中于银行的金融风险，引导资源合理配置与流动，有效降低企业融资成本。资本市场对信息披露有更高的要求，规范、透明、开放、有活力、有韧性的资本市场也有利于强化对企业经营的监督，提高公司治理水平。健全资本市场内生稳定机制，加大风险管理产品供给，可以使投资者有效对冲风险，维持稳定预期，实现经济金融整体的平稳健康发展。

2. 资本市场发展与经济增长的负向机制

资本市场发展与经济增长的负向机制，主要表现为资本市场非理性行为和顺周期性引发的螺旋式下跌现象。

一是资本市场非理性行为弱化实体经济财富创造能力，增加金融运行成本，成为经济危机和金融危机的助推器。明斯基（Minsky，1992）区分了金融市场的三类债务融资：对冲型融资、投机型融资和庞氏融资[①]。在庞氏融资主导的金融市场中，随着债务的累积或利率的上升，将导致金融机构和投资者的现金流不足以支付利息，最终部分投资者为偿付债务不得不抛售资产，一旦出现外部冲击，市场将出现恐慌性抛售，资产价格大幅下跌，进而引发系统性金融危机。金融不稳定性假说认为，金融体系具有内在不稳定性，投机和追逐盈利是投资者的天性。经济基本面

---

① 对冲型融资，项目现金流能够支付债务本金和利息；投机型融资，项目现金流不能还本但仍可付息；庞氏融资，项目现金流不足以付息更无法还本，只能"借新还旧"或出售资产（李宏瑾和唐黎阳，2021）。

会影响投资者的风险偏好,经济景气时投机行为增加,经济收缩时"明斯基时刻"现金流不足以支付债务利息的可能性增大。金融不稳定性假说一定程度上解释了资本"脱实向虚"和"无序扩张"的内在机理。资本市场支持扩大中等收入群体,需要以服务实体经济为根本遵循,为资本设置"红绿灯",防止非理性行为。

二是资本市场顺周期性会放大实体经济波动,加大发生经济危机的可能性。金融机构倾向于在年景好的时候提高杠杆率,在年景不好的时候降低杠杆率,从而促进繁荣期的泡沫积累以及衰退期的信贷紧缩与资产抛售(周小川,2009)。金融资产价格下跌,引发财富负效应,降低储蓄投资转化率,导致企业融资不足拖累投资,束缚经济增长。同时,财富负效应引发消费需求下降改变消费预期,致使总需求不足,进而制约经济增长。经济增长放缓进一步加剧了资本市场的财富负效应,形成循环累积的负效应。

3. 我国资本市场与经济增长的关系

多数学者认为,我国资本市场与经济发展之间具有长期协同效应。郑江淮等(2000)认为,经济体制转型和资本市场发展密切相关,资本市场规模增长对经济增长存在正向贡献。哈桑等(Hasan et al.,2009)发现,资本市场深化对经济增长有显著的促进作用。何德旭和饶明(2010)、郑挺国和尚玉皇(2014)发现,经济周期波动对资本市场周期波动有显著的正向影响。罗志恒(2022)认为,长期看A股反映了宏观经济持续高增长的态势,

一定程度上起到了"晴雨表"的作用，但2010年后股指走势与经济基本面出现背离，相关性减弱，A股指数短期波动受情绪面和政策面等非市场因素的影响更大。

（三）资本市场财富效应及其对收入分配的影响

随着经济发展水平的提升和居民家庭财富的增长，财产性收入在居民收入结构中的比重逐渐上升，成为中等收入群体的重要收入来源。关于资本市场财富效应及其对居民收入分配影响的研究较多，但尚未形成一致结论。

1. 资本市场的财富效应

财富效应研究基于弗里德曼（Friedman，1957）的持久收入假说以及莫迪利安尼（Modigliani，1963）的生命周期假说，两种假说均认为消费不仅与当期收入有关，也与居民财富数量有关。还有学者认为，财富效应意味着资产价格上涨能够促进居民消费增长，进而刺激国民经济增长（Davis and Palumbo，2001；Gan，2010）。

投资者财富效应及消费倾向的传导机制主要表现为以下两点。一是长期边际消费倾向为常数时，资产价格上涨通过财富效应机制影响居民可支配收入，刺激消费需求增长。财富效应使个人收入增加的途径有两条：第一，投资者获得资本利得及股利支付，增加可支配收入；第二，资本市场发展有利于企业经营状况改善，扩大就业，提高收入。二是通过影响投资者收入预期，改

变其边际消费倾向，进而刺激消费需求增长。投资者在资本市场获益，产生"持久性收入"预期，增强对未来经济的信心，进而扩大即期消费（见图5-2）。

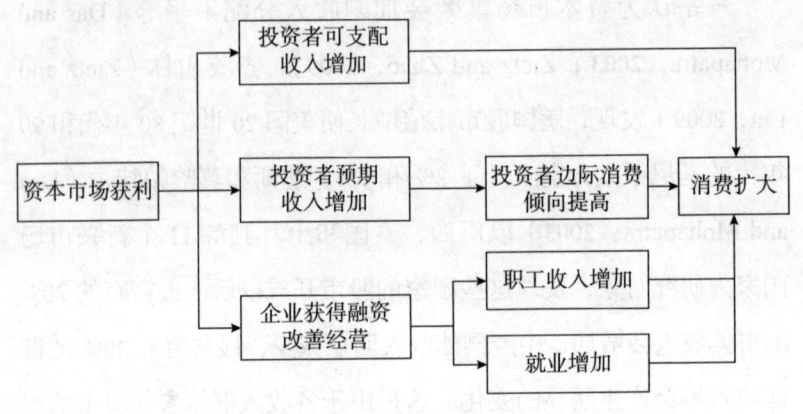

图5-2 资本市场财富效应对个人投资者影响的传导机制

我国资本市场是否存在财富效应存在争议。一是认为我国股市财富效应显著（Peltonen et al., 2012；程超，2022），但由于股票财富占我国居民资产比例较低，直接财富效应作用有限。二是认为我国股市存在微弱财富效应（刘喜华和张静，2013；戴淑庚和许俊，2015；乔智，2018）。三是认为长期看我国股市存在财富效应，短期看财富效应不存在（俞静和徐斌，2009）。四是认为我国股市存在负财富效应，股市对消费有微弱的替代效应（陈强和叶阿忠，2009）；中国股市资产增长对消费有负向影响，股指每上涨10%会导致消费下降0.17%（Zhou et al., 2013）。

2. 资本市场是否促进收入分配

资本市场是否促进收入分配？对此问题尚无一致性结论，主要观点有以下几类。

一是认为资本市场繁荣会加剧收入分配不平等（Das and Mohapatra，2003；Zietz and Zhao，2009）。齐茨和林（Zietz and Lin，2009）发现，美国股市市值增长使美国20世纪80年代和90年代的基尼系数分别上升了2%和3%。达斯和莫哈帕特拉（Das and Mohapatra，2003）以巴西、泰国和土耳其等11个新兴市场国家为研究对象，发现这些国家的股市开放以后，最富有的20%的群体收入会增加，中产群体收入明显减少，最贫穷的20%的群体收入不会产生明显的变化。这是由于各收入群体参与股市的程度不同，随着股市规模的扩大，各收入群体通过投资股市从国民经济发展中分享到的收益也不同。

二是认为资本市场规模与收入不平等之间存在倒U形关系，即随着股市规模扩张，收入不平等状况先升后降（Mathew，2009）。格林伍德和约万诺维奇（Greenwood and Jovanovic，1990）研究发现，在初级阶段，经济和金融发展都会导致更大的收入不平等问题，而金融结构成熟的发达国家在不平等方面往往更稳定。阿纳斯塔西奥斯（Anastasios，2017）考察了2002—2013年收入不平等对欧元区南部国家和美国的股市发展以及经济增长的影响，发现两者存在负相关关系，即收入相对平等的地区，股市发展较好。

三是认为资本市场流动性对收入分配有改善作用。张学勇和

陶醉（2014）利用33个国家1988—2013年的数据研究股市发展和收入分配不平等的关系，发现由于股市门槛效应的存在，收入分配状况随着股市规模扩大而趋于恶化，但流动性提升将在一定程度上改善收入差距。周宏文和陈晓枫（2014）研究发现，我国股票市场规模不断发展将会拉大城乡居民收入差距，而提高股票市场流动性可以有效改善城乡居民收入差距。

（四）机构投资者对资本市场发展的作用

机构投资者[①]的出现和发展，体现了市场分工专业化、投资组织化与社会化趋势，是资本市场发展程度的重要表现。机构投资者具有稳定市场、价值引导和财富创造的功能。

1. 机构投资者的作用

机构投资者可以从5个方面稳定市场。一是为市场提供有效资金供给，避免资金供需失衡。二是市场纠偏，降低股价波动性。在有效市场中，机构投资者被认为是理性交易者，当其发现资产价格偏离内在价值时，将通过套利行为及时纠正，使资产价格向价值回归。盛军锋等（2008）发现，机构投资者入市减弱了市场波动，一定程度上起到了稳定市场的作用。三是专业化的投

---

① 机构投资者有广义和狭义之分。广义机构投资者不仅包括证券投资基金、证券中介机构、养老基金、社会保险基金、保险公司，还包括各种私人捐款的基金会、社会慈善机构等，内涵十分广泛。而狭义机构投资者主要指证券投资基金、证券中介机构、养老基金、社会保险基金和保险公司等。

研能力。机构投资者拥有强大的研究能力、规模效应及获取信息的渠道优势（Lakonishok et al.，1992），能对国家宏观经济走势、行业发展和公司基本面进行全面、专业的分析与预测，避免非理性操作对股价的大幅冲击。四是引导投资理念。主流机构投资者日益强化价值投资、长期投资、责任投资的理念，有助于资本市场平稳运行。五是参与上市公司治理。机构投资者可以提升上市公司的治理水平和盈利能力，提高上市公司信息透明度，平衡公司发展与股东回报之间的关系。

也有观点认为，机构投资者的"羊群行为"[1]加大了市场波动。弗鲁特等（Froot et al.，1992）认为，机构投资者的高度同质性[2]导致的"羊群行为"，降低了市场效率，不利于市场平稳。一些学者对机构投资者的"羊群行为"和正反馈交易行为进行了研究，发现机构投资者持股加剧了股价波动。赛厄斯（Sias，1996）分析了美国1977—1991年上市公司机构投资者持股比例与股价波动的数据，发现二者显著正相关。徐浩峰和朱松（2012）测算了中国股票价格泡沫与机构投资者交易数据的关系，发现机构投资者的交易放大了上市公司内在价值信息反应，导致市盈率高估，助推股票价格泡沫。

---

[1] "羊群行为"指投资者在交易过程中受其他投资者的影响，从而出现行为一致性，即在某段时间内同时买卖相同的股票。
[2] 同样的公开信息、相似的分析手段和策略，使机构投资者在市场变化时会表现出相似的行为，从而导致"羊群行为"的出现。

2. 养老基金与资本市场的关系

自20世纪80年代养老基金[①]大规模进入资本市场以来，养老基金对各国资本市场产生了深远的影响。布莱克（Black，1991）、博迪和帕普客（Bodie and Papke，1992）等学者指出，20世纪70年代以来金融市场中出现的创新性工具，例如投资担保契约、抵押债券、不付息债券等，多由养老基金的投资需求带来。哈里斯（Harris，2007）指出，发达国家养老基金投资比例最高的领域在资本市场，持有股票数量最多的机构投资者是养老基金。

关于养老基金与资本市场的关系，学界已有较为全面的总结。沃克和莱福特（Walker and Lefort，2002）认为，养老金入市推动金融市场一体化，降低了资产价格波动，促进了资本市场发展。戴维斯（Davis，1995）认为，养老基金投资于资本市场，能提高资本市场资源配置效率，引导金融机构不断创新。波曾（Pozen，2002）认为，资本市场是养老基金获得投资收益最重要的场所，养老基金既依赖于资本市场的稳定回报，又能促进资本市场的发展和上市公司治理机制的完善。霍尔茨曼（Holzmann，1997）和布莱克（Black，1991）认为，养老基金成熟度与资本市场深度和波动性存在良性互动。马丁等（Martin et al.，2009）发现，养老金入市能稳定指数成分股。

---

① 戴维斯（Davis，1995）认为，养老基金是指由发起人和受益人（将来受益）收集、汇聚并进行投资的基金。养老基金主要由公司、国有企业、行业、交易集团等雇主发起，可以进行内部或外部的管理。在盎格鲁－撒克逊国家，通常以信托的形式组织基金；在其他地区，则以基金会或其控制下的保险公司的形式组建。

林义（1995，2003）指出，资本市场是养老基金有效运行的基本条件，并研究了中国养老基金与资本市场良性互动的基本路径、实现条件和制度约束。邓子基（2002）、李珍（2002）、郑秉文（2004）等学者认为，我国养老基金需要通过入市来获得长期而稳定的投资回报，同时养老基金的投资需求可以促进我国资本市场的发展。

二、我国资本市场在扩大中等收入群体方面的作用

（一）我国居民收入结构及财富结构变迁

1. 我国居民收入向多元化发展

改革开放以来，受益于经济快速增长，我国居民收入水平大幅提升，收入来源从单一的工资性收入向多元化发展，经营性收入、财产性收入和转移性收入比重有所增加。分城乡居民看，1990年，城镇居民工薪收入占总收入的75.8%，转移性收入占比为21.7%，经营性收入占比为1.5%，财产性收入占比为1%；农村居民工资性收入占比为20.2%，家庭经营性收入占比为75.6%，财产性收入占比为4.2%。2021年，城镇居民工薪收入占总收入的60.1%，转移性收入占比为17.9%，经营性收入占比为11.4%，财产性收入占比为10.1%；农村居民工资性收入占比为42%，家庭经营性收入占比为34.7%，财产性收入占比为0.2%，转移性收入占比为20.8%（见图5-3）。

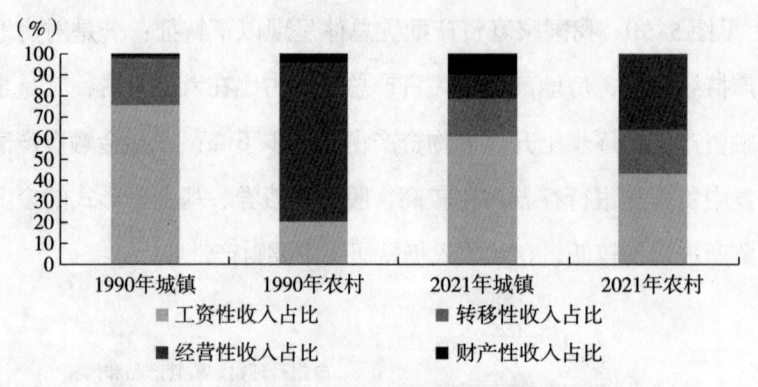

图 5-3　1990 年和 2021 年我国城乡居民收入结构变化

资料来源：国家统计局。

2. 我国居民家庭财富规模和结构发生变化

根据中国人民银行调查统计司的一项调查[①]，2019 年，我国城镇居民家庭资产构成中，住房资产和金融资产占比分别为 59.1% 和 20.4%；其中，金融资产构成中，银行理财、资管产品和信托合计占比为 26.6%，现金及银行存款合计占比为 39.1%，公积金余额占比为 8.3%，借出款占比为 6.7%，保险产品占比为 6.6%，股票占比为 6.4%（见图 5-4）。经济日报社中国经济趋势研究院发布的《中国家庭财富调查报告 2019》显示，2018 年中国家庭人均财富中房产净值占比为 68.07%（城镇居民为 71.35%），金融资产占比为 15.95%（城镇居民为 14.79%），两个调查的结果大体相似。

从纵向比较看，我国居民资产配置中不动产、存款、理财和信托占比已经有了一个台阶式的下移，股票、基金占比有所提升

---

① 中国人民银行调查统计司城镇居民家庭资产负债调查课题组，《2019 年中国城镇居民家庭资产负债情况调查》。

（见图5-5）。我国家庭资产配置总体呈现以下特征：一是对房地产持续超配，房地产在居民资产总额中占比在六成左右；二是金融资产占比逐步上升，实物资产占比逐步下降；三是金融资产配置中货币和银行存款占比较高，股票、债券、基金等形式的金融资产占比仍较低，利息收入仍是居民主要财产性收入。

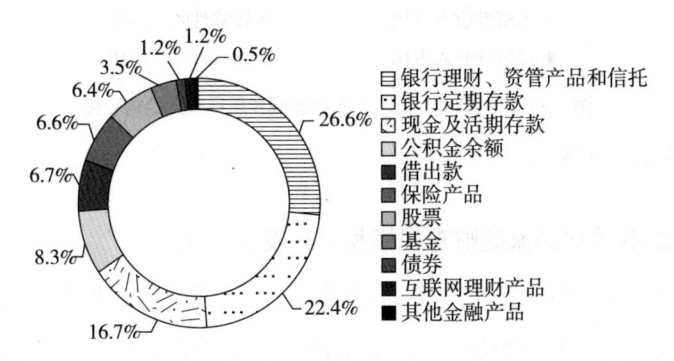

图5-4　2019年城镇居民家庭金融资产分布

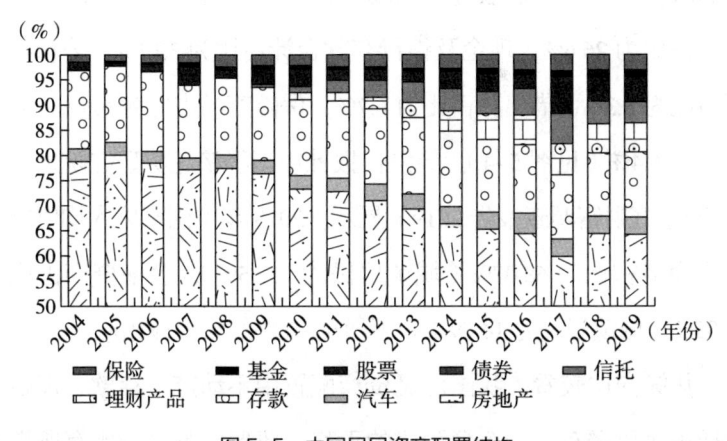

图5-5　中国居民资产配置结构

资料来源：Wind，中金公司研究部。

3. 中等收入群体的收入结构及财富结构变化

2021年，我国中等收入群体约占总人口的28%，工资性收入是其最主要的收入来源。从西南财经大学的中国家庭金融调查（CHFS）数据看，2011—2019年，我国中等收入群体工资性收入占比保持在60%以上，转移性收入占比持续增加，经营性收入占比在20%以下，财产性收入占比始终低于10%，2019年为3.8%（见图5-6）。中等收入群体金融资产占总资产的比重仍较低，保持在20%以下，2019年为14.4%。全部群体收入增长及资产结构变化情况与中等收入群体大体一致，其中，中等收入群体的财产性收入占比和金融资产占比均略高于全部群体。

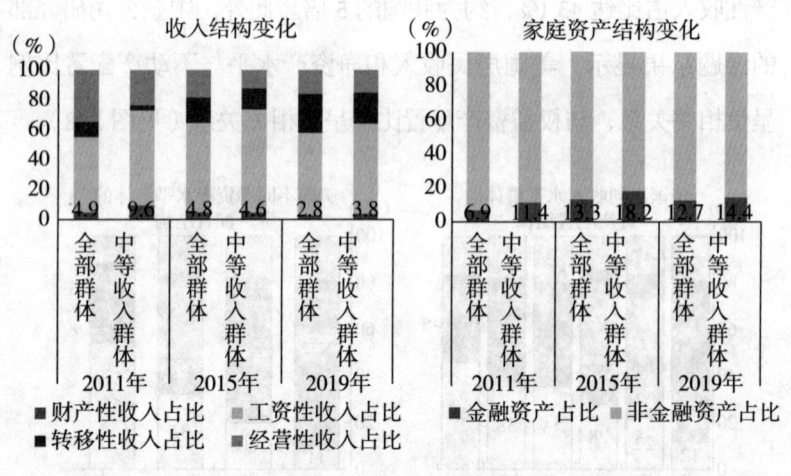

图5-6 2011—2019年中等收入群体及全部群体收入和资产结构变化

2019年中等收入群体金融资产构成中，现金、存款和理财占比较高，合计为53.64%；股票、基金及债券等形式的金融资产占比较低，合计为6.7%（见图5-7）。这与前文提到的中国人民

银行城镇居民家庭资产结构调查结果接近。

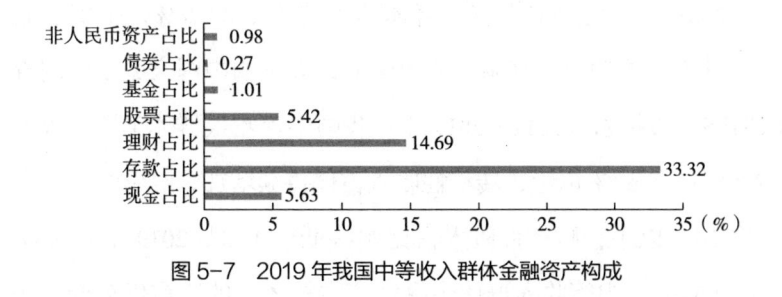

资产类别	占比(%)
非人民币资产占比	0.98
债券占比	0.27
基金占比	1.01
股票占比	5.42
理财占比	14.69
存款占比	33.32
现金占比	5.63

图 5-7　2019 年我国中等收入群体金融资产构成

从国际对比来看，国务院发展研究中心课题组估算发现，2019 年我国中等收入群体财产性净收入占比约为 9.1%，与发达国家相比仍处于较低水平。以美国为例，2018 年，其中等收入群体的财产性收入占比达 43.1%，约为我国的 5 倍。此外，中金公司研究部的课题结果显示，美国居民收入和净资产水平与不动产配置比例呈负相关关系，与权益资产配置比例呈正相关关系（见图 5-8）。

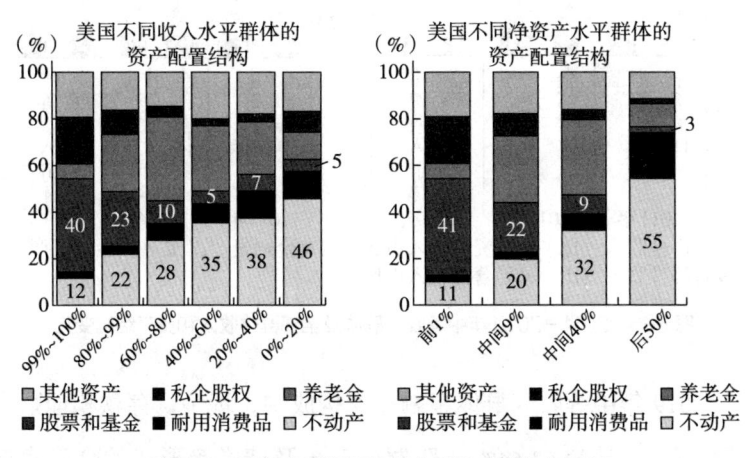

美国不同收入水平群体的资产配置结构

收入分位	不动产	股票和基金	其他
99%~100%	12	40	
80%~99%	22	23	
60%~80%	28	10	
40%~60%	35	5	
20%~40%	38	7	
0%~20%	46	5	

美国不同净资产水平群体的资产配置结构

净资产分位	不动产	股票和基金	其他
前 1%	11	41	
中间 9%	20	22	
中间 40%	32	9	
后 50%	55	3	

图例：其他资产、私企股权、养老金、股票和基金、耐用消费品、不动产

图 5-8　2019 年美国不同收入群体金融资产结构

资料来源：Fed，中金公司研究部。

4. 从国际比较看我国居民财富结构变化趋势

从国际横向比较看，我国家庭金融资产占比低于全球平均水平，更低于北美等拥有成熟资本市场的经济体，而货币及存款占金融资产的比重则高于大部分 OECD 国家。2020 年，全球、北美、西欧、亚洲（不含日本）的家庭金融资产占总资产的比重分别为51.5%、71.7%、45.2%、35.9%[①]，均高于我国 20.4% 的水平。

发达国家家庭金融资产主要包括货币与存款、股票、寿险准备金和养老基金等（见图 5-9）。大部分 OECD 国家的货币与存款占金融资产的比重较低，2020 年，美国、英国和法国该占比分别为 12.6%、25.8% 和 29.3%[②]，均低于我国 39.1% 的占比[③]；德国和日本的货币与存款占金融资产的比重分别为 40.0% 和

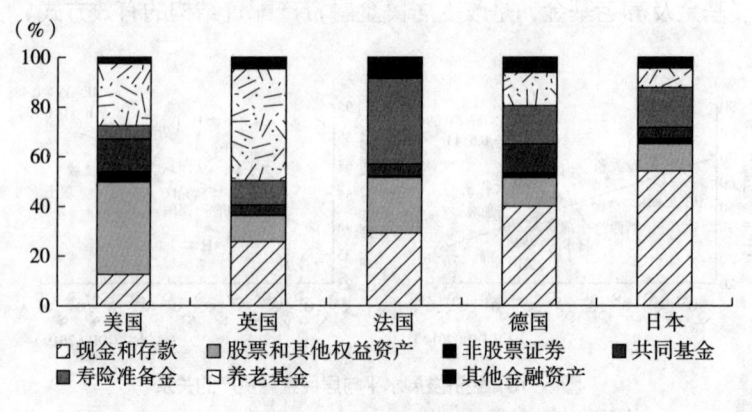

图 5-9　2020 年主要发达国家家庭金融资产构成

---

① 资料来源：根据波士顿咨询公司《2021 年全球财富报告》的数据计算。
② 资料来源：OECD 官方网站，参见 https://data.oecd.org/hha/household-financial-assets.htm。
③ 资料来源：中国人民银行调查统计司。

54.2%，均高于我国。但如果将银行理财、资管产品、信托作为类存款金融产品也纳入考量，我国"货币与存款、类存款"占比则高达 56.6%。

如图 5-10 所示，人均 GDP 水平与居民非金融资产配置比例之间存在明显的负相关关系，与居民金融资产中风险资产占比存在明显的正相关关系。随着经济发展水平的提高和居民财富的增长，居民金融资产在总资产中的占比和风险资产在金融资产中的占比均会提高。这在一定程度上解释了我国家庭财富结构中金融资产，特别是风险资产占比偏低的原因。此外，从美国、日本等国看，居民金融资产配置中，投资基金、养老金等金融资产净流入规模持续增大，而直接投资股市、债市的资金流向并不稳定。可见发展基金及养老基金，是改变居民金融资产配置结构的有效方式。

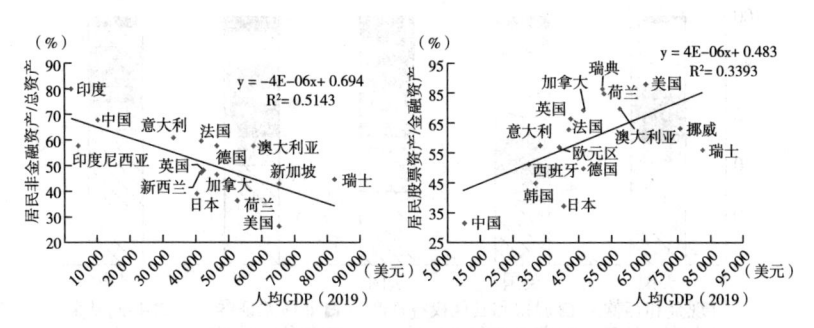

图 5-10 经济发展水平与居民金融资产的关系

资料来源：Haver Analytics，Wind，《2019 年中国城镇居民家庭资产负债情况调查》，中金公司研究部。

随着人民收入水平增长和资本市场改革深化，我国居民资产配置需求将稳步提升，以产品化、机构化为代表的资产管理及财

富管理市场有着广阔的前景，居民家庭资产配置将会持续从房地产等实物资产向金融资产转移，且风险资产占比也会有所上升。

但也要注意到，我国中等收入群体还存在着大而不强、结构不优的特征。一是从总量结构上看，中低收入者占比较高，约占中等收入群体总数的70%，内部收入分层相对固化。二是从增量结构上看，大量新增的中等收入群体以农村向城镇转化的劳动力为主，其收入水平徘徊在中等收入标准下限。三是从财富积累上看，中等收入群体中，中低收入者的财富积累速度明显滞后，其可投资财富增长速度仅为6%，远低于同期高收入者12%的水平[①]。四是从群体稳定性上看，中等收入群体应对外部冲击的韧性不强。受新冠肺炎疫情影响，2020年第一季度，中等收入群体家庭的收入总额下降了25%，财富缩水明显。由此可见，资本市场在扩大中等收入群体财富稳定性、提高风险应对能力上仍有很大的发挥空间。

（二）我国资本市场发挥居民财富管理功能的实践

1. 我国资本市场与财富管理发展现状

经过30多年的发展，我国资本市场已形成主体多元、层次清晰、错位发展、互联互通的多层次资本市场，包括主板、创业板、科创板、北交所在内的场内市场，以及新三板、区域性股权市场在内的场外市场（见图5-11），债券市场已经成为企业融资的重要

---

① 资料来源：《2018中国私人财富报告》。

渠道。市场参与主体类型日益丰富，保险、社保基金、企业年金、券商资管、私募基金、信托等机构投资者逐步入市。产品供给更加多元，期货期权品种覆盖了国民经济主要领域，衍生工具体系日益完善。截至2021年末，沪深证券交易所上市公司达到4 615家，开立证券账户的投资者超2亿户，总市值达到91.6万亿元，已成为全球市值第二大资本市场，参与期货市场交易的投资者超过5 000万户，2021年单边交易规模超580万亿元。

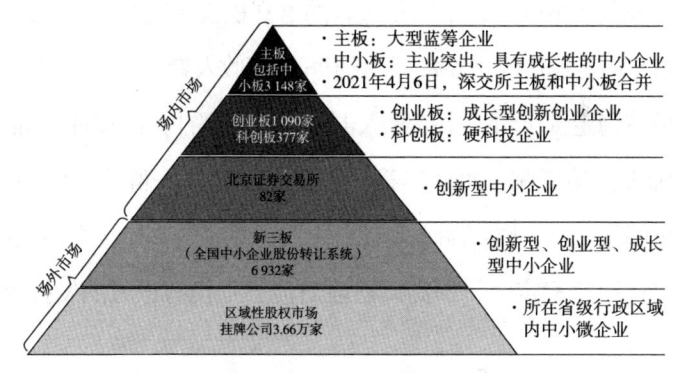

图5-11 我国多层次资本市场体系（截至2021年末）
资料来源：《中国证券监督管理委员会年报（2021）》。

随着资本市场发展以及居民财富管理需求不断上升，我国财富管理机构类型不断完善，形成包括银行系机构（银行理财部门、私人银行部门以及旗下理财子公司）、非银行金融机构（券商资管、保险资管、基金、信托等）和独立第三方财富管理机构在内的多元化机构生态体系。财富管理的产品谱系也日益丰富，除了传统的股票、债券、公募基金外，私募基金、商品期货、金融衍生品、海外投资（合格境内机构投资者、互联互通）、FOF（基金

中的基金）和基金投顾等产品不断扩容（见图5-12）。截至2021年末，我国财富管理市场简单合并规模达134万亿元[①]，其中公募基金34.59万亿元[②]（占比为26%），银行理财29万亿元（占比为22%），信托15.01万亿元（占比为11%），券商资管8.24万亿元（占比为6%）[③]，保险资管23.95万亿元（占比为18%），私募基金20万亿元（占比为15%），期货资管0.35万亿元（占比为0.3%）。

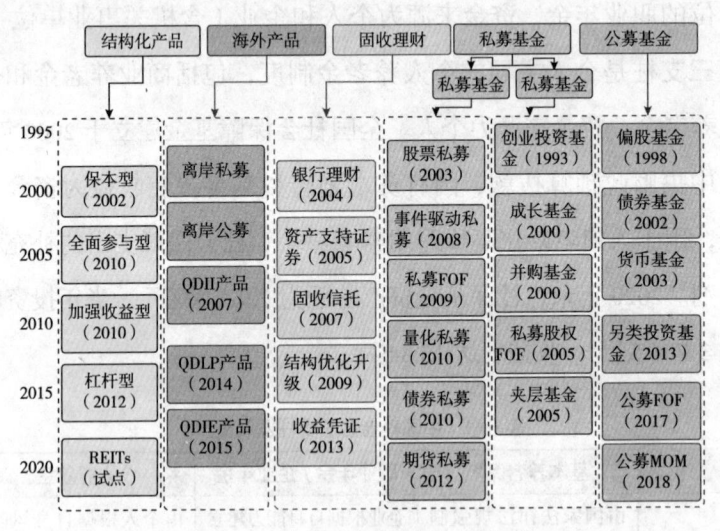

图 5-12 中国财富管理主要产品图谱

注：QDII 表示合格境内机构投资者，QDLP 表示合格境内有限合伙人，QDIE 表示合格境内投资企业，MOM 表示管理人的管理人基金。

资料来源：中金公司研究部。

---

① 资料来源：《中国资产管理市场2021》，中国光大银行与波士顿咨询公司。
② 包含公募基金的公募（25.6万亿元）、公募基金公司管理的私募资管计划（5.07万亿元）和公募基金公司管理的养老金（3.96万亿元）。
③ 资料来源：中国证券投资基金业协会。此处为"证券公司及子公司私募资产管理业务规模"，不含证券公司管理的养老金。

2. 我国养老基金的发展情况

广义上，我国养老基金①包括三支柱养老金和全国社会保障基金（见表5-1）。其中，第一支柱是政府主导的基本养老保险制度，包括城镇职工基本养老保险和城乡居民基本养老保险两大类，资金来源为个人、企业和政府三方；第二支柱是单位主导的职业养老金制度，包括适用于企业单位的企业年金和适用于事业单位的职业年金，资金来源为个人和企业（含机关事业单位）；第三支柱是个人主导的个人养老金制度，包括商业养老金和个人养老金，资金来源为个人。全国社会保障基金建立于2000年，以中央财政预算拨款、国有资本划转和基金投资收益为资金来源，用于人口老龄化高峰时期养老保险等社会保障支出的补充和调剂。2020年末，社保基金资产总额为2.92万亿元，当年投资收益3 786亿元，收益率达15.84%。

表5-1 中国养老金三支柱发展概况

	基本养老保险	职业年金/企业年金	个人养老金
基本概念	由国家法律法规强制执行，必须依法缴纳的养老保险费用	企业根据自身能力建立的企业补充养老保险	由个人根据自身风险收益特征选择符合条件的养老金融产品进行投资，以积累养老金资产
基金规模	2021年末累计结存6.3万亿元	2021年余额4.4万亿元	2021年余额1 151亿元

---

① 国际上一般将"养老基金"指代养老金第一支柱和第二支柱（很多时候专指第二支柱）。

续表

	基本养老保险	职业年金/企业年金	个人养老金
发展特点	1. 覆盖范围广，2021年底覆盖人数约十亿人 2. 规模稳定增长 3. 负担日益加重，从1998年到2019年财政补贴超过4万亿元	1. 企业年金至2020年基金规模扩大到两万亿元，参与职工增长至2 718万人 2. 职业年金自2019年开始市场化运营	1. 可全民参与，自主决定，不受就业限制 2. 2018年5月在上海、福建、苏州工业园区启动我国个人养老金产品试点，2022年11月扩大到北京、上海、广州、西安、成都等36个先行城市或地区

我国养老资金流向资本市场有四种路径：一是全国社保基金（含原始基金及受托管理的地方基本养老保险基金）自主投资公募基金、股票等，二是养老资金的受托管理机构委托基金公司担任投资管理人进行投资组合管理[①]，三是养老资金的受托机构或投资管理人投资于基金公司发行的标准化养老金产品，四是基金公司直接发行养老目标基金产品。根据刘湘宁（2005）、廖理和石美娟（2008）的研究，我国养老基金偏好投资流动性强、交易成本低、风险小、规模大的公司。

（三）我国资本市场的财富效应分析

资本市场的发展壮大促进了我国现代金融体系建设，拓宽了居民投资渠道和财产性收入来源，为养老体系和社会保障体系建

---

① 此种模式类似于基金公司的专户业务模式。

设提供了有力支持。

1. 股票市场

股票市场对居民收入的影响及其财富效应的体现最为直接。

第一，对居民收入分配的影响。股票市场是企业直接融资以及居民获得投资收益的主要场所。随着我国股票市场的规模不断扩大，参与的投资者与日俱增，股票资产已成为我国居民的重要财富，股票市场成为居民增加财产性收入的重要渠道。

股票市场的发展与财产性收入的增长相互促进。一方面，投资者通过股利、出售股票等获得收益，增加财产性收入。居民当期财产性收入增加或预期收入增加，会增强居民投资理财的信心，促使其加大股票投资，增加未来财产性收入。另一方面，由于股票市场风险较高、波动较大，财产性收入具有较高的波动风险。股价上涨时，居民财产性收入和净财富收入增加，投资者会更愿意加杠杆买入股票，促使股价进一步上升。

股票市场发展会影响居民收入分配的格局。股市流动性提升会降低资金成本，缓解融资约束，增加股市中的资产供给。企业融资结构改变，股权替代了债权，股东人数与构成分散化，使更多居民享受股市提供的金融服务，从中获益（Amihud and Mendelson，2006）。股市流动性提升还会降低信息成本，避免高收入群体通过内幕交易和市场操纵获利，损害低收入群体的权益，使全体投资者能够更加平等地获取收益（Levine and Zervos，1998）。

第二，股票市场的财富效应。笔者认为我国股票市场存在财富效应，对消费增长有一定的影响，主要表现在以下几个方面。

一是收入提高对投资行为、风险承受和消费偏好水平起正向作用。收入水平提高，居民投资股票的资产比例上升，导致股价上涨，进一步促使居民持有的股票升值，通过直接的财富效应促进消费支出。

二是投资者信心通过财富效应和替代效应影响消费支出。一方面，投资者信心上升将增加股票市场投资，产生财富增值，从而促进消费支出；另一方面，若居民看好未来的股票市场，短期内也可能增加股票投资，减少其他消费支出。

三是股票市场参与度影响股市财富效应。当股价上升，投资股市获得资本利得与股利，投资者拥有的股票数量越多、基数越大，股票资产增加越多，财富效应越明显，居民现期消费也就增加越多。

四是人口年龄结构影响财富效应和消费水平发挥。人口年龄结构是影响居民参与股市的重要因素。通常来说，30~50岁人群是股票市场个人投资者的中坚力量（占比过半），这个阶段的人群工资收入最为宽裕，财富积累也达到一定规模，并且风险偏好相对较高，愿意积极参与股市；而60岁以上人群虽然财富积累最多，但往往处于退休阶段，对风险态度最为谨慎；20岁以下人群尽管风险偏好较高，但受收入、知识和经验的限制，参与股市的比例相对较低。

2. 债券市场

债券市场参与者以机构投资者为主,个人投资者占比很小且投资渠道和投资标的较为受限,但债市对个人投资者的收入作用机制比较清晰,与利率变动正相关。

第一,个人投资者参与债市投资的渠道。个人投资者可以通过银行柜台市场投资利率债,多持有至到期。符合交易所合格投资者条件的个人投资者,可以认购和交易在交易所上市交易或挂牌转让的除特定品种①以外的债券。截至2022年4月末,交易所市场个人投资者持有债券的比重不到1%,以持有公司债为主。个人投资者还可以参与REITs二级市场交易,但由于REITs整体市场规模有限,对个人财富和收入的影响不大。因此,个人通过机构间接参与债券市场是其投资债券市场的主要渠道。

由于不同机构的负债成本和结构不同,其投资目标和约束条件也不同,且不同的投资策略决定了债市对不同类型的机构投资者的收入作用机制。一是商业银行,作为债券市场最大的参与者,其持有的债券体量大,整体偏向持有至到期,波段交易操作不多,偏好投资免税的国债和地方政府债,表内信用债配置比例并不高。影响商业银行配置债券的主要因素包括信贷投放节奏、金融监管、流动性监管②和政府债券发行节奏等。二是保险机构,

---

① 特定债券品种包括信用评级在AAA级以下的公司债、企业债,非公开发行的公司债、企业债,以及资产支持证券等。
② 2018年5月25日,银保监会发布《商业银行流动性风险管理办法》,其中流动性覆盖率(LCR)和优质流动性资产充足率(HQLAAR)这两个指标对银行债券配置行为的影响相对较大。

由于对风险较为敏感，对波动的承受能力低，债券是其最主要的投资资产，2015年以来占比基本在30%以上。影响保险资金配置债券的主要因素包括流动性监管①、非标监管②和国债发行节奏。三是债券型公募基金，其对信用利差较为敏感，偏好投资低风险利率债、中短期高评级信用债。四是券商自营，以自有资金买卖证券获取利润，其投资限制较少，追求绝对收益，资产配置以固定收益类证券为主，券种偏好高票息品种，对流动性较好的利率债也有一定的需求。此外，境外机构投资者偏好国债、政策性金融债和同业存单，其中境外央行类机构多以结算代理渠道入市，投资行为以持有至到期为主，境外商业类机构多通过债券通入市，投资行为以波段操作赚取价差收入为主。

第二，债券市场的财富效应。债券资产价值上升使资产持有者消费增加并带动投资增长，进而刺激经济增长，经济增长又进一步带动居民收入和财富增加。债券市场促进消费增长的传导机理包括三个方面：一是债券持有者在债券价格上升后，卖出债券套现，实际资产增加，拉动消费增长；二是债券持有者获得稳定的利息收入，拉动消费增长；三是投资者持有债券，扩大了总资

---

① 《保险公司偿付能力监管规则（Ⅱ）》第13号规定了保险公司流动性监管指标。流动性覆盖率等指标鼓励保险机构配置国债、存款和政金债。

② 《关于保险资金投资有关金融产品的通知》规定，险资可投资境内依法发行的商业银行理财产品、银行业金融机构信贷资产支持证券、信托公司集合资金信托计划、证券公司专项资产管理计划、保险资产管理公司基础设施投资计划、不动产投资计划和项目资产支持计划等金融产品。此后，险资配置非标占比快速上升，但在资管新规发布后，险资非标投资占比又有所下降。

产水平和总体信用水平，投资者可运用这些债券向银行借贷支持消费。总体看，债券市场对个人投资者具有正向财富效应。

3. 养老基金

养老基金资金源稳定且规模巨大，是重要的机构投资者，在调节居民收入分配和促进资本市场发展中起到了重要作用。

第一，对居民的影响。基本养老保险是国家强制建立和实施的社会保险制度，对收入分配的直接调节机制体现在筹资环节和给付环节。我国养老保险资金采用"统收统支、现收现支"的运营模式，缴费基数和费率共同决定筹资水平，统筹部分的基金规模越大，调节收入分配的程度越高。截至2022年，我国基本养老金实现18年连涨，退休人员养老金18年内增长了3倍以上。全国基本养老金支出由2013年的不足2万亿元增长到2021年的6万亿元，实际领取人数从2013年的2.2亿人增长到2021年的2.9亿人，人均收益金额从2013年的9 088元增长到2021年的20 496元。

养老基金参与资本市场可以使资本市场的发展红利惠及全民，间接调节收入分配差距。全国社保基金自2000年8月成立以来，年均投资收益率为8.51%；企业年金2020年投资收益率为10.31%，自2007年以来平均加权收益率为7.3%。

此外，养老金作为一种长周期配置资产，为退休后收入提供了保障，降低收入不确定性，有利于减少居民以养老为目的的储蓄。这不仅能对增加消费起到显著的正向作用，而且会显

著提高居民的投资意识，提高居民参与资本市场的比例。宗庆庆等（2015）考察了社会养老保险对家庭金融风险资产投资的影响，发现有社会养老保险的家庭，风险资产投资倾向和比重都显著高于没有社会养老保险的家庭；李昂等（2016）的研究表明，参加养老保险的家庭持有风险金融资产的概率比未参保家庭高4%，参保家庭对股票等风险金融资产的配置比例比未参保家庭高16.5%。参加养老保险与个人投资的人数如图5-13所示。

图5-13 参加养老保险与个人投资的人数

第二，对资本市场的影响。养老基金大规模入市不仅扩大了资本市场规模，而且可以有效提高资本市场配置效率、减少资本市场波动、改善资本市场结构。2016年以来，一部分养老基金由全国社会保障基金理事会投资运营管理，巨大的投资规模和专业的管理团队与投资理念对资本市场的其他投资者形成了示范效应。这有利于引导市场形成理性投资的氛围，降低波动风险，改善整体投资环境，逐步形成"养老金为资本市场提供长期资金，

资本市场促进养老金增值"的良性互动格局。同时，养老基金为市场注入大量流动性，助力股市增长，也有助于增强投资者的信心。

三、我国资本市场财富效应的实证检验

改革开放以来，我国经济和资本市场都取得了快速发展，人民生活水平大幅提高。一方面，经济基本面的改善是支撑资本市场持续发展的基石，对股指走势的贡献率甚至可达到50%以上[①]。另一方面，资本市场持续稳定发展也会通过财富效应、收入效应对居民收入分配格局产生影响，并最终对实体经济产生深远影响。欧美发达国家股指与实体经济相关性较强，晴雨表效应较为显著；但我国股指与经济增长的相关性较弱，晴雨表效应不显著。本研究尝试构建资本市场直接作用于经济增长的计量模型，但结果显示，股指收益率对消费和投资的弹性系数均不显著。股指短期波动除了受运行周期、增长业绩、通货膨胀及利率水平等市场因素影响之外，还易受情绪面和政策面等非市场因素的影响，导致股市波动偏离实体经济增速的情况时常出现。因此，本研究将实证检验重点集中于股市和债市的财富效应，以及养老金入市对资本市场和居民收入分配格局的影响。

---

① 历史数据表明，以沪深300指数、上证50指数为考察对象构建的面板模型显示，基本面改善对沪深300指数、上证50指数涨跌幅的贡献率分别为71%、53%，流动性收紧与资金面紧张对上述股指的贡献率为负，分别为–15%和–1%。

(一) 股票市场收入与财富效应的实证检验

1. 股市的收入及财富效应

考虑到数据可得性,笔者验证的股市收入效应更聚焦于对宏观经济变量的影响,即市场整体发展对城乡全体居民产生的积极外溢作用,财富效应更聚焦于对股市参与者群体的影响。

第一,股市收入效应衡量。我们从股市规模、流动性及居民股市参与度[①]三个方面衡量股市发展对居民财产性收入和居民消费支出的影响,及其对城乡居民收入差距和消费支出差距的影响,样本期为2005年6月至2021年12月。分析期间,我国居民可支配财产性收入稳步增长,人均可支配财产净收入增长了17倍,但城乡居民人均可支配财产性净收入差距增长了18.2倍;居民消费支出水平也不断提升,人均消费支出增长了4.1倍,城乡消费支出差距增长了1.8倍。同期,股票市场蓬勃发展,股市规模、流动性及居民参与度均大幅提升,股市流通市值增加了79.5倍,全市场月均换手率由1.4%升至2.9%,居民参与股票市场比重由不足4%升至14%。

模型结果显示,股票市场规模、参与度的提升能够显著影响居民财产性收入和消费支出的变化(见表5-2)。流通市值和居民股市参与度同人均财产性收入及人均消费支出正相关。流通市值每增加1 000亿元,居民股市参与度每提升1%,居民人均可支配财产净收入将分别增加3.9元和21.8元,居民人均消费支出也

---

① 本文用流通市值和换手率反映股市规模及流动性,而居民股市参与度则为居民期末股市持仓账户数占居民总人口的比重。

将分别增加 24.3 元和 169 元。从收入分配看，股市规模及参与度的提升会增加城乡收入及消费差距，而股市流动性的提升将改善收入分配及消费支出不平等的情况。流通市值每增加 1 000 亿元，居民股市参与度每提升 1%，城乡居民人均财产净收入差距将分别扩大 5.8 元和 31.6 元，城乡居民人均消费支出差距也将分别扩大 11.7 元和 101.5 元。而股市流动性每提升 1%，城乡居民人均财产收入和人均消费支出差距将分别下降 117.3 元和 300.1 元。

表 5-2　全市场分阶段居民收入和消费支出效应衡量

变量	居民人均可支配财产净收入	城乡居民可支配财产净收入差距	居民人均消费支出（元）	城乡居民人均消费支出差距（元）
全市场				
常数项	402.21***	732.65**	6 769.86***	7392.43***
流通市值（亿元）	0.0039***	0.0058***	0.0243***	0.0117***
换手率（%）	−72.25***	−117.31***	−459.49***	−300.06***
居民参与度（%）	21.78***	31.55***	169.00***	101.50***
牛市阶段				
常数项	373.51***	612.88***	6 682.48***	6 834.46***
流通市值（亿元）	0.0037***	0.0056***	0.0232***	0.0112***
换手率（%）	−49.35***	−70.62***	−341.33***	−169.78***
居民参与度（%）	23.72***	35.78***	181.30***	115.90***
熊市阶段				
常数项	374.28***	783.25***	6 034.89***	7 267.23***
流通市值（亿元）	0.0047***	0.0078***	0.0295***	0.0177***
换手率（%）	−149.06***	−248.43***	−859.31***	−530.68***
居民参与度（%）	22.86***	6.85***	265.00***	44.00***

注：*** 表示变量在1%的显著性水平下显著，** 表示变量在5%的显著性水平下显著，* 表示变量在10%的显著性水平下显著，无 * 表示不显著，全书同。
资料来源：Wind。

第二，股市财富效应衡量。我们选取 2015 年 1 月至 2022 年 4 月的数据，进一步验证股市财富效应，即从股市规模、流动性及居民股市参与度三个方面衡量股市发展对于居民 A 股盈亏和分红的影响。股市盈亏主要聚焦于资本增值部分，分红主要聚焦于同期收益的部分，二者共同构成股市的财富效应。分析期间，我国投资者整体年度股市盈利总规模呈逐渐递增态势，但波动较大；分红规模持续增长，分红时点相对集中，在每年的 6—7 月。

模型结果显示，受投资者内部盈亏分化较大、分红占可支配收入比例不高的影响，股市流通市值、换手率和居民参与度的变化对投资者整体盈亏和分红的影响并不显著。但对于不同的收入群体居民而言，股市流通市值对高收入群体居民的分红影响十分显著（见表 5-3）。流通市值每增加 1 000 亿元，中等收入群体、高收入群体居民享有的分红金额分别增加 0.05 亿元、0.2 亿元。需要说明的是，居民也可以通过养老金（社保、企业年金）投资间接享受分红收益，即流通市值每增加 1 000 亿元，养老金的分红金额也会增加 0.05 亿元。

表 5-3 全市场财富效应衡量

变量	全市场投资者盈亏	全市场投资者分红	低收入群体分红	中等收入群体分红	高收入群体分红	养老金分红
常数项	−9 153.19	468.11	26.91	4.29	30.89	−2.99
流通市值（亿元）	0.0067	0.0015	0.0001	0.00005*	0.0002*	0.00005**
换手率（%）	2 190.34	−28.4	1.65	0.43	−7.20	−0.14
居民参与度（%）	−30.52	−30.61	−2.42	−0.77	−2.72	−0.52

资料来源：Wind。

第三，股市阶段、结构、行为对收入及财富效应的影响。在考察了整体情况后，我们进一步分析了股市不同牛熊阶段、板块结构及上市制度对于收入及财富效应的影响。

一是对收入效应的影响。分阶段看，熊市中，股市规模、流动性对收入与分配的影响更大（见表5-2）。当市场处于熊市时，流通市值每下降1 000亿元，居民人均财产净收入、居民人均消费支出、城乡居民人均收入差距、城乡居民人均消费支出差距将分别减少4.7元、29.5元、7.8元、17.7元；牛市时，流通市值每增加1 000亿元，居民人均财产净收入、居民人均消费支出、城乡居民人均收入差距、城乡居民人均消费支出差距仅增加3.7元、23.2元、5.6元、11.2元。同时，熊市中，股市流动性每下降1%，城乡居民人均收入差距和人均消费支出差距将扩大248.4元和530.7元，较牛市的影响分别提高177.8元和360.9元。但牛市中，居民参与度对居民人均财产收入、城乡居民人均收入差距、城乡居民人均消费支出差距的影响更大；熊市中，其对城乡居民人均消费支出的影响更大。

分板块看，创业板流通市值、参与度对收入与分配的影响均更大，主板流动性对收入及消费差距的影响更大（见表5-4）。创业板流通市值每增加1 000亿元，居民人均财产净收入、居民人均消费支出、城乡居民人均收入差距、城乡居民人均消费支出差距将分别增加21.3元、129.2元、29.8元、41.2元，远大于主板流通市值的影响。同时，创业板参与度每提升1%，居民人均财产净收入、居民人均消费支出、城乡居民人均

收入差距、城乡居民人均消费支出差距也将分别增加 59.9 元、437.9 元、85.7 元、239.4 元。但主板流动性对收入和消费分配的影响更大，主板流动性每提升 1%，城乡居民人均收入差距、城乡居民人均消费支出差距将分别减少 119.3 元、302.2 元，较创业板流动性的影响分别提高 63.5 元、139.5 元。此外，科创板中，除股市规模仍显著正向影响居民收入和分配外，居民参与度的影响不再显著，流动性对城乡收入差距的影响也变为正向，这可能与科创板年限较短、样本量较少有关。

分制度看，核准制下，创业板发展对收入及分配的影响同全市场及主板的影响相似，即市场规模和参与度正向影响收入及分配，流动性则呈负向影响，这也在一定程度上说明了创业板"过度炒作"并不利于提升居民整体收入。值得注意的是，在创业板实行注册制后，流动性不再显著影响收入及分配，同时规模和参与度也不再显著影响消费支出及差距，这可能与创业板实行注册制时间较短、样本量较少有关。

表 5-4　分板块居民收入和消费支出效应衡量

变量	居民人均可支配财产净收入	城乡居民可支配财产净收入差距	居民人均消费支出（元）	城乡居民人均消费支出差距（元）
主板				
常数项	344.63***	641.11**	6 382.97***	7 161.08***
流通市值（亿元）	0.0044***	0.0068***	0.0283***	0.0140***
换手率(%)	-73.64***	-119.301***	-466.39***	-302.20***
居民参与度（%）	19.81***	27.53***	152.30***	83.19***

续表

变量	居民人均可支配财产净收入	城乡居民可支配财产净收入差距	居民人均消费支出(元)	城乡居民人均消费支出差距(元)
创业板				
常数项	1 167.91***	1 949.91***	12 050.00***	10 600.00***
流通市值（亿元）	0.0213***	0.0298***	0.1292***	0.0412***
换手率(%)	−40.79***	−55.82**	−322.95***	−162.73**
居民参与度（%）	58.85***	85.67***	437.90***	239.40***
科创板				
常数项	2 601.41***	3 972.82***	20 290.00***	13 540.00***
流通市值（亿元）	0.0205***	0.0254***	0.1067***	0.0218*
换手率(%)	4.16*	−5.15*	−4.80	−20.62
居民参与度（%）	−1.05	−0.01	72.85***	79.31***

资料来源：Wind。

二是对财富效应的影响。与收入效应不同，在不同市场阶段，股市财富效应的作用渠道不同，对不同收入群体居民的影响程度也不同。

分阶段看，投资者熊市入场，亏损会比较明显，即居民参与度每提升1%，投资者整体亏损规模增加1.23万亿元。其中，低收入群体居民的亏损规模为1 657.07亿元，中等收入群体居民、高收入群体居民的亏损规模分别为561.10亿元、2 816.16亿元（高收入群体居民亏损更多，主要是因为其持股规模更大）。而牛

市中，股市流通市值、换手率和居民参与度对投资者整体盈亏、分红的影响均不显著，但中等收入群体居民、高收入群体居民分红收入提升，这主要得益于高流通市值股票带来的收益增长（见表5-5）。流通市值每增加1 000亿元，中等收入群体居民、高收入群体居民的分红收入分别增加0.06亿元、0.2亿元。

表5-5 牛市和熊市下财富效应衡量

变量	全市场投资者盈亏	全市场投资者分红	低收入群体分红/盈亏*	中等收入群体分红/盈亏	高收入群体分红/盈亏	养老金分红/盈亏
牛市						
常数项	−10 390.00	433.05	28.59	3.96	22.75	−2.99
流通市值（亿元）	0.0291	0.0021	0.0002	0.00006*	0.0002*	0.00005**
换手率（%）	1 232.98	−107.23	−6.2	−1.86	−9.19	−0.14
居民参与度（%）	−162.90	−32.89	−2.59	−0.83	−2.89	−0.52
熊市						
常数项	72 280.00	393.21	8 164.09*	3 243.85**	17 930.00**	1 194.07**
流通市值（亿元）	0.109	−0.0029	0.0181	0.0056	0.0252	0.0006
换手率（%）	−6 520.87	190.8	−813.43	−333.02	−1 764.1	−78.14
居民参与度（%）	−12 260.00	104.27	−1 657.07*	−561.1*	−2 816.16**	−153.46

注：牛市阶段因变量为各收入群体分红，熊市阶段因变量为各收入群体盈亏。
资料来源：Wind。

分板块看，创业板流通市值对投资者分红的影响较大，流通市值每增加 1 000 亿元，投资者整体分红总额将增加 0.4 亿元，且对中等收入群体、低收入群体更为明显。对于高收入群体而言，主板流通市值对分红的影响更为显著，流通市值每增加 1 000 亿元，高收入群体分红的金额增加 0.2 亿元。盈亏方面，流动性（换手率）对中等收入群体、低收入群体在创业板的盈亏总额产生显著影响，且对低收入群体的影响更为显著（见表5-6）。也就是说，换手率每提升 1%，中等收入群体、低收入群体居民的盈利规模分别增加 29.37 亿元、109.77 亿元。

表5-6 创业板下财富效应衡量

变量	全市场投资者盈亏	低收入群体盈亏	中等收入群体盈亏	高收入群体盈亏	养老金盈亏
常数项	−2 152.48	−524.38**	−135.46	−879.97	−12.36
流通市值（亿元）	−0.0158	−0.0017	−0.0006	−0.0050	−0.0001
换手率（%）	485.79	109.77**	29.37*	197.20	2.88
居民参与度（%）	99.24	7.95	2.74	29.01	1.14
变量	全市场投资者分红	低收入群体分红	中等收入群体分红	高收入群体分红	养老金分红
常数项	29.02	4.52**	1.50**	13.87**	0.21
流通市值（亿元）	0.0004**	0.00005*	0.00002*	0.0001	0.00001**
换手率（%）	−3.54	−0.54	−0.16	−1.48	−0.03
居民参与度（%）	−1.45	−0.20	−0.07	−0.55	−0.01

资料来源：Wind。

分制度看，在核准制下，创业板发展对投资者盈亏和分红的影响较为明显。流通市值每增加 1 000 亿元，投资者盈利总额将

增加 156.30 亿元，分红将增加 1.90 亿元；流动性即换手率每增加 1%，投资者盈利总额将增加 518.50 亿元；居民参与度每提升 1%，投资者分红将下降 3.11 亿元。在创业板实行注册制后，市场规模、流动性和参与度对投资者盈亏的影响更为显著（见表 5-7），其中流通市值每增加 1 000 亿元，投资者盈利总额将增加 680.00 亿元；流动性转为负向影响，换手率每增加 1%，投资者盈利总额将下降 2 917.84 亿元；居民参与度每提升 1%，投资者盈利总额将下降 2.91 万亿元。而市场规模和参与度不再显著影响投资者分红，这主要是因为注册制下创业板、科创板股票价格增长更快，获取资本利得更加明显。正因如此，成长股往往也伴随着低分红，上述变量对分红的影响均不显著。

表 5-7 分制度下财富效应衡量

变量	常数项	流通市值（亿元）	换手率（%）	居民参与度（%）
核准制				
全市场投资者盈亏	−6 630.3	0.1563	518.5	−52.77
低收入群体盈亏	−1 054.48***	0.0208***	103.60***	−11.87
中等收入群体盈亏	−322.54***	0.0072***	28.00**	−4.01
高收入群体盈亏	−2 353.38***	0.0525***	205.89**	−22.48
养老金盈亏	−87.99***	0.0027***	3.81	−1.35
全市场投资者分红	−7.83	0.0019	−3.63	−3.11
低收入群体分红	0.2494	0.0002***	−0.58	−0.4003**
中等收入群体分红	−0.2264	0.0001***	−0.1753	−0.1533**
高收入群体分红	−1.56	0.0008***	−1.73	−1.27*
养老金分红	−0.2999	0.00003***	−0.0348	−0.0358**

续表

变量	常数项	流通市值（亿元）	换手率（%）	居民参与度（%）
注册制				
全市场投资者盈亏	151 800	0.68	−2 917.84	−29 100
低收入群体盈亏	15 660.00***	0.1017***	−234.38	−3 442.46***
中等收入群体盈亏	6 053.28***	0.0361***	−102.09*	−1 281.52***
高收入群体盈亏	45 090.00***	0.2237***	−852.33**	−8 922.24***
养老金盈亏	2 743.35***	0.0098***	−57.11**	−490.55***
全市场投资者分红	87.1	0.0002	−10.31	−3.14
低收入群体分红	10.66	0.00004	−1.21	−0.6851
中等收入群体分红	5.11	0.00001	−0.4579	−0.4212
高收入群体分红	38.04	−0.000003	−3.34	−1.63
养老金分红	1.5468	0.00001	−0.1346	−0.1827

资料来源：Wind。

2. 中美资本市场股利支付、资本利得行为比较

我们采用 2005 年 6 月至 2022 年 4 月的月度数据，对中美股利支付和资本利得进行比较研究。股利支付行为可以从股利支付倾向、股利支付率和股息率①三个角度来衡量，资本利得则可以从中美市场主要指数走势及其投资收益率来比较。

一是中美上市公司股利支付行为特点分析。

---

① 股利支付倾向，即分红公司数量在所有上市公司中的占比，体现上市公司股利支付意愿。股利支付率，包括现金股利支付率和股票股利支付率，前者是现金分红总额与净利润之比，后者是每股配股比例，体现的是上市公司股利支付比例。股息率，即每股分红与股票价格之比，其倒数代表了在折现率为 1 的基础上分红金额总额达到当前市场价格的年数。

从股利支付倾向看，A股上市公司的股利支付倾向明显高于美股市场。具体来看，A股市场股利支付倾向呈现出明显的上升趋势，而美股表现出下行趋势。分结构看[①]，A股市场上，创业板公司的股利支付意愿最为强烈，主板公司的股利支付倾向较弱。与之相反，美股市场上，以纽约证券交易所为代表的美国大中型上市公司的股利支付倾向显著高于其他市场，这也是推高美股股利支付占比的主要因素，而以纳斯达克为代表的创新型上市公司的股利支付意愿相对较弱。

从股利支付率看，A股上市公司现金股利支付率总体低于美股市场。具体来看，A股市场的公司股利支付率呈现逐渐下降且趋于平稳的走势，而美股市场的公司股利支付率表现为波动上升，中枢先升后降的走势。A股市场上市公司的股利支付率均值为29.6%，其中，主板、创业板市场的股利支付率分别为29.8%、33.1%，均小于道琼斯指数、纳斯达克指数的支付率均值，分别为44.0%、33.4%。

从股息率看，A股上市公司在分红能力方面低于美股上市公司。具体来看，A股市场的公司股息率"四降四升"、波动较大，与股利支付率的走势相差较大，而美股市场的公司股息率表现出与股利支付率类似的走势。A股市场上市公司的股息率均值为1.5%。其中，主板股息率均值为1.6%，低于道琼斯指数2.5%的股息率均值；创业板股息率均值为0.5%，仅为纳斯达克指数股息

[①] 由于科创板开板时间较短，在此不进行分析。

率均值（1.0%）的一半。

二是中美市场资本利得的对比分析。

从指数走势看，A股市场上涨频率更小，且"牛短熊长"特征明显。美股指数总体表现出趋势性上升的变动态势，而A股市场指数更多表现出剧烈波动的特征，并伴随着中枢上移。在考察期的203个月内，上证指数上涨月份合计115个，占比为56.7%；而道琼斯指数上涨月份合计132个，占比为65.0%。相应地，在创业板上市以来的143个月内，创业板指数上涨月份合计73个，占比为51.0%；纳斯达克指数上涨月份93个，占比为65.0%。

从收益率看，A股指数收益率小于美股，但波动率更高。2005年6月以来，上证指数、创业板指数累计分别上涨187%和132%，均小于道琼斯指数和纳斯达克指数215%和496%的涨幅。从涨跌幅波动率看，A股市场在上涨行情中涨幅明显高于美国市场，在下跌过程中跌幅也偏大。上证指数、创业板指数波动率分别为7.6%和9.3%，均高于道琼斯指数、纳斯达克指数的4.2%和5.2%。说明在A股市场获得资本利得对投资者的择时能力有较高要求。而美股市场波动较小，投资收益的稳定性较强，在投资过程中只需要规避少数几个下跌时点，均可获得较高收益，即使未能规避下跌时点，长期持有也能够获得正向收益。

从夏普比率[①]看，A股指数夏普比率长期低于美股，投资者

---

① 夏普比率（Sharpe Ratio）是基金绩效评价标准指标，用于衡量基金相对无风险利率的收益情况，等于（年化收益率 – 无风险利率）/组合年化波动率。

单位风险承担的收益普遍较低。2017年以来，截至2021年末，上证指数、深证成指、创业板指数的夏普比率分别为12.8倍、25.5倍、30.2倍，不及道琼斯指数、纳斯达克指数、标准普尔500指数同期水平（46.7倍、77.2倍、61.5倍）。这说明即使面临相同的风险，A股投资者获得的风险溢价相对较低，甚至会发生亏损（2018年2月至12月、2021年3月至2022年4月），这在一定程度上降低了机构投资者参与的积极性。

（二）债券市场收入与财富效应的实证检验

1. 不同阶段、不同期限、不同市场趋势下的收益率分析

债券市场以机构投资者为主，公募基金投资行为间接反映个人参与债市投资情况。交易所市场，包括基金、理财、保险及信托产品在内的非法人投资者持债占比接近50%；银行间市场，非法人产品持债规模占比也接近30%，仅次于商业银行。个人投资者可以直接参与交易所市场和银行柜台市场的债券交易，但投资规模非常有限，目前主要通过公募基金[①]等非法人产品间接投资债券市场。因此，公募基金在债券市场的投资交易行为及其投资回报可侧面反映个人参与债市的投资获利情况。

---

① 公募基金资金来源中，来源于其他各类机构投资者的资金占比较高，而机构投资者（除养老金外）中，来源于银行的资金（含自有资金及其发行的资管产品）最多，其次为保险资金（含自有资金及其发行的资管产品），因此机构投资者主要为机构发行的资管产品，其中大部分仍是个人投资者资金的集合。穿透来看，公募基金还是主要服务于个人投资者。

公募基金①规模自 2012 年以来年均增长 24.6%，截至 2022 年第一季度末，公募基金规模（净值）达到 25.2 万亿元，是个人投资者参与资本市场，实现财富保值增值的重要渠道。其中，债券型基金对债券配置较多，是债券市场重要的参与者，其债市投资行为和投资回报效应更具代表性。

公募债券型基金债券投资行为随债市走势变化调整明显。2016 年以来，债券型基金规模明显扩张。截至 2022 年第一季度末，债券型基金规模 7.1 万亿元，占公募基金总规模的 28.2%，其中，中长期纯债型基金规模占债券型基金总规模的 67.3%，混合债券型二级基金规模占比为 18.7%②。资产配置方面，中长期纯债型基金持有债券规模 5.8 万亿元，占其配置资产总值中的比重超过 95%。券种配置方面，中长期纯债型基金持有金融债券市值占比为 65.3%，非金融信用债市值占比为 27.0%，而 2013 年第一季度末，该占比曾高达 93%，这一比例自 2015 年开始连续大幅下滑，主要原因是非金融信用债违约事件频现，信用风险升高。总体看，中长期纯债型基金属于典型的交易型投资者，具有以下特点：一是债券收益率下行时增持债券配置，二是基金持债久期随收益率反向调整，三是中长期纯债基金杠杆水平随债券价格走势同向调整。

---

① 按照万得资讯的一级分类，公募基金主要分为股票型、债券型、货币型、混合型、合格境内机构投资者、另类投资和基金中的基金。
② 其他债券型基金类型包括短期纯债型基金、混合债券型一级基金、被动指数型基金和增强指数型基金。

中长期纯债基金收益率与债券市场走势总体呈反向关系，且收益随着投资期限的延长有明显提升。债券型基金的收入来源包括投资收益、利息收入、公允价值变动损益和其他收入。其中，利息收入占比最高，2013年上半年至2021年末，利息收入占比最低为52.8%，最高超过200%，其中又以债券利息收入占比最高。除利息收入外，在净值法计价下，债券价格波动引发的公允价值变动损益对总收入的影响幅度大于投资收益对总收入的影响幅度。从不同期限看，由于基金大部分收益来自利息收入，因此，拉长投资期限有利于中长期纯债型基金的投资回报提升。

从中长期纯债型基金投资收益率对10年期国债收益率变动的面板回归系数看（见表5-8），10年期国债收益率变动对中长期纯债型基金投资收益率产生显著负向影响，加杠杆总体有利于提升基金投资回报，基金本身的规模、久期和杠杆水平都会影响基金收益率对国债收益率变动的敏感度。

表5-8中dyear10指10年期国债收益率，ta指中长期纯债型基金规模，dur指中长期纯债型基金久期，lev指中长期纯债型基金杠杆率[1]，_cons指常数项，lev*dyear10指基金杠杆水平与国债收益率交互项，ta*dyear10指基金规模与国债收益率交互项，dur*dyear10指基金久期与国债收益率交互项。

---

[1] 基金杠杆率=基金资产总值/基金资产净值。

表 5-8 中长期纯债型基金投资收益率情况

	变量	回归系数
不含交互项	dyear10	−3.4567***
	ta	−0.0033
	dur	0.0149
	lev	0.5891***
	_cons	0.3126
含杠杆交互项	dyear10	−3.3552***
	ta	−0.0025
	dur	0.0250
	lev	0.6623***
	lev*dyear10	−3.319***
	_cons	0.1714
含基金规模交互项	dyear10	−3.7978***
	ta	−0.0018
	dur	0.0156
	lev	0.5936***
	ta*dyear10	0.0204***
	_cons	0.2842
含久期交互项	dyear10	−2.2191***
	ta	−0.0032
	dur	0.0019
	lev	0.6914***
	dur*dyear10	−0.3247***
	_cons	0.2068

2. 债市对居民收入与财富分配影响的检验分析

构建包含财富分配、居民收入等变量的回归模型如下：

$$PCE_t = \beta_0 + \beta_1 NAV_t + \beta_2 TO_t + \beta_3 CS_t + \beta_4 YRAR10_t + \beta_5 GDP_t + \varepsilon_t \quad (5-1)$$

$$PDI_t = \beta_0 + \beta_1 PCE_t + \beta_2 NAV_t + \beta_3 TO_t + \beta_4 CS_t + \beta_5 GDP_t + \varepsilon_t \quad (5-2)$$

其中，PDI_t、PCE_t 分别为财富分配变量、居民收入变量；由于我国购买债券的居民主要分布在县及县以上城市，因此将城镇居民人均消费性支出作为财富分配变量，将城镇居民人均可支配收入作为居民收入变量；NAV_t 为债市收益率，选择中长期纯债基金份额净值增长率；TO_t 为债券市场活跃度（成交额/余额）；CS_t 为 5 年期 AAA 级公司债到期收益率与 5 年期国债到期收益率之间的信用利差，用于衡量债市信用风险；$YRAR10_t$ 为 10 年期国债到期收益率；GDP_t 为宏观因素，用国内生产总值衡量宏观经济发展水平。样本区间为 2014 年第一季度[①]至 2020 年第一季度的月度数据，均用对数表示。

从债市对居民收入的影响（式 5-1）来看，债市收益率对居民收入的影响不显著，这主要是由于城镇居民购买中长期纯债基金的规模占比较少，两个变量的样本人群差异较大。债市活跃度对居民收入有明显的负向作用，这主要是由于国内居民直接参与债市交易的规模有限（尤其信用债），购买国债等利率债品种的占比较大。当债市活跃度较低时，市场整体热度较高，影响利率债品种的投资收益。信用利差对居民收入有明显的负向作用，这主要是由于当信用利差升高，债市信用风险上升，

---

① 选取 2014 年第一季度，是由于 2014 年 3 月"11 超日债"成为第一只违约的中国资本市场公募债券。

国债到期收益下行压力较大时，会降低居民的收入水平。10年期国债到期收益率对居民收入有明显的正向作用，这主要是由于国内居民以配置国债等利率债为主，当10年期国债基准利率升高时，有利于提升居民的投资收益。国内生产总值对居民收入有明显的正向作用，这主要是由于适度的经济增长有利于就业稳定，同时，经济增长会增加家庭经营收入，进而提升城镇居民的可支配收入。

从债市对财富分配的影响（式5-2）来看，居民收入变量对居民消费有明显的正向作用，这主要是由于居民收入增长是释放消费潜力的重要条件。债市收益率对居民消费有较弱的正向作用，这主要是由于投资者持有债券，卖出增加当期收入，持有获得稳定的利息收入，收入增加拉动消费增长。但是城镇居民购买中长期纯债基金的规模占比较少，限制了中长期债券基金收益增长对居民消费增长的影响程度。债市活跃度对居民消费有明显的负向作用，这主要是由于债市活跃度和热度较高时，居民通过投资债市获得的财产性收入有所减少，进而影响居民消费性支出。信用利差对居民消费的影响不显著，这主要是由于国内居民参与债市规模较小，债市信用利差和信用风险升高对居民整体消费影响有限。国内生产总值对居民消费有明显的促进作用，这主要是由于经济增长能明显提升居民可支配收入，影响居民消费支出规模。中长期纯债型基金收益率情况见表5-9。

表 5-9 中长期纯债型基金收益率情况

	变量	回归系数
居民收入	dlnnav	−8.2289
	dlnto	−0.3596
	lncs	−0.3632***
	lngdp	1.4082***
	lnyear 10	1.1954
	_cons	−8.6372
居民消费	lnpce	1.0842***
	lnnav	0.5685
	lnto	−0.0345
	lncs	0.0131
	lngdp	−0.1813***
	_cons	0.8237

（三）养老基金投资对居民收入分配效应的实证检验

1. 养老金入市对资本市场规模、波动性的影响

我国养老金的资金源稳定且规模巨大，是重要的机构投资者。2017 年以来，我国养老金入市规模稳步增长，截至 2021 年末，持有 A 股市值接近 2 万亿元，年均增速高达 20.1%。模型结果显示[1]，养老金入市不仅对资本市场规模扩张有正向拉动作用，

---

[1] 我们利用 2017 年 1 月至 2022 年 4 月的月度数据，构建时间序列模型，分别考察养老金入市对资本市场规模、波动率的影响。其中，养老金入市规模为养老金持有 A 股市值，资本市场规模为资本市场总市值，资本市场波动性为上证指数涨跌幅波动率。同时考虑市场流动性（换手率）、投资者参与度（城镇居民参与度）影响。盈亏模型拟合优度（调整的 R^2）分别为 0.82 和 0.40。

同时对降低资本市场波动率也有积极的促进作用。养老金入市规模每增加 1%，带动资本市场总规模增长 0.62%，并使资本市场波动率降低 0.02 个百分点（见表 5-10）。

表 5-10　养老金入市规模对股市规模、波动性的影响

变量	资本市场规模变动	资本市场波动性
养老金入市规模变动（%）	0.6235***	−0.0226***
全市场换手率（%）	0.0214***	0.0045***
全市场换手率 1 阶滞后项（%）	−0.0115**	—
居民参与度（%）	0.0012***	—
AR（1）	—	0.5089***
AR（2）	−0.2939**	—

注：AR 表示自回归。

资料来源：Wind。

2. 养老金入市的财富效应分析

2017 年以来，我国居民个人直接入市交易整体呈亏损状态，夏普比率为 −7.4 倍；高收入群体亏损相对较少，但其夏普比率也达到了 −5.2 倍。同期，养老金入市交易的夏普比率为 8.6 倍，投资者通过公募基金等渠道间接入市交易的夏普比率为 3.7 倍。这在很大程度上说明了，以养老金及其他资管产品间接投资替代个人直接投资会给居民个人财富水平的提升、扩大中等收入群体的规模带来正面影响。

我们利用 2017 年 1 月至 2022 年 4 月的月度数据，构建时间序列模型，考察资本市场规模、市场流动性、投资者参与度对养老金盈亏、分红的影响。结果显示，盈亏模型拟合优度（调整的

R^2）为 0.92，但分红不显著；资本市场规模增长有助于提升养老金盈利水平，即总市值每增加 1%，将带动养老金收益率增长 1.03 个百分点。此外，资本市场规模增长产生的正向影响在时间上也存在稳定性，总市值增速的 2 阶滞后项同样有显著的正向拉动作用（见表 5-11）。但市场流动性偏高，则不利于养老金收益的提升。全市场换手率每增加 1%，会拉低养老金收益率 0.002 个百分点。这在一定程度上说明，若市场出现过度投机现象，将不利于长期资金保持稳定收益。

表 5-11 养老金入市的财富效应

变量	养老金收益率
资本市场规模变动（%）	1.0363***
资本市场规模变动 2 阶滞后项（%）	0.0928**
全市场换手率（%）	-0.0020**

资料来源：Wind。

考虑到养老基金的长期配置以固定收益类产品为主，基本养老保险基金投资政策偏保守，债券投资收益贡献度较低。根据财政部及人力资源和社会保障部的数据粗略估算整体投资收益率[①]，发现养老保险基金收益率在 2018 年以前略高于银行 3 年期存款利率，2018 年以后显著高于定期存款利率（见图 5-14）。即使考虑人口老龄化和预期通货膨胀率的负面影响，养老保险基金仍实现了资金的保值增值。

[①] 首先用公式"总收入 - 征缴收入 - 财政补贴"估算投资收益，再用公式"投资收益 ×2/（期初结余 + 期末结余）"粗略估算整体投资收益率。

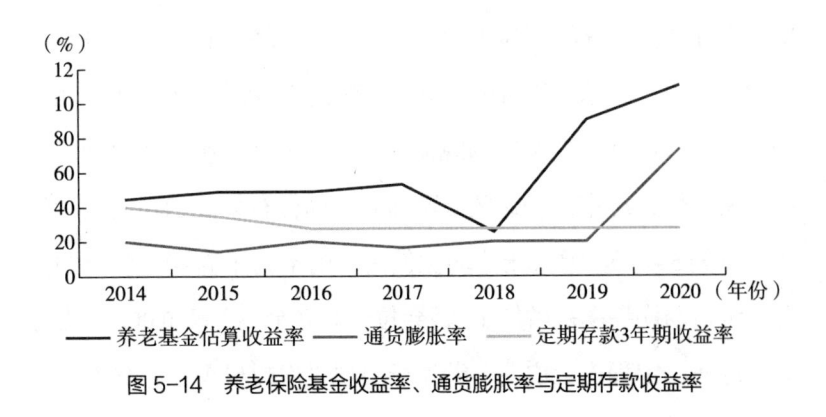

图 5-14　养老保险基金收益率、通货膨胀率与定期存款收益率

3. 养老基金引导长期投资、释放消费潜力的作用检验

养老基金偏好长周期配置资产，对长期投资有一定的引导作用。同时，由于养老金对退休收入有保障作用，这在一定程度上可以降低家庭储蓄率。养老保险的保障水平提高与养老保险基金的支出增加都有助于居民消费的增长。

为了验证养老基金对长期投资的影响，构建回归模型如下：

$$\text{invest} = \alpha + \beta_1 \text{spension} + \beta_2 \text{GDP} + \beta_3 \text{M2} \quad (5\text{-}3)$$

式 5-3 中，被解释变量 invest 为全社会固定资产投资对数，表示长期投资水平；解释变量 spension 为基本养老基金对数；控制变量为 GDP 对数和 M2（广义货币供应量）对数。基本养老基金与全社会固定资产投资散点图（见图 5-15）显示两者有很强的线性相关关系。回归结果如表 5-12 所示，全社会固定资产投资的系数显著为正，养老基金对长期投资有明显的促进作用。

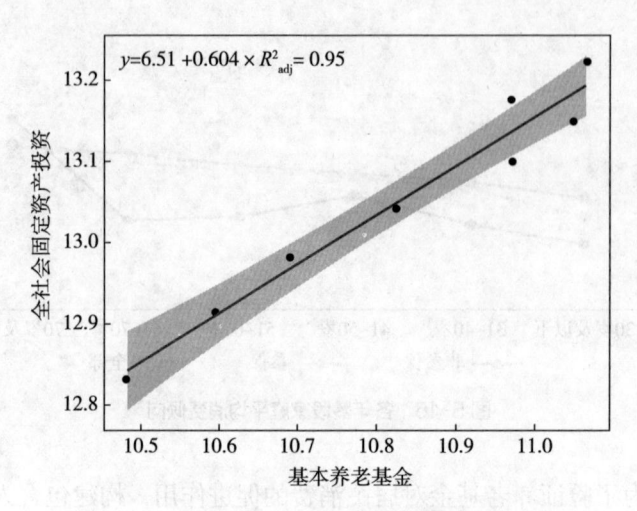

$y = 6.51 + 0.604 \times R^2_{adj} = 0.95$

图 5-15 基本养老基金与全社会固定资产投资散点图

表 5-12 养老基金对长期投资影响的估计结果

变量	系数	标准误	t 统计量	p 值
基本养老基金	0.3646*	0.1405	2.595	0.060
GDP	−2.2385	0.3676	−0.649	0.552
M2	0.4544	0.2181	2.084	0.106
常数项	5.9886***	0.8623	6.945	0.002

此外，利用中国综合社会调查（CGSS）数据，进一步研究家庭养老保险参保对家庭消费的影响。用家庭年人均生活费支出和家庭年人均收入的比值代表家庭平均消费倾向，绘制出各年龄段家庭平均消费倾向，如图 5-16 所示，可见参保人群的平均消费倾向总体上高于未参保人群，同时家庭平均消费倾向随年龄递增。

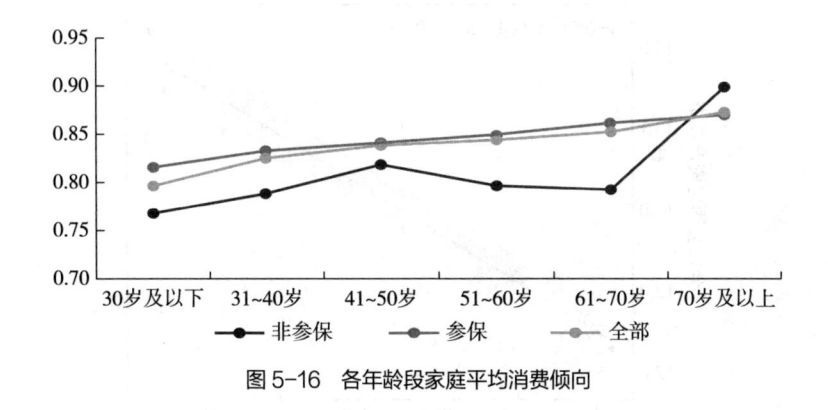

图 5-16　各年龄段家庭平均消费倾向

为了验证养老基金对居民消费的促进作用，构建包含人口相关统计量和住房特征等控制变量的回归模型如下：

$$consume=\alpha+\beta_1 insurance+\beta_2 area+\beta_3 edu+\beta_4 fmedu+\beta_5 age \quad (5-4)$$

其中，被解释变量 consume（消费）为家庭年人均生活费支出对数，解释变量 insurance（保险）为城乡基本养老保险是否参保，控制变量包括家庭人均住房面积（area）、户主夫妇平均教育年限（edu）、户主父母平均教育年限（fmedu）和户主年龄（age）。

对式 5-4 分年龄段回归分析，结果如表 5-13 所示，城乡基本养老保险是否参保在不同年龄段的回归分析中均非常显著，且系数均为正，说明养老基金对不同年龄段的居民消费均有显著促进作用，对释放消费潜力有重要意义。

表 5-13　养老基金对居民消费影响的估计结果

变量	30岁及以下	31~40岁	41~50岁	51~60岁	61岁及以上	全部样本
基本养老保险是否参保	1.047***	0.778***	0.471***	0.864***	1.015***	0.852***
家庭人均住房面积	0.182	0.010	0.020	0.064	−0.079**	−0.011
户主夫妇平均教育年限	0.118*	0.096***	0.118***	0.100***	0.135***	0.117***
户主父母平均教育年限	0.103	0.044***	0.025	0.056***	0.043***	0.040***
户主年龄	−0.024	0.039**	0.053***	0.005	0.011**	0.018***
常数项	4.959*	4.603***	3.871***	5.658***	5.635***	5.156***

（四）实证结果小结

实证结果表明，我国资本市场持续稳定发展会通过股市、债市的收入与财富效应对居民收入分配格局产生积极影响；机构投资者，特别是养老金入市，又会促进资本市场发展，进而持续改善居民收入分配格局。

股市方面，随着股票市场规模持续扩大，居民参与度不断提升，我国居民财产性收入出现明显改善，且消费支出也呈上升趋势，股市的收入效应整体显著。但财富效应在不同投资者之间差异较大，高收入群体居民获得感更为明显。

债券方面，公募债券型基金是个人投资者参与债券市场的主要渠道，总体看，中长期公募纯债型基金属于典型的交易型投资者，债券收益率下行时增持债券配置，拉长持债久期并增加杠杆

水平。借助公募基金间接投资债市，对居民消费有明显的正向推动作用，是实现财富保值增值的重要渠道。

养老基金资金来源稳定且规模巨大，是重要的机构投资者。养老基金大规模入市扩大了资本市场规模，也显著降低了资本市场波动风险。而且，资本市场发展也有助于提升养老金整体收益水平，从而有助于进一步扩大居民消费、引导长期投资。但由于我国存在上市公司盈利能力不强、投资收益率不高、公司治理机制不健全、投资激励机制受限等问题，因此也在一定程度上限制了养老金长期投资效能的发挥。

四、加快推进资本市场改革开放

我国资本市场已跻身全球第二大资本市场，在服务实体经济、促进资本形成、实现价格发现、管理对冲风险、有效配置资源等方面的效能逐步显现，居民家庭资产配置中证券类金融资产的占比日益提升。但我国资本市场的财富效应偏弱，投机氛围较浓，资本市场促进居民收入增长的功能仍有较大的发挥空间。建议畅通资本市场和实体经济循环，夯实资本市场的内在稳定性，提升上市公司质量，改进行业机构的服务质量与水平，培育长期、价值型、专业化的机构投资者，强化投资者回报，充分发挥资本市场财富效应，更好促进中等收入群体增长。

（一）资本市场发展成就

党的十八大以来，围绕"打造一个规范、透明、开放、有活力、有韧性的资本市场"总目标，资本市场在全面深化改革中逐步迈向高质量发展，服务实体经济的能力不断提升。截至2021年末，沪深股市市值达91.6万亿元，交易所债券市场托管面值达18.7万亿元，商品期货交易规模连续多年位居全球前列，资本市场总体规模稳居全球第二。服务实体经济的效能充分显现，直接融资存量规模98.8万亿元，约占社会融资规模存量的31.5%。资本市场多层次体系日益完善，先后设立新三板、科创板、北京证券交易所，合并深交所主板和中小板，设立广州期货交易所。注册制架构基本建立并得到市场检验，注册制在科创板、创业板相继落地并成功实施。截至2021年末，科创板上市公司达377家，市值共计5.6万亿元；创业板试点注册制下新上市企业262家，一批成长型创新创业企业驶入发展快车道。市场主体质量和竞争力持续提高，上市公司、证券基金期货经营机构和会计师事务所等中介服务机构的质量稳步提升。产品体系不断丰富，优先股、创新创业债、绿色债、可续期债、基础设施领域公募REITs试点、跨市场和跨境ETF等创新产品相继推出。高水平双向开放的广度深度日益扩大，先后开通沪港通、深港通、沪伦通等互联互通机制，境外投资者已经成为境内市场的重要投资者（持仓占比5.0%）。投资者权益保护不断加强，先后成立投资者保护局、中证中小投资者服务中心有限责任公司、中证资本市场法律服务中心，"大投保"组织架构逐步健全。法治建设和监管效能持续

增强，新修订的《中华人民共和国证券法》《中华人民共和国刑法修正案（十一）》和《中华人民共和国期货和衍生品法》相继出台。

（二）存在的不足和短板

我国资本市场存在的一些不足之处，制约了资本市场促进居民收入增长、扩大中等收入人群功能的发挥。

股票市场的不足之处主要表现为以下四点。一是股票市场融资功能与投资功能不平衡。A股市场融资功能不断增强，但投资功能发挥不够充分，投资回报偏低，"低分红、高波动、低收益、高风险"的现象仍然突出。二是上市公司内部治理机制不完善。"一股独大"现象较为普遍，机构投资者难以参与上市公司的治理，难以通过战略规划、经营决策、管理层监督、绩效改善等方式践行股东权益，导致市场短期炒作之风较盛。同时，信息披露质量不高，特别是前瞻性信息，非财务信息和经营风险的揭示不充分。三是投资者持股期限较短，部分机构投资者行为散户化，持股期限短期化。境内专业机构投资者的平均持股期限为84天，约为境外主要市场专业机构平均水平的23%；境内公募基金的平均持股期限为88天，明显短于境外公募基金220天的平均持股期限。四是场内权益类衍生品发展有限，供给不足。目前我国场内权益类衍生品包括股指期货、股指期权、ETF期权等共计10个品种，但多数品种上市时间较短，发展程度与成熟市场相比存在一定差距。

债券市场的不足之处也主要表现为四点。一是债券市场品种不够丰富，缺少高收益债板块，无法满足追求高收益、有较高风险偏好和风险承担能力的机构投资者的投资需求。二是投资者投资偏好同质化，采取相似策略压缩了获利空间，且可能给债市带来风险。多数机构投资者采取拉长久期、下沉资质和加杠杆等方式增厚收益，可能会压缩获利空间，并放大债市运行风险。三是债券交易市场分割，互相不连通，规则不一，标准不一，导致债券市场流动性低，存在非市场化的定价机制，对投资者造成不利影响。四是地方债管理机制不健全，为满足地方政府融资需求，融资平台应运而生，"隐性债务"快速扩张，通过债务置换不断开展债务延期，风险隐患较大。

（三）政策建议：突出"六化"努力方向

近年来，我国中等收入群体来自资本市场的收入占比已经有所上升，2021 年达到 9%，但相比欧美等发达市场仍有较大的提升空间，建议突出"六化"努力方向，更好发挥资本市场促进居民财富增长的作用。

1. 坚持理念与政策"中性化"，夯实股市内生稳定性

一是转变投融资功能不均衡的现状，充分发挥资本市场的投资功能，从上市公司、中介机构等层面做出顶层设计和系统性安排，平衡好股票发行节奏与市场承受能力之间的关系，促进一二级市场协调发展。二是扭转"宽多严空"的政策导向，推动融资

融券业务均衡发展，稳步增加资本市场期货、期权以及相关衍生品等交易工具供给，通过完善避险工具和做空工具，推动市场多空平衡机制的建立，增强市场内生稳定性。三是提升市场运行的稳定性，合理区分市场的正常调整和异常波动，对正常调整坚持不干预，对异常波动要"双防"，既要防止市场大幅下跌影响市场功能的发挥，也要防止市场过快上涨引发风险积聚，同时研究探索建立资本市场重大风险应急响应机制。

2. 强化上市公司"公众化"，奠定价值投资基石

一是优化上市公司治理结构，通过股权制衡约束大股东的机会主义行为，支持和鼓励专业机构通过股东大会提案和表决等方式积极参与上市公司治理，推动上市公司经营管理持续完善。二是强化以投资者需求为导向的信息披露，加大前瞻性信息披露的力度，增强披露内容的针对性、可读性和有效性，降低市场的信息不对称。三是鼓励和引导上市公司注重投资者回报，加大现金分红和股份回购力度，规范开展市值管理。四是完善退市相关制度和标准，畅通多元化退市渠道，形成进退有序的良性市场生态。

3. 促进中介机构"中立化"，营造价值投资环境

一是细化对资本市场各类中介机构的服务定位和行为规范要求，强化投行、会计师、律师服务的"入口"把关责任，加强对交易服务环节中介机构的合规性监管，提高中介机构的违法违规

成本。二是强化分析师和投资顾问推介的审慎性与客观性，基于研究逻辑和判断得出专业结论，充分发挥行业自律组织对从业人员的评价作用，形成公正、客观的投研体系，回归投研本源。三是逐步扩大做市商交易试点范围，通过做市商的双向报价，充分发挥中介机构增强市场流动性和维护市场稳定的作用。

4. 倡导投资者"机构化"，践行价值投资理念

一是推动投资者机构化。加强买方投顾建设，改变"基金赚钱、基民不赚钱"的现状，引导更多个人投资者通过专业机构参与资本市场。二是吸引中长期资金入市。强化基金管理人的长期业绩导向，鼓励管理人参与股权激励计划和持基计划，促使其交易行为长期化；协调相关部门适度降低保险公司偿付能力监管要求中配置权益类资产对资本的消耗，促使险资加大对股市的投资力度；引导专业机构针对不同年龄段和不同收入水平的群体发行差异化的养老目标基金，加快商业养老保险入市的步伐。三是加强投资者教育和舆论引导。倡导价值投资、长期投资的投资理念，引导全市场树立理性的投资观念和合理的投资回报预期。四是加大投资者保护力度。完善投资者适当性管理，优化证券纠纷代表人诉讼制度、先行赔付制度等相关制度体系，依法从严打击证券违法活动，切实保护投资者合法权益。五是加强多支柱、多层次养老保险体系与资本市场的衔接。推进个人养老金投资业务落地，充分发挥养老基金稳定资本市场、调节收入分配的功能。

5. 推进债券市场改革"纵深化",提高违约处置效率

一是强化银行间市场和交易所市场的互联互通,优化发行注册审核机制,建立标准统一、流程明确、规范透明的规则体系,完善债券监管机制,加强政策协调。二是丰富债券品种,加大非金融债发行力度,持续推进 ABS(资产支持证券)、基础设施 REITs 等产品的创新,培育高收益债市场,引入长期资金提升市场流动性。三是建立发行人分类监管制度,推动信息披露规则与国际接轨,强化对存续期债券发行人的财务信息披露要求,对于可能影响付息、兑付甚至导致债券违约的重大经营风险,应及时披露并向交易所及监管当局报告。四是建立多方协同的债券违约风险预防、预警、处置机制。坚持市场化、法治化原则,推广引入战略投资人、组建债权人委员会等方法化解风险,在打破刚性兑付和维持金融相对稳定之间寻求平衡,平衡好债券市场发展和去杠杆的关系。

6. 加速资本市场"一体化",提升服务实体经济效能

一是着力完善转板上市规则制度,打通中小企业成长通道,打通优秀"中概股"以及港股上市企业回"A"通道,提高各层次市场的活跃度、流动性和价值创造能力。二是加快促进创新资本形成,支持科技自立自强。科创板坚守"硬科技"定位,创业板突出支持"三创四新",支持优质上市公司整合上下游产业和科技资源。三是支持实体经济绿色低碳转型发展。支持符合条件的绿色低碳企业通过首发上市、再融资及并购重组等发展壮大,加快创新绿色金融产品,强化碳信息披露,推动市场主体践行绿色投资理念。

06

财富管理和信托
在支持共同富裕中的作用与实践

一、发展财富管理和推动共同富裕的内涵与意义

（一）财富管理的定义和研究范围

简单来说，财富就是购买力，而财富管理则是对财富的管理，其主要目的是实现财富的保值增值。具体来说，财富管理需要综合运用一切合法合理的手段，包括向客户提供现金、信用、保险、投资组合等一系列金融服务，来实现效用最大化，形成最高的购买力，最终最大限度地满足客户差异化的财务需求。

一般来说财富管理主要包括四个环节：创富、守富、用富和传富。

（二）我国财富管理发展的基本状况、挑战和机遇

1. 行业发展基本状况

2021年是共富时代元年，也是我国财富管理行业加速发展的

一年。在财富规模上，2021年底我国居民的家庭财富（包括自住房地产）总量约为560万亿元；可投资资产总规模达到约268万亿元，高净值人群数量达到约300万人[①]。随着财富规模的快速增长，居民的财富管理需求也逐步增多，成为我国财富管理行业持续发展的强劲动力。截至2021年底，我国（不包括投资性房地产的）狭义的财富管理行业资产管理总规模已超过131万亿元，相比2020年同期增长13.1%；平均每户家庭通过财富管理机构管理的金融资产规模约为27万元。预计"十四五"期间，我国个人财富管理总规模还将以每年10%的速度增长。除此之外，我国财富管理行业在机构数量、服务投资者数量等方面也都呈现出持续增长的态势。随着经济的发展，数量庞大的中低收入群体的财富规模将继续提升，高净值人群的数量也会不断增长，全社会总资产管理规模将迎来一轮爆炸式增长。

相较于西方发达国家，我国财富管理行业的一个显著区别是更加"普惠化"，业务更"接地气"，不仅服务于富裕阶层，而且逐渐发挥着助力中等收入群体实现财富保值增值的功能。比如，2021年，银行理财为8 000多万名投资者创收近1万亿元，超过7亿名投资者则通过公募基金收获了7 200亿元投资收益。财富管理行业在共富元年交出了亮眼的成绩单。

---

① 资料来源：招商银行《2021中国私人财富报告》。

2. 财富管理行业转型的挑战和机遇

财富管理行业随着中国经济突飞猛进地发展，也在中国经济进入高质量发展阶段时迎来了转型的契机。新经济环境下，挑战与机遇并存。主要有以下几个方面。

第一，"房住不炒"政策带来的极大改变。

过去10多年，投资房地产是大量中国家庭的主流理财方式。而在中央"房住不炒"政策提出之后，房地产保值增值的投资属性开始逐渐弱化，再加上资本市场的进一步发展，其他金融资产特别是权益类资产将成为更多民众资产配置的首选。但是，从中国的情况看，房地产承载了过多的家庭储蓄功能，住房具有消费品和投资品的双重属性仍会存在。利用金融资产承接房地产的储蓄功能，平稳有序地使房地产逐步回归耐用消费品属性，有助于降低此过程中所产生的对社会和经济的冲击。

财富管理行业面临的巨大挑战是如何用更可持续的金融投资逐步替代现有的对于房地产的过高配置。不少中国家庭过度持有房地产，且多持有单个房地产物业，流动性差，风险大且不易对冲。随着中国房地产业从大规模开发转向存量调整，房地产二级市场呼唤更好的金融属性的投资方式，比如REITs。其优点是：投资小额化、动产化、简单化；具有较高的流动性；兼具收益稳定性和成长性；和其他大类资产相关度较低；可有效分散风险，抵御通货膨胀；监控严格，信息透明。

第二，养老需求的急剧放大。

银发社会带来巨大挑战，人口老龄化已成为中国乃至全球的

普遍趋势。中国的老龄化目前处在初级阶段，老龄人口比例相对不高但人口规模大，且发展速度很快。因此，未来中国将会面临急剧放大的养老需求。然而，中国的养老金体系三支柱发展并不均衡，第一支柱基本养老保险"一支独大"，第二支柱企业年金、职业年金覆盖极为有限，而以商业养老为代表的第三支柱则刚刚起步。总体来说，我国退休以后的收入替代率较低，意味着现有的三支柱能够提供的退休后收入远低于退休前水平。在国家和企业财力有限、第一和第二支柱短期提升乏力的前提下，如何妥善发展第三支柱是中国财富管理现阶段面临的重要问题。

第三，地缘冲突急剧升级，财富避险需求走强。

2021年以来，欧亚地缘政治风险剧增。2022年2月，俄罗斯对乌克兰发起特别军事行动，与此同时，以美国为首的西方国家开始集体对俄罗斯实行制裁，双方发生直接对抗，引起全球金融市场剧烈波动，欧美和新兴市场股市大幅下挫，原油、天然气、小麦、矿产品等大宗商品应声上涨。受其影响，黄金、美元资产、人民币国债等避险资产的资金规模大幅增长。面对上述情况和变化，投资者仅靠个人的知识储备和金融素养已不足以有效应对。因此，财富管理市场上跨境、跨资产、跨市场的专业性资产配置需求显著增强。

第四，全球物价持续上行，抗击通货膨胀需求升温。

美欧长期低利率政策环境和新冠肺炎疫情阶段性回落刺激了经济快速扩张和总需求增加，物价持续上行，全球通货膨胀水平大幅上升，达到了近十几年来的高位。因此，资金大幅流入与通

货膨胀挂钩的债券、大宗商品基金、黄金等抗通货膨胀资产。国内越来越多的投资者拥有海外资产或进行全球资产配置，这部分人群对于抗通货膨胀财富管理的需求也更为迫切。虽然中国物价上行动能暂时不明显，但在全球通货膨胀加速上行的大环境中，预期传导也不可避免地会被强化，未来国内的抗通货膨胀需求也会持续升温。

第五，金融开放再次提速，外资入局激活市场。

《中华人民共和国国民经济和社会发展第十四个五年规划和2035年远景目标纲要》明确提出，"坚持实施更大范围、更宽领域、更深层次对外开放"。2022年5月，中国人民银行、证监会、国家外汇管理局联合发布《关于进一步便利境外机构投资者投资中国债券市场有关事宜》，推动外资加速进入国内市场。这将促使更多国际上成熟的投资理念、经营策略、激励机制和风控体系运用到国内，从而进一步激活国内市场。对于国内投资者而言，这意味着未来可供其选择的投资理财产品将更加丰富，有助于满足其跨境、跨行业、跨币种的投资理财需求，使财富管理的供需适配性更加完善。

（三）国际财富管理商业模式分析

2008年次贷危机发生后，宏观经济和监管环境剧变，且一站式智能化服务的需求慢慢出现，财富管理逐渐成为投行等顶级国际金融机构的发力方向。这主要有三个方面的原因。首先，财富管理市场发展空间大，私人财富增长、金融监管放松、金融工具

创新、养老金入市等是主要驱动因素。其次，财富管理业务具有轻资产、高盈利、低波动的财务优势。最后，财富管理业务提供各种金融业务聚合的平台和生态，线长面广，能够最大化发挥和拓展公司价值链，提升规模经济和范围经济水平。

国际顶级财富管理机构的成功经验主要可以概括为以下两个方面。

一方面，以客户为中心，培育优异的客户服务能力和全谱系的客户触达能力。次贷危机发生后，国际头部财富管理机构大力开拓零售渠道，包括自建平台、收购线上机构、线下服务下沉等多种举措，最大限度地触达新的客户。同时积极贯彻"一个公司"模式，统筹协调资管、投行、商业银行等集团内部能力，为客户提供一站式服务。

另一方面，最大限度地发挥组织协同和科技赋能来提升整体经营水平。在组织架构上，通过各业务线共享基础架构和中后台服务，消除冗余的组织功能；为保证一站式服务有效落地，采用矩阵式架构，设立专门协同部门，减少细分部门单独考察指标。在科技方面，近年来国际头部财富管理机构对数字化转型和金融科技创新的投入占营业收入的比重接近10%。财富管理的数字化转型，对于既有业务，可以提升投顾服务能力，优化客户服务体验，提升经营效率并有效降低成本；对于增量业务，可以助力营销获客，提升市场份额。

此外，国际财富管理业务发展较好，与资本市场成熟、养老金大规模入市、监管体系以及税优政策密不可分。美国1974年

的《雇员退休收入保障法案》和1978年的401（k）税优条款，极大促进了共同基金的发展，提供了大量专业性强、有信息优势、投资行为稳定的机构投资者，提升了市场的稳定性和投资需求端的资产久期，也间接带来了资本市场的"长牛"。反之，可观的资本市场回报又吸引了更多资金入市，从而形成可持续、长周期的资本市场正向循环体系，为财富管理行业的发展打下了重要的基础。

（四）共同富裕的基本内涵

共同富裕是人民大众最终达到富裕，但不是一蹴而就的，要允许一部分人、一部分地区先富起来，先富帮助后富，从而逐步实现共同富裕。

从世界各国的发展历程来看，对于经济水平到达一定阶段的国家，共同富裕、合理分配比简单增长对社会的持续发展和稳定更为重要。在经济发展早期，"蛋糕"规模较小，资本需要流向生产率高的人的手中，以完成原始积累和进行再投资。此阶段分配的意义相对有限，做大"蛋糕"才是更加迫切的任务，因此，需要允许一部分人、一部分地区先富。而当经济走向成熟时，贫富分化对经济增长和有效需求的扩大产生了明显的约束作用，此时就应当将重心放在带动后富上。我国已全面建成小康社会，持续做大和分好"蛋糕"，推动高质量发展，缩小分配差距，是实现共同富裕的重要目标（意义）。

（五）推动共同富裕的重要意义

从长周期来看，财富和收入的不平等是所有相关力量联合作用的产物，不仅受经济运行机制的影响，也深受政治的影响。西方财富分配的动态变化表明，有一个强大的机制在交替性地推动收入与财富的趋同与分化，不稳定和不平等的力量长期存在，并不会自动减弱或消失。

生产力的发展是财富积累和贫富分化的物质前提。工业革命带来西方社会财富快速积累的可能，也带来更加严重的贫富分化问题。早期的学者，包括马尔萨斯、李嘉图和马克思均认为，严重的贫富分化最终会带来不可持续问题，所以必须人为进行干预。以库兹涅茨为代表的西方主流经济学理论经过数据分析后认为，资本主义发展到较高阶段后，财富的分化问题将会自动缓解。然而，皮凯蒂指出上述结论是过于乐观和简单化的。他用翔实的数据说明，在跨度长达300年的近代西方历史中，财富贫富分化问题总体来说仍是较为严重的，并没有随着经济的发展而自动消失。皮凯蒂还认为，贫富分化长期存在并且不断加深的关键原因是，在长周期中高财富人群的财富积累速度（r）超过经济增长率（g）。在西方社会，两者之差至少是平均每年2%~3%，即 $r-g > 2\%$。

不过，皮凯蒂的上述结论也只是建立在西方社会300年数据的基础上，在更长的历史时期中，并没有一个家族曾经持续以超过全球经济增速的水平积累财富，否则这个家族拥有的财富迟早会超过全球总财富。正如皮凯蒂所指出的，在过去100多年的西

方历史中，使财富集中度大幅削减的，主要是20世纪的两次世界大战以及战后各国政策的调整。在更长的历史周期中，我们或许不需要过于担心长期的财富严重分化导致整个社会的不可持续：贫富分化严重到一定程度，几乎必然带来战争或者社会动乱，最终会大大削减贫富分化问题。但这是一种非常暴力的形式，在矫正严重贫富分化的同时，也会造成大量社会财富的毁灭。而且，除了在战争时期以及社会出现巨大动荡时期之外，贫富悬殊的状况可能会长期存在，而这会极大削弱人们努力上进的欲望，也制约了社会整体的产出潜能。

综上所述，绝对的平均主义当然不可取，但是过于悬殊的贫富分化弊大于利。我们要在尽量保持社会活力和激励的前提下，管控过于悬殊的贫富分化。随着社会治理能力的进步，希望能设计出一种自我净化的手段，通过自我调节，不断纠正过于悬殊的贫富分化，从而避免通过社会动乱甚至战争的方式进行纠偏。

二、财富管理在推进共同富裕中的作用

（一）当前我国推动共同富裕需要重点关注的问题

共同富裕是社会主义的本质要求，是中国式现代化的重要特征。十九届五中全会将"全体人民共同富裕取得更为明显的实质性进展"作为远景目标。2022年2月，国家发展改革委披露，中央将加快推动出台促进共同富裕行动纲要，以缩小地区差距、城乡差距、收入差距和公共服务差距为主要方向。

在推动共同富裕的过程中，应注意以下问题。

1. 共同富裕既要富裕也要共同

习近平总书记指出，要在高质量发展中促进共同富裕，这指明了共同富裕的实现途径和努力方向。推动共同富裕，应该把解决发展问题放在首位。若为了追求绝对公平而忽视发展，只会导致共同贫穷。因此，共同富裕是"富裕"和"共同"两手抓，二者是可以互相助益的，富裕的社会才更有能力兼济天下，而全社会的共同进步则可以促进更大的富裕。我们要在发展中解决问题，既要提升全社会的总体财富，又要通过社会治理缩小贫富差距，保持社会经济发展的后劲。

2. 落实规范财富积累机制

习近平总书记在党的二十大报告中明确提出，要"规范财富积累机制"，希望在居民财产快速积累、财产分配差距有所扩大的情况下，增强财富分配公平性，缩小财富分配差距。其目的是，为推动社会共同富裕的发展，通过正当来源和居民储蓄来积累财产，在财富的源头积累、分配、代际传承方面做出相应的制度安排，并通过收入分配和再分配的政策手段来进一步调节财产分配中差距过大的问题。

在此背景下，规范财富积累机制不仅要加快居民的财产积累过程，还要拓展投资渠道，规范和完善资本市场、金融市场、投资市场，特别是给小资本创造更加公平的竞争环境，使普通居民

能通过投资生产过程带来更多财产性收入。同时，还要在毫不动摇地坚持保护合法私有财产的前提下，适当约束规范高收入群体过快的财富增长速度，促进社会更加长期可持续发展。

3. 从初次分配就应兼顾效率和公平

过去有些人认为初次分配只考虑效率，再分配才关注公平。但过度依靠二次、三次分配来矫正严重的贫富分化也有巨大的社会成本，效果未必很好。其实，即便是一次分配，效率和公平也是互相促进的，没有效率就谈不上公平，因为不存在公平分配的物质基础；反之，没有公平也不会有效率。西方社会在一次分配中过于强调效率、忽视公平，因而产生了许多社会矛盾，严重影响了经济发展。以美国为例，在过去几十年间其前0.1%人群的收入比重已从2%增长至10%。严重的收入不平等最终会导致社会对立和民粹主义泛滥，社会的撕裂反过来又将制约经济发展和效率提升。

我国一次分配中资本性收入上升较快，劳动性收入的差距也逐渐拉开。我们应当借鉴西方的教训，慎重对待一次分配中逐渐拉大的收入差距。

4. 要发挥好再分配的调节功能

不管是通过转移支付缩小收入分配差距，还是通过民生工程提升公共服务质量，解决群众"急难愁盼"的问题，都取决于国家的财政平衡能力，特别是能否以直接税的方式收取足够税收支

撑国家经济社会运转，并在支出方面量入为出。

目前，美国等西方国家的财政平衡能力就出现了问题。在财政支出方面，在多党轮流执政的体制下，政客为了讨好选民不断出台各种措施，导致民生工程冗余。尽管短期内老百姓获得了一些利益，但是由于长期过度透支财政资源，给国家带来了巨大的财政负担，最终造成了严重的入不敷出。在税收方面，因为顾忌资本和劳动力，所以资本性收入和劳动性收入的税收征集都不得力，只能通过更被动和隐蔽的间接税收获得收入，比如缓慢温和的通货膨胀所带来的铸币税，这已经成为美国等西方国家越来越重要的财政收入来源。这种税收方式看不见摸不着，虽然大家能感觉到物价上涨，叫苦不迭，但大多数人不会想到这其实是政府在收取消费税，降低收税阻力。用这种方式收税会加重贫富分化，长期会引起严重的社会问题。首先，铸币税是一种智商税，因为更聪明的人会通过投资实物比如房地产来保住财富的购买力。很多中低收入群体往往没有财富管理能力，而高收入人群可以获取最精明的财务顾问规划服务。这不利于提升中低收入人群的可支配收入，不利于共同富裕。其次，铸币税作为间接税，最大的问题之一就是它具有累退性质：穷人的边际消费倾向更高，大部分收入用于消费，因此负担的税率更高；而富人的大部分收入不需要用于消费，所以面对的税率更低。这带来严重的税负不均问题。

在国家治理能力全面现代化的今天，我们应当吸取美国等西方国家的教训，加强税制改革，完善税制建设，尽量用累进性质

的税收来改善社会的贫富分化问题。另外，在民生工程中要坚持量入为出的原则，不过度透支国家财力。

5. 要鼓励自愿基础上的第三次分配

以财政为主要手段的再分配环节，已经起到了兼顾公平的作用，但仍亟须以企业和个人为参与主体的第三次分配来帮助实现缩小收入差距的目标，以更好推进共同富裕。

党的十九届四中全会发布的《中共中央关于坚持和完善中国特色社会主义制度　推进国家治理体系和治理能力现代化若干重大问题的决定》提出："重视发挥第三次分配作用，发展慈善等社会公益事业。"著名经济学家、北京大学教授厉以宁在《股份制与现代市场经济》中提出，第三次分配是个人出于自愿，在习惯与道德的影响下把可支配收入的一部分或大部分捐赠出去。

为了鼓励捐赠，应当进一步培育和发展慈善组织，推进分配制度改革，加大税收调节力度，使第三次分配具有高效的运行机制与发达的组织载体。此外，还要积极打造个人捐赠的正向激励政策体系，将慈善领域的志愿服务纳入社会公共服务范畴，表彰长期参与公益慈善事业的先进个人，研究出台遗产税、赠与税等新税种，打造人人向善、人人行善的社会环境。总而言之，兼济天下不仅是情怀，也是经济社会发展的必然选择。真正持久的财富来自一个共同富裕的社会，否则再多的财富也只是海市蜃楼、昙花一现。

（二）做好中低收入群体的财富管理对于实现共同富裕的意义

当下，我们国家的国情是，随着社会经济的快速发展，绝大部分居民已经解决温饱问题，进入小康阶段。最底层的物质需求已经基本解决，已经不再有巨大的温饱问题。大多数人已经从物质需求逐步地过渡到社会和精神属性的需求。如何有效地激活整个社会发展前进的动力，是国家现在推行共同富裕政策的重要考虑。

严重的贫富分化往往会带来严重的社会问题，导致社会动荡，严重阻碍企业经营和社会经济发展。在此背景下，做好针对普通百姓特别是中低收入群体的财富管理，意义非常巨大。这不仅是我国社会主义性质所决定的，也是我们党的执政基础和初心使命，而且稳定和谐的社会关系和健康均衡的财富管理有利于持续推动国家经济社会的发展和进步，避免因贫富不均和激励机制问题，产生严重的贫富分化，造成严重的社会问题。

1. 普及财富管理能有效激发内需

高净值群体的需求已经充分开发，他们对于大部分商品的需求已基本饱和，收入增加对于提升其需求的作用越来越小，即收入的边际消费倾向很低。与之相对应的是，大量中低收入群体特别是低收入群体，仍然有巨大的需求。如果他们的收入增加，其边际消费倾向很高，甚至会通过借贷消费。

但是现在中低收入群体大量的消费潜能并没有被开发出来，因为受到了财富的限制，普通老百姓还被教育、医疗和养老这

"新三座大山"所带来的焦虑感所困扰，稍微有一点多余的钱，哪怕是政府发的补助，都想着要存起来以应对不时之需。在构建出牢固的安全网之前，老百姓还是不敢消费。这是现在消费下行、内需不足的根本原因。通过全民的财富管理能有效增加财产性收入，提升老百姓的安全感，有利于解决"新三座大山"的困扰，也使老百姓敢于消费。

因此，针对中低收入群体的财富管理可以有效提升其财产性收入，提高财务自由度，激发消费潜能，激活内需，提振经济，进而推动共同富裕。

2. 如何做好中低收入群体的财富管理

共同富裕主要通过"提低"和"扩中"，以及适度地"限高"，其中最重要的是努力提高中低收入群体的收入，包括财产性收入，从而形成两头小中间大的纺锤型收入和财富分配结构。目前我国中低收入群体很少能够获得高质量的财富管理服务，导致他们财富的增长速度相对于高收入群体更加缓慢，同时承受了太多不必要的风险，从而在长期带来财富积累速度上贫者愈贫的马太效应，形成笔者称为"第四次收入分配"，即财产性收入分配不均的问题：高端富裕人群的财富增速长期跑赢其他群体。其解决之道是，大力发展针对中低收入群体的财富管理，以缩小财富积累速度上的贫富差距。

从必要性来看，这是建立超大规模内需市场的需要，提升整体社会的边际消费倾向，更好匹配供给和需求。目前，社会总体

的主要矛盾是供大于求的矛盾。内需不足，靠净出口和大量政府主导投资难以快速拉动，而长期发展只能靠内需拉动。从可能性来看，数字科技的提升使金融服务的单位成本快速下降，使服务得以往下沉市场发展。

目前，中国经济发展的最大问题仍然是消费不足、内需有限。这里面又可以分为中低收入群体有消费欲望但是支付能力不足，以及部分有支付能力的人因为种种顾虑而有钱不敢花。对于没钱花的中低收入群体，要让他有钱花。这些问题很多聚集在生命周期的早端和晚端。可以通过金融工程辅助社会治理工程，提升其支付能力。对于有钱不敢花的人，要提高他未来的收入能力，尤其是加大财产性收入，因为对财产性收入问题的长期忽视已经导致我国财产性收入明显分化，这成为目前中国收入分配结构中最大的扭曲。中低收入群体，特别是农村人口，也包括部分老年人口的贫困问题长期得不到解决，严重影响消费意愿。

因此，我们要更好地发挥金融手段，特别是财富管理的作用，助力共同富裕。一是直接针对中低收入群体，二是关注生命周期的早晚两端。

首先，近年来针对中低收入群体的融资服务发展较快，比如消费贷以及支持农村特色种植养殖和城市创业的启动资金。但是，针对中低收入者的财富管理不发达。据估计，成年人口中有超过一半的人净资产达到6万元以上，已跨入中产阶级的门槛，但是缺少优质的财富管理服务。

例如，在乡村振兴的调研中，发现农民工存在财富管理缺失

的问题。农民工平均月收入4 000元,两人一年里省吃俭用能存几万元。但存款没被用好,有些人在村里盖房子,将来可能没人住,有些人在县城里买房,而很多人口净流出的四五线城市目前房地产大量空置,将来有巨大的减值风险。我们需要通过更好的财富管理规划,更好地管理农民工辛苦挣得的血汗钱。他们不应该成为房地产过度配置的"接盘侠"。

如前所述,财富管理对中低收入群体的覆盖不足加大了财产性收入的差异。富人通过最先进的工具,财富快速稳健增值。而中低收入群体的财富很难增值,而且会因管理不当存在巨大风险。市场化机构缺乏动力来开发那些投入巨大、回收期长的农村市场和初级市场。国家应加大投入,特别是通过金融科技手段进行线上部署,通过科技赋能金融,将财富管理服务送达弱势人群。

其次,根据诺贝尔经济学奖得主莫迪利安尼的生命周期理论,最容易产生贫困的是一老一小,随着老龄化、少子化问题加剧,人口抚养比提升,童年贫困和老年贫困问题凸显。过去主要通过社会工程,即加强二次和三次分配,我们认为还可以配合金融工程,调动更多社会资源。

另外,对于相对来说收入较低的人群,可以通过把慈善和金融结合,譬如说慈善信托,做好第三次分配。

总之,我们在全面防范化解系统性金融风险的同时,一定要发挥好金融特别是财富管理的正面作用,进一步降低金融服务的成本,提高服务的可得性,推出更多普惠型财富管理产品,让普

通百姓充分享受到经济发展和社会进步带来的红利。

3. 提升普惠型财富管理产品和服务水平

普惠型财富管理产品应当参与门槛低、透明度高、简单且标准化、可及性强，并且具有较强的消费者保护力度，这样能方便中低收入群体获得财富管理服务，用简单直接的方式和配置，使他们在力所能及的范围内充分理解产品相关信息，保障他们在财富管理行为中的合法权益。

虽然普惠型财富管理产品和服务不断丰富，但仍存在诸多问题，主要表现在以下几个方面。一是财富管理机构过于关注高净值客户而基本忽视中低收入群体，重视产品销售而轻视持续的投顾服务。二是在利益驱使下将高风险产品包装成普惠型理财产品，欺瞒投资者。三是普惠型财富管理产品主要以银行理财及公募基金产品为主，缺少特色和差异化。四是销售渠道主要为银行理财和公募基金，其他机构受制于监管约束和行业特点等，参与普惠型产品的积极性和主动性不足。五是不同监管机构对普惠型财富管理产品的监管要求有差别，具有相似属性和特征的产品在底层资产要求、销售准入标准以及信息披露要求等方面存在一定差异。六是投资者风险意识和金融认知水平仍需提高，极易受到误导和欺诈而遭受财产损失。

头部和国有背景的金融机构应主动作为，将国家推进共同富裕的方针政策落实到具体的财富管理服务和产品中，将金融机构的市场化属性和社会化属性有机结合起来，特别是在强调社会责

任和ESG的今天,金融机构不能成为一个仅仅追逐利润的机构,要将对环境和社会产生积极影响放在首要位置,将获得高投资回报放在次要位置。切实做到为人民服务,把为人民服务变成评价机制里的一个重要指标。这是我们国家的立身之本,也是所有金融机构在获得营业执照时的承诺。

数字化技术的升级发展将为中低收入群体的财富管理服务提供新的机遇,金融机构应当充分使用数字化手段,不断压低财富管理产品成本,将普惠型财富管理服务覆盖长尾客群。通过数字化手段,如手机App(应用程序),用原先成本的1/10甚至更低的成本,服务原来服务不到的农村偏远地区和客单价比较低的人群,同时充足的客源能提升规模经济和范围经济,提升盈利水平,持续为中低收入群体提供财富管理服务。

金融机构还应努力提高从业人员的职业素质,注重普通家庭和中低收入群体的服务,提供更专业和周到的服务和更多的财富管理知识。在销售财富管理产品前,应对产品进行简要而专业的介绍,将收益与风险都充分告知,在良好收益的前提下,保障客户的资金安全,为他们提供可行性高且期限较长的财富管理方案。

多讲情怀和奉献,努力设计出一套长期可行的商业模式,将更多优质的普惠型财富管理产品和服务带给社会大众,有利于打造一个共生、更均衡的系统。这样不仅能促进社会公平,体现对弱势群体的关爱,也关系到未来经济发展的活力和动力,进而推动全社会的共同富裕。

（三）针对企业家群体的财富管理和企业代际传承对于做大"蛋糕"的意义

中央共同富裕政策出台以后，各地曾经有不同的解读，甚至有混淆。其实，共同富裕政策的提出正是为了正本清源，使企业回归初心，创造一个良性有序发展的市场，为包括企业家在内的所有人创造更加行稳致远的发展空间。

首先，效率和公平是互补的，兼顾二者才能实现经济发展和社会稳定。如果只顾效率不顾公平，就可能引发群体对立和社会混乱。这既不利于社会整体财富积累，也不利于企业发展。不过，共同富裕不等于平均主义。企业家是生产活动的组织者，可以把所有资源充分整合起来形成合力。因此，我们应当给予他们充分的尊重和安全感，特别是对其私有财产的保护。同时，要鼓励全社会形成合法致富光荣的风气。只有这样，才能唤醒企业家精神，并最大限度地发挥集约化大生产的优势。

其次，即便纯粹从市场经济的角度来看，共同富裕也是发展的需要。目前大部分市场化竞争的行业都已经出现或多或少的产能过剩问题。要想破局，就必须大力发展内需市场，做好国内大循环。国内市场的扩大，对企业家来说将是巨大的红利。而且在美国主导的逆全球化浪潮之下，我们更需要未雨绸缪，布局好国内市场。有选择，有退路，才更有底气同美国等西方国家进行充分的周旋和博弈。

最后，共同富裕是帮助企业家精神不断延续、企业长期可持续发展的关键。当下部分领域的市场环境逐渐固化封闭、非充分

竞争，已形成接近垄断的布局。在这一背景下，部分企业家可以"躺赢"，战胜磨难的意志有所减退。这并不利于企业的长期发展。因此，我们需要创造一个更加公平的环境，让所有人都可以平等竞争，充分施展能力。同时，要鼓励那些第二代不具备接班条件的家族企业转变成由职业经理人管理的社会化企业，让这些企业及其财富在继续惠及家族后代的同时，也更多地为社会经济发展提供支撑。

综上所述，在新的时代，我们的企业家也需要与时俱进，努力将一个崭新的世界呈现给那些充满希望、拥抱未来的新型企业家。

三、通过财富管理推进共同富裕的创新建议

在共同富裕的政策背景下，如何通过普惠型财富管理提升全体人民的幸福感、获得感和安全感？如何更好实现"房住不炒"、居民财富金融化，以及构建支撑高质量发展的多层次资本市场？这些都是高质量发展的必然要求，也是中国财富管理行业面临的巨大挑战和巨大机遇。

（一）稳妥有序地将居民手中的过度房产投资转为金融投资

2021年全国两会期间，李克强总理在《政府工作报告》中重申，"坚持房子是用来住的、不是用来炒的定位"。但是，"房住不炒"不等于否定居民合理的购房需求，也不是要抑制房地产行业的正常发展，而是要在"房住不炒"基本定位的前提下，引导

居民理性购房，促进房地产市场长期健康发展。2021年9月，中国人民银行货币政策委员会第三季度例会明确提出，要维护房地产市场的健康发展。2021年12月，中央经济工作会议定调，"要支持商品房市场更好满足购房者的合理住房需求，因城施策促进房地产业良性循环和健康发展"。2022年以来，国内多个城市推出了支持满足居民合理住房需求的措施。从中长期来看，中国房地产市场仍具有一定的结构性投资价值，毕竟我国最早就是使用房地产来积累财富的，而且目前居民部门在房地产上的已有资产比我国GDP要高出数倍，短时间内无法根本性改变这一现实状况。但应当看到，在"房住不炒"的政策导向之下，房地产市场未来更多着力解决的是"刚需"和"改善型"居住需求，整体上并不具备很大的投资空间。未来全国整个房地产市场将出现较为明显的分化态势，金融市场的稳定发展，将会提供大量可靠的投资工具，更多资金将从房地产市场流向金融市场，如权益资产，这将是财富管理行业的重大机遇，也是"房住不炒"政策坚强而有力的支持和保障。但是这一过程一定要做到稳健有序，不严重冲击我国金融秩序，也不让千千万万普通家庭的财富受到严重冲击。

建议在保证现有房地产市场平稳的前提下，设计合理的金融工具，实现居民家庭财富从房地产投资向金融投资的转化，同时政府出台相应政策稳定金融市场。这是接下来一段时间我国金融监管部门和实践部门面临的巨大挑战，也是中国金融市场发展的巨大机遇。

（二）金融助力应对老龄化

2021年11月，中共中央、国务院出台《关于加强新时代老龄工作的意见》，明确提出"实施积极应对人口老龄化国家战略"，"完善多层次养老保障体系"。在具体的政策实施层面，2022年4月，国务院办公厅印发《关于推动个人养老金发展的意见》，促进和规范发展第三支柱养老保险，推动个人养老金发展。这些政策措施落地后，更好地促进了养老金融供需适配。

老龄化和少子化严重冲击传统的养儿防老模式。乡土社会中，以血缘和地缘纽带为基础的"家庭-宗族-邻里"养老机制也受到快速城镇化带来的人口大流动的破坏。社会化养老已是大势所趋。目前，养老产业存在几个重要问题，建议加大金融在其中发挥的作用。

首先，社会资源投入不足，存在供给短板。针对中产及以下群体的养老供给严重不足，价格亲民、质量可靠的养老院一床难求，居家和社区养老配套设施也严重不足。市场化养老机构多处于微利状态，投资周期长，社会资本兴趣低。另外，由于监管缺失，出现各种乱象，包括部分民办养老院出现资金挪用以及亏损后"爆雷"跑路事件，严重伤害了老年人的利益。对此，我们要加强政策规范和倾斜支持，促进社会资本有序进入养老相关产业，特别是长期护理医药科技，以及节约人力的机器人和人工智能技术，真正做到金融支持实体经济。

可借鉴基础设施领域房地产投资信托基金近期的试点经验，设立养老信托基金，汇聚社会资本。养老产业目前有存量资金盘

活需求，有新增投资发展需求，有资金结构优化需求，也有稳定现金流。通过养老信托基金机制可以规范资金使用，提升信任感。同时，建议国家通过税收激励、优先优惠长期供地、政府担保等降低制度成本，提升年化收益率到4%~5%甚至更高，鼓励更多社会资金进入。

其次，部分老年人对长寿生活的物质储备不足。目前，部分老年人存在物质贫困问题，更多人存在文化精神生活缺失。长期护理服务供给不足，价格较高，影响老年人的生活质量和寿命，同时存在因病致贫问题。对此，我们要完善养老三支柱建设，尤其是加强第三支柱。参照国际成熟做法，通过税收激励鼓励年轻人储蓄以应对老年所需。针对未来长期护理需求，建议在中年以后强制征收护理险，但对确实生活困难的老年人加大救济力度，并鼓励社会捐赠舒缓老年贫困。对有能力也有意愿从事适量工作的老年人，可鼓励企业提供其力所能及的工作，国家减免收入所得税。针对因病致贫问题，国家除提供兜底之外，也要支持市场提供针对老年人的重疾保险。在有条件的地区，对有条件和有意愿的老年人，试点"所有人转化为租用人（即银行收购，原住户续租）"，帮助老年人将自有房屋提前变现，既为养老提供更充足的资金保证，也免除烦琐的遗产处理。但是必须加强监管，规范市场。另外，可针对房地产等金融领域短期炒作暴利，开征特别资本利得税，用于弥补国家养老资源缺口。

最后，惠老金融服务缺失。老年人更多依赖财产性收入而非劳动收入，更需要好的财务规划。另外，随着人均寿命的延长，

未来部分老年人会存在失能失智问题，亟须对金融服务进行适老化改造。部分老年人有需要特殊照顾的智力低下子女。很多涉老金融产品存在误导甚至欺诈，严重威胁老年人的财富安全。有些老年人受教育程度不高，对于金融诈骗的抵御能力差，有时过度追求高收益，听信误导，导致损失惨重。对此，我们要增加惠老金融教育和财务规划，帮助老年人增强风险意识，形成长期稳健的投资理念。要提升金融机构服务老年客户的意识和能力。根据老年金融的特点，即周期长、风险承受力低、希望一定的最低回报、因为寿命不确定性所以需要兼顾保险和投资需求等，有针对性地打造中低风险、回报稳健、期限较长、兼具储蓄和保险功能的产品，国家提供税收优惠和最低回报保险。同时，针对部分老年人智力退化及其智力残疾的子女财务决策能力缺失的问题，可借鉴国际经验，推动建立完善的金融服务委托制度和重大合同复查制度，为老年人以及其智力残疾子女打造稳妥的长期方案。

（三）金融助力乡村振兴

我国在精准脱贫取得决定性胜利之后，正在进行理论体系的顶层设计，进一步提升共同富裕水平，其中包括精准脱贫以后的成果巩固。很多脱贫户特别是低收入农户的收入来源单一，主要依靠打工收入以及经营农业和参与当地特色产业获取收入。未来返贫风险集中于失业以及当地特色农产品价格波动，还有目前医保无法完全覆盖的大病。普惠型财富管理能有效巩固脱贫攻坚的胜利和缓解不同地区经济发展不平衡的问题。

现在的乡村和过去相比已大不相同，脱贫攻坚的伟大胜利、移动互联技术的深入普及和新生代的学习能力，让很多农民有基础、有渠道、有能力接触现代金融服务。2020 年农村居民人均可支配收入已达 1.7 万元，恩格尔系数降至 32.7%，农村家庭理论上可普遍成为银行理财的有效客群，资管空间潜力很大。

建议把乡村地区作为资产管理的"新蓝海"，借助金融科技手段，积极向农村居民提供适合其特点的资管服务，帮助农民增加财产性收入，丰富乡村地区的"造血"机制，从客观上防范民间借贷等各类非正规金融带来的风险隐患，为巩固拓展脱贫攻坚成果、全面实现乡村振兴提供更好的保障，从而保证共同富裕的切实推进。

（四）加强国家政策引领

金融机构有极强的市场化属性，在国家不加引导的情况下极易变成富人的专属，而且针对中低收入群体的普惠型财富管理产品和服务也需要巨大的投入，见效慢且小，财富管理机构往往没有足够的动力涉足这一领域，但这与国家的方针政策不符，不利于推动我国的共同富裕，因此，国家加强政策方面的引领显得极为重要。

国家应适时出台监管政策，鼓励金融机构大力发展针对中低收入群体的普惠型财富管理，并且提供一套具体的考核指标和激励机制。事实上，西方社会也正在进行着一场公司治理革命。从原先单一的股东利益最大化，转向充分考虑股东、管理层、客

户、供应商和社区乃至整个社会利益的总体平衡的利益相关方。我们是社会主义国家,在践行共同富裕的过程中更应该大力提倡企业社会责任。

建议在国家层面成立各种保险和保障基金机制。要求所有从业的机构都缴纳一定的保险保障基金,类似于商业银行为了应对存款及坏账问题的存款准备金,利用国家背书,系统性解决老百姓的困惑和担心,帮助小型财富管理机构应对服务信用不足的问题。

建议通过国家投入加上公益慈善捐赠等方式,加大针对中低收入群体的财富管理理念的投资者教育。这是投资大、周期长、见效慢的事情,但是长期坚持会给全社会带来积极正面的影响。单个金融企业因为顾及股价和短期财务回报,对此的投入意愿往往不足,所以需要国家层面的资源整合。只有建立正确的财富观念,才能保护财富长期稳定的积累。

四、信托在支持共同富裕中的作用和实践

共同富裕是中国特色社会主义的根本原则。在1992年的"南方谈话"中,邓小平同志强调,"社会主义的本质是解放生产力,发展生产力,消灭剥削,消除两极分化,最终达到共同富裕"。可见,共同富裕的前提是生产力得到发展。发展生产力,就要不断推动我国经济高质量发展。在中央财经委员会第十次会议上,习近平总书记指出,要坚持以人民为中心的发展思想,在高质量

发展中促进共同富裕。《中共中央关于制定国民经济和社会发展第十四个五年规划和二〇三五年远景目标的建议》要求,"坚持把实现好、维护好、发展好最广大人民根本利益作为发展的出发点和落脚点,尽力而为、量力而行,健全基本公共服务体系,完善共建共治共享的社会治理制度,扎实推动共同富裕,不断增强人民群众获得感、幸福感、安全感,促进人的全面发展和社会全面进步"。

共同富裕对信托业提出了新要求并带来了新机遇。信托是我国金融系统的有机组成部分,作为具有悠久历史的优良的财产转移和财产管理制度,可以充分发挥功能优势和制度优势,在共同富裕中做出独特而有益的贡献。一是信托业有助于做大"蛋糕"。未来信托业的转型方向要契合共同富裕,助推实体经济高质量发展,拓宽居民收入渠道,丰富共同富裕的物质基础。二是信托业有助于做优"蛋糕",利用信托特有的制度安排,参与管理国有资产、涉众性资金、年金等,完善社会治理和保障机制,缩小社会贫富差距。三是信托业有助于分好"蛋糕",要充分用好慈善信托作为参与社会公益事业的重要工具,助力第三次分配。

(一)信托的概念及其在推进共同富裕中的作用

信托作为重要的财产转移和财产管理制度,在促进共同富裕的道路上可以发挥多重功能,有利于推动经济高质量发展、拓宽居民收入渠道、提升社会治理水平、持续推进第三次分配等。

1. 信托的原理与特征

按照《中华人民共和国信托法》第二条的规定，信托是指委托人基于对受托人的信任，将其财产权委托给受托人，由受托人按委托人的意愿以自己的名义，为受益人的利益或者特定目的，进行管理或者处分的行为。它主要包含以下五个方面的特征。一是以信任为基础，委托人因信任而委托，受托人有良好的声誉。二是信托成立的前提，是委托人要将自有财产的财产权交付给受托人。三是信托财产具有独立性。信托依法成立后，信托财产即从委托人、受托人以及受益人的自有财产中分离出来，成为独立运作的财产。四是受托人在管理信托财产时要履行谨慎义务。也就是说，受托人管理信托财产，要和管理自己的财产一样尽心尽力。五是信托存续的连贯性。信托不因委托人或者受托人的死亡、丧失民事行为能力、依法解散、被依法撤销或者被宣告破产而终止，也不因受托人的辞任而终止，具有一定的稳定性和连续性。

信托制度的上述特征，使信托财产拥有了风险隔离和权益重置功能，增加了信托财产的安全性与稳定性；通过信托条款约定，对信托财产运用、分配、管理等进行灵活设计与跨期安排，有利于信托目的的最优实现。因此，信托制度被广泛应用于财产管理、资金融通、风险隔离、社会投资等方面，并逐渐拓展到完善社会福利、保障改善民生、化解社会矛盾、推动社会和谐有序发展、促进共同富裕等方面。

2. 信托在共同富裕中的作用

信托业是现代金融业的一个重要组成部分，为各国的经济金融发展做出了不可忽视的贡献。我国自 1979 年恢复发展信托业以来，信托业在国家经济建设过程中发挥了先行先试的先锋作用和灵活多样的支持作用。一方面，信托业聚焦自身优势特长，充分发挥专业力量，在持续服务实体经济、乡村振兴、环境宜居宜业等方面开展了丰富多样的实践，助力做大"蛋糕"。另一方面，在助力分好"蛋糕"的同时，信托业在拓宽居民收入渠道、服务多样化民生需求、提升社会治理水平、促进第三次分配等方面，取得了丰硕成果。

第一，坚定服务实体经济，夯实共同富裕物质基础。

信托作为一项重要的财产管理制度，资金融通是重要的应用功能，支持实体经济实现高质量发展是信托行业的初心和使命。信托公司灵活创设各种形式的信托产品，吸收社会上的闲散资金，不断满足实体经济多样化的融资需求，为产业发展和经济增长提供重要的资金来源。特别是在支持国家重大战略、服务供给侧结构性改革、培育壮大新动能、缓解企业融资难融资贵等方面，信托业发挥了积极作用，有效支持了实体经济的高质量发展。据统计，截至 2021 年末，信托业直接投入实体经济（不含房地产）的信托资产余额为 12.64 万亿元，占全部信托资产余额的 61.50%，基本覆盖了实体经济的各个行业。

在服务实体经济的过程中，信托在提升直接融资比重、提供综合金融服务、促进长期资本形成等方面具有明显优势。一是信

托公司积极开展资产证券化、标品投资业务，为实体企业提供直接融资支持，帮助实体企业降低融资杠杆，分散金融市场风险。二是信托公司延伸服务链条，积极拓展非金融企业债券融资工具承销等新业务领域，将债券承销与投资业务联动，降低企业融资成本，为企业提供综合化、多元化的金融工具。三是信托公司发挥自身在长期财产管理方面的功能优势，广泛汇集社会储蓄资金，拓展股权、房产、知识产权、有价证券等非货币性财产来源，转化为支持实体经济的长期资本，为经济高质量发展提供长期动力。

第二，发挥财富管理功能，提升共同富裕收入水平。

推进共同富裕要不断提升城乡居民收入水平，使居民收入增长与经济增长更加协调。信托是专业的财产管理制度，可以发挥财富管理功能，拓宽居民财产性收入渠道，持续优化收入来源结构。我国信托业坚守"受人之托，代人理财"的本源定位，以受益人利益最大化为目标，切实履行受托责任，助力人民财产的保值与增值。2021年，信托公司累计向投资者支付信托收益1.34万亿元，成为可信赖的财富管理人。

信托公司以客户为中心，持续创新和多元化探索，为投资者提供丰富的金融产品。在产品类型方面，涵盖现金管理、固定收益、股权投资、衍生品投资等具有不同期限结构、不同收益方式、不同风险特征的丰富的产品，有效服务居民的金融投资需求。

第三，发挥管理服务功能，满足共同富裕中的社会治理需要。

共同富裕不仅是经济高质量发展和人民生活富裕富足,还包括精神自信自强、环境宜居宜业、社会和谐和睦、公共服务普及普惠等广泛内涵,是依靠全体人民共建共治共享的共同富裕。信托制度具有灵活性,充分尊重当事人意思自治,可以成为居民参与社会治理的重要工具。

在境外,信托制度广泛用于社会治理的各个方面,依托信托财产独立性、信托机制稳定性、受托管理专业性等优势,服务于特定人群权益保护、特定交易资金监管等社会治理目标。在我国,信托公司正在积极探索信托制度在弱势群体保护、预付资金监管、社区物业管理、农民工工资保护等方面发挥功能,助力完善社会福利、改善民生保障、化解社会矛盾、建设和谐社会。

第四,发挥公益慈善功能,提升第三次分配在共同富裕中的作用。

慈善信托是助力解决贫困问题、缩小收入差距、促进共同富裕的新型慈善工具,是我国慈善事业的重要组成部分,也是实现第三次分配的重要方式。2016 年《中华人民共和国慈善法》实施以来,我国慈善信托获得了稳健发展,在扶贫、防疫、改善民生、缩小收入差距等方面做出积极贡献。根据中国慈善联合会慈善信托委员会的统计,截至 2022 年 3 月 31 日,我国慈善信托备案总单数达 843 单,备案财产总规模为 40.93 亿元,首次突破了 40 亿元大关。其中,2022 年新增备案 50 单,新增备案规模为 1.19 亿元,同比增长 154%。

慈善信托具有慈善目的广泛、财产管理专业、慈善运作透

明、汇集资金渠道多元等特点，根据这些特点，信托公司因地制宜、创新设计慈善信托模式，将推动慈善信托发展作为回归本源、履行企业社会责任的重要方向，积极发挥信托平台优势和自身专业优势，为企业和高净值人群量身定制慈善方案，激发高收入群体和企业家的善心，持续地对低收入人群进行帮扶。

（二）我国信托业现状及其在推进共同富裕中的实践与探索

1. 我国信托业的发展现状

截至 2021 年第四季度末，我国全行业信托资产规模余额达 20.55 万亿元，比 2020 年末的 20.49 万亿元增加 600 亿元，同比增长 0.29%。在资本实力方面，全行业资本实力持续增强，风险抵御能力不断提升。2021 年底，全行业固有资产 8 752.96 亿元，同比增长 6.12%；所有者权益 7 033.19 亿元，同比增长 4.80%；实收资本 3 256.28 亿元，同比增长 3.81%；信托赔偿准备金 346.28 亿元，同比增长 7.69%。在收入结构方面，作为主业的信托业务收入占比稳定上升，信托主业地位稳固。2021 年底，全行业实现信托业务收入 868.74 亿元，同比增长 0.49%，相比 2017 年，4 年间总计增长了 7.90%；信托业务收入占比为 71.92%，同比提升 1.53 个百分点，相比 2017 年，4 年间总计提升了 4.30 个百分点。

第一，信托资产来源结构持续优化。

近年来单一资金信托规模和占比大幅下降，集合资金信托规模和占比稳定提升，管理财产信托规模和占比则大幅上升。2021

年，单一资金信托加速下降。2021年底，单一资金信托规模降至4.42万亿元，比上年末下降1.72万亿元，降幅达28.00%，占比降至21.49%；集合资金信托继续稳步增至10.59万亿元，比上年末增长4.10%，占比提升至51.53%；管理财产信托规模增至5.54万亿元，比上年末增长1.36万亿元，增幅高达32.53%，占比进一步提升至26.98%。

第二，信托功能结构持续优化。

2018—2021年，主动管理型信托呈现持续上升趋势，事务管理类信托呈现持续下降趋势。2021年底，主动管理型信托（融资类+投资类）规模增至12.08万亿元，比上年末增长6.91%，占比提升到58.80%；融资类信托规模降至3.58万亿元，降幅高达26.28%，占比降至17.43%；事务管理类信托规模降至8.47万亿元，占比进一步降至41.20%，同时其内部结构也发生了重大变化，通道驱动的事务管理类信托快速下降，服务驱动的事务管理类信托则开始增长。

第三，信托资金投向结构持续优化。

2021年末，资金信托投向工商企业的占比保持相对平稳，也一直保持在所有投向中占比位居第一；投向证券市场的占比大幅提升，占比达到22.37%，同比大幅上升8.50个百分点，在所有投向中的名次也从2020年的第五跃至第二，成为仅次于工商企业的投向；资金信托投向基础产业、房地产和金融机构三大领域的占比呈现持续下降势头。

近年来，随着宏观经济增速放缓，同时2020年以来突发的

新冠肺炎疫情也对实体经济造成了较大冲击，相应也对信托业造成了一定影响。同时，我国信托业在发展过程中，还存在行业定位不够准确、主营业务需要转换、信托配套制度不健全等问题。

2. 我国信托业在推进共同富裕中的实践

从具体实践来看，我国信托业助力共同富裕，主要体现在以下几个方面。

第一，为基础设施领域提供金融支持，推进基本公共服务均等化。无论是交通、能源、通信，还是教育、医疗基础设施的完善，都是共同富裕社会美好生活品质的保障。为基础设施建设提供投融资服务是信托传统主营业务，也是信托服务实体经济优势所在。截至2021年末，信托行业管理资产，投向基础产业领域规模合计1.69万亿元。在服务模式上，包括直接提供融资、购买城投债、对项目进行股权投资，以及以股加债方式提供综合金融服务等。

第二，为制造业提供金融支持，为共同富裕社会高品质生活提供物质支撑。制造业是实现共同富裕的产业基础，作为金融领域的重要分支之一，信托始终践行服务实体经济的初心，在支持制造业发展方面发挥了重要作用。从信托规模看，信托资金投向传统制造业及高端制造业的资金规模逐年提升。截至2021年末，信托行业管理资产，投向工商企业领域规模合计4.2万亿元。信托公司存在跨越货币市场、资本市场和实业市场的灵活优势，可以运用债权、股权、股债结合、资产证券化、产业基金、供应链

金融等多种方式，充分调动多方资源，提供一揽子的信托服务方案。同时，可以通过与其他金融机构合作，尝试和探索不同的融资合作模式，提高资源整合效率，通过资金、技术和管理的多重联动，助力新兴产业不断发展，为制造业发展提供多样化的金融服务。

第三，为科技创新提供金融支持，为共同富裕提供内生动力。科技创新既是社会财富的创造动力，也可以对财富创造的分布、财富合理分配等产生影响，是高质量发展的根本保障和战略支撑。在服务科技企业，特别是"专精特新"企业方面，信托可以通过"投贷联动"的方式，发挥综合金融服务功能，更好地促进科创企业发展。特别是针对科技创新型企业，其核心资产是技术、专利，而不是流动性强的固定资产，信托通过知识产权信托、数据信托、资产证券化等服务模式支持技术创新和生产活动，助力知识、技术、管理、数据等要素价值的实现，实现金融供给的精准化。

第四，为困境资产处置提供金融支持，为共同富裕提供稳定保障。随着宏观经济结构深度调整，叠加疫情冲击，资源错配下风险加速释放，形成大量困境资产。困境资产有效处置对于促进金融与实体经济良性循环有重要的意义，在降低经济周期给实体经济与社会发展带来的负面影响的同时，推动经济结构的优化与循环。实务中，信托公司结合破产企业、债权人、重整投资人的资金需求、合作诉求及其对困境资产本身的价值判断，灵活设计交易结构，体现不同角色定位，参与项目流动性纾困、债券特殊

机会投资、困境债务重组、不良债权投资、特殊资产证券化、企业破产重整等，帮助投资人、管理人、债权人等重整利益相关方实现各种诉求。

第五，助力农村集体经济发展，促进农村土地流转，增加农民的长期持续收益。信托制度可解决我国农村集体经济在发展过程中存在的经营效率低、集体所有权人模糊等问题，并提升集体财产独立性、管理稳定性。通过设立财产信托，实现农村集体经济资产的专业化经营和市场化管理。信托公司作为受托人管理相关资产，寻找专业能力强的机构运营集体资产，提升集体经济盈利能力，个体农户及村集体作为受益人分享投资回报。此外，信托公司主导的土地流转信托，可促进农村土地流转，有效实现土地产权金融化，增加农民的长期持续收益。土地信托通过将农村土地经营权作为信托财产委托给信托公司，信托公司再将土地经营权在一定期限内有偿转让给农业产业方用于开发经营，推动乡村经济更好发展。

第六，拓宽居民收入渠道。推进共同富裕要不断提升城乡居民收入水平，使居民收入增长与经济增长更加协调。我国信托业始终坚守"受人之托，代人理财"的本源定位，充分发挥财富管理功能，以受益人利益最大化为目标，切实履行受托责任，拓宽居民财产性收入渠道，持续优化收入来源结构，持续创新和多元化探索，为投资者提供丰富的金融产品与受托服务。

第七，服务多样化民生需求。养老、医疗、住房等民生领域的服务改善，可以让社会大众以合理的支出享受相关服务，优化

社会财富的再分配。在不断提升专业化服务能力水平、努力夯实服务实体经济使命的同时,信托业始终以服务人民美好生活为己任,长期关注养老扶老、住房保障等与人民美好生活息息相关的民生领域,持续加强信托产品创新设计,满足多样化的信托服务需求,努力创造更大的社会价值。

此外,信托公司积极推动慈善信托的发展。慈善信托作为与慈善捐赠并行的慈善方式,近年来,信托公司积极开展慈善信托业务,不计成本,认真履行社会责任。

3. 我国信托业在推进共同富裕中的探索

共同富裕不仅是经济高质量发展和人民生活富裕富足,还包括精神自信自强、社会和谐和睦、公共服务普及普惠等广泛内涵,是依靠全体人民共建共治共享的共同富裕。近年来,信托公司积极开展业务探索,在弱势群体保护、涉众性资金管理等方面发挥重要价值功能,助力完善社会福利、化解社会矛盾、建设和谐社会。

案例1:教育培训资金监管服务信托。

2021年10月20日,国联信托在收到家长的委托资金后,成立"国联信托·教育培训资金管理0号服务信托计划"。从信托方案来看,学员家长将培训费作为信托财产交付给信托公司,信托公司按照培训进度定期向培训机构划付已结课程的费用。其间,如一方提出退费,信托公司按照家长和培训机构协商的退费金额或比例进行退付;如果培训机构"跑路",经教育主管部门

核实后向家长退费。

相较于培训机构自身开立银行监管账户，信托模式更符合双减政策"第三方托管"的要求，也从源头上防范了培训机构挪用资金、"跑路"。此外，开发的信托业务系统在支持家长课程查询、签约、付费、退款、"跑路"举报的同时，也方便教育主管部门在线管理，随时查看全市校外培训机构招生、收费、授课等情况，实现实时管理，为落实"双减"政策提供了较好的解决方案。

案例2：校外培训资金监管服务信托。

2021年11月12日，苏州市举行校外培训预付资金信托管理系统上线暨首单落地仪式，宣告苏州市校外培训预付资金信托管理系统启动，首单校外培训服务信托计划——"苏信服务·新科教育众安1号服务信托计划"正式落地。苏州市校外培训预付资金信托管理系统是苏州市预付式消费资金管理平台的子系统。该系统由苏州市地方金融监督管理局牵头负责建设，苏州市教育局积极支持，引导高新区、相城区教育局参与，苏州信托作为受托人负责提供信托服务和系统运营服务。该系统提供了政府端、商户端、消费者端、金融机构端功能，并且具备全流程一体化的服务能力，具有安全性、普惠性、灵活性、开放性和持续性的特点。

案例3：物业服务信托。

万向信托与成都智乐物业服务社会企业有限公司签署"阳光物业系列"服务信托合同。在该单物业服务信托中，物业公司为

委托人，万向信托为受托人，而社区的全体业主则为受益人。在该项目运行中，万向信托会根据合同约定条款将相关资金划付给物业公司，供其履行社区管理职能。

在该项目中，作为受托人的万向信托积极履行社会责任，对收取的物业费及公共收益等涉众性社会资金进行统一管理，根据年度资金预算按期向物业公司划拨小区维护所需费用，账户的资金进出完全公开透明，社区业主可以通过手机端小程序实时查询账户资金变动情况。社区业主可以结合账户资金的使用明细，对物业各项服务进行有效监督，物业公司回归"忠诚管家"的角色，信托公司则替广大业主守好钱、管好钱。

案例4："双受托制"物业管理服务信托。

2021年10月13日，中航信托与成都市香城丽园小区、香江岸小区、福珠苑小区业委会以及成都益民源、成都诚智物业、成都智乐物业签订合同，正式落地物业管理服务信托。

在该业务中，小区业主大会通过表决授权，由业主大会或业委会作为委托人，物业企业和信托公司共同作为受托人，发挥各自领域的专业优势，同时彼此配合和约束，保障作为受益人的小区全体业主的利益最大化。物业公司承担小区物业服务管家的角色，负责小区安全保障、环境养护和设施维护等各类基础物业服务工作。信托公司作为共同受托人，承担小区物业费、公共收益等业主共有资金的管家的角色，以业主共有资金信托专户为载体，根据委托人的意愿，开展财产保管、权益登记与分摊、支付结算、执行监督、清算、信息披露等专业托管运营类金融服务，

在保障资金安全的前提下，实现小区业主共有资金的账户事务管理和保值增值需求。在此基础上，小区业主可以定期了解账户资金变动情况，对物业费的支出使用进行有效监督。

案例5：鲁冠球三农扶志基金慈善信托。

2018年6月，为了纪念万向集团创始人、万向董事局主席鲁冠球先生，万向集团实际控制人鲁伟鼎委托万向信托设立"鲁冠球三农扶志基金慈善信托"，初始信托财产为委托人持有的万向三农集团有限公司全部股权，对应出资额为6亿元。该慈善信托目的是，"让农村发展、让农业现代化、让农民富裕，以影响力投资、以奋斗者为本、量力而行做实事"，开展扶贫、济困、扶老、救孤、恤病、助残、优抚、救灾等慈善活动，促进教育、科技、文化、卫生、体育、环保等事业发展。目前，鲁冠球三农扶志基金慈善信托是我国资产规模最大的永久存续的股权慈善信托，在我国股权慈善发展历史上具有标志性意义。

案例6：慈善并行家族信托。

在上海信托的一单家族信托实践中，将慈善信托与亲属设置为并列分配。委托人早年离开家乡创业打拼，事业有成后希望反哺家乡教育事业，鼓励乡村贫困地区的学子继续深造，也为在校中小学生提供一定的生活补助。与此同时，客户也希望通过设立信托，将关心社会、热心慈善的家族精神传承给自己的子女，在富足的物质生活之外，也拥有宝贵的精神财富。结合该委托人的两大需求，上海信托为客户定制了家族信托，受益人名单涵盖客户亲属，另有专属慈善信托也作为受益人之一，每年投资收益的

一部分将会按合同约定分配给慈善信托，按照委托人的意愿进行永续传承和管理，支持教育事业。

此外，信托公司还积极开展特殊需要服务信托，服务老年人、未成年人权益保护以及特殊群体监护等需要。特殊需要人群范围比较广泛，包括但不限于患有孤独症的孩童、失能失智老年人以及其他不能有效进行生活自理的残障人士。随着我国国民经济的持续稳健发展，人民生活水平提高，特殊需要家庭对特殊需要人群的生活质量、财产安全、服务专业性、差异性以及可持续性提出更高需求。当前针对特殊需要人群服务的制度供给和产品供给严重不足，特殊需求难以得到满足。特殊需要服务信托的引入，可以最大化发挥信托制度的风险隔离功能，实现被监护人人身照管和财产管理分离，避免或减少监护人的道德风险；可以充分发挥信托公司专业化资产管理能力，实现被监护人财产保值增值；可以广泛连接监察人、第三方中介组织、专业服务机构等相关机构，具有满足和服务特殊需要人群多样化、差异化的生活需求的独特优势。

（三）共同富裕中信托应用的国际比较

总体来看，境外国家与地区的信托业，在支持实体经济快速发展、保障个人财富传承积累、提升再分配效应、推动公共服务均等和参与社会治理等方面有所作为，对我国共同富裕的实现，形成了一定的经验借鉴。

1. 发挥资金融通功能方面

美国信托业的发展开端较为市场化,最早完成了个人受托向法人受托的过渡、民事信托向金融信托的转变,大大扩展了信托的应用范畴。19世纪,美国的信托公司承购铁路、矿山等发行的债券,转让或出租给民众以筹集资金用于支持铁路基建,开启了美国信托业参与实体经济发展的特色化道路。随后,美国信托业的投资功能逐步放大,证券信托应运而生,给投资者带来了丰厚的回报,一定程度上帮助美国经济实现了高速发展。

日本信托引进之初便为商事信托。第二次世界大战后,日本经济萧条,为聚集资金,信托业务发展迅速。日本信托银行先后推出了诸如贷款信托、投资信托、金钱信托等特色信托业务,缓解了企业资金不足的瓶颈,促进了企业现代化和日本经济的发展,同时为企业和个人经办财产保管和储蓄等业务,增进了社会福利。

2. 家族财富积累传承方面

基于天然的制度优势,当前家族信托是发达经济国家和地区家族财富管理与传承的主流模式。著名的美国杜邦家族、洛克菲勒家族、默多克家族以及中国香港的李嘉诚家族等,都运用家族信托管理家族财富。

近年来,海外家族信托的发展呈现多样化特征。一是受托人类型多样。受托人可以包括银行的信托部门、专业信托公司等专业信托机构,也包括律师等个人受托人。二是信托财产类型多

样。目前海外家族信托财产包括存款、不动产、有价证券、家族企业股权、专利或版权等知识产权、艺术品及其他动产等各种类型的资产，类型日益多样化。三是家族信托模式多样。以美国为例，其家族信托模式包括可撤销信托、不可撤销信托、固定信托、全权信托、防止挥霍信托、永久信托等。家族信托采取何种模式，主要取决于委托人的意愿、财产类型和信托目的等，多样化的信托模式也反映出家族信托功能的灵活性。四是多与慈善信托相结合。境外发达国家注重慈善与家族信托的协同发展，让财富回馈社会也极大促进了慈善捐赠文化与公益事业的发展。以美国为例，当前美国的慈善方式大体有慈善剩余信托、慈善先行信托、捐赠人建议基金、私益基金会、公益慈善组织五大类，其中慈善信托模式对社会贫富差距的缩小等起到了显著的积极影响。

3. 发展社会公益事业方面

慈善信托是基于公益事业的发展，借助于社会力量筹集资金，满足社会各方参与公益事业的需求而诞生的。在境外，慈善信托从雏形的出现到今天的发展已有数百年的历史，对促进经济和公益事业的发展发挥了积极的作用，尤其在解决社会贫困问题、推进现代福利国家的发展进程中起到了相当重要的作用。正因为源远流长，境外关于慈善信托的种类、规则、税收优惠等，都形成了较为系统的理论体系和制度规范。例如英国的国民信托，其在管理体制上采取了与一般信托公司相似的模式，理事会及受托委员会作为国民信托的受托者，受托管理各类信托财产。

在参与保护的同时吸收会员、增加收入，保护与公益共赢。美国的历史国民保护信托等与英国国民信托拥有相似的发展脉络与服务逻辑。日本信托在古都保护和社区风貌治理方面的参与也是较为成功的实践之一，其中以"社区营造信托"为典型应用。日本"社区营造组织"用公益信托的方式设立社区营造基金，致力于地方传统建筑特色保护，此外，也在社区环境营造、风貌改善、风俗展示、居民互助等方面发挥了极大的治理价值。

4. 推动公共服务均等方面

从全球视角出发可以发现，海外发达国家与地区在保证经济高速增长的同时，也贯彻了社会保障平衡发展的原则，不断完善社会保障体系、切实提高社会福利、实现均等公共服务，而信托广泛参与其中并做出了较为突出的贡献。

第一，支持养老助老。美国1974年出台的《雇员退休收入保障法案》确立了养老金强制信托，即养老基金应当通过信托的方式管理。当前美国养老金信托呈多样化发展态势，已形成以第二、第三支柱为主，税收优惠及转移制度助推第三支柱迅速扩张的完备的养老体系。日本将信托运用于住房反向抵押中，率先推出住房反向抵押贷款信托，为有需求的老年人提供量身定制的养老住房服务，是日本政府为应对老年化社会发展、盘活社会资产使用效率的创新实践。我国台湾地区同样关注老年人的生活保障，推出了安养信托、遗嘱信托等，当前安养信托成为照顾老年人退休生活、保障老年人财产安全的重要金融工具。

第二，帮扶特殊人群。当前，美国、新加坡、日本，以及我国香港和台湾地区，已经形成了相对完善、系统的特殊需要信托产品和服务，特殊需要信托已经成为解决包括心智障碍者在内的残障人士、老年人等特殊需要群体的特殊需要的重要补充，并在连接特殊人群所需服务，连接医疗、社保等公共福利体系方面形成了可资借鉴的良好实践经验，有效提升了社会保障覆盖、减轻了特殊帮扶人群的家庭负担。

第三，管理涉众性资金。在美国、日本和我国台湾地区运用信托管理涉众性社会资金已有很长的历史。美国的物业维修资金管理和预付式消费领域引入了信托机制。日本则针对预付式消费制定了专门的资金保全规则，利用保证金制度来限制预付卡的使用，监管资金余额，以保障消费者的合法权益。在我国台湾地区，信托在预付式消费领域的应用已经相当成熟，相关制度较为完善，业务发展迅速。上述涉众性资金管理中的信托应用为交易安全稳定、居民合法财产安全提供了有效保障。

此外，海外经验显示，要实现共同富裕，首先需要跨越中等收入陷阱而成为高收入经济体，同时也需要在政治、经济、文化、社会、教育、卫生、生态、科技等方面实现全面进步与综合发展，进而提高社会建设水平，促进人与自然和谐共生，实现物质生活富裕、精神生活富足和生活环境宜居。境外信托积极参与社会治理，围绕生态与环境保护、社区治理等开展了有益的探索与发展，为社会治理机制创新、社会治理成效提升等奠定了基础，也为共同富裕的实现提供了基础性保障。

（四）家族信托对于支持共同富裕的作用

1. 我国家族信托的含义与现状

家族信托是以实现个人或家族等高净值客户的家族财富保护、管理及传承为目的，代为打理或处置个人或家族财富的一种信托业务活动。2018年8月发布的《关于加强规范资产管理业务过渡期内信托监管工作的通知》，在我国首次提出了家族信托的定义，是指信托公司接受单一个人或者家庭的委托，以家族财富的保护、传承和管理为主要信托目的，提供财产规划、风险隔离、资产配置、子女教育、家族治理、公益（慈善）事业等定制化事务管理和金融服务的信托业务。该定义具有以下几个主要特征：一是家族信托以家族财富的保护、传承和管理为主要信托目的；二是必须是他益信托，委托人不得为唯一受益人，受益人应当包括委托人在内的家庭成员；三是信托财产金额或者价值不低于1 000万元。

当然，家族信托也可以以民事信托的形态出现，这时候它的条件就比以营业信托形态存在的家族信托的条件要低，例如信托财产金额或者价值没有不得低于1 000万元的限制等。但是，不是所有的家族信托都属于民事信托。判断一个家族信托属于民事信托还是营业信托，关键看家族信托的受托人是否以获取盈利为目的从事家族信托活动、是否以此为业。如果是，则为营业信托。如果否，则为民事信托。在我国，如果自然人、律师等通过担任受托人开展家族信托业务，不仅可能导致该家族信托无效，

使委托人的信托目的落空，还可能被金融监管部门取缔，甚至演变为非法集资等违法犯罪活动。

信托在家族财富管理中，是最主要的管理和传承工具。这主要归功于信托财产具有独立性的制度安排，它能够通过信托的资产隔离功能实现财产规划、风险隔离、子女教育、家族治理、公益慈善等目的，并以此防范家族财富管理中的继承风险、婚姻风险、败家子风险、意外事故风险、股权分散风险、债务风险和破产风险等。随着我国有财富管理需求的中等收入群体数量增加，当前家族信托快速发展，开展家族信托业务的信托公司持续增加。根据中国信托登记有限责任公司的相关数据，截至2021年末，我国家族信托存量规模已达3 494.81亿元。

2. 发展家族信托，有利于做大、做优"蛋糕"

当前，有人对家族信托的发展持谨慎的态度，认为家族信托主要针对高净值人群，而非为普罗大众服务，因此，在共同富裕的背景下不宜过多提及家族信托，甚至不宜鼓励家族信托的发展。事实上，发展家族信托与共同富裕并不相悖。相反，发展家族信托，有利于助力共同富裕，特别是对共同富裕中做大"蛋糕"有极大的正面作用。

家族信托可以通过全面灵活的定制化设计，通过专业机构科学的受托管理机制，有效贯彻执行家族财富的管理与传承。一是有序传承家族财富。在家族信托全周期中，可以通过完善的分配方案实现合法、有序的分配，在长期财富传承过程中实现单纯通

过遗嘱所不能实现的复合目的,例如防范子女挥霍财产、保障子女成长教育、减少继承纠纷、保障医疗养老需求等,充分避免风险,实现有序传承。二是规划管理家族财产。作为专业资产管理机构,信托公司具备较强的财富规划和资产管理能力,经过对委托人需求的综合判断进行全面的方案设计,进而在专业的管理运行机制支持下,降低财产损失的风险,并进一步通过合理的资产配置提供长期收益,实现家族财富的保值增值。三是保障家族财富安全。家族信托具有财产独立性、信息安全私密性等特点,一方面可以有效隔离、避免债务风险,另一方面可以通过预先规划防范婚姻变故等带来的财产损失,同时还可以实现较为严格的信息保密,防止为富所累,充分保障家族权益。四是促进家族基业长青。可以通过家族信托的专业顾问服务实现家族治理,通过对家族资产和企业等方面的统筹安排保障家族发展,通过整合多方面资源满足发展过程中的特定需求,从而为家族财富世代传承护航。此外,委托人通过家族信托对其身故后的财产继承提前做出安排,相关受益人按照信托合同享有相应权益,还可以避免继承纠纷。

　　家族信托的一个重要功能是,可以实现对家族成员的有效关怀。现实生活中,家族成员往往存在三类特殊群体:行为能力受限的人、行为习惯不良的人和财产管理能力不足的人。这些特殊群体容易给家族财富规划带来两难困境:既需要信托收益分配以实现生活需求,又不能直接分配财产。解决这一问题的途径,即让特殊群体享受财产的利益,但却无法享受财产的所有权,而这

一途径只能通过家族信托来实现。除了信托财产的独立性之外，信托财产的另一项法律特征是"权利与利益相分离"，基于此项特征可以实现家族成员无须触碰该财产，却又能从中受益。信托财产一经交付，即实现了名义权利与实际利益的分离，信托财产的名义权利由受托人拥有，受托人据此控制、管理和处分信托财产，但受托人并不享受信托财产的利益，信托财产的利益按信托文件的安排由受益人享有，进而保障家庭财富传承的安全连续、社会的稳定和谐。

家族信托需要动员所有的社会力量，尤其是发挥好企业家的作用。通过规范财富积累机制，防止诸如偷税漏税等各种非正义的财富积累方式，旗帜鲜明地保护他们的合法财产，这样我们才能开始讨论共同富裕，再辅以提升低收入群体，扩大中等收入群体，而不是盲目地限制合法合规的高收入的措施，努力优先做大"蛋糕"，之后才能分好"蛋糕"。

总之，信托业，尤其是家族信托的发展，能使高净值人群更加规范、稳妥地积累财富，这本身也是共同富裕的应有之义。发展家族信托，让我国的家族财富在境内就能获得和境外一样甚至更好的家族信托服务，才能留住财富、留住人心，使家族企业将经营重心放在境内，使民营经济得到更好的发展，从而做大"蛋糕"。

3. 我国家族信托发展面临的挑战

第一，委托人认知不足。家族信托在我国刚刚起步，在产品、认知、服务等方面仍有较大的提升空间。当前市场对国内家

族信托还存在许多误解，主要包括：将家族信托与理财产品混为一谈；国内设立家族信托没有法律保障；家族信托是富豪们的专属工具；在境外设立离岸家族信托更有保障和优势；已有完善的保险，不需要再设立家族信托；财富传承安排用遗嘱比较简单便捷，没必要用家族信托；家族信托会让后代养尊处优、坐吃山空；一旦设立家族信托，财富就将失去控制；等等。这些认知误区极大地阻碍了家族信托更好地发挥其财富管理优势、助力共同富裕的价值功能。

第二，信托财产登记制度缺失。受制于信托财产登记制度的缺失，目前我国家族信托尚不具备处理需要办理登记手续的资产功能，大部分的家族信托仅以资金信托的形式存在。然而，现实中，财富传承中含有大量房产、股权等非现金资产，信托财产登记制度的缺失使家族信托难以满足委托人的财富传承需求：对于股权类资产，由于我国尚未对股权资产管理做出明确规定，无法对企业所有权、管理权和分红权的清晰划分提供法律依据，如何采用家族信托模式实现对家族企业的有效管理，一直是行业面临的难题。

第三，税收筹划功能未能得到充分体现。回顾海外家族信托发展历史，均在建立信托制度的同时，确立了信托税收制度，因此境外家族信托具有更强的税收筹划功能。但我国尚未建立与信托制度相适应的税收体系，信托财产转移面临双重或多重征税的情形，这在无形中提高了信托交易成本。例如，不动产转移登记需要缴纳高额税费，设立和管理成本较高，极大地限制了不动产信托的应用和推广。

此外，家族信托持股企业面临上市障碍。信托持股企业在境内资本市场上市因无法满足上市公司股权清晰要求，暂未被监管部门接受等。

（五）慈善信托对于支持共同富裕的作用

1. 我国慈善信托的含义与现状

根据《中华人民共和国慈善法》的规定，慈善信托属于公益信托，是指委托人基于慈善目的，依法将其财产委托给受托人，由受托人按照委托人意愿以受托人名义进行管理和处分，开展慈善活动的行为。相较于其他慈善活动形式，慈善信托具有设立简单、费用较低、管理方便、监督严格、财产运用方式多样、孳息支出灵活等优点。

近年来，我国慈善信托取得了长足发展，聚焦重点领域，通过助力脱贫攻坚、乡村振兴，提高人民生活水平；资助教育发展、培养各类人才，关注环保、医疗与养老，提升社会福利水平，让改革发展的成果为更多群众共享，助力实现人民对美好生活的向往。

一是聚焦扶贫济困。据统计，2016—2021 年备案的慈善信托中以扶贫济困为目的的慈善信托占比达55.76%[1]，具体受托目的包

---

[1] 资料来源：笔者对中国慈善联合会慈善信托委员会的数据统计。信托目的中明确提到某一个或多个特定领域，只认定其提到的特定目的为信托关注领域；信托目的中未提及任何特定领域，认定信托关注《中华人民共和国慈善法》中所提到的所有领域。下文同。

括推动特色产业体系建设，助力新型经营主体和农村企业发展，拓宽农产品销售渠道，推动贫困家庭劳动力就业培训，改善农村交通、水利、电力网络和居住环境的基础设施建设等。通过助力精准扶贫、助力乡村振兴等方式，改善落后地区的生产力，提高人民群众的生活水平，为助力共同富裕发展做出贡献。

二是聚焦教育资助。2016—2021年备案的慈善信托中与教育资助相关的占比为50.32%，包括帮扶困难儿童、促进青少年教育教学、促进职业教育发展、改善教育设施、加强教育人才培养、推动特定教育项目或课题发展、资助大学教育研究等多种受托目的，资助周期涵盖了从幼儿园到大学的全教育阶段。慈善信托对教育领域的关注以及对教育资源的投入与补充，极大地助力了社会教育公平发展，吸引了人才回流。

三是聚焦医疗健康。2016—2021年备案的慈善信托中与医疗健康相关的占比为18.05%，受托目的主要围绕防疫抗疫、资助医疗设备、助力儿童医疗、帮扶特定疾病人群治疗、促进中医的传承与发展、培养医学领军人物、提高贫困地区医疗水平、促进贫困地区医疗卫生事业发展等展开。作为多层次医疗保障体系的重要组成部分，慈善信托通过集合慈善资源，为困难群众提供形式多样的医疗援助和健康帮扶，解决部分群众看病难、看病贵的问题，为困难群众提供更全面、更充分的医疗保障服务。慈善信托能够在一定程度上填补基本医疗保障的空白，适当弥补政府救助的不足，助力完善医疗保障体系建设。

四是聚焦养老助老。2016—2021年备案的慈善信托中与养老

相关的占比为 11.90%，主要受托目的包括开展敬老爱老活动，帮助贫困、孤寡、空巢老人缓解困境，提高失能老人基础社会保障，预防老年人痴呆，救助失独家庭，资助居家养老服务中心建设，提高养老机构服务水平等。慈善信托通过汇聚社会慈善资源，成为养老敬老的重要力量，减轻了政府及家庭的养老压力，特别是为贫困、孤寡、空巢老人提供养老保障，提高老年人的幸福感，助力老年人实现老有所依、老有所养。

五是聚焦环境保护。2016—2021 年备案的慈善信托中与绿色环保相关的占比为 24.97%，受托目的主要聚焦防治污染和其他公害、促进再生循环利用、资助地区生态保护项目、保护和改善生态环境等。慈善信托通过保护自然环境，既保护了自然财富，也保护了社会财富、经济财富。优质的生态环境紧密连接经济社会发展的潜力和后劲，良好的生态环境是涉及所有人的公共产品，是人民群众对共同富裕更高层次的追求。

2. 发展慈善信托，有利于分好"蛋糕"

慈善信托的核心要义，是慈善信托财产的本金和收益要全部用于公益事业。这意味着，人们将自己合法所有的财产拿出来设立慈善信托，就不能再将该财产拿回去，而必须全部用于公益慈善活动。假如慈善信托终止后有剩余财产，则应当将剩余的慈善信托财产用于与原慈善目的近似的目的，或者将其转移给具有近似目的的慈善组织或者其他慈善信托。

因此，发展慈善信托，能够缩小财富鸿沟、推进共同富裕。

一是实现慈善账户的财产安全和风险隔离，更精准高效地支持共同富裕各项事业。二是能够实现公益财产来源渠道创新，利用自身作为金融执牌机构在客户资源上的优势，更好撬动社会资本以多种形式参与乡村振兴等共同富裕事业。三是能够提供慈善财产专业化管理与服务，实现保值增值与合规透明运作，切实扩大投入共同富裕各项事业的资金量。四是能够赋予捐赠方更多参与权和决策权，更好监督慈善财产的管理使用，增强透明度和公信力，提高社会各界对投身公益事业的热情。

2016 年以来，慈善信托通过不断探索与实践，逐步进入规范化运营、特色化发展阶段，努力服务人民美好生活，发挥第三次分配的积极作用，助力共同富裕，发挥了重要的社会价值。

3. 股权慈善信托是实现共同富裕的重要方式

相关统计数据显示，截至 2019 年底，我国居民总资产为 574.96 万亿元，其中股票及股权资产 170.21 万亿元，占居民总资产的比重达 29.60%（李杨和张晓晶，2020），是仅次于住房资产的第二大居民资产类型。股权作为我国高净值客户的一大财富载体，在居民财富结构中将占据越来越重要的地位。如何在经济高质量发展的前提下，让企业家以股权类财产参与公益事业，既不影响经济的高质量发展，又有利于促进共同富裕呢？我们做一个假设，假如让民营企业家把股权捐出来，民营企业就会脱离民营企业家的有效管理与代际传承，就可能伤及民营经济的根本，进而让我国经济失去发展的动力和源泉。对此，发展股权慈善信

托，是实现共同富裕的主要抓手和重要方式。

股权慈善信托是指委托人基于慈善目的，依法将其拥有的企业股权委托给受托人，由受托人按照委托人的意愿以受托人的名义进行管理和处分，开展慈善活动的行为。

发展股权慈善信托，能够实现民营企业控制权、经营权和收益权的有效分离，是助力共同富裕的重要途径。股权慈善信托设立后，股权作为初始信托财产，其财产属性由私人财产转变为社会公共财产。同时，作为慈善信托财产的股权可以不动用，这样既保证了企业家对民营企业的继续经营和实际控制，又可以发挥其助力慈善公益的功能。由于公司的控制权依旧掌握在委托人自己手中，不影响对企业的经营管理决策，企业家也不会失去继续努力经营的动力。慈善信托的公益性质能够激励下一代继续创造财富，有利于家族财富和精神的传承发展，有利于发挥民营经济的活力，保持经济高质量发展。此外，股权慈善信托用每年产生的股权分红来开展公益事业，让企业获得更多的税收优惠和政策扶持。同时，慈善信托的期限没有限制，理论上可以永久存续。因此股权慈善信托有利于民营企业长期稳定的经营管理，使其作为一个活水源头，发挥先富帮后富的作用，积极参与和兴办社会公益事业，达到企业健康经营和慈善公益事业大力发展的双赢局面。

4. 我国慈善信托发展面临的挑战

第一，慈善信托的公益方式需要进一步普及。慈善信托作为

一个舶来品，大家对它还不是很了解，有人把慈善信托等同于慈善捐赠，认为慈善信托是慈善组织的竞争对手、慈善信托是保值增值的工具，甚至认为慈善信托是金融产品等。

慈善信托的重心不是信托，信托只是修饰语，它修饰的主语是慈善。也就是说，慈善信托不是慈善的信托，而是信托的慈善，或者说是信托型的慈善。今后，我国要发展慈善信托，还需要不断加强宣传和普及。

第二，相关配套法规制度需要进一步完善。包括需要加紧出台信托财产登记、信托税收等配套支持政策，以及采取各种有效措施，促进慈善信托在我国的健康规范发展。此外，《中华人民共和国慈善法》和《慈善信托管理办法》的发布，确立了慈善信托运作的基本规范，但依然缺少针对慈善信托的详细操作指引，对慈善信托的设立、备案、运作、变更、终止及清算等环节缺乏全流程指导和规范。

（六）推动信托支持共同富裕的政策建议

在推动共同富裕的进程中，信托业还存在一些发展困境亟待完善改进。为促进信托在推动共同富裕中更好地发挥作用，提出以下政策建议。

第一，进一步完善信托财产登记、税收等配套制度建设，有效发挥信托制度优势。一方面，建议统筹完善信托财产登记制度，明确以特定财产设立信托需要办理信托登记的详细制度规定，规范登记范围、登记机构、登记手续、登记内容等事项；另

一方面，建议进一步完善信托涉及的财产转移、收益分配等方面的合理税收制度，统筹设计信托税收安排，既避免信托财产转移环节重复征税，也防止受益人获取信托利益环节税收流失等。特别是关于慈善信托的税收优惠政策，2017年由银监会、民政部联合印发的《慈善信托管理办法》第四十四条规定："慈善信托的委托人、受托人和受益人按照国家有关规定享受税收优惠。"但是，上述规定过于笼统，不够具体，实践中缺乏可操作性。事实上，直至目前有关部门尚未对慈善信托所涉及的税收配套政策做出任何规定。由于缺乏税收优惠，为了帮助慈善信托委托人取得税前抵扣，在当前的实际操作中需要由委托人先向慈善组织进行捐赠，然后慈善组织再委托信托公司进行管理，这一做法加大了慈善信托的管理成本，拉长了慈善信托的运营环节，极大阻碍了公益（慈善）信托的健康发展。

第二，针对服务公共民生的信托服务，加强政策引导，出台业务细则，在特定领域开展试点，推动信托对共同富裕的更深层次支持。当前，信托在大部分公共民生领域的参与仍处于探索发展阶段，操作规范与服务细则需要政策引导与规范。建议尽快推动完善对家族信托、涉众性社会资金受托服务信托、特殊需要信托、遗嘱信托等的政策规范与支持；扩大信托公司在社保基金、企业年金受托服务中的资格认定；鼓励信托公司在环境污染、涉众性资金管理与第三次分配等关系人民群众切身利益、社会需求最迫切的领域，开展资产服务信托试点；引入信托公司对特定的生态或文化资产开展"国民信托"试点等。

第三，大力发展慈善信托，把股权慈善信托当作实现共同富裕的重要抓手。一是如前所述，建议破除慈善信托发展的障碍，尽快出台慈善信托财产登记、慈善信托税收优惠政策等。二是着力发展永续性慈善信托。慈善信托不受公募基金会每年70%的支出比例下限的规定，慈善信托财产本金可以不动用，使慈善信托理论上能够永续存在。假设我国的永续慈善信托逐年增加，由几百个发展到成千上万个，受益的社会公众就会越来越多，人们的生活就会更加美好。三是建议大力发展股权慈善信托，解决股权过户、股权上市等政策障碍。当前委托人以股权设立慈善信托，只能参照交易过户办理财产过户手续，交易手续烦琐，而且还需以股权交付时的公允价值确定转让收入并依此先缴纳所得税。这给委托人以股权设立慈善信托带来了沉重的纳税负担，导致一些企业家不得不选择去境外设立股权慈善信托，打击了人们在境内以股权设立慈善信托的热情。此外，建议监管部门允许慈善信托持股的企业在申报IPO时，不作为"三类股东"之一，在企业上市前不必清退，以利于股权慈善信托的永续运行。

第四，大力推动家族信托和慈善信托的融合发展。可以说，慈善信托与家族信托相结合，不仅可以满足家族成员的生活需要，还可以满足更多的人对美好生活的向往，充分发挥慈善事业第三次分配的作用。建议推动慈善信托与家族信托相结合，创新开展公益余额信托、慈善先行信托、利益分成信托等新类型业务，让家族成员享有小部分信托利益，而大部分信托利益用于公益目的由全社会共享，从而更好地分好"蛋糕"。

第五，推动信托普惠化发展，扩大信托共同富裕服务范畴。中国拥有全世界规模最大、成长最快的中等收入群体，国家统计局的数据显示，当前中国中等收入群体已有4亿多人。按照"共富、扩中"和"两头小、中间大"的收入分配制度改革规划，中国中等收入群体将持续扩大，其中的需求服务潜力巨大，不容忽视。信托应识别和瞄准中等收入群体中的潜力人群，持续扩展服务范围，不断推出灵活的、定制化的信托产品，引入更多的创新模式和定制化服务，打破现有的竞争格局，在普惠金融、员工持股、子女教育、医疗康养、养老信托、保险金信托等方面加大业务创新。

第六，加强信托文化宣传，赋予其参与服务人民美好生活更广阔的舞台。全体人民的共同富裕不是一朝一夕就能实现的，需要几代人的共同奋斗。服务国家战略、服务实体经济、服务人民美好生活始终是信托业的立业根基。作为财产管理工具，信托与信托业的社会价值和功能值得被重新认识、挖掘与调动，赋予其参与服务人民美好生活更广阔的舞台。建议持续加强信托文化宣传教育，提升信托行业形象，推动忠诚守信等理念成为社会主流价值观。通过让社会上更多的人懂信托、用信托，开拓探索具有中国特色的，与全体人民共同进步、共同富裕的信托发展之路。

07

金融促进共同富裕的浙江实践

一、浙江高质量发展建设共同富裕示范区背景及目标

（一）浙江共同富裕示范区建设的背景

2020年3月底，习近平总书记在浙江考察时提出，浙江要"努力成为新时代全面展示中国特色社会主义制度优越性的重要窗口"。2021年5月20日，中共中央、国务院印发《关于支持浙江高质量发展建设共同富裕示范区的意见》（以下简称《意见》），赋予了浙江建设共同富裕示范区的光荣使命和政治任务。党的二十大报告明确指出，"中国式现代化是全体人民共同富裕的现代化。共同富裕是中国特色社会主义的本质要求"。作为建设"重要窗口"的浙江，奋力推进共同富裕先行和省域现代化先行，正是中国特色社会主义制度优越性的集中体现。

（二）浙江共同富裕示范区建设的目标

《意见》明确，示范区要着力在完善收入分配制度、统筹城乡区域发展、发展社会主义先进文化、促进人与自然和谐共生、创新社会治理等方面先行示范，构建推动共同富裕的体制机制，为实现共同富裕提供示范。具体要实现四大战略定位：一是成为高质量发展高品质生活先行区，构建产业升级与消费升级协调共进、经济结构与社会结构优化互促的良性循环，富民惠民安民走在全国前列；二是成为城乡区域协调发展引领区，坚持城乡融合、陆海统筹、山海互济，健全城乡一体、区域协调发展体制机制；三是成为收入分配制度改革试验区，完善要素参与分配政策制度，率先在优化收入分配格局上取得积极进展；四是成为文明和谐美丽家园展示区，打造文化强省，实现经济社会发展全面绿色转型。

《意见》提出，到2025年，浙江示范区要取得明显实质性进展，人均地区生产总值达到中等发达经济体水平，基本公共服务实现均等化；城乡区域发展差距、城乡居民收入和生活水平差距持续缩小，低收入群体增收能力和社会福利水平明显提升，以中等收入群体为主体的橄榄型社会结构基本形成；推动共同富裕的体制机制和政策框架基本建立，形成一批可复制可推广的成功经验。到2035年，人均地区生产总值和城乡居民收入争取达到发达经济体水平，城乡区域协调发展程度更高，收入和财富分配格局更加优化，法治浙江、平安浙江建设达到更高水平，治理体系和治理能力现代化水平明显提高，物质文明、政治文明、精神文明、社会文明、生态文明全面提升，共同富裕的制度体系更加完善。

二、浙江建设共同富裕示范区的主要差距和不足

对照《意见》锚定的四大战略定位，浙江经济社会总体发展水平仍然存在较大的提升空间。

（一）人均生产总值和人均消费与发达经济体差距较大

《意见》提出，到2025年，浙江人均生产总值达到中等发达经济体水平，到2035年，争取达到发达经济体水平。2021年，浙江省地区生产总值为7.35万亿元，人均生产总值为11.3万元，在国内排名第五，低于北京（18.4万元）、上海（17.36万元）、江苏（13.68万元）和福建（11.66万元）。而对照国际标准，以2015年不变价折算，2020年浙江人均生产总值为1.45万美元，与发达经济体的标准仍有不小的差距[①]，仅仅是美国（5.82万美元）的25%、英国（4.3万美元）的34%、日本（3.48万美元）的42%（见图7-1）。

再从人均消费看，浙江尚不及全球平均水平。浙江省2010年、2015年、2018年居民人均最终消费支出为2 974美元、3 797美元、4 673美元，仅是全球平均水平的54.5%、64.7%、75.2%，更仅是高收入国家[②]的12.9%、15.7%、18.3%（见图7-2）。2021年，

[①] 不同国际组织对发达经济体的界定标准不一。根据高善文（2022）的测算，经济合作与发展组织、联合国、国际货币基金组织评定的发达经济体的人均GDP中位数都为4万美元左右，中等发达经济体（即人均GDP 33%分位数）在2.3万~3.2万美元之间。

[②] 根据世界银行2022年7月发布的数据，高收入国家的人均GNI超过13 205美元，中等收入国家的人均GNI在1 086~13 205美元之间。

浙江居民人均消费支出小幅上升至 5 443 美元。

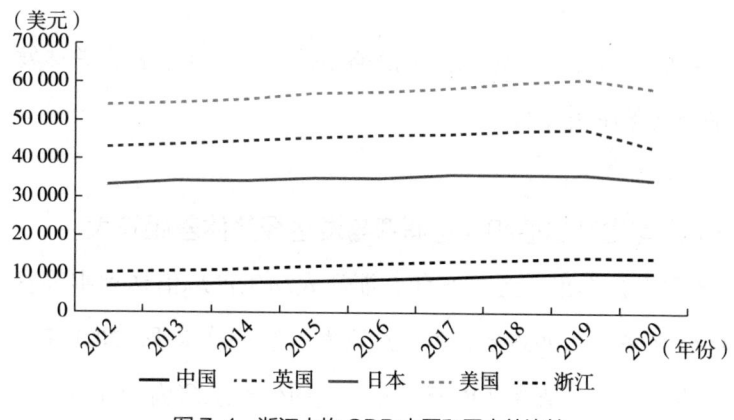

图 7-1　浙江人均 GDP 水平和国内外比较

注：以 2015 年不变价进行统一折算。

资料来源：世界银行，《中国统计年鉴》，《浙江统计年鉴》。

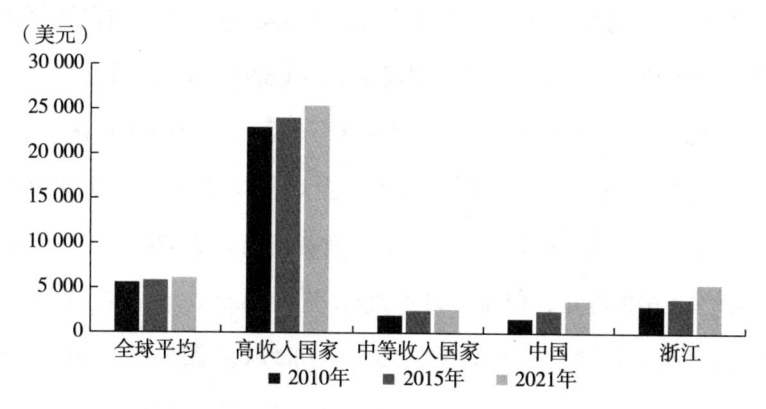

图 7-2　浙江居民人均最终消费支出变化和国内外比较

注：以 2015 年不变价进行统一折算。因数据可得性，高收入国家、中等收入国家和全球平均水平数据更新至 2018 年。

资料来源：世界银行，《中国统计年鉴》，《浙江统计年鉴》。

（二）科技创新对经济发展的支撑作用稳步提升，但与先进省份和国家相比仍显不足

《意见》指出，要以创新型省份建设为抓手，把科技自立自强作为战略支撑，加快探索社会主义市场经济条件下新型举国体制开展科技创新的浙江路径。近年来，科技创新能力对浙江经济高质量发展的支撑作用不断提升，浙江R&D经费投入自2015年首破1 000亿元以来，年均增速达13%以上，占GDP的比重也从2015年的1.22%上升到2021年的2.90%，目前全国排名第五，与江苏（2.95%）接近，但与广东（3.14%）仍有不小的差距，同德国（3.14%）、日本（3.27%）、美国（3.44%）、韩国（4.81%）等发达经济体相比差距更大（见图7-3）。

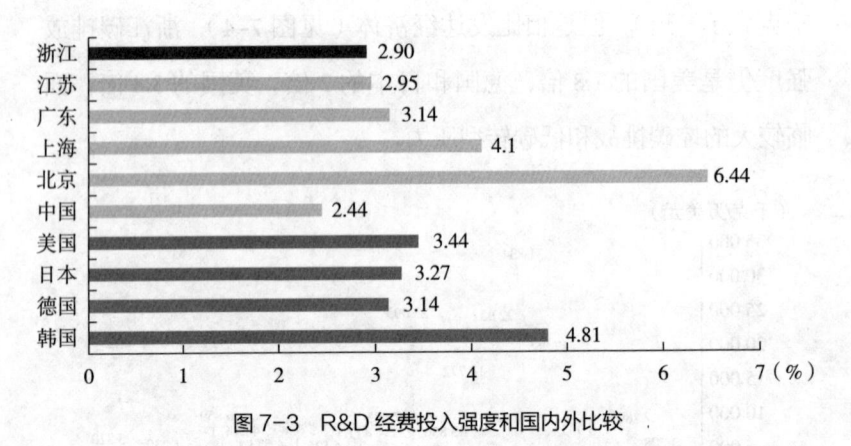

地区/国家	R&D经费投入强度(%)
浙江	2.90
江苏	2.95
广东	3.14
上海	4.1
北京	6.44
中国	2.44
美国	3.44
日本	3.27
德国	3.14
韩国	4.81

图7-3 R&D经费投入强度和国内外比较

注：由于数据可得性，北京、广东以及国外R&D经费的投入强度更新至2020年。
资料来源：OECD，《中国统计年鉴》，《浙江统计年鉴》。

（三）碳排放强度国内领先，但经济绿色低碳转型发展面临较大压力

《意见》指出，要高水平建设美丽浙江，全面推进生产生活方式绿色转型。碳达峰、碳中和目标的提出，对经济绿色低碳转型提出了巨大挑战。相比国内其他发达省份，浙江碳排放呈现总量高、强度低的发展态势。根据中国碳核算数据库（CEADs）2019年的数据，浙江碳排放总量为3.81亿吨，从高到低在全国30个省份中位列第十一；碳排放强度为611.7千克/万元（4 218.43千克/万美元），是全国碳排放强度平均水平的61.52%，从低到高在30个省份中位列第四，前三位分别是北京（1 718.19千克/万美元）、上海（3 508.29千克/万美元）、广东（3 747.89千克/万美元）。但是相比发达经济体（见图7-4），浙江碳排放强度仍是美国的1.8倍，德国和日本的2倍，英国的3.4倍，面临较大的控碳挑战和低碳转型压力。

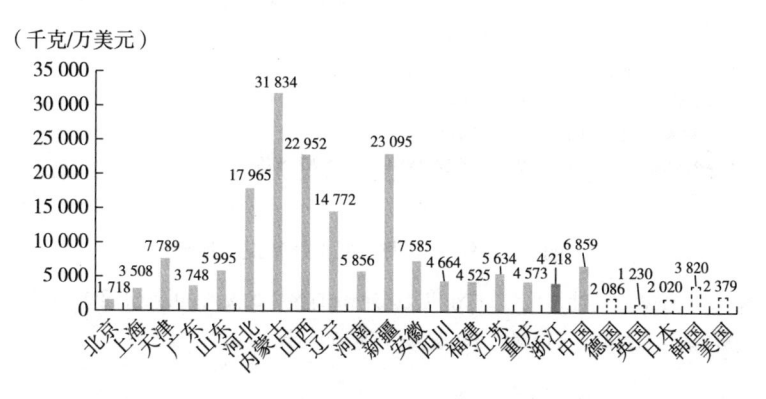

图7-4 2019年浙江碳排放强度和国内外比较

注：韩国碳排放相关数据更新至2018年。
资料来源：国内数据来自CEADs，国外数据根据相关内容整理。

（四）收入分配均衡性较发达经济体仍有较大提升空间

《意见》提出，加快打造收入分配制度改革试验区，率先基本形成以中等收入群体为主体的橄榄型社会结构。2020年，浙江可支配收入基尼系数为0.42，虽然低于同期全国平均水平（0.468），但仍高于0.4这一警戒线（见图7-5）。要实现收入分配"扩中""提低"，形成以中等收入群体为主体的橄榄型社会结构，浙江还有很多工作要做。

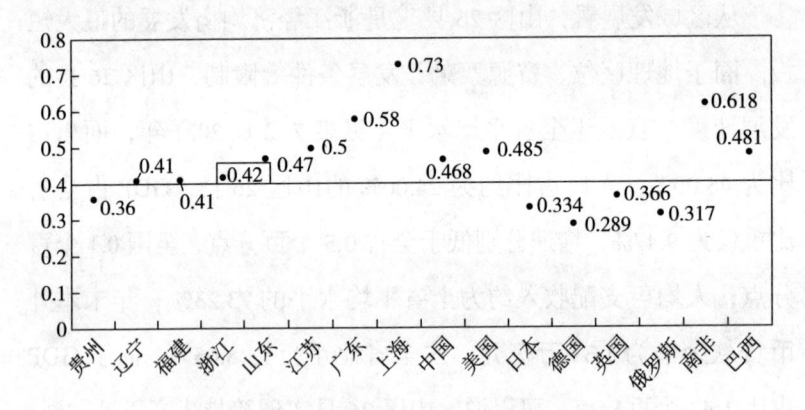

图7-5 浙江可支配收入基尼系数和国内外比较

资料来源：美国人口普查局；OECD；中国国家统计局；《读懂共同富裕》，第216页。

（五）城乡收入差距较小，但区域协调发展有短板

从城乡收入差距看，浙江城乡居民收入倍差连续9年缩小，2021年降至1.94，远低于全国平均水平（2.5），也明显优于广东（2.46）、山东（2.26）、福建（2.2）和江苏（2.16）等东部沿海发达省份，但与普遍小于1.5的发达经济体相比（见表7-1），浙江城乡收入差距仍然存在较大的改善空间。

表 7-1 部分 OECD 国家 2019 年城乡居民收入差距情况

城乡居民收入倍差	国家
<1	比利时、英国、德国、荷兰
1~1.25	奥地利、挪威、丹麦、卢森堡、冰岛、法国、捷克、日本、芬兰、瑞士、加拿大、意大利、瑞典、爱尔兰、希腊
1.25~1.5	西班牙、葡萄牙、波兰、韩国、美国、立陶宛

资料来源：郭燕等（2022），《城乡居民收入差距的演变趋势：国际经验及其对中国的启示》。

从区域发展看，山区 26 县[①]是浙江经济均衡发展的最大短板。囿于地理区位、资源禀赋、发展条件等限制，山区 26 县的发展速度一直低于全省平均水平（见表 7-2）。2021 年，面积占比为 45.00%、人口占比约为 24.00% 的山区 26 县，GDP 占全省比重仅为 9.47%，增速分别低于全省 0.5 个百分点、全国 0.1 个百分点；人均可支配收入约为全省平均水平的 73.23%；年末本外币贷款余额为 1.33 万亿元，占全省比重仅为 8.05%，低于 GDP 占比 1.42 个百分点。可以说，山区 26 县实现跨越式高质量发展，是浙江推动区域协调发展、建设共同富裕示范区的难点、重点和关键点，也是金融资源配置的重点支持领域。

---

① 浙江山区 26 县包括淳安县、永嘉县、平阳县、苍南县、文成县、泰顺县、武义县、磐安县、柯城区、衢江区、江山市、常山县、开化县、龙游县、三门县、天台县、仙居县、莲都区、龙泉市、青田县、云和县、庆元县、缙云县、遂昌县、松阳县、景宁畲族自治县。

表 7-2　浙江山区 26 县经济金融发展概况

	2020 年	2021 年
面积占比	—	45.00%
人口占比	—	24.00%
GDP 占全省比重	9.65%	9.47%
GDP 增速	—	8.00%
全省 GDP 平均增速	3.50%	8.50%
全国 GDP 平均增速	2.70%	8.10%
本外币贷款余额（万亿元）	1.12	1.33
本外币贷款余额占全省比重	7.82%	8.05%

资料来源：浙江省统计局，中国人民银行杭州中心支行。

总体来看，当前浙江的经济社会发展与共同富裕示范区的建设目标之间仍有差距：一是经济发展的质量有待进一步提高，人均 GDP 和人均消费水平距离发达经济体仍有较大差距，科技创新的支撑力不足，经济绿色低碳转型压力仍然较大；二是经济发展的均衡性还有待进一步提高，居民收入分配和区域均衡发展有待进一步完善。

三、金融在促进浙江共同富裕中的作用和不足

经济是肌体，金融是血脉，两者共生共荣。作为最重要的市场化资源配置手段，金融天然追求效率，对于共同富裕的作用也存在"二重性"。一方面，有效的金融制度安排可以优化资源配置、提升经济发展质量，为实现共同富裕提供物质基础；另一方

面,如果金融缺少科学的制度设计,片面追求效率,不顾及公平,可能加大贫富差距,甚至产生过度金融化的问题,带来风险隐患。

从浙江的情况看,金融有力支撑了浙江经济社会的发展,有效提升了浙江经济发展的质效,营造了良好的金融生态环境,为促进浙江共同富裕发挥了积极作用。

(一)融资畅通工程为浙江经济发展提供要素保障

浙江省金融业深入贯彻新发展理念,助力构建新发展格局,积极实施融资畅通工程,认真贯彻稳健的货币政策,精准落地各项政策工具,实现金融总量保障有力。总体来看,浙江存贷款增长明显高于全国,特别是经济增速下降时,贷款增速上升加快,反映出金融的逆周期调节作用。如2020年以来,浙江存贷款余额平均增速超过全国4.5个百分点(见图7-6),助力新冠肺炎疫情发生后全省经济强劲复苏,为省域现代化先行和共同富裕先行奠定了坚实的基础。2022年前三个季度,浙江省社会融资规模新增3.03万亿元,贷款新增2.19万亿元,均达到全国第二;截至2022年10月末,全省本外币贷款余额18.8万亿元,同比增长14.8%,为沿海省份首位;全省本外币存款余额19.2万亿元,同比增长14.6%,人均存款规模29.32万元,是全国平均水平(16.29万元)的1.8倍,位居各省之首(除直辖市)。在金融的有力保障下,2022年前三个季度,浙江GDP同比增长3.1%,固定资产投资同比增长10%,全体居民人均可支配收入同比名义增长5.2%。

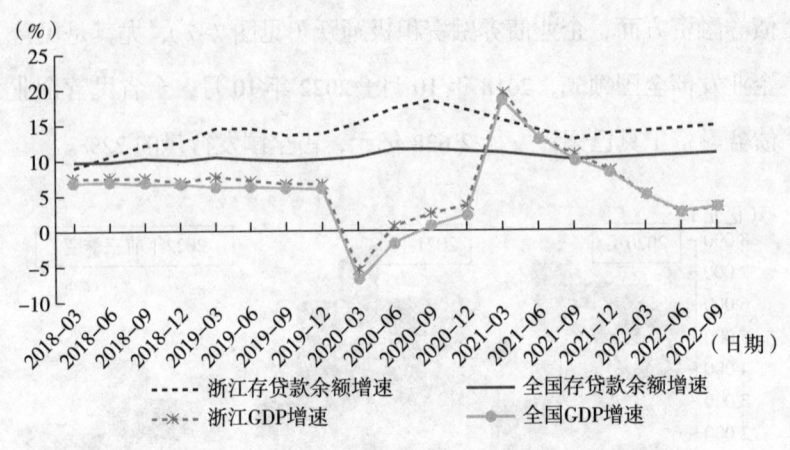

图 7-6 浙江存贷款余额和 GDP 增速与全国的比较

资料来源：中国人民银行。

（二）"凤凰行动"计划助力浙江经济发展提质增效

近年来，浙江紧抓金融市场改革契机，深入实施企业上市和并购重组"凤凰行动"计划，协同推进企业股改挂牌、培育辅导、发债融资，推动直接融资取得长足发展，更好地满足了各类市场主体的多元化、多层次融资需求，有效激发了上市公司等龙头企业在产业发展中的创新力和引领力，带动支柱产业跃迁发展、新兴产业培育壮大，助力全省经济提质增效。股权融资方面，截至 2022 年 10 月末，全省境内上市公司有 527 家，位居全国第二，其中，主板 363 家、创业板 119 家、科创板 36 家、北交所 9 家，境内上市公司累计融资达到 1.42 万亿元。除此之外，全省还有拟境内上市企业 344 家，其中已过会待发行企业 15 家，已报会在审核企业 125 家，辅导期企业 204 家，另有"新三板"挂牌企业 520 家，企业上市融资整体形成了全国领先的梯形队伍。

债券融资方面，企业债券融资积极踊跃（见图7-7），尤其是民营企业发债全国领先，2018年10月—2022年10月，全省民营企业债务融资工具已累计发行2 638亿元，占全国发行量的22%。

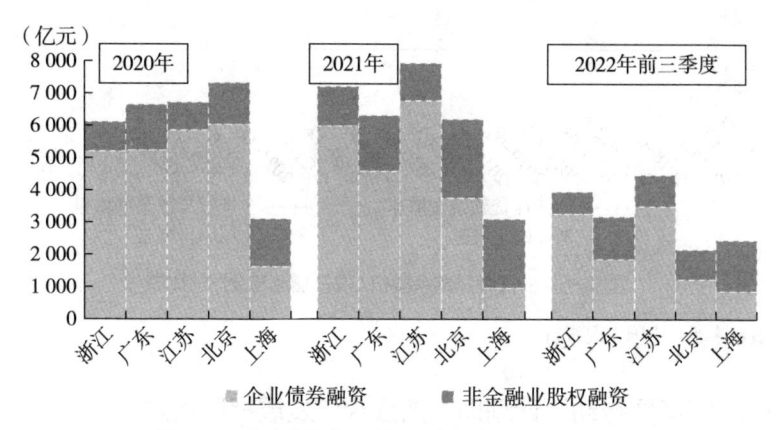

图7-7　发达省份企业直接融资年度新增情况比较

资料来源：中国人民银行。

（三）良好的金融生态环境保驾护航共同富裕

自2017年以来，浙江省深入实施打好防范化解重大金融风险攻坚战，全省不良贷款和不良贷款率持续"双降"，金融风险整体趋于收敛，而且抗风险韧性持续加强，为浙江高质量发展建设共同富裕示范区创造了良好的金融生态环境。特别是2020年以后，浙江省不良贷款率降至1%以下，明显低于全国平均水平（见图7-8）。截至2022年9月末，全省不良贷款余额1 223.58亿元，不良贷款率0.65%，为全国最低水平，也达到2008年以来的最低值。

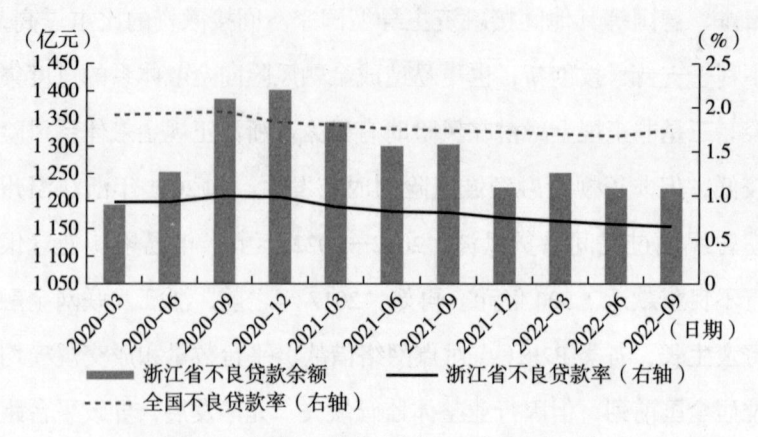

图 7-8　浙江省不良贷款余额和不良贷款率走势

资料来源：中国人民银行杭州中心支行。

总体来看，金融有力地支持了浙江的经济社会发展，为促进共同富裕发挥了积极作用。但是，浙江金融在快速发展的过程中也存在一些值得关注的问题，若应对不当，不利于浙江经济的持续健康发展和共同富裕示范区的建设，甚至可能引发区域金融风险，反而扩大贫富差距。具体表现在三个方面。一是信贷资金效率不断下滑。2013—2017 年，浙江的宏观杠杆率（贷款/GDP）基本稳定在 170%~180%，2018—2019 年每年均上升约 10 个百分点，2020 年以后，浙江宏观杠杆率骤升至 220% 以上，截至 2022 年第三季度末已达到 245%。宏观杠杆率上升，反映的是信贷资金效率下滑，大量信贷资金是否真正流入实体经济领域、是否存在闲置空转现象，需要引起关注。二是金融结构失衡问题长期存在。一直以来，浙江以银行主导的间接融资占社会融资存量规模的 80% 左右，显著高于全国平均占比（60%~70%），也大幅高于

日本、德国等其他间接融资主导型国家。间接融资的比重过高，不利于支持科技创新，也更易造成金融风险向金融体系的过度集聚。三是非正规金融潜在风险时有暴露。浙江正规金融体系风险较低，但非正规金融领域风险则时有发生。如 2011 年浙江温州就曾爆发过民间借贷风波，2012—2022 年上半年已累计处置银行不良贷款近 1 500 亿元。再如，2017 年之前，浙江互联网金融野蛮生长，各类 P2P（点对点网络借款）平台数量和成交规模均位居全国前列，但因行业整体监管缺失、无序发展，导致平台跑路、失联、诈骗等事件频发，成为当时互联网金融风险暴露的重灾区。

四、金融促进共同富裕的浙江改革探索

金融促进共同富裕需要顶层设计，需要科学的制度设计。2022 年 3 月 10 日，中国人民银行、银保监会、证监会、国家外汇管理局与浙江省政府联合出台《关于金融支持浙江高质量发展建设共同富裕示范区的意见》。文件要求，以深化金融供给侧结构性改革为主线，基本建立金融促进共同富裕的政策制度和体制机制。对照当前浙江建设共同富裕示范区的主要差距和不足，金融支持共同富裕示范区建设，关键要探索建立三大机制：一是金融支持高质量发展的机制，帮助做好"蛋糕"，主要包括金融支持科技创新和绿色发展的路径机制；二是金融助力缩小三大差距的机制，帮助分好"蛋糕"，主要包括金融支持民营小微和乡

村振兴的路径机制；三是构建区域金融风险防范机制，帮助护好"蛋糕"。目前，浙江在以下五个方面进行了大量富有成效的改革探索和实践，积累了不少鲜活的经验。

（一）推动深化科创金融改革，探索金融服务科技创新的有效路径，夯实经济高质量发展的基础

党的二十大报告强调，"必须坚持科技是第一生产力、人才是第一资源、创新是第一动力"。金融服务科技创新，就是深入实施创新驱动发展战略，在统一科技创新属性判断标准的基础上，不断加强专业化的间接融资服务和多层次的直接融资支持，建立健全各种风险补偿机制，有效跨期、跨空间管理科技创新风险，推动形成科技、产业、金融良性互动的创新生态，塑造经济发展的新动能和新优势，在高质量发展的基石上实现共同富裕。

近年来，浙江在科创金融发展方面积极探索，不断创新融资对接机制，构建多层次金融服务体系，提升金融科技服务能力，取得了积极成效。截至2022年9月末，全省科技贷款余额10 588.89亿元（见图7-9），覆盖科技企业3万余家。

第一，创新政策定向支持和融资对接机制。一是依托浙江省企业信用信息服务平台积极创新金融政策定向支持。通过建立国家高新技术企业、"专精特新"中小企业、科技型中小企业等优质科技企业名录库，引导金融机构对入库企业加大定向金融支持。二是加强人才创业创新融资对接。2020年5月，浙江出台

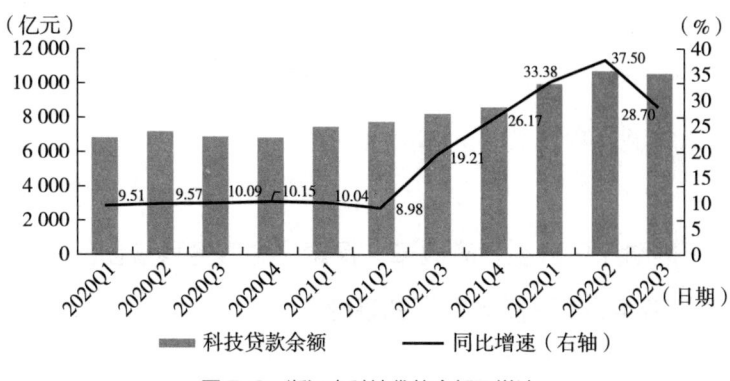

图 7-9　浙江省科技贷款余额及增速

资料来源：中国人民银行杭州中心支行。

《关于金融支持人才创业创新的若干举措》，引导全省人民银行和金融机构全覆盖对接省委人才办提供的 345 家重点人才企业，全省共有 298 家金融机构分支行参与人才企业创业创新金融服务工作，不断推广"人才贷"等专属特色金融产品。截至 2022 年 9 月末，累计发放"人才贷"330 亿元。

第二，加大信贷融资模式创新。一是加快构建科技金融专营机构体系。通过差异化考核、提高不良容忍度等方式引导银行业金融机构加大对科创企业的信贷支持，全省已成立 143 家科技金融专营支行，机构数量全国领先。二是加快科技信贷融资产品创新。如推出专利权、商标专用权、著作权等知识产权混合质押融资，截至 2022 年 9 月末，全省商标权质押贷款余额和专利权质押贷款余额分别达 114 亿元和 216 亿元，同比增速分别为 20.98% 和 50.71%，高出各项贷款增速 5.68 个百分点和 35.41 个百分点。三是积极扩大投贷联动业务。鼓励商业银行与科技创新基金联

动,依法依规开展"贷款+外部直投""贷款+远期权益"等业务,如杭州银行以投定贷、投融一体,为符合条件的科技企业提供最高4000万元信用额度的"银投联贷",实现科技企业全生命周期综合性金融服务。四是积极创新风险分担机制。银行业金融机构与地方政府部门、担保基金、保险公司加强业务合作,有效分散科技贷款风险。

第三,加强股债融资支持。一是通过创设信用风险缓释凭证、担保增信等方式,支持浙江科技领域企业在银行间市场发行债务融资工具。2021年,全省共发行债务融资工具6156亿元,同比增长40%。创新发行高成长债、权益出资型票据、可持续挂钩债等债务融资工具;发行全国首单技术产权资产证券化产品2亿元,支持温州18家科技型中小企业获得低息资金。二是积极引导创投资金投资浙江科创企业。2021年,浙江省新增私募股权投资基金数量共1936只,募资规模达4196.2亿元,产生投资事件数量共计864笔,投资金额共1534.83亿元。

第四,提升金融科技赋能。2019年,中国人民银行等六部委联合发文决定在浙江等地组织开展金融科技应用试点,批复同意浙江省开展4个方面35个试点项目,包括提升信息技术安全应用水平、推动金融与民生服务系统互联互通、促进跨行业数据资源融合应用和强化监管科技应用。浙江金融科技应用试点充分融合全省发展数字经济"一号工程"的战略方向,积极发挥金融科技赋能作用,推动了传统产业链数字化转型,促进了数字产业链加速发展。截至目前,金融科技创新监管工具9个项目已正式对

外服务，2个项目成功完成测试（见表7-3）。

表7-3 杭州金融科技创新监管试点应用

应用名称	应用类型
"亿亩田"——基于卫星遥感和人工智能技术的智能化农村金融服务	金融服务
基于可信身份认证的智能银行服务	金融服务
基于人工智能的信用卡安全申领服务	金融服务
面向跨境电商境内商家基于区块链的融资风控产品	科技产品
基于商贸物流供应链的风控平台	科技产品
基于知识图谱的风控产品	科技产品
基于区块链技术的权益保护系统	科技产品
基于隐私计算技术的数据核验系统	科技产品
基于人工智能的辅助风控产品	科技产品

资料来源：中国人民银行杭州中心支行。

（二）推动绿色金融改革，探索金融助推经济绿色低碳转型的有效路径，助力生态文明建设

共同富裕是建立在可持续发展基础上的共同富裕。绿色发展是高质量发展和实现共同富裕的内在要求。发展绿色金融，通过金融资源绿色低碳化配置，推进生产生活绿色转型，尤其是发展服务小微企业绿色转型、推动绿色农业发展和支持绿色消费的绿色普惠金融，对于实现共同富裕具有特别重要的意义。

近年来，浙江省遵循绿色金融"三大功能""五大支柱"[①]的发展思路，以湖州、衢州国家级绿色金融改革创新试验区为引

---

① "三大功能"指绿色金融的资源配置、风险管理和市场定价功能。"五大支柱"指完善绿色金融标准体系、强化金融机构监管和信息披露要求、逐步完善激励约束机制、不断丰富绿色金融产品和市场体系、积极拓展绿色金融国际合作空间。

领，持续强化政策引导、创新引领、数字赋能，为金融支持"绿水青山"转化为"金山银山"输出浙江经验。截至2022年9月末，浙江省绿色信贷余额达20 600亿元，比年初新增5 798.7亿元，同比增长50.84%（见图7-10），高于各项贷款增速35.54个百分点，绿色债券累计发行总额达1 454.7亿元。

图7-10 浙江省绿色贷款余额及增速

资料来源：中国人民银行杭州中心支行。

第一，构建金融支持碳达峰、碳中和政策体系。一是浙江率先出台《关于金融支持碳达峰碳中和的指导意见》，从融资总量目标、重点支持领域、创新服务体系、强化政策保障等方面提出25项举措，引导金融机构支持碳达峰、碳中和。二是出台《绿色金融支持碳达峰碳中和实施方案》，重点围绕能源、工业、建筑、交通、农业、居民生活、科技等重点领域，进一步细化、深化金融支持举措，引导金融资源更精准、高效地支持经济绿色低碳转型。三是推动央行碳减排支持工具迅速落地，加大对清洁能源、

节能环保、碳减排技术三个碳减排领域的金融支持。截至 2022 年 9 月末，全省累计碳减排贷款 248 亿元。

第二，深化绿色金融改革试点。湖州市绿色金融改革创新试验区出台全国地级市首部《湖州市绿色金融促进条例》，首次将碳减排与碳金融列入地方性法规；积极构建绿色金融组织体系，率先实现城商行和农信机构绿色金融事业部全覆盖，并进一步探索打造碳中和银行体系，推动湖州银行成为中英首批联合试点开展环境信息披露的金融机构，并成功成为国内第三家赤道银行；打造全国首个区域性 ESG 评价数字化系统（见图 7-11），着重引入企业碳强度指标，整合环保、经济和信息化、税务等 17 个政府部门和 10 余个数据源，通过 100% 线上取数和 100% 自动化计算，有效破解融资主体绿色低碳认定难的困阻。截至 2022 年 10 月底，湖州市内共 1.92 万家企业获得了 ESG 评分。

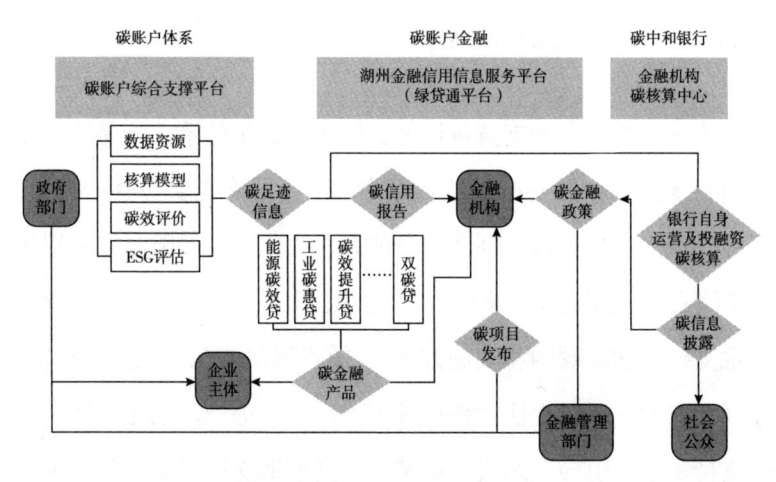

图 7-11 湖州市碳账户金融体系

资料来源：中国人民银行湖州市中心支行。

衢州市绿色金融改革创新试验区在全国率先建设工业、农业、能源、建筑、交通运输和居民生活六大领域碳账户体系（见图7-12），并探索构建碳排放e本账、碳征信e报告、碳政策e发布、碳金融e超市、碳效益e评估的"5e"闭环系统，推进碳账户金融广泛应用。截至2022年10月底，衢州碳账户体系已覆盖全市2 764家工业企业、1 000家种植养殖大户及有机肥生产企业、98家能源企业、129家建筑主体、73家交通企业和239万个个人主体。30余家辖内银行机构依托碳账户信息出台了差别化信贷管理的操作指引，将企业碳排放数据及评价结果嵌入客户信贷业务全流程管理，以碳账户为依托创新推出"碳融通""减碳贷"等专属信贷产品，累计发放贷款超过150亿元。

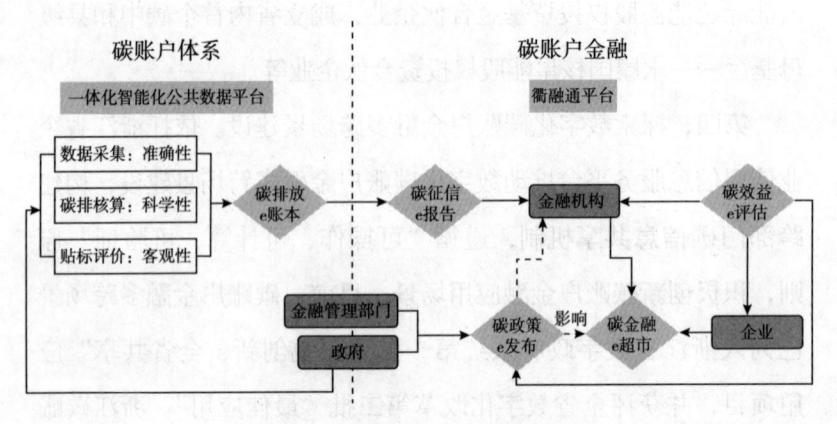

图7-12 衢州市"5e"碳账户体系

资料来源：中国人民银行衢州市中心支行。

第三，加大绿色低碳融资和转型金融服务创新。一是积极发展绿色低碳信贷业务。引导金融机构创设"浙里低碳贷""生态

贷"等信贷产品,扩大基于碳配额、排污权、用能权、用水权等权益资产为企业提供环境权益的抵质押贷款。截至2022年9月末,全省排污权抵质押贷款余额73.26亿元。二是积极探索转型金融创新服务。引导金融机构准确把握金融支持绿色转型和能源安全的平衡关系,加大低碳技改贷款、减碳贷等转型金融支持,合理控制"两高"项目贷款,避免"一刀切"式退出。三是支持企业发行碳中和债等绿色债券创新品种,如宁波市发行银行间市场首单永续品种碳中和债20亿元,金华市发行全国首单民营企业碳中和债1亿元,衢州市发行全国首单小微企业专项金融债,其中9 800万元定向支持衢州市传统产业绿色化改造。支持创建绿色产业投资基金,如成立国内首个绿色能源产业基金——浙江浙能绿色能源股权投资基金合伙企业,成立省内首个碳中和县级母基金——永康国核星能股权投资合伙企业等。

第四,探索数字化碳账户金融多跨场景建设。依托浙江省企业信用信息服务平台推动数字化碳账户金融多跨场景建设,构建跨部门碳信息共享机制,遵循"可操作、可计算、可验证"原则,积极创新碳账户金融应用场景。目前,碳账户金融多跨场景已列入浙江省数字政府系统第一批"一地创新、全省共享"应用项目,并获评全省数字化改革第二批"最佳应用"。浙江碳账户金融多跨场景与浙江省发展改革委、省生态环境厅等相关碳信息平台建立了对接机制,已共享3 000余家重点用能企业能耗、1 635家重点排放企业碳账户等数据信息,已对接685个绿色低碳项目信息,总投资规模达1 481.67亿元。

第五，有序推进绿色金融基础设施建设。一是积极开展金融机构环境信息披露，目前，湖州、衢州绿色金融改革创新试验区全部68家银行业金融机构已实现环境信息按季披露；同时，鼓励其他地市金融机构自愿、规范开展环境信息披露，温州、金华、台州等地6家地方法人机构已完成2021年环境信息披露报告试编制。二是推动绿色金融地方标准、团体标准、行业标准三级创建（见表7-4）。地市层面，湖州市构建和应用了多个"碳系列"地方规范，衢州市形成碳账户五大领域建设的地方标准文件。省级层面，浙江省金融学会已经发布了《绿色低碳融资项目评价规范》（T/ZJFS 004-2021）、《银行个人碳账户管理规范》（T/ZJFS 005-2021）等6个团体金融标准。行业层面，浙江省金融学会正积极牵头或参与企业碳账户、银行业ESG流程管理等多个行业标准的制定。

表7-4 浙江省绿色金融标准创建工作

标准名称	标准类型	建设情况
《林权抵（质）押贷款工作规范》	浙江省金融学会团体标准	2019年发布
《银行个人碳账户管理规范》	浙江省金融学会团体标准	2020年发布
《绿色低碳融资项目评价规范》	浙江省金融学会团体标准	2021年发布
《绿色建筑项目贷款认定标准》	浙江省金融学会团体标准	2022年发布
《银行业金融机构企业融资主体ESG评价与信贷流程管理应用指南》	浙江省金融学会团体标准	2022年发布
《小微企业绿色评价规范》	浙江省金融学会团体标准	2022年发布
《银行业ESG流程管理应用标准》	行业标准	2022年起草
《碳排放权质押贷款业务操作规范》	行业标准	2022年起草
《绿色银行评价规范》	湖州市地方标准	2018年发布

续表

标准名称	标准类型	建设情况
《银行业绿色金融专营机构建设规范》	湖州市地方标准	2018年发布
《美丽乡村建设绿色贷款实施规范》	湖州市地方标准	2018年发布
《环境污染责任险风险评估技术规范》	湖州市地方标准	2019年发布
《区域绿色金融发展指数》	湖州市地方标准	2019年发布
《绿色农业贷款实施规范》	湖州市地方标准	2019年发布
《绿色普惠贷款实施要求》	湖州市地方标准	2019年发布
《银行业金融机构支持绿色园区建设实施规范》	湖州市地方标准	2019年发布
《绿色金融标准体系编制指南》	湖州市地方标准	2019年发布
《绿色小额贷款公司建设与评价规范》	湖州市地方标准	2020年发布
《绿色建筑项目贷款管理规范》	湖州市地方标准	2021年发布
《道路运输企业碳账户碳排放核算与评价指南》	衢州市地方标准	2021年发布
《工业企业碳账户碳排放核算与评价指南》	衢州市地方标准	2021年发布
《建筑领域碳账户碳排放核算与评价指南》	衢州市地方标准	2021年发布
《能源生产企业碳账户碳排放核算与评价指南》	衢州市地方标准	2021年发布
《农业碳账户碳排放核算与评价指南》	衢州市地方标准	2021年发布
《基于生态产品价值实现的金融创新指南》	丽水市金融学会团体标准	2021年发布

资料来源：根据相关资料整理。

（三）推动小微金融改革，探索完善金融支持小微企业的长效机制，促进就业支持共富

量大面广的中小微企业联系着千家万户，是促进全民共同富

裕不可或缺的重要主体。浙江民营经济发达，小微企业众多，它们是浙江经济最具特色、最有活力的部分，也是建设共同富裕示范区的中坚力量，在稳大盘、促增长、吸纳就业、提升收入等方面可以发挥积极作用。

一直以来，浙江金融业就非常重视解决民营小微企业的融资难、融资贵问题，在多方联动下取得了一定的成效。截至2022年9月末，浙江省普惠小微贷款余额3.75万亿元，同比增长24.81%（见图7-13），普惠小微贷款余额、增量多年来稳居全国第一。

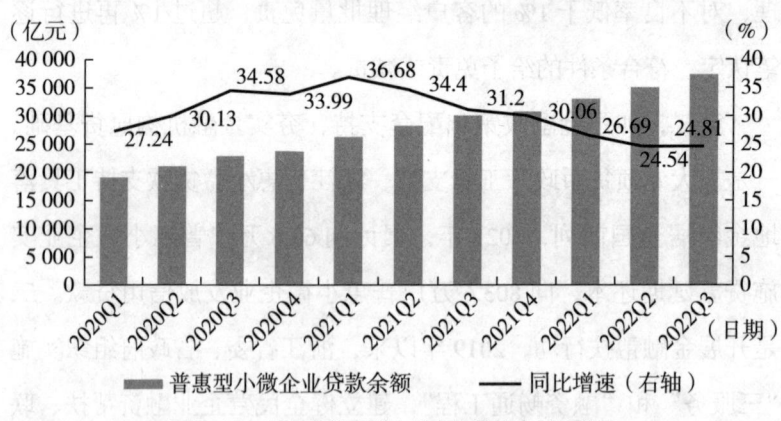

图7-13 浙江省普惠型小微企业贷款余额及增速

资料来源：中国人民银行杭州中心支行。

第一，建立"三张清单"服务机制，增强金融机构敢贷信心。针对小微企业融资过程中基层金融机构权限小、怕追责、不敢贷的问题，金融管理部门积极组织全省金融机构建立小微企业授权、授信、尽职免责"三张清单"金融服务机制。一是金融机构对外公示"授权清单"，推动下放授信审批权限，提高审批

效率。如农业银行浙江省分行将3 000万元以下授信审批权限全部下发至市级行,并进一步转授至省内81家县级支行。二是金融机构对外公示"授信清单",明确企业授信准入条件、申请材料、办理时限、办理流程等内容,提高小微企业获得信贷的便利度。例如,部分农商行在贷款到期前15个工作日就与企业沟通,对小微续贷申请当天办理完毕。三是金融机构对内公示尽职免责"正面清单"和"负面清单",制定清晰明确的责任认定标准,充分调动银行服务小微企业积极性。例如,泰隆银行实施弹性管理,对不良率低于1%的客户经理批量免责,超过1%再进行逐笔认定,符合条件的给予免责或减责。

第二,加强金融政策和配套支持,夯实金融机构愿贷基础。一是加大专项货币政策工具支持,浙江普惠小微贷款支持工具落地金额居全国前列,2021年,累计向69.6万户普惠小微企业实施贷款延期还本,向803.6万户普惠小微企业发放信用贷款。二是开展金融帮扶行动,2019年以来,浙江省委、省政府组织实施"三服务"和"融资畅通工程",建立健全民营企业融资帮扶、联合走访和调研、金融服务评价等工作机制,不断提升金融帮扶政策的针对性和精准性。全省银行业金融机构联合省市工商联持续开展"百地千名行长助企业复工复产""百地千名行长进民企送服务""万家民企评银行"等活动,累计走访民营和小微企业21万余次,解决融资需求2.6万亿元。三是推动跨部门金融创新,探索小微融资增信机制。例如,2009年9月,宁波在全国率先推出了小额贷款保证保险(简称"小贷险"),主要支持农业种植养

殖户（包括农村经济合作社）、小微企业和城乡创业者等，在无抵押无担保下投保即可获得最高 500 万元额度的信用贷款。截至 2022 年 8 月末，小贷险已累计为超过 4.11 万家小微企业、城乡创业者和农业种植养殖户等提供信用贷款 366.9 亿元。

第三，实施首贷户拓展专项行动，激发金融机构能贷活力。拓展首贷户是打通小微金融服务的"最先一公里"，有利于提高小微企业的信贷可获得性，助推小微企业实现跨越发展。2020 年 10 月，浙江省金融业组织实施"首贷户拓展三年行动"（见表 7–5），确立了 3 年拓展小微企业首贷户 20 万户、累放小微企业首贷金额 6 000 亿元以上的政策目标，并鼓励各地结合小微企业分布特点和行业差异探索区域特色的首贷服务模式。在行动框架下，又进一步构建首贷户统计监测和评估考核体系：运用大数据技术实现全量采数、自动匹配，助力金融机构精准对接全省 120 万户无贷户的信贷需求；制定全国首个省级层面首贷户拓展考核办法，按月监测、按季通报，并将金融机构考核结果纳入人民银行考核评价体系。截至 2022 年 9 月末，在首贷户拓展专项行动的支持下，全省新增首贷户 22.6 万户。

表 7–5　首贷户拓展三年行动

总体目标	小微企业首贷户数和首贷金额显著增长
	个体工商户经营性贷款扩面增量
	信用贷款占比提升
行动措施	建立小微企业和个体工商户无贷户"两张名单"
	建立首贷户拓展部门合作机制

续表

行动措施	落实首贷户金融服务"三张清单"
	创新科技创新型小微企业首贷户融资模式
	多渠道支持首贷户获得信用贷款
	改进首贷户金融服务内部管理机制
	鼓励开展第三方信用评级
政策保障	设立首贷户专项再贷款再贴现额度
	实施首贷户信用贷款支持计划
	加强创业担保贷款政策对首贷户的支持
	建立健全首贷户风险奖补机制

资料来源：中国人民银行杭州中心支行。

第四，加强科技赋能，提升金融机构会贷水平。一是创建"贷款码"融资模式创新。针对小微企业融资"短频急"的需求特点，"贷款码"依托浙江省企业信用信息服务平台，整合连接市场监管部门电子营业执照、"小微通"等数字平台资源，打造"一码一平台"，实现一码对接、一步授权、一库管理的一站式融资服务新模式。小微市场主体扫码一键发布融资需求，系统自动开展身份认证和数据授权，并可实时查看贷款进度，对银行办理情况进行监督和投诉。截至 2022 年 9 月末，全省已有累计 32.2 万家市场主体扫码获得融资 8 396.9 亿元，户均金额 261 万元。同时，为快速响应在线融资需求、提升融资便利度，金融机构还建立"135"服务机制，做到 1 个工作日受理、3 个工作日对接、原则上 5 个工作日对符合条件的信贷申请完成审批手续，大幅缩短了融资链条。目前，"贷款码"业务信贷审批较传统线下

审批效率提高一倍，部分优质企业实现了当天扫码当天到账。二是科技赋能地方小微金融改革。科技赋能是破解信息不对称，提升普惠金融服务质效的重要手段。据不完全统计，全省所有区域金融改革地区都已开发建设了相关的系统平台，可以实现融资信息展示、银企对接、风险管控等功能。典型如台州小微金融改革，搭建了全国领先的金融服务信用信息共享平台，整合了人民银行、市场监管、税务等30多个部门118个大类，覆盖超过76万家市场主体的逾4亿条信用信息，供金融机构免费使用，截至2020年8月末，平台共开设银行机构查询用户近2 663个，累计查询1 399万次，月查询超过18万次。再如宁波数字普惠金融改革试点，以数字普惠平台建设为重要抓手，有效缓解了信息不对称，扩大了金融服务半径，降低了金融服务成本，截至2021年末，普惠平台通过提供征信查询、在线对接等服务支持31.9万户普惠群体获得融资2万亿元，线上融资平均授信审批时长仅需3.9个工作日。

（四）推动农村金融改革，探索金融助力乡村全面振兴的有效路径，缩小城乡区域差距

乡村振兴是共同富裕的重要战场。金融支持乡村振兴，就是在完善农村金融基础设施、消弭农村信息不对称的基础上，引入金融活水盘活农村各类资源资产，增强"三农"发展、增收的自驱力，不断缩减城乡和区域收入差距。

浙江是全国最先开展农村金融改革试点的省份，经过10年

的改革实践，探索出了一条可持续发展、可推广复制的农村金融发展路径，取得了良好的金融效应、经济效应、社会效应。截至2022年9月末，全省涉农贷款余额6.42万亿元，占全部贷款的34.27%，同比增长19.16%（见图7-14）。

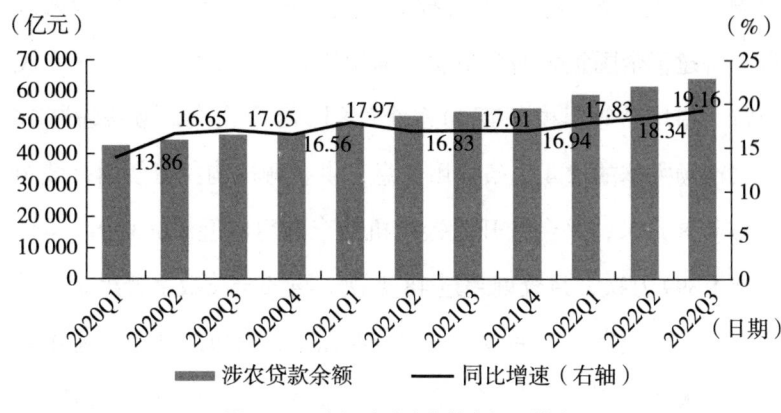

图7-14 浙江省涉农贷款余额及增速

资料来源：中国人民银行杭州中心支行。

第一，加强政策引导和政策支持，扩大乡村振兴的金融资源投入。为加强政策引导，浙江出台《关于进一步提升金融服务乡村振兴质效　加快建设农业农村现代化先行省的指导意见》，从资源保障、支持重点、产品创新、服务体系、政策协同等方面提出20项举措，高质量推动金融服务乡村振兴工作。在资源保障方面，该文件提出强化货币政策工具运用，加大对乡村全面振兴重点领域的定向支持，力争5年内全省涉农贷款新增2万亿元，农户贷款新增1万亿元。2022年1—10月，全省涉农贷款新增9 404.78亿元，同比多增2 303.19亿元。

第二,强化金融精准帮扶力度,助力山区26县跨越式高质量发展。支持山区26县跨越式高质量发展,是金融支持浙江共同富裕示范区建设的重要任务。为加强金融定向支持、精准帮扶,2021年,浙江出台《关于金融赋能山区26县跨越式高质量发展助力共同富裕示范区建设的实施意见》,开展"一县一方案"金融精准帮扶,并设立山区26县央行资金专项,每年安排不低于50亿元再贷款再贴现低息资金,精准直达山区26县小微企业、新型农业经营主体、小农户和低收入农户等群体。2022年前三个季度,山区26县各项贷款、涉农贷款增速分别为19.89%、23.38%,均高于全省平均水平。

第三,三个阶段深化农村信贷产品和服务创新,盘活农村资源资产。第一阶段以林权抵押贷款为代表,推动第二还款来源的金融创新。结合村级集体经济特点,积极开展林权、农村土地承包经营权、农民住房财产权(含宅基地使用权)等抵质押贷款,并围绕农机具、大棚设施、活体畜禽等农村资产探索拓宽抵质押物范围,有效盘活集体经济资产。2022年9月末,全省"三权"(农房、农地、林权)抵押贷款余额达到268.6亿元(见图7-15)。

第二阶段以信用贷款为代表,推动第一还款来源的金融创新。金融机构运用农村信用体系建设成果,批量式加大农户信用贷款投放,在农村地区广泛开展整体批发、集中授信业务,农户信用贷款覆盖面不断提升。如浙江农商联合银行首创农户小额普惠贷款业务,打造无感授信、按需增信、随时用信的信用贷款模式,目前全省已覆盖农户956.8万户,授信1.44万亿元,农户覆

盖面达99%以上。

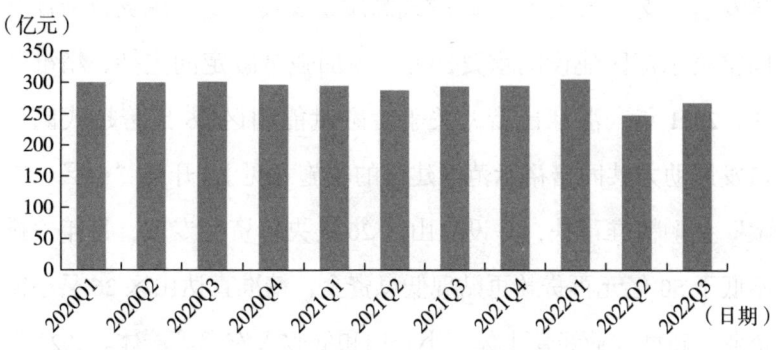

图 7-15 浙江省"三权"抵押贷款余额
资料来源：中国人民银行杭州中心支行。

第三阶段以生态产品价值实现为代表，探索未来现金流折现的金融创新。2019年，丽水市获批开展全国首个生态产品价值实现机制试点，在金融支持生态产品价值实现方面积极开展创新摸索，设计推出了将生态资产或权益用于抵押的"生态贷"，将"绿谷分"等生态信用信息运用于授信审批流程的"两山贷"，基于区块链技术运用交易流水信息为生态产业主体提供信用贷款服务的"生态区块链贷"，将支付结算工具运用于农业生产管理的"生态主题卡"等一系列金融产品和服务模式。截至2022年6月末，丽水市"生态贷"余额253.63亿元，"两山贷"余额22.41亿元，"生态区块链贷"累计发放1.97亿元。

第四，加强金融基础设施建设，打通金融服务"最后一公里"。近年来，浙江全省开展"移动支付应用示范县（市、区）"创建活动，重点推进移动支付在涉农领域和乡村领域的应用，提

升乡村金融服务覆盖面。截至2022年9月末,全省累计命名6个移动支付应用示范县(市、区),开设银行卡助农服务点1.62万个,农村地区开通网上银行用户1.14亿个、手机银行用户1.13亿个。2021年末浙江省移动支付活跃用户数和交易数情况如表7-6所示。

表7-6 2021年末浙江省移动支付活跃用户数和交易笔数

地区	活跃用户数(万个)	交易笔数(亿笔)
浙江省	5 036	677.97
杭州	997	217.10
宁波	771	88.93
温州	798	94.36
嘉兴	402	43.72
湖州	232	25.83
绍兴	371	38.86
金华	573	72.89
衢州	138	13.26
台州	512	57.19
丽水	161	16.59
舟山	81	9.24

资料来源:中国人民银行杭州中心支行。

同时,针对农村地区信用信息缺失、抵押担保难等痛点,全省积极搭建以信用归集、信用评价、信用激励为主要内容的农村信用体系建设框架,在保障信息安全的前提下充分调动地方采集农村经济主体信息的积极性,全面推进信用户、信用村(社区)、信用乡(镇、街道)的创建与复评,并加大相关信用评价成果应

用,引导金融机构结合"三信"评定结果推动信用惠农工程,助力乡村振兴、共同富裕等工作落地生效。截至 2022 年 6 月末,已累计为 1 225 万户农户建立信用档案,开展 9 轮"三信",评定产生信用户 993 万户,共向 1 097 万农户累计发放贷款 4.1 万亿元,覆盖面近 90%。

(五)构建区域性金融风险防范化解机制,守护好国家和人民群众的"钱袋子",巩固共富建设成果

金融资产是社会财富最重要的载体,守护好金融安全才能保护好国家和人民群众的"钱袋子"。防范化解金融风险,守住不发生系统性区域性金融风险的底线,是建设共同富裕示范区最重要的金融保障。从浙江实践看,早在 2012 年 3 月,浙江温州金融综合改革就在民间融资阳光化、规范化和化解"两链"风险方面积累了丰富经验,有效应对了温州民间金融借贷风波。近年来,通过协同推动法治基础建设、基础设施建设和市场化风险出清,浙江全省金融风险整体趋于收敛,金融法治、政策和信用环境得到全面优化。

在制度建设方面,2020 年浙江省出台了《浙江省地方金融条例》,是继《温州市民间融资管理条例》之后出台的又一部金融领域地方性法规。《浙江省地方金融条例》将浙江省多年来地方金融管理的实践成果上升到立法层面,从地方金融组织监督管理、金融风险防范与处置、金融服务实体经济等方面建章立制,为促进全省经济和金融良性循环、健康发展,高水平推进共同富

裕先行和省域现代化先行，奠定了重要的法治基础。

在基础设施建设方面，全省十部门协同搭建了金融风险"天罗地网"监测防控系统，有效整合线上线下金融风险管理资源，实现对金融风险的全天候、全流程、全覆盖监控。"天罗"主要依托互联网大数据技术平台接入的各类金融监测数据信息，对线上金融风险开展实时监测；"地网"则依托基层社会治理网格化管理平台接入的排查信息和相关管理部门平台接入的监管数据信息，对线下金融风险开展日常监测。在"天罗地网"系统的加持下，浙江顺利实现了互联网金融风险的全部出清。

在市场化风险出清方面，一是全国最早探索企业破产重整工作机制。中国人民银行杭州中心支行创新"行院联动"模式，先后与浙江省高级人民法院、杭州市中级人民法院签署合作协议，强化在破产企业金融服务、破产企业信息查询、破产资产快速处置、破产企业审计等六个方面的合作，形成司法系统和金融系统的工作联动，共同推动企业破产制度实施。从2016年起，截至2021年10月末，全省法院共受理破产重整案件304件，审结354件，受理量和审结量均居全国前列。二是以市场化方式开展债转股工作。以重点银行机构、重点实施机构、重点标的企业为关键，省内多部门协同、全周期闭环推动债转股项目落地，有效降低重点企业的资产负债率，助推企业优化股权结构，完善公司治理。截至2020年末，浙江全省18家企业累计落地债转股项目19单，金额161亿元。

五、金融促进共同富裕的困难及建议

（一）金融促进共同富裕实践中存在的困难

对照实现共同富裕的战略目标要求，浙江金融实践中仍然面临不少挑战和困难，需要持续深化和完善。

第一，有效支持科技创新的金融体系还不完善。

总体来看，我国科创金融发展还处于起步阶段，构建完整高效的科创金融体系还面临着一些问题和挑战，主要表现为以下几点。一是科创金融基础设施不健全。例如，目前有关科创企业的内涵界定多为综合性、原则性，没有形成较为科学统一的标准；企业科研类、信用类信息获取渠道较窄，信息不对称问题突出；市场上缺乏权威评估中介机构，知识产权等无形资产价值评估差异较大等。二是银行机构服务科创企业的能力和动力不足。科创企业具有重技术、重人才、重未来的发展模式，审慎信贷文化下的商业银行传统风险评级方式还不能较好适应。同时，由于风险补偿基金、政府性融资担保等风险补偿机制安排还不完善，制约商业银行对科创企业的资金投入。三是多层次资本市场发展还不成熟。科创企业具有高成长、高风险、轻资产特征，从风险收益适配的角度看，更适合股权融资。但是目前为止，多层次资本市场体系对全省科创企业支持的协同效应和规模效应不够充分，对科创企业覆盖不足等问题仍然存在。

第二，绿色金融在标准统一、信息披露、碳市场建设等方面存在不足。

"双碳"目标下，碳核算是构建碳账户体系、实现碳信息共享的基础，也是推动金融资源绿色低碳化配置的重要基础设施。从浙江的碳核算实践来看，碳核算相关标准不统一，部分行业碳效评价标准尚未建立，影响了碳核算数据和碳效评价的可比性与权威性，制约了相关金融场景应用。一是绿色普惠金融标准缺失。尽管目前绿色金融标准已有211类项目标准，但都以大中型企业项目为主，针对小微企业的绿色金融标准尚未有明确的界定，绿色金融对"三农"、小微等重点领域的支持不足。二是碳信息分治于不同部门，未与金融部门实现共享，导致金融机构获取企业用能、碳排放等数据难点大、成本高，不利于环境信息披露扩面提质。三是金融机构提供绿色金融服务的动力和能力不足，碳核算、碳金融产品开发、环境信息披露等工作专业性强度大，金融机构需新投入专项人才培养、系统开发、第三方服务购买等成本，而绿色项目普遍期限长、收益率低，导致碳核算和环境信息披露短期收益不明显，制约金融机构积极性。四是碳市场作用发挥不充分。我国碳市场整体处于起步阶段，每吨碳交易单价低，不利于调动全社会参与碳交易的积极性；林业碳汇开发利用不足，存在交易主体不够活跃、碳汇评估科学性有待提升、大型交易平台缺失且市场机制作用难以发挥等问题。

第三，金融发展的配套机制和协调机制尚不成熟。

金融促进共同富裕是一个系统性工程，不是单靠金融支持就能完成的，不仅纵向需要中央部门的积极支持，横向也需要地方其他部门的配套支持和共同发力，只有构建起高效的跨层级、跨

部门联动和协同机制，才能凝聚共识、形成合力，久久为功地推进共同富裕示范区建设。目前，在地方实践中，仍然存在一些典型问题。一是地方改革破题需要中央层面的更大支持。典型如投贷联动业务，根据 2016 年银监会等三部门联合发布的《关于支持银行业金融机构加大创新力度 开展科创企业投贷联动试点的指导意见》，支持银行业金融机构以"信贷投放"与本集团设立的具有投资功能的子公司"股权投资"相结合的方式，为科创企业提供持续资金支持，但目前监管部门批准设立投资子公司仍然比较谨慎（至今只有国开行获批设立投资子公司），地方金融机构开展投贷联动仍然存在体制机制不顺畅的问题，导致投贷联动业务难以扩面增量，不利于间接融资加大支持科技创新。再如遗产税、房产税、赠与税等收入分配制度改革事项，它们是国际上有效应对财富差距扩大的主要手段，但是国内地方层面需要在全国税制改革的统一部署下才能试点探索。二是金融改革发展需要其他领域的配套支持。典型如在金融支持乡村振兴的过程中，农村产权融资规模严重受限于配套机制的成熟与完善。浙江农村抵押业务虽然已走在全国前列，但仍受农村产权登记管理体系不规范、流转交易市场不成熟、专业评估机制不健全等因素的制约，影响了金融机构的信贷投放。

（二）浙江金融促进共同富裕示范区建设的政策建议

第一，完善科创金融体系。

一是提升银行机构专业化服务能力。完善银行业服务科技创

新的组织体系，鼓励各银行机构在科创企业集聚地设立科创金融专营机构，实行差异化的客户管理、组织管理、风险管理、产品服务和考核激励等制度。支持银行机构加强与创业投资机构、政府产业基金合作，共享客户资源、调查结果，加强专业互补，提升风险识别能力，共同对接服务科创企业。指导银行机构探索建立以创新能力、人力资本等为核心的科创企业信用评价模型和授信审批流程。从强化配套机制入手，推动扩大外部投贷联动、知识产权质押融资、供应链金融等规模。

二是健全直接融资服务体系。推动完善政府产业基金引领、社会资本参与、市场化运作的科技创新基金体系。深入推进区域性股权市场创新试点，建立全面对接注册制的企业上市培育、登记信息衔接、挂牌企业上市协调等机制。依法开展私募投资基金份额登记与报价转让平台试点。支持符合条件的科创企业发行中期票据、双创债务融资工具、双创孵化专项债、小微企业增信集合债、创新创业公司债券等长期限债券品种，通过信用风险缓释凭证，为科创企业发债建立市场化的风险分担机制。

三是加强部门合作和政策协同。加强金融、科技、财税、投资等政策的协调配合，在健全科技创新属性判断标准、深化科创企业大数据信用信息共享和运用、完善知识产权交易市场，以及健全风险补偿、贷款贴息、保费补贴等机制方面干实事、出实招，不断完善多方联动的政策支持体系，发挥各项政策在支持科创金融改革探索和基层创新中的协同效应、集成创新效应，为金融支持科技创新创造良好的政策环境。

第二，加大绿色金融支持。

一是构建完善绿色低碳金融标准体系。建立统一的碳信息采集、碳排放统计核算、碳效评价等标准，提升碳核算工作制度化、规范化水平，切实提高相关数据权威性、时效性和准确性。推动绿色金融标准的逐步延伸，覆盖更多的小微企业、农业活动、消费活动，持续推进小微企业、农业经济活动、消费领域的"标绿""识绿"工作，推动技术性标准向低成本、可操作的金融标准转化，便利金融机构识别绿色小微企业、绿色农业活动和绿色消费。

二是推动碳信息共享，扩大金融机构环境信息披露覆盖面。在国家层面明确碳信息管理的牵头部门，加快建立碳信息共享机制，将碳信息与金融部门共享，降低金融机构数据采集成本，强化环境、气候和社会风险信息披露，明确信息披露的框架、内容和方式，加大环境信息共享力度。加快设立绿色普惠项目库或重点支持企业清单，精准对接绿色领域和普惠群体的需求。

三是强化碳市场在资源配置中的作用。逐步扩大碳市场行业覆盖范围和交易主体范围，适时增加符合交易规则的投资机构和个人参与碳排放权交易；加快创新多层次产品体系构建，完善碳现货产品体系，推动碳衍生品创新，增加碳市场流动性，提高碳市场定价有效性；加快推进林业碳汇交易，出台有利于林业碳汇项目开发的专门方法学，制定统一的碳汇核算标准，建设跨区域碳汇交易平台。

四是加大对绿色低碳金融创新的正向激励。充分发挥再贷款

再贴现等央行政策资金在绿色低碳领域的引导作用，鼓励金融机构向"三农"、中小企业等重点领域投放符合标准的绿色贷款；探索开展财政贴息、税收优惠等支持政策，发挥好财政资金对绿色低碳领域的杠杆撬动作用；推动商业银行通过发展专营机构、优化业务流程、强化内部考核等方式，提升绿色低碳金融服务能力，授权绿色金融发展基础较好地区的基层行，开展绿色低碳金融产品和服务创新。

第三，加强金融政策和改革协同。

一是强化政策保障和改革授权。《关于支持银行业金融机构加大创新力度　开展科创企业投贷联动试点的指导意见》明确指出，中央和国家机关有关部门要结合自身职能，加强对浙江省的指导督促，有针对性地制定出台专项政策。建议国家层面能进一步扩大科创金融、普惠金融等重点领域的改革试点，授予浙江争取金融改革试点和探索示范任务的优先权，支持各项区域金融改革迭代升级，持续发挥改革引领作用。

二是地方层面要广泛形成政策合力。充分激发省市县各级地方政府的自主创新潜能，把握"政府有为、市场有效"的工作原则，加强地方财政、产业、农业农村、人力社保等政策与金融政策的协同，进一步打好有利于经济高质量发展的政策组合拳。加强地方金融管理协调，联合建立金融机构支持共同富裕示范区建设的绩效考评制度，进一步完善激励约束机制。

第四，完善区域金融风险防控机制。

一是全面加强党对金融系统的领导，将金融系统内党的建设

与公司治理同步推进。金融系统要学习贯彻党的二十大精神,坚定不移按照党中央指引的方向,紧紧围绕经济社会发展大局,把党中央对金融工作的重大决策部署落实到实际工作中,着力强化金融服务大局、服务实体、服务民生的根本导向。要处理好党建引领和公司治理的关系,实现党的领导与公司治理的有效融合,实现党组织领导核心作用与现代企业制度规范性要求的有效统一。

二是完善地方政府金融工作议事协调机制,在防范和化解区域金融风险中发挥更为重要的作用。构建完善数智化区域金融治理机制,以数字化改革为引领,推动数字金融监管发展,更加主动、靠前地应对各类风险隐患,完善金融风险监测预警,实现早识别、早预警、早发现、早处置,牢牢守住不发生系统性区域性金融风险的底线,不断夯实金融促进共同富裕的实践成果。

参考文献

一、中文部分

1. 蔡昉.如何开启第二次人口红利？[J].国际经济评论,2020(02)：9-24+4.
2. 陈斌开,伏霖.发展战略与经济停滞[J].世界经济,2018,41(01)：52-77.
3. 陈彦斌,陈小亮,陈伟泽.利率管制与总需求结构失衡[J].经济研究,2014,49(02)：18-31.
4. 陈雨露,马勇,阮卓阳.金融周期和金融波动如何影响经济增长与金融稳定?[J].金融研究,2016(02)：1-22.
5. 陈雨露,马勇.中国农村金融论纲[M].北京：中国金融出版社,2010.
6. 程永明.日本企业"走出去"的金融支持体系及其启示[J].国际贸易,2017(11)：57-60+66.
7. 丁浩,许长新.泰国97'金融危机与06'金融动荡背后的经济模式分析[J].亚太经济,2007(04)：7-12.
8. 福建省人民政府发展研究中心课题组,林向东,胡建荣.建设面向共同富裕的新时代金融体系[J].发展研究,2022,39(05)：7-13.
9. 傅秋子,黄益平.数字金融对农村金融需求的异质性影响——来自中国家庭金融调查与北京大学数字普惠金融指数的证据[J].金融研究,2018(11)：68-84.

10. 何婧，汪小亚，褚子晔. 债券市场助力脱贫攻坚：机制、成效及建议——以泸州市易地扶贫搬迁项目收益债券为例 [J]. 清华金融评论，2020(08)：81-85.

11. 胡安俊，肖龙. 日本国土综合开发规划的历程、特征与启示 [J]. 城市与环境研究，2017(04)：47-60.

12. 胡滨. 发展普惠型财富管理市场 [J]. 中国金融，2022(01):70-72.

13. 胡联，王娜，汪三贵. 我国共同富裕实质性进展的评估及面临挑战 [J]. 财经问题研究，2022(04)：3-14.

14. 胡修林. 中部地区农村金融发展对农民收入增长的影响——基于1993—2017年湖北省数据的实证分析 [J]. 农村金融研究，2019(10)：17-23.

15. 黄益平，黄卓. 中国的数字金融发展：现在与未来 [J]. 经济学（季刊），2018，17(04)：1489-1502.

16. 黄益平. 大科技信贷：一个新的信用风险管理框架 [Z/OL]. (2021-11-15) [2023-04-04]. https://k.cnki.net/CInfo/Index/16461.

17. 贾康，苏京春. 论中国财政政策与货币政策的协调配合 [J]. 地方财政研究，2021(02)：39-52.

18. 金凤君，陈明星. "东北振兴"以来东北地区区域政策评价研究 [J]. 经济地理，2010，30(08)：1259-1265.

19. 金李，袁蔚. 中国式财富管理 [M]. 北京：中信出版集团，2018.

20. 金中夏，洪浩，李宏瑾. 利率市场化对货币政策有效性和经济结构调整的影响 [J]. 经济研究，2013，48(04)：69-82.

21. 李强. 日本对境外企业境内股票发行与上市规则的演变及启示 [J]. 中国发展，2014，14(06)：23-27.

22. 李皖南. 金融危机后的泰国中小企业 [J]. 当代亚太，2003(07)：49-52.

23. 李雪松，王超，吴明朗. 农村金融与农户内部收入差距关系的研究 [J]. 农村经济与科技，2018，29(23)：100-102.

24. 李扬. 货币政策和财政政策协调配合：一个研究提纲 [J]. 金融评论，2021，13(02)：1-11+123.

25. 李杨，张晓晶. 中国国家资产负债表 2020 [M]. 北京：中国社会科学出

版社，2020.

26. 连平，等.中国财富管理行业发展报告（2021—2022）[R].植信投资研究院，2022.

27. 刘俊杰，李超伟，韩思敏，等.农村电商发展与农户数字信贷行为——来自江苏"淘宝村"的微观证据[J].中国农村经济，2020(11)：97–112.

28. 刘瑞.日本的海外金融资产：现状、特点、影响及启示[J].日本学刊，2019(05)：116–146.

29. 罗振军.农村金融发展与农村经济增长的关系——基于1978—2016年浙江省数据[J].江苏农业科学，2020，48(21)：328–332.

30. 马光荣，刘明，杨恩艳.银行授信、信贷紧缩与企业研发[J].金融研究，2014(07)：76–93.

31. 马林波.走绿色金融与普惠金融深度融合之路[J].中国农村金融，2022(10)：50–51.

32. 马勇，陈雨露.金融杠杆、杠杆波动与经济增长[J].经济研究，2017，52(06)：31–45.

33. 庞宝庆.近代日本金融政策史稿[M].长春：吉林大学出版社，2010.

34. 彭澎，张龙耀.农村正规金融创新对关联信贷市场供给和风险的影响——以农产品仓单融资为例[J].中国农村经济，2021(11)：72–88.

35. 皮凯蒂.21世纪资本论[M].北京：中信出版集团，2014.

36. 邱兆祥，刘永元.发挥政策性金融在支持共同富裕中的作用[N].光明日报，2022–1–6.

37. 施密特，塞贝尔，托马斯.从小微金融到普惠银行：地方性银行是如何做到的？[M].大连：东北财经大学出版社，2022.

38. 苏治，章子琪，张永冀，等.区域经济合作增强了中国与境外国家金融市场的联动效应吗[J].上海商学院学报，2021，22(06)：38–55.

39. 粟芳，方蕾.中国农村金融排斥的区域差异：供给不足还是需求不足？——银行、保险和互联网金融的比较分析[J].管理世界，2016(09)：70–83.

40. 王菁.家族财富管理国内外模式比较[J].清华金融评论，2019(01)：91–93.

41. 王宁，史晋川. 中国要素价格扭曲程度的测度 [J]. 数量经济技术经济研究，2015，32(09)：149-161.

42. 王勋，王雪. 数字普惠金融与消费风险平滑：中国家庭的微观证据 [J]. 经济学（季刊），2022，22(05)：1679-1698.

43. 温涛，何茜. 中国农村金融改革的历史方位与现实选择 [J]. 财经问题研究，2020(05)：3-12.

44. 谢平. 中国金融制度的选择 [M]. 上海：上海远东出版社，1996.

45. 谢若登. 资产与穷人——一项新的美国福利政策 [M]. 北京：商务印书馆，2005.

46. 徐爽，李宏瑾. 一个利率市场化的理论模型 [J]. 世界经济，2006(06)：13-22+95.

47. 徐炜，黄钰平. 泰国金融危机：原因、影响及其启示 [J]. 国外社会科学情况，1997(05)：7-10.

48. 徐忠. 新时代背景下中国金融体系与国家治理体系现代化 [J]. 经济研究，2018，53(07)：4-20.

49. 徐忠. 中国的根基：农村金融重构与改革视角 [M]. 北京：中信出版集团，2020.

50. 杨友才. 金融发展与经济增长——基于我国金融发展门槛变量的分析 [J]. 金融研究，2014(02)：59-71.

51. 易纲. 再论中国金融资产结构及政策含义 [J]. 经济研究，2020，55(03)：4-17.

52. 曾冰. 我国区域金融发展与经济敛散性分析——基于省级面板数据的研究 [J]. 经济问题探索，2015(08)：134-141.

53. 张家寿，谭春枝. 日本对欠发达地区的金融支持及其启示——世界若干国家对欠发达地区金融支持研究系列论文之三 [J]. 改革与战略，2007(11)：89-93.

54. 张杰. 中国农村金融制度：结构、变迁与政策 [M]. 北京：中国人民大学出版社，2003.

55. 张晓慧. 多重约束下的货币政策传导机制 [M]. 北京：中国金融出版社，2020.

56. 张晓慧. 关于资产价格与货币政策问题的一些思考 [J]. 金融研究, 2009(07)：1-6.

57. 张晓慧. 加快促进养老金第三支柱发展 [J]. 中国金融, 2020(Z1)：121-124.

58. 张晓慧. 三十而立四十不惑——从存款准备金变迁看央行货币调控演进 [J]. 中国金融, 2018(23)：38-43.

59. 张晓晶. 金融发展与共同富裕：一个研究框架 [J]. 经济学动态, 2021(12)：25-39.

60. 张一林, 龚强, 荣昭. 技术创新、股权融资与金融结构转型 [J]. 管理世界, 2016(11)：65-80.

61. 招商银行, 贝恩公司.2021 中国私人财富报告 [R].2021.

62. 中国银保监会政策研究局课题组, 中国银保监会统计信息与风险监测部课题组. 中国影子银行报告 [J]. 金融监管研究, 2020(11)：1-23.

63. 周自展, 王亚平, 罗剑朝. 农村金融、产业兴旺与农户收入——以陕西省为例 [J]. 武汉金融, 2021(04)：62-68+88.

64. 朱太辉, 张彧通. 农村中小银行数字化转型赋能乡村振兴研究——兼论"双链联动"模式创新 [J]. 南方金融, 2022(04)：55-69.

65. 朱太辉. 金融科技创新供应链金融模式开创金融服务实体经济新局面 [J]. 金融博览, 2022(07)：30-31.

66. 朱太辉. 金融科技破解小微企业金融服务困局 [J]. 金融理论探索, 2020(04)：7-9.

67. 庄毓敏, 储青青, 马勇. 金融发展、企业创新与经济增长 [J]. 金融研究, 2020(04)：11-30.

二、英文部分

1. Adam K, Tzamourani P. Distributional Consequences of Asset Price Inflation in the Euro Area [J]. European Economic Review, 2016, 89(1): 172-192.

2. Adrian T, Brunnermeier M. CoVaR[R]. NYFED Working Paper, 2009.
3. Aghion P, Howitt P. A Model of Growth through Creative Destruction[J]. Econometrica, 1992, 60(2): 323.
4. Agnello L, Mallick S K, Sousa R M. Financial reforms and income inequality[J]. Economics Letters, 2012, 116(3): 583–587.
5. Amaral P. Monetary Policy and Inequality [J]. Economic Commentary, 2017(10).
6. Avdjiev S, Spasova T. Financial Openness and Inequality[R]. BIS Working Paper, 2022.
7. Baker D, DeLong J B, Krugman P, et al. Asset returns and economic growth[J]. Brookings Papers on Economic Activity, 2005(1): 289–330.
8. Barro R, Ursua J. Macroeconomic Crises since 1870 [J]. Brookings Papers on Economic Activity, 2008, 39(1): 255–350.
9. Barro R. Recent Development in the Theory of Rules Versus Discretion [J]. Economic Journal, 1986, 96: 23–37.
10. Bartsch E, Benassy-Quere A, Corsetti G, et al. It's all in the Mix[R].Geneva Report, 2020.
11. Batabyal S, Islam F, Khaznaji M. On the Sources of the Great Moderation [J]. Economic Modelling, 2018, 74(C): 1–9.
12. Beck T, Demirgüç-Kunt A, Levine R. Finance, Inequality and the Poor[J]. Journal of Economic Growth, 2007, 12(1): 27–49.
13. Bencivenga V R, Smith B D. Financial intermediation and endogenous growth[J]. The Review of Economic Studies, 1991, 58(2): 195–209.
14. Bernanke B, Gertler M, Gilchrist S. The Financial Accelerator in a Quantitative Business Cycle Framework [M]// Taylor J B, Woodford M. Handbook of Macroeconomics(Volume 1), Amsterdam: NorthHolland, 1999: 1341–1393.
15. Bernanke B, Gertler M. Should Central Banks Respond to Movements in Asset Prices? [J]. American Economic Review, 2001, 91(5): 253–257.
16. Bernanke B. Monetary Policy and Inequality [EB/OL]. [2015-06-01].

http://www.brookings.edu/blogs/ben-bernanke/posts/2015/06/01-monetary-policy-and-inequality.

17. Bindseil U. What Monetary Policy Operational Framework after the Crisis? [J]. Revue Française D'économie (French Journal of Economy), 2018, 33(3): 105–126.
18. BIS. A Monetary Lifeline [R]. Annual Economic Report, 2020: 37–65.
19. BIS. Annual Economic Report[R]. 2017.
20. BIS. Measuring the Effectiveness of Macroprudential Policies Using Supervisory Bank-level Data [R]. BIS Papers, 2020.
21. BIS. Policy Responses to Fintech[R]. FSI Insights on Policy Implementation, 2020.
22. BIS. The Distributional Footprint of Monetary Policy [R]. 2021: 39–64.
23. BIS. Unconventional Monetary Policy Tools[R]. CGFS Papers, 2019.
24. Blanchard O. The Medium Run Brookings Papers on Economic Activity[J]. 1997, 28(2): 89–158.
25. Blanchard O. The United States Economy [J]. American Economic Review, 2016, 106(5): 31–34.
26. Blinder A, Ehrmann M, de Haan J, et al. Necessity as the Mother of Invention [J]. Economic Policy, 2017, 32(92): 707–755.
27. Bordo M D, Meissner C M, Stuckler D. Foreign currency debt, financial crises and economic growth: A long-run view [J]. Journal of international Money and Finance, 2010, 29(4): 642–665.
28. Borio C, Disyatat P. Monetary Policy and Fiscal Policy [R]. SUEFR Policy Note, 2021.
29. Borio C. Central Banking in Challenging Times [R]. BIS Working Paper, 2019.
30. Borio C. Implementing the Macroprudential Approach to Financial Regulation and Supervision [J]. Bank of France Financial Stability Review, 2009(13).
31. Borio C. The Financial Cycle and Macroeconomics [J]. Journal of Banking

and Finance, 2014, 45(C): 182–198.

32. Brei M, Ferri G, Gambacorta L. Financial Structure and Income Inequality [R]. BIS Working Papers, 2018.

33. Bullard J. Income Inequality and Monetary Policy: A Framework with Answers to Three Questions[C]. Speech at C. Peter Mccolough Series on International Economics Council On Foreign Relations, 2014.

34. Campbell J, Cocco J, Gomes F, et al. Investing Retirement Wealth: A Life-Cycle Model[M]// Campbell J Y, Feldstein M. Risk Aspects of Investment-Based Social Security Reform, Chicago: University of Chicago Press, 2001: 439–482.

35. Cardoso E. Inflation and Poverty[R]. NBER Working Paper, 1992.

36. Cerdeiro D, Ruane C. China's Declining Business Dynamism [R]. IMF Working Paper, 2022.

37. Chancel L. Ten Facts about Inequality in Advanced Economies [R]. World Inequality Lab Working Papers, 2019.

38. Cihak M, Sahay R. Finance and Inequality [R]. IMF Staff Discussion Note, 2020.

39. Clarke G R G, Xu L C, Zou H F. Finance and Income Inequality: What Do the Data Tell Us?[J]. Southern Economic Journal, 2006, 72(3): 578–596.

40. Cochrane J, Taylor J. Central Bank Governance and Oversight Reform[M]. Standford: Hoover Institution Press, 2016.

41. Colciago A, Samarina A, de Haan J. Central Bank Policies and Income and Wealth Inequality: A Survey [J]. Journal of Economic Surveys, 2019, 33(4): 1199–1231.

42. Crockett A. Marrying the Micro-and Macro-Prudential Dimensions of Financial Stability[R]. BIS Review, 2000.

43. De Haan J, Sturm J E. Finance and income inequality: A review and new evidence[J]. European Journal of Political Economy, 2017, 50: 171–195.

44. Demirg-Kunt A, Levine R. Finance and Inequality: Theory and Evidence[J]. Annual Review of Financial Economics, 2009, 1(1): 278–318.

45. Domanski D, Scatigna M Zabai A.Wealth Inequality and Monetary Policy[R]. BIS Quarterly Review, 2016.
46. Dossche M, Slacalek J, Wolswijk G. Monetary Policy and Inequality[R]. ECB Economic Bulletin, 2021.
47. Ductor L, Grechyna D.Financial Development, Real Sector, and Economic Growth[J]. International Review of Economics and Finance, 2015: 393–405.
48. Ehlers T, Kong S, Zhu F. Mapping Shadow Banking in China[R]. BIS Working Papers, 2018.
49. Eichengreen B, Park D, Shin K. Growth slowdowns redux[J]. Japan and the World Economy, 2014(32):65–84.
50. Eichengreen B, Park D, Shin K. When Fast-Growing Economies Slow Down: International Evidence and Implications for China [J]. Asian Economic Papers, 2012, 11(1): 42–87.
51. Fabo B, Jancokova M, Kempf E, et al. Fifty Shades of QE[J]. Journal of Monetary Economics, 2021, 120(C): 1–20.
52. Farhi E, Werning I. Fiscal Multipliers[M]// Taylor J B, Uhlig Harald. Handbook of Macroeconomics(Volume 2), Amsterdam: NorthHolland, 2016: 2417–2492.
53. Galor O, Moav O. From physical to human capital accumulation: inequality and the process of development [J]. Review of Economic Studies, 2004, 71(4): 1001–1026.
54. Gambacorta L, Huang Y, Li Z, et al. Data vs Collateral[R]. BIS Working Paper, 2020.
55. Goldsmith R W. Financial structure and development [M]. New Haven: Yale University Press, 1969.
56. Goodfriend M, Lacker J M. Limited Commitment and Central Bank Lending [J]. Federal Reserve Bank of Richmond Economic Quarterly, 1999: 1–27.
57. Greenspan A. Opening Remarks[C]. Speech at Jackson Hole Conference, 1998.
58. Greenspan A. The Age of Turbulence [M]. New York: Penguin Press, 2007.

参考文献

59. Greenwood J, Jovanovic B. Financial Development, Growth, and the Distribution of Income [J]. Journal of Political Economy, 1990, 98(5): 1076–1107.
60. Guscina A. Effects of Globalization on Labor's Share in Nominal Income[R]. IMF Working Paper, 2006.
61. Hall R, Reis R. Maintaining Central-Bank Financial Stability under New-Style Central Banking [R]. NBER Working Papers, 2015.
62. Hamori S, Hashiguchi Y. The effect of financial deepening on inequality: Some international evidence[J]. Journal of Asian Economics, 2012, 23(4): 353–359.
63. Hasan J, Horvath R, Mares J. Finance and Wealth Inequality [J]. Journal of International Money and Finance, 2020, 108(C): 102–161.
64. Haveman R, Wolf E N. The concept and measurement of asset poverty: Levels, trends and composition for the U.S., 1983–2001[J]. Journal of Economic Inequality, 2004, 2(2): 145–169.
65. Heathcote J, Perri F, Violante G. The Rise of US Earnings Inequality [J]. Review of Economic Dynamics, 2020, 37(2): 181–204.
66. IMF.Chapter 3 : State-Owned Enterprises: The Other Government[R].Fiscal Monitor, 2020.
67. Jauch S, Watzka S. Financial development and income inequality: a panel data approach[J]. Empirical Economics, 2016, 51(1): 291–314.
68. Jones B, Bowman J. China's Evolving Monetary Policy Framework in International Context[R]. Reserve Bank of Australia Research Discussion Paper, 2019.
69. Jones C, Romer P. The New Kaldor Facts: Ideas, Institutions, Population, and Human Capital[J]. American Economic Journal: Macroeconomics, 2010, 2(1): 224–245.
70. Jurzyk E, Ruane C. Resource Misallocation Among Listed Firms in China[R]. IMF Working Papers, 2021.
71. Kaldor N. Capital Accumulation and Economic Growth[M]// Friedrich L,

Douglas H. The Theory of Capital, New York: Macmillan, 1961.
72. Kaldor N. Marginal productivity and the macro-economic theories of distribution: Comment on Samuelson and Modigliani[J]. The Review of Economic Studies, 1966, 33(4): 309–319.
73. Kirikos D. Monetary Policy Effectiveness in the Liquidity Trap[J]. Review of Keynesian Economics, 2021, 9(1): 139–155.
74. Klomp, J. Causes of Banking Crises Revisited[J]. North American Journal of Economics and Finance, 2010, 21(1): 72–87.
75. Krugman P. International finance and economic development [M]// Giovannini A. Finance and Development: Issues and Experience, New York Cambridge University Press, 1993: 11–24.
76. Law S H, Singh N. Does Too Much Finance Harm Economic Growth? [J]. Journal of Banking & Finance, 2014(41): 36–44.
77. Law S H, Tan H B, Azman-Saini W N W. Financial development and income inequality at different levels of institutional quality[J]. Emerging Markets Finance and Trade, 2014, 50(1): 21–33.
78. Lenza M, Slacalek J. How Does Monetary Policy Affect Income and Wealth Inequality?[R]. CEPR Discussion Papers, 2021.
79. Levine R. Finance and Growth: Theory and Evidence[M]// Durlauf S N, Aghion P. Handbook of Economic Growth, 2005(1): 865–934.
80. Levine R. Finance and the Poor[J]. The Manchester School, 2008(76): 1–13.
81. Levine R. Financial development and economic growth: views and agenda [J]. Journal of economic literature, 1997, 35(2): 688–726.
82. Levine R. Stock Markets, Growth, and Tax Policy[J]. Journal of Finance, 1991, 46(4): 1445–1465.
83. Lucas R. Macroeconomic Priorities [J]. The American Economic Review, 2003, 93(1): 1–14.
84. McKinnon R I. Money & Capital in Economic Development [M]. Washington: The Brookings Institution, 1973.
85. Merton R. Financial Innovation and Economic Performance [J]. Journal of

Applied Corporate Finance, 1992, 4(1): 12–22.

86. Merton R. Observations on the Role of Finance Science and Financial Innovation in Global Economic Growth and Development[C]. MIT S. Donald Sussman Fellowship Award Lecture, 2017.

87. Merton Robert C. A Functional Perspective of Financial Intermediation [J]. Financial Management, 1995, 24(2): 23–41.

88. Meyer J, Reinhart C, Trebesch C. Sovereign Bonds since Waterloo [R]. NBER Working Papers, 2019.

89. Min O. The Scarring Effect of Recessions [J]. Journal of Monetary Economics, 2009, 56(2): 184–199.

90. Minsky H P. The evolution of financial institutions and the performance of the economy [J]. Journal of Economic, 1986, 20(2): 345–353.

91. Mishkin F. Central Banking after the Crisis [R]. Central Bank of Chile Working Papers, 2014: 23–59.

92. Modigliani F. Life Cycle, Individual Thrift, and the Wealth of Nations [J]. American Economic Review, 1986, 76(3): 297–313.

93. Moore B. Horizontalists and Verticalists: The Macroeconomics of Credit Money [M]. Cambridge: Cambridge University Press, 1988.

94. Negro M D, Dogra K, Pilossoph L. The Effect of Monetary and Fiscal Policy on Inequality[EB/OL].[2022-01-06].https://libertystreeteconomics.newyorkfed.org/2022/01/the-effect-of-monetary-and-fiscal-policy-on-inequality/.

95. Oliver M L, Shapiro T M. Black Wealth/White Wealth[M]. New York: Routledge Press, 1997.

96. Patrick H T. Financial Development and Economic Growth in Underdeveloped Countries[J]. Economic Development and Cultural Change, 1966, 14(2): 174–189.

97. Piketty T. Capital in the Twenty-First Century[M]. Boston: Harvard University Press, 2014.

98. Pritchett L, Summers L H. Asiaphoria meets regression to the mean[R].

NBER working paper, 2014.
99. Rachel L, Summers L. On Secular Stagnation in the Industrialized World [J]. Brookings Papers on Economic Activity, 2019, 50(1): 1–54.
100. Robstad O. House Prices, Credit and the Effect of Monetary Policy in Norway [J]. Empirical Economics, 2018, 54(2): 461–483.
101. Roeger W, Varga J, Veld J, et al. The Distributional Impact of Labour Market Reforms [J]. European Economic Review, 2021, 131(C): 1–17.
102. Romer C, Romer D. Monetary Policy and the Well-being of the Poor [J]. Federal Reserve Bank of Kansas City Economic Review, 1999: 21–49.
103. Samarina A, Apokoritis N. Evolution of Monetary Policy Frameworks in the Post-Crisis Environment [R]. DNB Working Paper, 2020.
104. Sarma M. Index of Financial Inclusion [R]. ICRIER Working Paper, 2008.
105. Schmitt-Grohe S, Uribe M. The Optimal Rate of Inflation[M]// Friedman B M, Woodford M. Handbook of Monetary Economics(Vol.3), Amsterdam: NorthHolland, 2010: 653–722.
106. Shaw E. Financial Deepening in Economic Development [M]. New York: Oxford University Press, 1973.
107. Sieron A. Inflation and Income Inequality [J]. Prague Economic Papers, 2017(6): 633–645.
108. Smaghi L. Monetary policy, Credit Flows and Small and Medium-sized Enterprises[C]. Speech at San Casciano Val di Pesa, 2009.
109. Solow R. A Contribution to the Theory of Economic Growth[J]. Quarterly Journal of Economics, 1956, 70(1): 65–94.
110. Sørensen B E, Wu Y T, Yosha O, et al. Home bias and international risk sharing: Twin puzzles separated at birth[J]. Journal of international money and finance, 2007, 26(4): 587–605.
111. Taylor J. Housing and Monetary Policy [R]. NBER Working Papers, 2007.
112. Townsend R M, Ueda K. Financial Deepening, Inequality, and Growth: A Model-Based Quantitative Evaluation[J]. Review of Economic Studies, 2006, 73(1): 251–280.

113. Tzamourani P. The Interest Rate Exposure of Euro Area Households [J]. European Economic Review, 2021, 132(1): 1–26.

114. Walsh C. Monetary Theory and Practice (4th Edition) [M]. Cambridge: MIT Press, 2017.

115. White W, Borio C. Whither Monetary and Financial Stability? [R]. BIS Working Papers, 2004, No.147.

116. White W. Should Monetary Policy "Lean or Clean"? [R]. Federal Reserve Bank of Dallas Working Paper, 2009.

117. Woodford M. Effective Demand Failures and the Limits of Monetary Stabilization Policy [J]. American Economic Review, 2022, 112(5): 1475–1521.

118. Yang D, Choi H J. Are remittances insurance? Evidence from rainfall shocks in the Philippines[J]. The World Bank Economic Review, 2007, 21(2): 219–248.

119. Zhang R, Naceur S B. Financial development, inequality, and poverty: Some international evidence[J]. International Review of Economics & Finance, 2019(61): 1–16.